21世纪经济管理新形态教材 · 经济学系列

当代西方经济学流派

（第二版）

张嘉昕 ◎ 编著

清华大学出版社
北 京

内 容 简 介

本书介绍了有影响的十个当代西方经济学派，对各学派的介绍均分为三部分：学派概览、基本理论和政策主张。具体为：①学派概览主要包括学派的产生及发展、代表人物、研究方法或主要假说；②基本理论主要是它在宏观经济学领域的研究；③政策主张指它所提出的政策建议或社会改革计划及其在实践中的反馈（如果有的话）。全书文字、图表及公式力求生动、简朴，作者力图客观地对待各经济学派，不以“主流”或“非主流”、“正统”或“非正统”的标准排队，总体上保持各章投入的笔墨相同。本书可供高专学校经济学专业学生及研究生使用，也可供其他专业学生、老师参考阅读。

图书在版编目（CIP）数据

当代西方经济学流派/张嘉昕编著. —2 版 —北京：清华大学出版社，2022.1
21 世纪经济管理新形态教材. 经济学系列
ISBN 978-7-302-59794-0

Ⅰ. ①当…　Ⅱ. ①张…　Ⅲ. ①西方经济学－经济学派－现代－高等学校－教材　Ⅳ. ①F091.3

中国版本图书馆 CIP 数据核字(2022)第 001529 号

责任编辑：陆浥晨
封面设计：汉风唐韵
责任校对：宋玉莲
责任印制：宋　林
出版发行：清华大学出版社
网　　址：http://www.tup.com.cn，http://www.wqbook.com
地　　址：北京清华大学学研大厦 A 座　　**邮　　编：**100084
社 总 机：010-62770175　　**邮　　购：**010-62786544
投稿与读者服务：010-62776969，c-service@tup.tsinghua.edu.cn
质 量 反 馈：010-62772015，zhiliang@tup.tsinghua.edu.cn
课 件 下 载：http://www.tup.com.cn，010-83470332
印 装 者：北京嘉实印刷有限公司
经　　销：全国新华书店
开　　本：185mm×260mm　　**印　张：**17　　**字　　数：**341 千字
版　　次：2016 年 3 月第 1 版　　2022 年 1 月第 2 版　　**印　　次：**2022 年 1 月第 1 次印刷
定　　价：49.00 元

产品编号：091167-01

第二版前言

本书的第二版延续了第一版的编写风格，对各学派的介绍均分为三部分：学派概览、基本理论和政策主张。具体如下。

①学派概览主要包括学派的产生及发展、代表人物、研究方法或主要假说。

②基本理论主要是它在宏观经济学领域的研究。

③政策主张是指它所提出的政策建议或社会改革计划及其在实践中的反馈（如果有的话）。

作者首先修改第一版的各类文字表述失误，而后对内容修改约占全书的 40%。国外各经济学派主体已经成型，全书仍为 10 章并且所涉学派未变。各章的首节即学派概览部分均进行了不同幅度的调整和增补，从而使全书各章布局风格保持一致。各章的主要变化如下。

绪论：改写了部分内容，并增加两个附表，即“各经济学派的‘硬核’”“保护带及启示法”“各学派的核心概念、研究主题和概念”。

第 2 章：后凯恩斯主义经济学。改写了第 2.2 节“收入分配与经济增长”、第 2.3 节“货币金融理论”和第 2.4 节“社会经济改革方案”。

第 3 章：新凯恩斯主义经济学。重写了第 3.5 节“政策主张与克林顿—奥巴马经济学”。

第 5 章：供给经济学。改写了各节并重写了第 5.4 节，重写后的标题为“政策主张与里根经济学、特朗普减税”。

第 6 章：新古典宏观经济学。改写了这一学派的第 6.2 节“货币经济周期理论”和第 6.3 节“实际经济周期理论”。

第 7 章：现代奥地利学派经济学。改写了第 7.2 节和第 7.3 节，即这一学派的理论假说和宏观经济理论。

第 8 章：新制度经济学。第 8.1.1 小节调整为“新制度经济学的形成与发展”，第 8.2 节“交易成本经济学”增加了奥利弗哈特的契约理论。

第 10 章：激进政治经济学。重写了第 10.2 节“对资本主义社会经济矛盾的分析”，改写了第 10.3 节“对资本主义世界体系的批判”，重写了第 10.4 节，重写后的标题为“劳动者自我管理的理论与实践”。

在本书写作过程中，吉林大学“经济学国家人才培养基地”经济学专业的同学们为我提供了很多帮助和启发，以下按入学届列出：樊华、张向阳、李博囡、刘桤弘、周江南、王艺斌、刘正。在此对他们和其他授课过程中提供各种建议的同学们表示感谢！作者曾出版教育部普通高等教育“十一五”“十二五”国家级规划教材《外国经济思想史》（高等教育出版社 2007，2014）。《外国经济思想史》以凯恩斯经济学结束，本书则从“二战”后的西方经济学说开篇，两部教材初步形成了在体例、风格上统一的写作和讲授体系，供读者参考。中国社会科学院首批学部委员、中国社会科学院大学首席教授、中华外国经济学说研究会会长程恩富先生对我提出了很多指导。本书获哈尔滨工业大学中央高校基本科研业务费专项资金（FRFCU5710001620）资助，哈尔滨工业大学人事处的各位专家为我提供了很多研究所需的便利条件。此外，本书也被列入吉林大学本科“十三五”规划教材。感谢清华大学出版社的编校团队为本书出版付出的辛勤劳作。最后，向写作中所参考的文献作者致以崇高的、深切的敬意！本书配有授课 PPT 供您参考。

编　者

2020 年 11 月于长春

第一版前言

作为社会科学中一门炙手可热的学科，经济学往往表现为经济学家们意见的分歧与观点的不一致，当这些争论上升至系统的理论高度，并形成由领军人物开展有组织的团队活动时，学派就产生了。现代西方经济学的发展伴随着各学派间的竞争与借鉴。一般而言，已写入《微观经济学》和《宏观经济学》教科书中的内容，可以视为西方主流经济学的基础知识。《当代西方经济学流派》则聚焦于对所涉及的各经济学派进行介绍，以及对各学派之间的意见分歧与观点冲突进行梳理和总结，这有助于我们理解现代西方经济学发展的内在逻辑，掌握著名经济学家（包括非主流）的理论学说，为日后进一步开展深入研究打好基础。本教材编写的基本特点如下。

1. 对各种经济学派一视同仁。在欧美高校的经济学教学设置中，一般是没有“当代经济学流派”这门课程的，当代的西方经济学说被纳入“经济思想史”课程。主流经济学说在西方绝大部分高校中占支配地位，而那些被视为“异端”的学说处于弱势，即便是在经济思想史的课堂上有所涉及，可能也是寥寥数语、避重就轻或为讲授主流学说服务。国内高校则专设两门相互独立在逻辑上又联系紧密的课程：“外国经济思想史”和“当代西方经济学流派”，以帮助学生更全面地了解西方经济学说。本教材力图客观地对待各经济学派，不以“主流”或“非主流”以及“正统”或“非正统”的标准排队，总体上保持各章投入的笔墨相同。

2. 共介绍 10 个经济学派，选题集中、适于教学。当代西方经济学说体系繁杂、涵盖广泛，教材无须像专著那样面面俱到，有限的学时也无法容纳所有内容。除绪论外，本书共介绍 10 个学派。在很多人看来，当代经济学的分歧就是宏观经济学领域的争论（如本书参考文献的 6～9）。教材第 1～7 章所介绍的 7 个学派正是以宏观经济学领域为主。在具体内容上，对已经写入《宏观经济学》的知识，只作概括性描述。而对同类教材介绍较少的学派（如后凯恩斯主义经济学、现代奥地利学派经济学、新制度主义经济学和激进政治经济学）则加大笔墨。对供给经济学重视其近 10 年来的发展动态。本教材没有介绍那些学术传统延续不明显、最近鲜有突破或已被吸纳入主流经济学的学派和属于经济学帝国主义范畴的学派。当然，这种取舍是作者的主观认识，不妥之处敬请您赐教。

3. 全书各章的结构、样式保持一致。我们对各学派的介绍分为三部分内容：学派概览、基本理论和政策主张。

①学派概览主要包括学派的产生及发展、代表人物、研究方法或主要假说。

②基本理论主要是它在宏观经济学领域的研究。

③政策主张是指它所提出的政策建议或社会改革计划及其在实践中的反馈（如果有的话）。即每章最后一节是该学派对西方政府在政策制定方面的影响、实施及其效果的分析，重点是美、英两国（当然，非主流学说很难得到西方政府的青睐）。

总之，本书写作在整体上，使各章的结构、样式相统一，便于阅读及授课。

4. 注意与“外国经济思想史”课程保持衔接。中华外国经济学说研究会副会长吴宇晖教授与作者合作编写了“十一五”“十二五”国家级规划教材《外国经济思想史》（2007，2014）。《外国经济思想史》以凯恩斯经济学结束，本书则从第二次世界大战后的西方经济学说开篇，从而使“当代西方经济学流派”和“外国经济思想史”这两门课程形成风格统一、体例一致的教学体系。

由于作者水平有限，且对所需文献掌握不全面甚至研读亦不到位，本书一定有诸多不足之处，恳请各位同仁批评指正！作为一名经济学理论的学生和研究者，本教材仅是对既有学说进行介绍，只能称为“编”而非编著。在此，向写作中所参考的文献作者致以崇高的、深切的敬意！

本书是吉林大学的“经济学国家人才培养基地”“教育部普通高等教育第一类特色专业”及“教育部经济学人才培养模式创新实验区”的教学改革成果及选用教材；并受中央高校基本科研业务费（2014ZZ034）资助。本书配有授课 PPT 供您参考。中国社会科学院学部委员、中华外国经济学说研究会会长程恩富先生提供了许多便利研究条件。清华大学出版社的陆浥晨女士为教材的最终面世付出了大量的辛勤劳作，促使本书顺利出版。在此一并深表感谢！

编　者

2016 年 3 月于长春

目录

绪　论

经济学作为一门社会科学的显学，经常表现为研究者意见的分歧和观点的不一致，当这些不同意见上升至系统的理论高度，并形成一定的研究团队时，学派就产生了。[①]本教材旨在介绍第二次世界大战之后，当代西方经济学主要学派的基本情况。对于每一个学派的梳理包括三部分：学派概览，基本理论，政策主张。其中，学派概览主要包括学派的产生与发展、代表人物、研究方法或假说；基本理论一般是指它在宏观经济领域的建树[②]；政策主张即政策建议及其在实践中的反馈（如果有的话）。下面，我们从经济学中存在的分歧与对立说起，展开对当代经济学流派的总体描绘。

经济学中的分歧与对立

不同经济学家们所要解决的问题很可能是相同的，例如，提高经济增长率、降低通货膨胀率及失业率、实现收入分配公平、稳定社会经济或摆脱经济危机等。但研究过后，他们的结论却差异明显。第二次世界大战期间，英国内阁就某一问题征求意见，五名经济学家给出了六个不同方案，其中，凯恩斯提出了两个方案。面对质疑，凯恩斯说道，一切视情况而定，当情况发生变化时，解决方案当然会不同。而富兰克·奈特（Frank Knight，1885—1972）曾对芝加哥大学经济学系的学生说，考试的题目年年一样，但答案却会不同。

从认识论角度讲，客观事物不仅是复杂的，也是发展和变化的。人的理论认识难以摆脱有限性和局限性的束缚，这是因为人的认知水平、求知过程和理性均是有限的；每个人都是在特定的历史背景或环境条件下，从某一视角展开研究，专家学者也不例外。因此，科学研究的分歧和争论就很可能是喋喋不休、至死不渝的。以至于著名物理学家、量子论奠基者马克斯·普朗克在回忆其个人经历时说："一项新的科学真理取得胜利，并不是通过说服它的对手从而使他们认识到这一真理，而是由于它的对手最后都死了，而熟悉这一真理的一代新人成长起来了。"[③]凯恩斯曾影响了他那个时代大多数的青年学者，但人到中年的新古典经济学家则很少发生"动摇"。而 40 年后，当

① 在本教材中，某一学派与该派成员所信奉的"主义"被视为同义语。例如，"新凯恩斯主义经济学"和"新凯恩斯主义"，"后凯恩斯主义经济学"和"后凯恩斯主义"，"供给经济学"和"供给主义"等。

② 一般认为，宏观经济学这个术语，源于 1969 年诺贝尔经济学奖得主、挪威经济学家拉格纳·弗里希（Ragnar Frisch，1895—1973）的《动态经济学中的传播问题与推动问题》（1933）正式使用的"宏观动态分析"这一提法。

③ 转引自[美]萨缪尔森. 经济学：上册. 高鸿业，译. 第 10 版. 北京：商务印书馆，1981：17.

新自由主义席卷西方经济学界之时，仍会有一部分人继续沿着凯恩斯传统前行，演化出新凯恩斯主义经济学。经验、偏见、情感等个人因素千差万别，影响着经济学家的判断，但他们之间的意见分歧如此巨大和坚定，甚至带入坟墓，就不仅仅是认识论上的问题了，而是要追溯至方法论和世界观。

就研究方法而言，由于现实交织在一起的各种经济因素纷繁复杂，人们通过抽象法建立模型，对现实进行高度简化，进而用一种简明的方式阐明复杂现象的因果关系。但是，哪些东西是重要的，哪些东西是次要的，则来自主观判断。对此，研究者之间经常发生分歧。从另一方面讲，经济学研究会设定许多严格的假设条件，其目的在于简化问题，但纯粹的理论抽象与现实很不相符，甚至很多难以用实践来检验。这就是为什么经济学说要以大量的假说形式存在。可见，经济理论所阐述的因果逻辑，是经济变动的方向或趋势。从这一意义上讲，经济学不是一门精确的科学，研究者之间的分歧难以避免。

说到世界观就必然涉及价值判断问题。在西方经济学的入门知识中，我们就被告知经济学存在着实证经济学和规范经济学两种类型。这当然是为了教学的方便，但实际上，经济学研究是无法与价值判断完全分割的。按照马克斯·韦伯（Max Weber，1864—1920）的说法，价值从两方面进入理论分析：它们决定了我们的选题以及我们对某一特别事件起因的判断。经济学研究必然要涉及人们之间的物质利益关系。当经济学家试图按照自然科学的模式建立理论体系时，一个特殊难题横于身前：研究的对象往往与研究者的切身利益有关。如萨谬尔森所说："经济问题容易引起个人感情。在牵涉根深蒂固的个人信仰和偏见时，血压上升，语音刺耳，而某些偏见又都是薄薄披上一层合理化外衣的特殊经济利益。"①人类的历史从未摆脱稀缺性的束缚，因此，利害关系必然会触动学者的价值判断，进而影响他们的选题视角和基本结论。例如，从某一专门委员会获得资助的研究课题，自然不会得出离经叛道的结论。当利害关系严重对立并固化后，社会就分裂为阶级、阶层或利益集团。从根本上讲，这仍然是稀缺性的产物。既得利益集团发挥支配作用，对理论研究起决定性的影响，越稀缺越专横。随着社会经济的发展，稀缺性将减少，人类会更关注生命的本来意义，更积极地进行合作与相互理解。就政治立场而言，可以把经济学家分为左、中、右三派。②按照后凯恩斯主义者保罗·戴维森所说，现代宏观经济理论以凯恩斯为中心，向左、右两个方向变化，形成中左的后凯恩斯主义、极"左"的激进主义、中右的新古典综合派、极右的货币主义——新古典宏观经济学。它们是不同利益群体的代表，是保守派、改革派和革命派面对冲突时挺身而出的说客。

---

① [美]萨谬尔森. 经济学：上册. 高鸿业，译. 第10版. 北京：商务印书馆，1981：11.

② "左派"和"右派"的概念来自1789年法国等级议会的坐席计划：贵族坐国王右边，第三等级坐国王左边，在关于国王是否应拥有否决权的辩论上，左边反对，右边支持。后来演变为关于对待社会变革的政治性概念，左派主张变革，右派倾向于维持现状。左派—右派是变革对传统、激进主义对保守主义的描述，也被运用到经济学上。

范式与科学纲领

在经济思想发展的历程中，学派林立是一个基本特征。相互竞争或斗争的不同经济学流派之间的关系错综复杂，这其中既有批评和攻击，也有传承和发展；既有排斥和对立，也有吸纳和借鉴。单从研究方法（或前提假说）、理论观点和政策主张这三方面出发，无法弄清各学派之间的区别与联系。而科学哲学理论中的一些概念（范式、科学研究纲领）有助于我们对不同的经济思想进行梳理和归类。

托马斯·库恩（Thomas Kuhn，1922—1996）在解释科学的进程时提出了“范式”概念，它被用来描述作为一种科学的核心构成，即为某些“科学家共同体”所普遍认同的思维定式，或共同接受的信仰、目标、基本假设和方法的总和。科学家共同体在一个范式下展开工作，形成共同的语言并组成学派。科学的发展遵循两种途径：渐进性和突变性。前者主要表现在一种范式内部的累积性进展，这种“标准的科学研究”好比砖头不断加高建成房屋，在现有的科学信息基础上连续增加其他事实、概念、规律和理论；后者表现为当与现实不符的旧范式被废弃和具有更强客观解释力的新范式走上前台，这是“科学革命”或“范式转换”。科学的长期发展过程是：范式之下的标准科学研究—新旧范式之间的斗争—新范式下的新标准科学。但库恩认为，不同范式之间存在交流失灵，它们之间由于翻译困难无法对话。

按照库恩的思路，我们可以把已有的经济思想归纳为具体的经济学范式，而拉卡托斯又提供了认识具体经济范式的启发。伊姆雷·拉卡托斯（Imre Lakatos，1922—1974）提出将“科学研究纲领”作为划分不同理论体系的标准。它是一个具有严密内在结构、处在不断发展变化状态的理论体系，由一组相互联系的要件构成，包括：①“硬核”，即不可证伪的理论或无法反驳的公理，由若干个最能体现该理论体系特征的核心概念构成。这些硬核为科学研究提供了一个基本的理论框架。“硬核”是“坚韧的”，是一个科学研究纲领的核心。如果它们被否定，整个理论体系就会垮塌。[①]②“保护带”，即一组围绕在硬核周围的附属性假说或假设，它们可以通过科学研究或经验证据来加以检验、证伪或拒绝。“保护带”的作用是保卫“硬核”不受经验事实的反驳或否定，对它的调整、修改和替换可消除研究纲领与经验事实的不一致。③反面启示法，即禁止人们把经验反驳的矛头指向“硬核”。当“硬核”遭到攻击时，要尽力把攻击的矛头由“硬核”转向“保护带”，通过修改、调整和替换“保护带”来捍卫“硬核”。④正面启示法，即改进和发展科学研究纲领中的“可反驳”部分，以完善研究纲领。按照这一思路，同一经济学范式拥有共同的“硬核”，有一组保护硬核的“保护带”和引导理论体系不断发展完善的“启示法”。拉卡托斯还指出，区分一个理论体系科学与非科学的标准本身是动态的。这意味着即使一个研究纲领一度是退化的，但通过调整其“保护带”，修正一些假说或假设，又可能变成“进步人士”。当然，

① 例如，地心说是托勒密天文学体系的“硬核”，万有引力定律是牛顿力学体系的“硬核”。

所谓范式与科学纲领体现的是西方主流学说的思路逻辑，即抽象掉经济学理论发展中的关于历史环境、民族特征和政治经济等现实因素，从而将经济理论“科学化”的倾向。这对我们划分当代西方经济学流派和掌握各学派要点或许是一种有益的方法，但并不意味着在西方国家取得成功的经济理论（政策）就可以直接应用于中国实际。

现代西方经济学的三大范式及其所辖学派

正是由于认识论、方法论和世界观的不同，经济学会表现为不同范式之间的斗争与更迭。在经济思想的发展历程中，出现了重商主义范式、重农主义范式、古典经济学范式、历史主义范式、社会主义经济学范式、马克思经济学范式、新古典经济学范式、凡勃伦制度主义范式、凯恩斯经济学范式、凯恩斯主义经济学范式、新自由主义经济学范式和激进主义经济学范式等。本教材所涉及的是最后的三个，当代西方经济学的主要流派都可以归于这三大经济学范式之中①，同一经济学范式中的各学派在理论“硬核”上是共同或相通的。

凯恩斯主义经济学范式认为，资本主义的自由竞争市场经济存在缺陷，政府应干预经济以使资本主义制度日臻完善。这一范式的理论“硬核”是未来不确定性假说、货币非中性假说、市场非出清假说和政府干预有效论假说，它们是毋庸置疑的；而围绕着“硬核”构筑起的“保护带”，即一些附属性假设，包括：信息是完全的还是不完全的，预期是理性的还是非理性的，市场结构是竞争性的还是非竞争性的，价格和工资是刚性的还是粘性的，供给决定论还是需求决定论，政府的干预是全面的还是有限的，以及如何构建宏观经济学的微观基础等，这些则是允许进行讨论和修正的。凯恩斯主义经济学范式中的主要学派包括：新古典综合派（“后凯恩斯主流经济学”）、后凯恩斯主义经济学和新凯恩斯主义经济学。

新自由主义经济学范式把资本主义的自由竞争市场经济看作最有效的资源配置方式，认为凯恩斯主义的干预产生了极大的负面影响。这一范式的理论“硬核”由未来确定性假说、货币中性假说、市场出清假说和政府干预无效论假说等组成。它的“保护带”由这样一些假设构成：信息是完全的还是不完全的，理性的预期应采取何种方式，产量和就业的波动是来自需求方面的冲击还是来自供给方面的冲击，政府是否需要对经济进行某种有限干预，如果需要则应选择哪种政策较好等。新自由主义经济学范式中的主要学派包括：货币主义、供给经济学、新古典宏观经济学、新制度经济学和现代奥地利学派经济学。

综上所述，凯恩斯主义和新自由主义对现代资本主义社会经济如何运行提出了不同的理论观点和政策主张。处于经济政策变革节点的两位美国总统曾明确阐述了相对的立场。面对 20 世纪 70 年代的“滞胀”困境，里根总统（1981）在就职演讲中石破

---

① 凯恩斯主义经济学范式、新自由主义经济学范式和激进主义经济学范式分别是经济思想史上的凯恩斯经济学范式、新古典经济学范式和马克思—凡勃伦经济学范式在现代资本主义条件下的继续和发展。

天惊："政府不是解决问题的办法，政府就是问题。"当2008年金融风暴袭来时，奥巴马总统（2009）在就职演讲中指出："这场危机提醒我们如果没有政府监管，市场很可能会失去控制。"但必须注意的是，这两大经济学范式在价值判断和研究方法上存在很多共同之处。在前者，它们都把资本主义制度看作最优模式；在后者，它们都接受经济人假说和使用均衡分析方法。这两大范式之间也在竞争中相互借鉴，以完善自己的理论硬核。例如，新凯恩斯主义经济学从新古典宏观经济学那里借鉴了"理性预期"这一核心概念，并运用这一假说加强了凯恩斯的市场非出清理论。[①]现代西方经济学的融合、"革命"及主流地位的转换出现在这两大范式之间。20世纪90年代以来，主要表现为新凯恩斯主义经济学与新古典宏观经济学这两个具体学派之间的争论。

此外，当代西方经济学还存在着作为现代资本主义制度及其主流经济学否定者的激进主义经济学范式。它的价值判断是，现代资本主义社会的种种问题都根源于制度本身，因此，必须对其进行彻底改造。这一范式的理论"硬核"是必须推翻现代资本主义制度，而构成其"保护带"的主要有：历史决定论还是演化论，即沿着某种确定路线到达可预知的结果还是逐渐演进和未来不确定性；革命还是改良，即建设某种形式的社会主义社会还是改善现有制度；如何对待政府与市场等方面的论述。这一范式的主要学派包括：新制度主义经济学、激进政治经济学和劳动者自我管理经济学等。价值判断上的对立使激进主义经济学注定无法成为西方主流学说，但它仍在顽强地生存和发展，2008年的金融风暴使资本主义制度的完美性遭受质疑，源远流长的激进主义传统迎来了更广阔的发展空间。

在经济学范式中，之所以存在不同的学派，或是因为经济学家共同体将该范式的理论"硬核"运用于新领域和解决新问题，即库恩所说的"标准的科学研究"，如被称作"货币主义Ⅱ"的新古典宏观经济学；或是依据新情况与新问题丰富、完善和发展理论硬核（正面启示法），如新古典综合派；或是为反驳其他范式对理论"硬核"的攻击而对"保护带"进行调整、修改和替换（反面启示法），如新凯恩主义经济学。此外，在价值判断上相同但从属于不同经济学范式的学派之间在竞争中也会发生相互学习。例如，新凯恩斯主义经济学从新古典宏观经济学那里借鉴了"理性预期"这一核心概念，并运用它加强了凯恩斯的市场非出清理论。可见，库恩提出的科学研究中各范式之间不会发生交流与借鉴的观点，不适用于经济学领域。当然，激进主义经济学范式下的各学派与主流经济学的交流会异常困难，相互斗争是双方之间关系的基本写照。

经济思想的成长与主流地位的更迭

综观经济思想的发展历程，我们会发现，当占统治地位的理论范式面对社会经济中的新情况与新问题失去解释力时，主流经济学便发生了理论危机，新的思想破茧而出。它们提出新的研究方法和假说前提，力图摧毁旧范式的理论"硬核"，形成新范式。

① 可见，库恩提出的科学研究中各范式之间不会发生交流与借鉴的观点，不适用于经济学领域。

我们称之为经济学上的革命，如“马克思革命”“边际革命”“凯恩斯革命”“货币主义革命”“理性预期革命”等。而落魄的贵族也未必会一蹶不振，它坚忍不拔、根据客观实际进行自我调整。当现实情况变得有利时，传统思想再次复苏，重新走向经济舞台的中心位置。当然，某一经济学范式是否会成为主流学说，根本原因在于它是否符合统治阶级的利益。因此，以下所陈述的内容不包括马克思经济学、社会主义经济学说以及激进政治经济学等对资本主义制度的否定派。

16—17 世纪中叶是重商主义统治欧洲大陆的时代，货币被认为是财富的唯一形态，国家要富强就要最大可能地多拥有货币。18 世纪 50—70 年代，重农主义抛弃了重商主义从流通领域说明财富及其源泉的观点，深入到生产领域分析财富问题。但它仅把农业视为唯一的生产部门，把农产品看作唯一的真实财富，这注定要被资本主义机械大生产的历史潮流所淹没。1776 年，亚当·斯密（Adam Smith，1723—1790）出版《国富论》意味着古典经济学的正式确立。古典经济学维护资本主义的私有产权，认为这是有利于财富增长的制度；它推崇自由竞争的市场模式，强调市场机制会使追求私利的个人对社会利益的最大化做出贡献；它提供了关于财富生产、分配、交换和消费的完备体系，奠定了经济自由主义的理论基础和政策主张。古典经济学征服了政府和大多数经济学家，它自信地宣布：经济学已成为公理，人们只需从这些公理出发进行推导，就可以回答社会经济中出现的问题。约翰·穆勒（John Stuart Mill，1806—1873）曾以权威的口气说道：在基本价值法则方面，几乎没有剩下任何东西可供以后的作家加以改造。然而，不过 20 年就出现了“边际革命”（1870），古典经济学的价值理论被颠覆，边际效用思想的主观价值论广为传播。[①]尔后，阿弗里德·马歇尔（Alfred Marshall，1842—1924）综合古典经济学和边际主义建立的新古典经济学居于正统地位。这一折中式的理论体系建立在人与物的关系及物对人的满足的基础上，它认为，商品价格由市场需求与市场供给两方面决定，自由竞争的市场会自动实现均衡和使社会福利最大化。马歇尔的《经济学原理》（1890 年第 1 版、1920 年第 8 版）统治了经济学的课堂，他的门生占据着英国一半的经济学教授席位。然而，新古典经济学因为无力解释 20 世纪 30 年代“大萧条”和提出对策而走下神坛。正所谓时势造英雄，凯恩斯经济学横空出世。第二次世界大战后，资本主义世界进入黄金时期，新古典综合派将凯恩斯的收入决定论与新古典经济学的微观理论相综合，并宣称混合经济模式将一劳永逸地解决资本主义的经济问题。1971 年，尼克松总统宣称：“现在我们都是凯恩斯主义者了！”然而，就在凯恩斯主义经济学的鼎盛时期，经济自由主义者也没有放弃原则，他们不断地积蓄能量。20 世纪 70 年代，形势发生逆转，凯恩斯主义由于在理论上缺乏微观基础，在政策主张上无法应对“滞胀”局面，受到了严重质

---

① “边际革命”是指 19 世纪 70 年代初在欧洲大陆出现的一股反对古典经济学的思潮，其代表人物为奥地利的门格尔、英国的杰文斯和法国的瓦尔拉斯。他们抛弃了从生产、成本和供给等方面对价值分析的古典经济学传统，从欲望、需求和效用方面研究价值问题，并把这种分析与边际原理结合起来。

疑。20 世纪 80 年代，新自由主义经济学风靡全球。它是对经济自由主义的一次复归，它宣布社会反对国家，市场反对计划和调节，个人权利反对不可抗拒的权威和集体主义。一时间，新自由主义旗帜下的货币主义、供给经济学、理性预期学派等登堂入室，凯恩斯主义则威风不在，甚至成为人们讽刺的对象。这一时期，一批较为年轻的凯恩斯主义者坚持和发展了凯恩斯对市场经济的非均衡分析，并借鉴对手的优点，形成了新凯恩斯主义经济学。他们并未蛰伏太长时间，便受到克林顿政府的重视。20 世纪 90 年代以后，新凯恩斯主义经济学和新古典宏观经济学成为西方最有影响的两大学派，并不断交锋。2008 年席卷欧美的金融风暴改变了双方竞争的总体均势局面。美国时任副财长戴维·麦考米克在回答这次危机与“大萧条”有何不同时说：“1929 年没有凯恩斯，今天人人都是凯恩斯。”这意味凯恩斯主义强势回归，新凯恩斯主义经济学是它成功的代言人。然而，十年后美国特朗普政府的减税计划又为里根经济学传统注入了强心剂，西方主流经济学界的竞争仍在继续。同时，需要注意的是，“二战”后处于非主流位置的经济学派，如现代奥地利学派经济学、新制度经济学、新制度主义经济学和激进政治经济学依然在努力前行，它们为经济学进步所做出的贡献同样值得关注。

也许很多人在有意或无意间忽略了这样一个基本事实，在西方居于正统地位的经济学理论必然符合资产阶级价值观和根本利益的经济学说。当代西方经济学理论有很多值得我们借鉴的地方，但面对新时代中国经济发展的实际情况切不可削足适履，用西方经济学理论对现实生搬硬套。正如道格拉斯·诺斯在诺贝尔经济学奖（1993）的获奖演说中所说：“正式规则、非正式规范及其执行时的特征共同决定了经济绩效……这意味着，将取得成功的西方市场经济的正式政治和经济规则移植到第三世界和东欧经济体并不是它们取得良好经济绩效的充分条件。私有化并非解决经济绩效不好的灵丹妙药。”①

附表 1　各经济学派的“硬核”“保护带”及启示法②

	“硬核”	“保护带”	（正面）启示法
新古典学经济学	理性的、具有完全信息的经济人力图使自己的福利最大化 只讨论最低层次的情感 利他主义可以构成个人偏好的一部分，但是利他主义目标要受到理性人的成本等因素的阻碍 偏好和禀赋的分布是既定的（外生决定的） 静态分析，边际决策 主观价值论 交易关系	价格不会小于零 消费者是价格的接受者 生产要素的边际物质产品递减 劳动分工和专业化 生产要素可以自由流动并且可以相互替代 U 形短期平均成本曲线	考察自利的个人在约束条件下追求效用最大化的市场后果 界定边际条件

① 诺贝尔奖委员会官方网站 https://www.nobelprize.org/prizes/economic-sciences/1993/north/lecture/.

② 根据授课体会及学习以下两部教材绘制。方福前. 当代西方经济学主要流派. 第 2 版. 北京：中国人民大学出版社，2014；Mair, D. and Miller, A., (eds.) A Modern Guide to Economic hought: An Introduction to Comparative Schools of Thought in Economics, Edward Elgar Publishing, 1991.

续表

	“硬核”	“保护带”	（正面）启示法
新古典综合学派	偏好和禀赋的分布是外生决定的 交易关系 预期；动物本能	价格不会小于零 消费者是价格的接受者 生产要素的边际物质产品递减 劳动分工和专业化 生产要素可以自由流动	考察不同类型的经济当事人消费、储蓄和投资决策的宏观经济后果 分析总需求和总供给的决定因素 考察预期对经济当事人决策的影响
后凯恩斯主义经济学	现实主义（强调因果机制，机构和结构之间的相互作用） 积累（运动规律，扩大再生产，厂商而不是消费者是关键的） 市场经济根本上是不稳定的（私人和社会激励是分离的，有效需求不足） 历史时间的重要性（不可逆，均衡分析的有限性，不确定性）	货币非中性 非理性预期 内生的货币供给 价格和工资刚性 社会行为而不是个人主义行为	微观经济学和宏观经济学在未来一体化 经济增长理论和周期理论一体化 习惯和技术变革的作用 定价行为 金融制度的演化 不同制度和历史的比较分析
新凯恩斯主义经济学	市场不完全竞争 价格和工资黏性 长期货币中性 市场不出清 经济不稳定性	个人利益最大化 近似理性预期 市场不完全 信息不对称 劳动力超额供给	非均衡分析的研究方法 需求曲线向右下方倾斜
新古典宏观经济学	理性预期假说 经济内在稳定 动态分析	价格和工资弹性 市场出清 劳动—闲暇跨期替代假说 投资到资本形成的时滞 经济周期模型	短期非利普斯曲线不存在 宏观经济研究计量化、微观化 长期动态分析过程
货币主义	利他主义不是经济人的行为变量 只讨论最低层次的情感 偏好和禀赋的分布是既定的（外生决定的） 交易关系 市场出清（一般均衡） 货币重要	价格不会小于零 消费者是价格的接受者 生产要素的边际物质产品递减 劳动分工和专业化 生产要素可以自由流动 名义货币存量是外生的 货币数量论是对实际货币余额的需求理论 经济人按照适应性预期来行动	考察自利的个人在约束条件下追求效用最大化的市场后果 考察货币对名义收入的影响 识别自然失业率 考察零通货膨胀率的条件
现代奥地利学派经济学	主观需要，直觉和知识 为了满足需要，个人有目的自发地行动，这些行动及其结果完全为个人并且仅仅为个人所知 影响人行动（目的、手段之选择）的价值判断是主观的 关于行动的其他知识可能是准确的或不完全的或错误的	主观效用价值论（主观价值论应为硬核，此处强调与新古典的不同：并非有外生既定的偏好表，而是在主观评值过程中形成偏好顺序，受所处境况影响 生产的迂回性	习惯和习俗在历史上是如何演化的 经济活动是如何协调的 论证大量独立的、自利的决策人形成一种内在联系的经济体系

续表

	"硬核"	"保护带"	（正面）启示法
现代奥地利学派经济学	行为发生在真实时间中 未来是不确定的，环境是不断变化的 过程不是决定性的 经济学包含无意识的结果	消费者的时间偏好 市场（和竞争）是一种学习和发现过程 个人决策是在不确定性下的一种选择行为 制度是演化的 知识是分散的	
激进政治经济学	潜在矛盾关系和结构影响历史发展 唯物主义和人对事物的主观评价之间的复杂关系 资本家的资本积累的基本动机 资本家和工人之间的利益对立	只有活劳动（可变资本）生产剩余价值 利润等于剩余价值 资本家设法通过提高资本有机构成来积累越来越多的利润 公有制的实现形式 资本主义的发展阶段与资本主义的多样化	揭露资本主义（私人产权）制度的缺陷 从资本主义的根本特征开始分析（如劳动力成为商品，资本主义和劳工阶级之间的关系） 资本主义后期阶段的商品和货币关系

附表 2　各学派的核心概念、研究主题和概念①

	核心概念	研究主题	结论
新古典经济学	理性人 机会成本 无差异曲线 消费者均衡 一般均衡（市场出清） 契约曲线 供给曲线 瓦尔拉斯拍卖人 帕累托效率 完全竞争 外部性	消费者选择 交易 生产 市场结构 一般均衡和福利（效率） 资本 特性分析 空间经济学 风险和不确定性	消费者均衡条件生产者均衡条件 一般均衡条件 如果市场都是出清的，那么商品的边际替代率等于要素的边际替代率 在一般均衡状态下不存在生产要素的非自愿失业 不可能性定理
新古典综合学派	边际消费（储蓄）倾向 资本边际效率 消费函数 乘数—加速原理 对货币的投机需求 流通性陷阱 总需求—总供给模型 哈罗德多马模型 索洛模型 菲利普斯曲线	充分就业 总需求 非自愿失业 投资的社会化 现代收入决定论 经济增长 通货膨胀 混合经济模式	非充分就业均衡 私人自发支出会造成有效需求不足 产品市场和货币市场一般均衡 就业量和国民收入由消费倾向、资本边际效率、流动偏好和货币数量决定

① 根据授课体会及学习以下两部教材绘制：方福前．当代西方经济学主要流派．第 2 版．北京：中国人民大学出版社，2014；Mair, D. and Miller, A. (eds.) A Modern Guide to Economic Thought: An Introduction to Comparative Schools of Thought in Economics, Edward Elgar Publishing, 1991.

续表

	核心概念	研究主题	结论
后凯恩斯主义经济学	有效需求 收入分配 均衡是历史时间中的稳定 利息率是货币现象 生产的货币理论 不确定性 习惯 斯拉法的“纯产品”	货币与生产经济 有效需求原理 总需求和总供给 经济周期（短期动态学） 经济增长（长期动态学） 产业结构和定价行为 生产要素 货币 政策 非充分就业	可以通过微观和宏观经济学，以及现代的制度演化来解释滞胀 资本主义经济是内在不稳定的（周期性波动），通常在小于充分就业状态下运行，有内在的通货膨胀趋势：由于争夺收入分配份额 经济增长率越高，利润率就越大，国民收入中利润部分所占份额就越大，工资部分所占份额就越小
货币主义	均衡；一般均衡 瓦尔拉斯拍卖人 帕累托效率 完全竞争 货币数量论 自然失业率 适应性预期 政策有效性 货币幻觉 货币中性 弗里德曼货币需求函数 货币数量假说 持久收入假说 自然率假说	通货膨胀 货币供给 市场出清 预期 理性人 经济周期的货币理论 货币需求	通货膨胀是一种货币 现象 资本主义市场经济是 内在稳定的 货币数量变化对（名义的和实际的）国民收入的影响在短期和长期是不同的 货币政策时滞 货币政策短期有效影响产量，长期无效只影响价格
新凯恩斯主义经济学	市场不出清 微观分析 价格和工资黏性分析 不完全竞争市场 非瓦尔拉斯均衡 利率粘性	经济周期波动 非自愿失业 宏观经济政策制定	经济受到需求或供给冲击后，工资和价格的黏性使市场不能出清 利率也具有黏性使资本市场不能出清 经济处于非均衡状态，产量和就业量周期性波动
新古典宏观经济学	理性预期 动态分析 持续市场出清 货币意外冲击模型 劳动的跨期替代 货币冲击 技术冲击	通货膨胀 经济周期 宏观经济政策无效	经济波动的原因是技术冲击、供给冲击或者货币冲击、需求冲击 理性的个人可以通过市场实现私人经济制度的自我调节，政府干预经济无效
现代奥地利学派经济学	需要 财货 经济财货 使用价值 资本和时间 交换 商品 市场 交易费用	行为人，行动 （技艺和环境的）知识 资本（异质的）和时间（不可逆） 过程（手段），而不是结果（目的）或均衡状态 个人通过市场相互作用 商业周期（货币、信用和经济周期）	经济活动不是决定性的 未来是不能被预测的 货币是一种无意识的产物（是一种社会制度）（垄断货币发行权产生通胀倾向引发商业周期；认为合理制度为金本位制，自由银行制，100%准备金，或货币去国家化、去中心化，竞争货币制） 集中计划不优于市场过程知识的增长是经济进步的主要原因

续表

	核心概念	研究主题	结论
现代奥地利学派经济学	交易媒介 目的 手段 （主观）价值 交换 市场过程 价格 经济计算 货币（交换媒介） 信用（流通）媒介 时间偏好 资本 利率 企业家 知识 自发秩序	计划和福利 认为经济学是人的行为学之分支，研究与交换行为相关的市场现象（交换学） 资本异质性，资本（生产）结构 自发秩序，制度演进	福利不等于健康 货币非中性，货币供应的改变有坎蒂隆效应 商业周期理论：信用扩张人为压低利率，使企业家做出错误的投资计划，改变了资本（生产）结构，表现出繁荣，衰退是对不当投资的清算，是资本结构的恢复调整
激进经济学	阶级 价值（使用价值和交换价值） 剩余价值 利润 财富 福利 不变资本和可变资本 产出 资本的有机构成 剥削率 利润率 商品（资本主义制度的细胞） 生产 竞争 最低生活费用 资本主义发展的不同阶段	劳动价值论 剥削 转形问题（价值如何转化为生产价格，剩余价值如何转化为平均利润） 收入分配的阶级分析 国家在维护资本主义制度方面的作用 劳动力市场分割 帝国主义 经济民主 劳动者自我管理	

第 1 章

新古典综合学派

新古典综合（Neoclassical Synthesis）是第二次世界大战后产生于美国的现代凯恩斯主义经济学的一个重要学派。这一批经济学家不仅致力于发展和完善凯恩斯所创立的宏观经济学，还力图将凯恩斯政府干预经济的理论及政策与新古典微观经济学进行整合，从而为西方国家提供一个政府调控经济的理论依据与政策工具，以使现代资本主义日臻完善。在“二战”后近 30 年里，新古典综合派在西方经济学界占据统治地位，并深刻地影响着政府的经济决策。同时，由学派领袖萨缪尔森编写的《经济学》教科书在跨越半个世纪（1948—2009）的 19 次改版中享誉全球，深刻地影响了西方经济学的理论教学工作[①]。但是，20 世纪 70 年代起，发达资本主义国家的社会经济陷入困境。经济增长停滞与通货膨胀并存的局面严重地打击了自诩已经找到资本主义长期繁荣稳定金钥匙的新古典综合派，新自由主义经济学和激进主义经济学对它进行了猛烈的打击。新古典综合的称谓悄然改称为“后凯恩斯主流经济学”（Post–Keynesian Mainsteam）(《经济学》第 8 版，1970）和“现代主流经济学的新综合”(《经济学》第 12 版，与诺德豪斯合著，1985）。然而，现实经济情况的变化和随之而来的反对派——新自由主义经济学——的兴起对新古典综合造成了很大冲击，动摇了其支配性的霸主地位。沿着新古典综合开辟的道路，20 世纪 90 年代继起的新凯恩斯主义经济学日益壮大，成为现代凯恩斯主义经济学范式的正宗代表。

1.1 新古典综合学派概览

1929—1933 年的“大萧条”，是资本主义历史中前所未有的灾难，资本主义的信誉降至冰点。同一时期，布尔什维克主义发展稳健，法西斯主义甚嚣尘上。当资本主义处于十字路口的历史抉择面前时，约翰·梅纳德·凯恩斯（John Maynard Keynes，1883—1946）以挽狂澜于既倒、扶大厦之将倾的气魄，提出了他扭转危局而又不伤及组织内核的拯救方案。凯恩斯经济学诞生了，这是经济思想发展史的一次重大转折。凯恩斯经济学的出现，不仅标志着现代宏观经济学的诞生，还导致西方世界从自由主

① 1955 年《经济学》(第 3 版）首先提出了“新古典综合”这一称谓。

义向国家干预主义的转折，史称“凯恩斯革命”。然而，要将革命进行到底，还有许多工作要做。最为重要的两项工作是：①进一步补充、完善和发展凯恩斯所开创的宏观经济分析，完善现代宏观经济学体系，并提供适用于战后资本主义国家干预经济所需要的政策分析工具；②处理好凯恩斯经济学与新古典经济学的关系，至少要完成两者形式上的兼容。一大批凯恩斯的追随者正是通过完成以上工作而形成了 20 世纪 50—70 年代在西方世界影响最大、为政府所接纳的学派——新古典综合派。

1.1.1　大幕开启：凯恩斯革命

在揭开新古典综合学派的大幕前，有必要对它的奠基性事件——凯恩斯革命——做简要介绍。20 世纪 30 年代的“大萧条”是一场资本主义历史上从未有过的深刻、持久、广泛的经济危机。崇尚市场自发调节（市场自我出清）的新古典经济学自然对危局无药可下，因为在新古典经济学家的世界中根本不存在持久性的经济波动。要想挽救病入膏肓的资本主义，就必须对传统学说进行修正。所谓时势造英雄，20 世纪最卓越的、坚定的保守主义经济家——凯恩斯——顺势而出。1936 年，他出版的专著《就业利息和货币通论》（本教材以下简称《通论》），是经济思想史上的经典著作，也是凯恩斯经济学产生的标志。它对传统理论进行了更新，建立了一个以国家干预为中心，以挽救资本主义于水火为己任的完整理论体系，为资本主义国家的经济干预政策提供了理论依据。经济学界用凯恩斯的名字称呼这次理论“革命”，说明了凯恩斯个人思想的不朽与重要。简言之，“凯恩斯革命”可以概括为以下几方面。

（1）研究方法上的重大变革。新古典经济学主要分析的是个别企业或部门的供给、需求、价格、收入等；凯恩斯则研究总供给、总需求、总价格、总收入等，提出了关于整个经济体系就业和产量变动的总量分析或宏观分析方法。凯恩斯明确地把经济学分为微观和宏观两部分，并重点研究与国民收入总量有关的宏观问题，运用总量分析方法，创建了宏观经济学的研究范式。

（2）以有效需求不足原理推翻萨伊定律，进行了经济理论的“革命”。[①]新古典经济学认为，自由放任资本主义可以自动实现充分就业的均衡。这一结论来自萨伊定理，即“供给自动创造自己的需求”和“储蓄可以全部转化为投资”。凯恩斯则认为，“有效需求不足”是资本主义的常态，市场的自发调节不可能消除有效需求不足，储蓄也就无法全部转化为投资，会导致“小于充分就业均衡”，因此，失业和萧条成为自由放任资本主义的宿命。凯恩斯认为，充分就业均衡是“特例”，有效需求不足才是“通论”。

（3）在理论构建的基础上，完成了关于政府经济政策的“革命”。新古典经济学坚信的是自由放任，反对政府干预。但凯恩斯指出，总需求不足和小于充分就业均衡是

① 凯恩斯在《通论》法文版（1939）的序言中提出，在萨伊定律统治下的传统经济学对失业和商业循环问题无法做出正确解释，他正是要破除萨伊定律的教条。

资本主义的常态，而自由市场经济的自发调节根本无力扭转这一局面。因此，必须依靠政府干预，实行需求管理，才能克服市场自发调节的不足，实现理想的充分就业均衡。

新生事物往往会引发争议，1936—1940 年，学术界一直在热烈地讨论凯恩斯经济学的合理性或可行性。但世界大战的阴霾已然来临，当各国政府开始极力扩军备战时，失业的冻土悄然松动。战争期间，在巨额财政开支的刺激下，高悬的失业率顷刻间变成了劳动力的极度匮乏，巨大的战争消耗使参战各方都开足马力、努力生产。例如，1939—1944 年，美国的制造业、采矿业、建筑业的产出翻了一番，生产能力增加了 50%，失业率从 20%降至地平线。政界和学界认为，世界大战验证了凯恩斯传奇，各国政府开始重视凯恩斯的学说和政策主张，将充分就业作为施政的重要目标。1944 年，英国政府发表《就业政策白皮书》，体现了凯恩斯的主张。翌年，加拿大和澳大利亚政府相继发表文告，宣布以实现充分就业作为战后施政的重要目标。1946 年，美国国会通过《就业法》，赋予政府法律意义上的责任去运用税收、借款、投资等手段来“促进充分就业”。这是资本主义国家经济政策史上的一个重要转折点，资本主义再次被认为是一种有希望的、合理的社会经济制度，凯恩斯经济学成为资产阶级政府经济政策的指导思想。

凯恩斯经济学之所以能成为西方主流经济学，根本原因在于它符合资产阶级的利益。面对 20 世纪 30 年代“大萧条”对资本主义统治根基的影响，凯恩斯在指明新繁荣道路的同时，却没有危及资本主义的价值理念。那么，他是如何做到的？在为自由放任的资本主义制度辩护的新古典思想体系中，其主要信条可以概括为：①资本主义市场经济通过价格机制这一“看不见的手”来实现经济效率与资源配置；②关于分配的边际生产力理论认为，劳动者获得了合理的报酬，因而资本主义市场经济是实现公平分配的最佳方式；③市场的自发调节可以自动实现均衡，这意味着政府的主要功能是维护私有财产的合法性及保证商业契约的履行。

对于新古典主义经济学所倡导的三个信条，凯恩斯宣布放弃最后一个，即任由市场自发调节可以使产出达到充分就业均衡的信条。但是，他支持了前面两个，即分配的边际生产力理论（劳动者获得与其产出相等的报酬）和市场价格机制是具有效率的资源配置方案。凯恩斯希望政府在资产阶级追求利润的过程中尽可能地保持沉默，而在挽救社会于经济危机时挺身而出。这正是凯恩斯经济学对于资产阶级的无穷魅力，尽管争议与批评在它产生时便如影随形，但如弗兰克·奈特（Frank Knight，1885—1972）所言，“我们可以驳斥凯恩斯提出的个别命题。但是，如果我们推翻他的整个体系，那我们便会错过挽救资本主义的最后机会。”

1.1.2 对凯恩斯经济学的补充和发展

《通论》的读者群定位于专业人士，目的是向经济学家们布道新说。其篇幅不大，但无论从行文还是观点上讲，都是一本公认的晦涩难懂之作。英国著名经济学史家马克・布劳格（Mark Blaug，1927—2011）指出，“在整个经济学的历史中，该书仍然是最难懂的著作之一……难以理解的文句、含糊不清的表达方式以及一次又一次的脱离正题的论述”。萨缪尔森表示自己最初看不懂此书，“它是一本撰写不良的书，结构松散；任何外界人士，如果仅凭该书作者过去的声誉而购买该书的话，他的购书款可以说是上当受骗了”。[①]因此，凯恩斯主义者的一个首要任务就是将凯恩斯经济学通俗化以推而广之。汉森、萨缪尔森是这一工作的杰出代表。同时，《通论》所开创的宏观分析和宏观经济学尚不完善，主要体现在如下方面：①只有宏观理论，摒弃微观学说；②过分强调需求，忽视供给；③注重短期比较静态分析，没有长期动态分析；④没有对商品市场、劳动市场、货币市场和国际市场进行一般均衡分析；⑤为应对“大萧条”而采取的极端做法（如人为破坏后再修复、奢侈浪费）已不适应“二战”后资本主义国家的实际情况；⑥旨在刺激有效需求而提出的政策主张比较笼统，且过分强调财政政策，而不重视货币政策。

为了完善和推广凯恩斯主义学说，新古典综合派做了大量的理论工作：①希克斯、汉森及莫迪利安尼的 IS–LM 模型，米德、金德伯格、蒙代尔、弗莱明等人的“开放经济”模式，这些模型把凯恩斯的思想放入一般均衡的框架内，并构建了现代收入决定论；②萨缪尔森的 AS–AD 模型，它将价格水平和总供给引入宏观经济理论分析框架；③汉森、萨缪尔森的“引致投资”和“加速原理”的学说，多马、哈罗德、索洛的经济增长理论，它们在投资与收入之间的关系方面将凯恩斯的短期比较静态分析发展为长期动态分析；④杜森贝里的“相对收入假说”，莫迪利安尼、布伦贝和安多提出的“持久财产假说”，摩根等人的“消费决策影响收入假说”，这些假说在消费与收入之间的关系方面把凯恩斯的短期比较静态分析发展为长期动态分析；⑤克莱因等人首次完整地将凯恩斯经济理论数量化，提出计量经济模型进行经济波动、经济预测及宏观政策的研究。

同时，在政策建议方面主要有：①汉森、萨缪尔森的“补偿性财政政策与货币政策”和“相机抉择行动”；②海勒、托宾和奥肯的充分就业的经济政策。这些政策主张得到美国政府的采纳，强化了新古典综合派在战后经济学界的统治地位。经过新古典综合派的努力，宏观经济理论有了重大发展，现代凯恩斯主义经济学基本形成。新古典综合派荣誉等身，下面介绍这一派的主要代表人物，尔后来分析他们开创的“综合”事业。

1.1.3　代表人物

阿尔文・汉森（Alvin H.Hansen，1887—1975）是美国早期重要的凯恩斯主义者，

① 转引自高鸿业. 一本挽救资本主义的名著. 济南：山东人民出版社，2002：2-3.

阿尔文·汉森

萨缪尔森的引路人。他出生于美国南达科他州的维堡，1918 年获得威斯康星大学博士学位。先后在明尼苏达大学、斯坦福大学和哥伦比亚大学任教，1937 年转至哈佛大学直至 1956 年退休，期间培养了萨缪尔森等著名经济学家。1938 年当选美国经济学会会长，在罗斯福新政时期，任政府经济顾问。汉森以传播和发展凯恩斯经济学为己任，其著作《凯恩斯学说指南》（1953）是当时最畅销的凯恩斯主义入门读物。他用一般均衡的方法发展了希克斯的 IS–LM 模型，说明当产品市场和货币市场同时均衡时，国民收入与利率起决定作用。他与萨缪尔森提出了解释经济周期的乘数—加速数模型，这些都成为新古典综合派的核心理论。汉森的主要著作有：《充分复苏，还是停滞》（1938）、《财政政策与经济周期》（1941）、《货币理论与财政政策》（1949）等。

保罗·萨缪尔森

保罗·萨缪尔森（Paul A. Samuelson，1915—2009）是新古典经济学的领军人物、首届约翰·克拉克（John Clark）奖得主（1947）[1]和首位获诺贝尔经济学奖（1970）的美国人[2]。他出生于美国印第安纳州的一个犹太家庭。16 岁进入芝加哥大学专修经济学，1936 年获芝加哥大学文学硕士学位，1941 年获哈佛大学理学博士学位。在哈佛大学师从美国著名凯恩斯主义经济学家汉森，成为坚定的凯恩斯主义者。[3]起初，萨缪尔森想留校任教，但只能申请到普通讲师席位，于是，他选择去了经济学水平不高的麻省理工学院，直至退休。期间，拒绝了母校于 1954 年对他的任教邀请。在实践工作方面，他曾任肯尼迪政府总统调查咨询顾问和美国国家计划局经济顾问。萨缪尔森著有：《经济分析基础》（1947）、《线性规划与经济分析》（1958，合著），前者是数理经济学的经典之作，使新古典经济学的主体内容

① 这个奖项是奖给 40 岁以下年轻有为的经济学家的，俗称“小诺贝尔经济学奖”。

② 该奖项由瑞典央行发起和资助的奖项，名称实为“瑞典国家银行纪念诺贝尔经济科学奖”（The Sveriges Riksbank Prize in Economic Sciences in Memory of Alfred Nobel）。它并非根据阿尔弗雷德·诺贝尔的遗嘱所设立的，是唯一由诺贝尔基金会官方颁发的“非诺贝尔奖”（non-Nobel Prize），也未取得诺贝尔家族后裔的授权（并受到其质疑）。当然，其评选程序与其他奖项相同。国内媒体一般将其简称为“诺贝尔经济学奖”。本书为叙述方便，均使用诺贝尔经济学奖这一称谓。

③ 汉森正领导着凯恩斯学说在美国的传播工作。汉森主持财政政策研讨班，带领学生学习《通论》，把凯恩斯的学说译成简单明了的语言和易懂的图形和数学公式，吸引了包括萨缪尔森在内的很多热情高涨的学生。新古典综合派的许多代表人物都是从这里走出去的。

有了经典的数学表述形式，后者把价格理论、线性规划和增长理论结合起来，是计量经济学兴起的重要作品。萨缪尔森最广泛的影响和杰出贡献来自于《经济学》教科书。1948 年，《经济学》出版，这部教材用简单明了的代数和图表阐述了凯恩斯的宏观经济学理论，并对现代经济理论的各种观点进行了综合。这部教材大概每三年再版一次，以使其可以充分反映经济学的新进展。至 2009 年该书第 19 版发行，被译成 43 种文字，发行千万册，成为经济学学科的入门课程和标准教材。在这位现代经济学少有的通才大师辞世时，美联社在报道中将萨缪尔森的一生主要成就概括为：他将数学分析方法引入经济学，帮助经济困境中上台的肯尼迪政府制定了著名的“肯尼迪减税方案”，并且写出了一部被数百万大学生奉为经典的教科书。

詹姆斯 · 托宾

詹姆斯 · 托宾（James Tobbin，1918—2002）是新古典综合派的主要代表。他于 1947 年取得哈佛大学博士学位，毕业论文研究的是消费函数问题。1950 年起一直在耶鲁大学任教，1958 年当选美国计量经济学会会长，1961 年任肯尼迪总统的经济顾问，1971 年当选美国经济学会会长。托宾的研究成果丰硕，以其名字命名的经济学名词有“托宾的 q 值”“托宾说”“蒙代尔—托宾效应”“托宾分析”等。1972 年，他发表《通货膨胀与失业》一文，研究劳工市场上的均衡和失衡问题，用市场结构的变化来解释失业和通货膨胀并发症。1981 年，获诺贝尔经济学奖。托宾的主要著作有：《国民经济政策》(1974)、《经济学论文集：宏观经济学》(1974)、《十年来的新经济学》(1974)、《经济学论文集：消费与经济计量学》(1975) 等。

新古典综合派的代表人物在美国还有：阿尔文 · 弗兰科 · 莫迪利安尼（Franco Modigliani，1918—2003）、罗伯特 · 索洛（Robert M. Solow，1924—）、劳伦斯 · 克莱因（Lawrence R. Klein，1920—2013）、沃尔特 · 海勒（Walter W. Heller，1915—1987）、阿瑟 · 奥肯（Arthur M.Okun，1928—1980）、詹姆斯 · 杜森贝里（James Stemble Duesenberry，1918—2009）等；在英国有约翰 · 理查德 · 希克斯（John R. Hicks，1904—1989）、詹姆斯 · 米德（James E. Meade，1907—1995）等。除萨缪尔森和托宾之外，希克斯、米德、索洛和莫迪利安尼先后于 1972 年、1977 年、1985 年和 1987 年获诺贝尔经济学奖，可以视为新古典综合派在学界显赫一时的表征。

1.1.4　凯恩斯经济学与新古典经济学的综合

在宏观经济学取得长足进步的氛围下，无法回避的是整个西方经济学理论体系出现分裂的尴尬。这集中表现在两个方面。①新古典经济学以价格理论为核心展开，而宏观经济分析以收入决定理论为核心展开。这两个核心本就是各自发生的，价格理论不能运用于宏观，而宏观分析则缺乏微观基础。②这两种经济学的结论相互抵触。新古典经济学代表经济自由主义思潮，它坚信通过市场价格机制自发地调节经济活动，便可以达到社会福利最大化，政府应尽可能少地干预经济。凯恩斯经济学代表国家干预主义思潮，它认为市场自发调节无法使产出达到充分就业，政府应干预经济。基于以上分歧，双方在逻辑思路、分析方法与政策主张等方面各执一词。但这两种不同范式的经济学都倡导资本主义的价值观，符合资产阶级的口味。究其利益本质，凯恩斯经济学是形式上的新说，凯恩斯骨子里仍然是坚定的保守主义者。例如，凯恩斯虽不认同新古典经济学的基本理论支柱，指出这只是特例情况。但他又说："我们对于经典学派理论之批评，倒不在发现其分析有什么逻辑错误，而在指出该理论所根据的几个暗中假定很少或从未能满足，故不能用该理论来解决实际问题。但是实行管理之后，总产量与充分就业下之产量相差不远，则从这点出发，经典学派理论还是对的。"[①]这意味着，在实行凯恩斯主义达到充分就业之后，新古典经济理论仍将再度适用。可以说，凯恩斯的立场和战后现实社会经济发展的需要，推动了新古典综合派的经济学家们致力于将这两个经济学范式综合在一起，使西方经济学过渡到一个新时代，以保资本主义的长治久安。

所谓新古典综合，是指将马歇尔为代表的新古典经济学与凯恩斯经济学综合在一起，组成一个集宏观经济学和微观经济学之大成的经济理论体系。一系列在凯恩斯思想基础上的最新研究成果构建"宏观经济学"，而传统经济学理论，如价格理论、消费理论、生产理论、分配理论、一般均衡理论与福利经济学形成"微观经济学"。如前面所说，凯恩斯经济学和新古典经济学虽然是两种不同的范式，但两者的价值取向一致，使他们有了沟通的前提。凯恩斯经济学缺乏微观基础——价值论（价格）和分配论，新古典经济学恰好可以弥补这一不足。通过这样一种新的综合，凯恩斯主义宏观经济学和新古典微观经济学被安排在一个统一的理论框架之中，形成了现代西方经济理论教学体系的基本面貌。

萨缪尔森是这次大综合的核心人物。1948 年，他出版新式经济学教科书《经济学》。[②]这本影响巨大的教材是新古典综合派理论形成与发展的直接代表和高度浓缩，它也不断地从各种反对派那里汲取营养，以图自我进步。"新古典综合"一词最早出现在《经济学》第 3 版（1955），它"把早期经济学和现代收入决定论中的任何有价值的东西集合起来"，这一综合工作"弥补了总量宏观经济学与传统微观经济学之间的鸿沟，并使它们成为一个整体"。1958 年的《经济学》第 4 版对新古典综合的表述为，"将现

① [英]凯恩斯. 就业利息和货币通论. 徐毓枬，译. 北京：商务印书馆，1983：326.

② 1948 年，美国经济学家肯尼思 · 艾瓦特 · 博尔丁（Kenneth Ewart Boulding，1910—1993）在教科书《经济分析》中首次从教学角度提出了宏观经济学、微观经济学这两个术语。

代收入决定的合理内核与古典经济学原理的综合。它的基本原则是：通过收入分析解决货币政策和财政政策中的重要问题，使古典理论重新有效。"1961 年的《经济学》第 5 版提出了"新古典学派综合"的称谓，并在 1967 年的第 7 版中强调了这一名称，并宣告综合工作已阶段性完成。需要注意的是，这时的《经济学》仍是以"宏观经济学"为主体内容。正如萨缪尔森在教材第一版的序言中开宗明义地指出，"国民收入"是贯穿《经济学》的主线。本书只是在第三篇以"国民产出的构成与定价"为题用了 4 章篇幅简述了"微观经济学"的基本原理。在以后的改版中，微观经济学仍是以附属于宏观经济学的定位出现。

尽管《经济学》教科书产生了重大影响，但新古典综合派难以说已经将微观经济学与宏观经济学进行了有机整合，新古典综合本身是矛盾和不一致性的。如斯蒂格利茨所说："在实质上，这（指新古典综合体系）就是把经济学分为两个不同的部分。在一个部分中，当社会的经济资源没有达到充分就业时，宏观理论便能够适用；在另一个部分，当社会的资源达到充分就业时，微观理论就发生作用。这种二者相互独立而很少关联的理论体系在教科书的写作和课程的教学上得以反映出来；先讲微观、后讲宏观，或者把次序颠倒过来都是无所谓的事情。"[①]新古典综合派也认识到这个问题，他们借助于"长期"和"短期"来自我诠释：在长期中，新古典经济学行得通；而在短期内，由于货币工资的刚性，缺乏利率弹性的投资需求和货币需求等原因，凯恩斯主义行得通。但这暗示着凯恩斯的理论学说和政策主张不过是使新古典经济学重新适用的手段而已，凯恩斯的通论反过来变成了新古典经济学的特例。这种解释招致凯恩斯非均衡学派和后凯恩斯主义者的严厉批判。

更严峻的挑战来自现实的变化，20 世纪 70 年代起，西方世界发生了前所未有的、新古典综合理论蓝图中不可能发生的"滞胀"局面，使新古典综合派遭受重创。在《经济学》第 10 版（1972）中"新古典综合"已不见踪影，萨缪尔森使用了"后凯恩斯主义经济学"（Post–Keynesian Economics）这一新名词。1985 年，"两代经济学家"萨缪尔森与威廉姆·诺德豪斯（William D. Nordhaus，1941—）[②]出版《经济学》第 12 版，萨缪尔森说它是"最彻底的一次修订"。由此，萨缪尔森所领衔的学派正式以"现代主流经济学的新综合"这一新的折中体系出现。从形式上看，微观经济学成为与宏观经济学对等的篇目，形成了现代主流经济学教科书的基本框架。在微观部分加入了许多

---

① 转引自萨缪尔森. 经济学. 第 18 版. 北京：人民邮电出版社，2008：译者序.

② 诺德豪斯 1967 年获麻省理工学院经济学博士学位，师从萨缪尔森和索洛。毕业后至今在耶鲁大学任教，主讲"经济学原理"课程，曾担任该校教务处长和副校长。1977—1979 年，任卡特总统经济顾问。1972 年，他和托宾提出"净经济福利指标"（Net Economic Welfare）。他们提出，把污染等经济行为所产生的社会成本从 GDP 中扣除；同时，加上一直被忽略的家政活动、社会义务等经济活动。按此计算，1940—1968 年，美国每年"净经济福利"所得只有 GDP 的一半。1968 年以后，"净经济福利"占比继续降低。由于他在气候变化经济学上的成绩，于 2018 年荣膺诺贝尔经济学奖。

最新的理论成果，尤其是在宏观部分，作者把作为凯恩斯主义对立面的货币主义、供给学派、理性预期这三个学派的某些观点纳入教材的编写内容。由于这种转变，《经济学》维持了作为世界重要现代经济学教材的地位。但无法回避的现实是，新古典综合的改进主要是形式上的进步和内容上的充实，微观与宏观仍未能被融汇到一个完整的分析框架之中。实际上，西方经济学理论的分裂反映的是在稀缺资源配置的过程中市场机制与国家调节之间的矛盾。新古典经济学揭示了自由市场经济的工作原理，而凯恩斯经济学说明了国家干预的必要性。需指出的是，新古典综合派在进行理论构建和提出经济政策时，遵循的是萨缪尔森推崇的“辉格史观”原则，即把现代资本主义经济或干脆就是美国资本主义作为理想社会形态，遵循科学精神，单纯利用数学工具来分析现实问题（他们对待经济学说史同样如此）。在“二战”后 20 余年资本主义发展的“黄金时代”，微观经济学和宏观经济学之间貌合神离的问题似乎可以忽略，然而，当现实表现出与原有理论描述有着很大差异时，潜在矛盾便集中爆发了。在 20 世纪 70 年代以后，新古典综合的统治性地位开始减弱，经济学处理宏观和微观的关系研究呈现出两种思路：使宏观理论适应微观理论（新古典宏观经济学的办法），或使微观理论适应宏观理论（新凯恩斯主义经济学的办法）。

1.2 混合经济理论

资本主义经济是生产资料私有制的市场经济，价格机制在调节资源配置方面起基础性的作用。然而，20 世纪 30 年代的“大萧条”和凯恩斯经济学证明了市场经济存在失灵，任其完全自由已不符合现代资本主义社会经济发展的现实需要。这意味政府需要适当地干预经济生活。当然，这种干预，并非重商主义、法西斯主义或斯大林模式，而是凯恩斯主义的干预，即国家对经济的干预必须以市场经济为基础进行。新古典综合派在凯恩斯学说的基础上，以现代资本主义社会经济稳定发展的实际需求为目标，构建起自己的理论体系。他们提供了更加详实具体的理论观点和政策方案，并把这种政府和市场共同起作用的经济称作“混合经济”（mixed economy）。本节介绍混合经济的基本内涵及其理论模型，其政策主张放在最后一节。

1.2.1 混合经济的基本内涵

混合经济思想来源于凯恩斯。他在《就业利息和货币通论》第 24 章中曾指出，挽救资本主义的“唯一切实办法”，就是扩大政府的机能，“让国家之权威与私人之策动力量互相合作”。[①]汉森进一步发挥了这个思想，提出“双重经济”（dual economy）的概念。他在《财政政策和经济周期》（1941）一书中指出，19 世纪末期以后，世界

① [英]凯恩斯. 就业利息和货币通论. 徐毓枬，译. 北京：商务印书馆，1983：326.

上大多数资本主义国家的经济，既不是纯粹的私有经济也不是纯粹的“公共经济”，而是一种私人经济活动与政府经济活动同时并存的“公私混合经济”或“双重经济”，它包括“双重生产经济”与“双重消费经济”。前者是指生产中除了私人活动外，还有政府的活动，如建立国有企业、政府投资基础设施等；后者是指“收入与消费的社会化”，即政府建设廉租房，政府在公共卫生、社会保障和社会福利等方面的支出。汉森指出，企业国有化不是“双重经济”发展的方向，不能改变经济私有制运行的这一基本模式。

萨缪尔森对混合经济思想做了更全面的阐释。他指出，“混合经济”有两种含义。①混合经济是“国家机关和私人机构都实行经济控制”的制度。在这里，一方面，价格机制在市场经济中发挥基础作用；另一方面，政府也加强了对经济活动的干预。“我们的经济不是纯粹的价格经济，而是混合经济；在其中，政府控制的成分和市场的成分交织在一起来组织生产和消费”。[①]②混合经济是“垄断和竞争的混合制度”，资本主义经济既不是一个完全竞争经济，也不是一个完全垄断经济，而是两者交织并存。这种经济制度在两种含义上是混合的，即“政府限制私人的主动性；垄断的成分限制完全竞争的作用”。[②]

可见，所谓混合经济是指既有市场机制发挥作用，又有国家干预的经济。当然，这仅是一种粗略的说法。自资本主义诞生之日，就有政府干预的存在。但在自由资本主义时代，政府的规模及其经济职责十分有限，即维护市场经济运行所必需的法律秩序，和承担某些私人无力进行或不愿意进行的公共事业和公共设施建设。而在混合经济下，政府要有意识地干预经济生活以实现某些预先设定目标。这意味它的职权和规模均有扩张。但需要强调的是，政府不是要代替市场，二者之间有一个基本的分工：生产什么、生产多少、如何生产和为谁生产等问题主要由私人企业和市场解决；政府则执行政策来调节市场运行的主要参数，间接地影响微观经济主体的决策，以弥补市场失灵和实现经济稳定增长。“调控”一词很好地表达了政府干预的性质，即采取的是经济手段而非行政手段。混合经济是一种新型的资本主义经济体制，是自由资本主义—垄断资本主义—国家垄断资本主义之后的现代资本主义经济形态。

1.2.2 混合经济的理论模型

按照凯恩斯的观点，资本主义经济社会的一个显著缺点在于不能提供充分就业。凯恩斯建立了一个简单的模型，说明了国民收入水平（它决定总产出和总就业量）如何由总支出水平决定，以及总支出水平为何不足以产生充分就业下的均衡国民收入水平。他强调政府必须干预经济，干预的重点是保证一个充足的总支出水平，其他空间

① [美]萨缪尔森. 经济学：上册. 高鸿业，译. 第 10 版. 北京：商务印书馆，1981：70.

② [美]萨缪尔森. 经济学：上册. 高鸿业，译. 第 10 版. 北京：商务印书馆，1981：82.

留给市场发挥作用，从而在保留效率和自由的同时实现资本主义的长期繁荣。为此，他提出了以刺激性财政政策为核心的方案。在此基础上，新古典综合学派形成了一整套适合用于混合经济制度的理论模型及政策主张。他们所提出的宏观经济模型主要有三个，都是“宏观经济学”课程的入门知识，这里只做轮廓性介绍。

1. 收入—支出模型

它是凯恩斯有效需求决定国民收入理论的解释和拓展。这一模型指出，决定国民收入水平的是有效需求水平即总支出水平，即总支出 = 私人消费 + 私人投资 + 政府支出 + 净出口（在开放经济条件下），即宏观经济学教材中的公式：$Y = C + I + G + \mathrm{NX}$。由于边际消费倾向递减规律和资本边际效率递减规律，私人的消费和私人的投资不足以达到充分就业水平，特别是后者总是极不稳定。通常的情况是，投资或者大于充分就业下的均衡，或者小于充分就业下的均衡，由此产生了通货膨胀和通货紧缩的两个缺口，这两个缺口要靠政府的支出加以抵消。这是凯恩斯主义财政理论的基本观点。

2. IS-LM 模型

这一模型首先出现于《经济学》第 7 版（1967）第 18 章“货币分析与收入分析的综合”。它把凯恩斯的思想置于一般均衡框架，构建了新古典综合的现代收入决定论。凯恩斯在《通论》中所考察的经济体系实际上是由三个市场——商品市场、劳动市场和货币市场——组成的，但他集中研究商品市场上消费和投资的变化以及储蓄和投资的变化如何决定产量和收入水平。这是因为，他假定资源和技术不变，以及充分就业之前劳动供给曲线完全弹性，由此，商品市场上的产量和收入水平一经决定，劳动市场上的就业量也就被决定了。凯恩斯虽明确指出，收入的变化必然会改变货币需求，影响到利息率；而利息率的变化也必然会反作用于投资，影响收入水平。但是，他在考察商品市场的收入决定时假设利息率不变，在考察货币市场的利息率决定时假设收入不变。他始终没有对收入水平的变化和利息率水平的变化进行同时分析。希克斯、汉森采取一般均衡分析方法，使收入和利息率在投资、储蓄、货币供给和灵活偏好这四个因素的相互作用下同时被决定，从而给出了商品市场和货币市场同时达到均衡的条件。并且，这也提供了对货币政策和财政政策的作用的说明。政府的财政政策决定了 IS 曲线的位置，而货币当局的货币政策决定了 LM 曲线的位置，通过搭配使用这两种宏观经济政策，政府可以调控出适宜的利息率及国民收入水平。新古典经济学所强调却被凯恩斯所忽略的货币政策重新受到重视，至少与财政政策同等重要。不过，凯恩斯和新古典经济学关于货币政策作用的不同观点在 LM 曲线的斜率中得到反应。

3. AS-AD 模型

20 世纪 70 年代的滞胀局面使新古典综合派的观点遭到广泛质疑。为了摆脱困境，新古典综合派在吸纳了各反对派的某些观点后，进行了一次新的所谓“成熟的综合”。

总供给总需求（AS-AD）模型正是这次综合的主要成果之一。该模型在《经济学》第12 版中提出，力图替代 IS-LM 模型，成为新古典综合派分析宏观经济问题的核心工具。AS-AD 模型将用于解释“滞胀”现象。按照萨缪尔森的说法：“我们把各种不同的思想流派——凯恩斯主义、古典学派、货币主义、供给学派、理性预期学派以及现代宏观经济学——综合在一起。在综合成的单一理论框架中包容萧条、超级通货膨胀问题以及关于挤出效应的争论。”①

如图 1-1 所示，纵轴表示价格总水平（P），横轴表示实际的国民收入（y），y_f 表示充分就业条件下的国民收入或潜在的国民收入，LAS 是长期的总供给曲线，AS 是短期的总供给曲线。这个模型要说明的问题有以下几个。

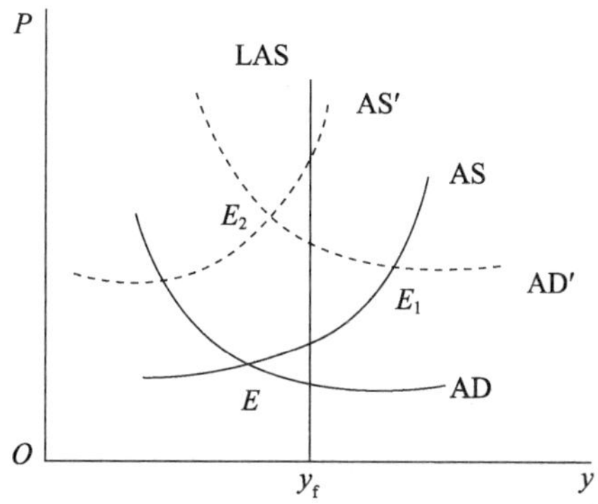

图 1-1　AS-AD 模型

（1）市场自发调节的结果使 AS 与 AD 相交于 E 点，在这一点的价格总水平 P、实际国民收入 y 和就业量 N 都很低，经济处于萧条状态。

（2）短期内，通过政府干预，AD 上移到 AD′，AD′与 AS 相交于新的均衡点 E_1，在这一点，价格总水平、实际国民收入和就业量都较高，意味着经济处在繁荣阶段。

（3）如果总供给缺少刺激或总供给遭受负向冲击，AS 移动到 AS′，如果政府进行干预，AD 移至 AD′，E_2 为新均衡点。可见，通胀率很高，就业量和实际的国民收入水平较低，发生滞胀。

（4）由于总供给曲线是垂直的，总供给没有弹性，所以总需求的变动只影响价格总水平，不能改变就业量和实际的国民收入。

AS-AD 模型的政策含义是，在短期，政府干预是有效的，扩张性的宏观经济政策有助于把经济由非充分就业状态推进到充分就业状态。在长期，宏观经济活动水平（总就业量和实际的国民收入）由经济体系中的实际因素决定，市场机制在资源配置方面起主导作用。

① 萨缪尔森，诺德豪斯. 经济学：上册. 第 12 版. 北京：中国发展出版社，1992：2.

1.3 增长与波动、通货膨胀与失业

在构建了混合经济的理论体系之后，新古典综合派对现代资本主义经济的增长与波动，以及通货膨胀与失业等问题进行研究。这些研究进一步推动了经济理论的发展，这些理论学说成为“宏观经济学”和“发展经济学”的必讲内容，以下仅做简要介绍。本节重点阐述的是，新古典综合派在理论体系形成及受到现实经济变化冲击的过程中，对通货膨胀与失业之间关系的论述。

1.3.1 经济增长与经济周期

1. 经济增长理论

凯恩斯经济学关注的是短期问题，新古典综合派则需要对战后现代资本主义经济如何实现长期繁荣做出解释。1956 年，索洛和斯旺（Trevor Swan，1918—1989）①将凯恩斯经济学和新古典经济学相结合，提出了各自的经济增长模型。1961 年，米德在《新古典经济增长理论》一书中，对各种新古典综合派的经济增长模型进行了系统阐述。新古典经济增长理论的主要特点如下。①它强调劳动增长、资本增长和技术进步等总供给方面的因素在经济均衡增长中的决定作用。②它引入了新古典经济学的价格理论，即通过市场机制，各生产要素都将得到充分利用，使经济趋向充分就业的均衡增长。并且，通过对利息率的调节，使投资等于储蓄。③它根据新古典经济学的边际生产力决定生产要素价格的理论，认为生产要素相对价格的变化，会使资本家改变所使用的生产要素组合（前提是生产要素之间具有完全的替代性）。因此，可以通过改变资本—产出比率，调整投资与储蓄的关系，保证经济实现充分就业的均衡增长。

萨缪尔森指出，新古典经济增长理论证明现代资本主义社会可以实现充分就业和均衡增长：“在这样一种社会中，由于任何从消费中节余下来的储蓄部分都可以转化为资本，所以任何经济增长率都是‘有保证的增长率’。究其原因在于：①不存在储蓄与投资相脱节的问题；②资本—产出比率不是一个固定不变的常数。”②可见，新古典经济增长理论引入新古典的微观经济学来补充凯恩斯宏观经济学，使市场与政府共同发挥作用，从而证明了混合经济完全可能实现充分就业。

2. 经济周期：“乘数—加速原理”

汉森注意到凯恩斯的“乘数原理”与阿夫塔里昂、克拉克等人的“加速原理”之

---

① 特雷弗·斯旺是澳大利亚著名经济学家，澳大利亚国立大学首任经济系主任。索罗在美国经济学会于 2007 年为他举行的经济增长理论研讨会上对斯旺的经济增长模型给予高度评价。

② 萨缪尔森：《经济学》第 11 版，第 702 页。转引自蒋自强等. 当代西方经济学流派. 第 2 版. 上海：复旦大学出版社，2001：39.

间存在一种相互作用，他建议萨缪尔森运用数学方法进行探讨。1939 年，萨缪尔森发表《乘数分析与加速原理的相互作用》一文，提出了乘数—加速原理的动态经济模型，用以解释经济周期性波动的原因及幅度。这个模型可以做如下简要表述。

假定当前的经济中存在失业，产出开始增加，不断提高的产出通过加速引来新的投资，新投资进一步通过乘数使产出增长。因此，产出增长率得以自动维持。在某一时刻，自行维持的复苏会碰到充分就业的最高限度，经济就会走向衰退。因为只要经济增长停滞，加速数的作用便会带来支持繁荣的高投资额下降。当经济衰退达到一定限度时，乘数—加速原理又会发挥作用使经济自动走向复苏。因为在产出骤然下跌时，加速原理要求负的投资，但对厂商而言，总投资不可能是负数，因而投资下跌存在一个下限。在这一点，厂商进行某种新的投资，经济再度起飞，新一轮的周期开始。简言之，在现代资本主义社会，外部力量使经济波动出现，而一旦波动开始，内部的加速和乘数的理论使之维持下去。

1.3.2　菲利普斯曲线

按照标准的凯恩斯经济理论，有效需求不足引起失业，过度需求产生通货膨胀，由于需求过度和需求不足不会在经济中同时发生，因此，通货膨胀与失业就不可能同时并存。凯恩斯的政策药方简单明了：对总需求实行微调，在低于充分就业时实行扩张性的财政政策和货币政策，在高于充分就业时则实行相反的政策。这被称为“需求拉动的通货膨胀理论”。然而，自 20 世纪 50 年代后期开始，发达国家的社会经济现实表明：通货膨胀和失业都是经济增长过程中无法回避的现象。由此，问题并不是简单地在失业和通货膨胀之间取舍，而是需要考虑如何对这两个苦果进行权衡和调控。传统的凯恩斯经济学无法回答这个问题。因此，当菲利普斯提出了一条表示失业和通货膨胀之间的交替关系的曲线时，它很快就被结合到新古典综合的基本理论框架之中。

1958 年，英国伦敦经济学院的新西兰籍教授奥尔本·威廉·菲利普斯（A.W. Phillips，1914—1975）在《经济学报》上发表《1861—1957 年英国的失业和货币工资变动率之间的关系》一文。他根据英国这些年份的统计资料，画出了一条反映失业率与货币工资变化率关系的曲线（如图 1-2 所示）。这条曲线表明，货币工资变动率与失业率之间存在着此消彼长的相互替代关系。当失业率较低时，货币工资增长率较高；失业率较高时，货币工资增长率较低。菲利普斯的结论是：在英国，如果能保持 5% 的失业率，货币工资水平就会稳定，低于此失业率，货币工资增长率就会超过劳动生产率的增长率。受菲利普斯的启发，萨缪尔森和索洛在《美国经济评论》（1960）发表《实现和维持稳定的价格水平：反通货膨胀的政策性分析》一文，他们根据统计资料绘制了一条美国 1933—1958 年的菲利普斯曲线。他们指出：“这条曲线表达了在不同程度的失业和价格稳定之间的菜单选择，这是从过去 25 年的美国经济数据中初步估计出来的。”“要使工资增长率低于美国年均 2.5%的劳动生产率增长，就不得不使失业率保持在 5%~6%的水平……对应于价格稳定的 *A* 点，它意味着大约 5.5%的失业率；而对应于 3%的失业率 *B* 点，则意味着每年 4.5%的价格上涨。”[①]也就是说，要想消除通货膨胀就必须接受 5%~6%的失业率。而在当时美国社会可以接受的失业率仅为 3.5%。因此，美国的菲利普斯曲线说明，要想维持较低水平的失业率就必须接受较高水平的通货膨胀率。

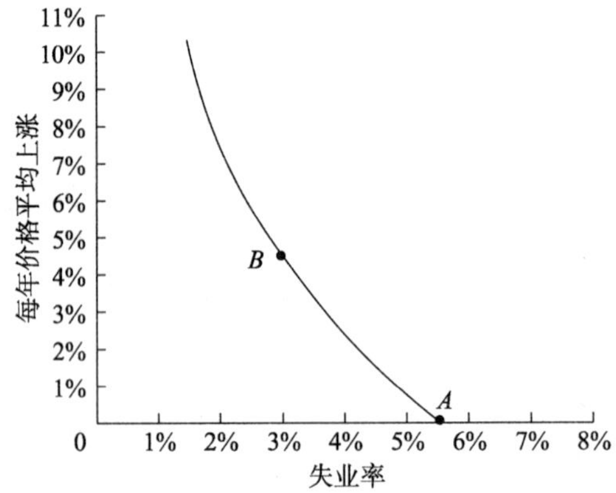

图 1-2　美国 1933—1958 年的菲利普斯曲线

后来，萨缪尔森将菲利普斯曲线稍作修改，将其变成一条反映失业率和通货膨胀率交替关系的曲线。这最早出现在《经济学》第 5 版（1961）的第 18 章，本书引用的是 1985 年第 12 版的图形[②]。如图 1-3 所示，当通过减少失业而沿着这条菲利普斯曲线向左运动时，曲线上的物价和工资上涨率都会上升。菲利普斯曲线描述的是失业和通货膨胀率之间的关系，由于假定平均劳动生产率有一个 2%的增长率，右边纵轴上的工

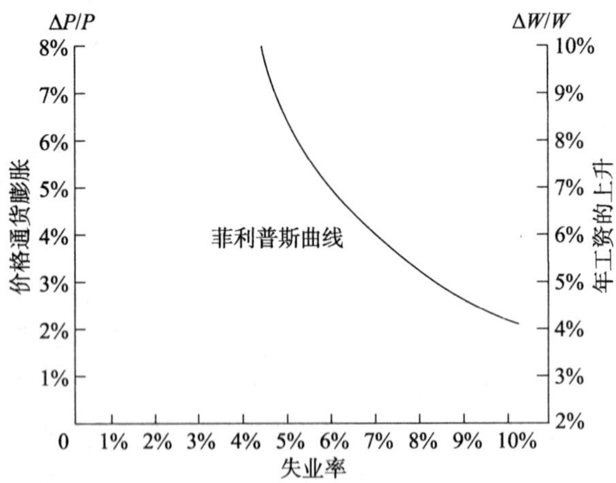

图 1-3　萨缪尔森绘制的菲利普斯曲线

① Paul A. Samuelson and Robert M. Solow, “PROBLEM OF ACHIEVING AND MAINTAINING A STABLE PRICE LEVEL: Association Analytical Aspects of Anti-Inflation Policy”, American Economic Review, 1960, Vol. 50, No. 2, pp. 192-193.

② 此图形一直沿用到最新的《经济学》第 19 版。

资变动标度比左边的通货膨胀率标度要高。

早期菲利普斯曲线被萨缪尔森命名为"通货膨胀对换论"，也被称作"宏观政策的两难选择"：如果社会期望低失业，就必须接受高通胀；如果社会希望降低生活成本，就必须承受高失业。在这两个艰难的选择中，失业比通胀更加糟糕。这一对换关系无论在长期还是短期都是成立的。据此，萨缪尔森为政府治理通胀和失业提供了一张"政策选择的菜单"。政府可以有意识地运用"相机抉择"的宏观政策将通货膨胀和失业控制在社会可接受的水平。例如，如果失业率过高，政府可以运用扩张性财政政策和货币政策制造通货膨胀来促使失业率的下降；如果通货膨胀过高，政府可以运用紧缩性财政政策和货币政策以提高失业率来换得通货膨胀率的下降。总之，政府的职责是利用菲利普斯曲线上失业率和通胀率之间的交替关系，实行社会经济可以接受的通货膨胀率与失业率的调控组合。

在 20 世纪 60 年代，菲利普斯曲线与美欧许多国家的统计资料非常契合，因此各国政府根据自己的需要进行通胀与失业之间的取舍。菲利普斯曲线被认为符合凯恩斯主义，成为新古典综合派的基本内容。然而，20 世纪 70 年代"滞胀"的出现使菲利普斯曲线所描述的关系与现实不再相符。对此，萨缪尔森指出，通货膨胀和失业之间的对换关系只是在有惯性的通货膨胀率（如 2%）维持不变的情况下才能保持稳定。当有惯性的通货膨胀率改变时，短期菲利普斯曲线将会发生移动。

1.3.3 对"滞胀"成因的解释

20 世纪 70 年代，主要发达国家的经济发展出现了新问题，即经济增长停滞、高失业率和高通货膨胀率并存的"滞胀"局面。这意味着失业率和通货膨胀率的交替关系不复存在。因此，菲利普斯曲线已经不能成为西方国家政府实行"需求管理"的依据。现实的窘境是，高通胀率非但不能减少失业，反而使失业更为严重。面对危局，新古典综合派关于"滞胀"的解释主要有以下几方面。

（1）萨缪尔森提出了供给冲击和财政支出结构变化这两种解释。首先，介绍供给冲击。萨缪尔森认为，发达国家在 20 世纪 70 年代受到一种新的宏观经济病症的打击——"供给冲击"（supply shock）。它是指成本或生产力条件的突然变化，使总供给发生剧烈波动。1973 年是供给冲击的"病毒"严重肆虐期，急剧变动包括：世界原油价格上涨 4 倍、农作物大幅减产、世界商品市场的大规模投机、外汇市场的动荡以及海洋环流转变。实际上，原材料和燃料价格在 1972—1973 年的上涨幅度比 1945—1972 年的整个幅度还要大。通货膨胀率的迅猛上涨和实际产出下降，使混合经济制度出现了"滞胀"局面。

沃尔特·海勒（Walter Heller，1915—1987）[①]的观点与萨缪尔森相近，他指出，

① 海勒是明尼苏达大学经济学教授，曾任肯尼迪政府经济咨询委员会主席（1961—1964）和约翰逊政府经济顾问。他提倡用财政赤字来刺激经济发展，要求联邦和政府共同分配国民经济收入。

20 世纪 70 年代世界性的石油危机、农产品供应短缺使两者的价格暴涨，推动了通货膨胀。但是，这种通货膨胀没有促进生产的发展，从而促进就业问题的解决，反倒使一些与石油、农产品相关的生产部门因成本上升过快而产品销量锐减、导致生产萎缩、失业率攀升，社会经济陷入"停滞"。

其次，来看财政支出结构变化。萨缪尔森指出，国家福利制度的建立使政府财政支出中相当大的一部分没有用于公共工程建设，而是用于社会福利支出方面。这种财政支出的结构，不利于刺激生产扩张和供给的增加。政府转移支付（像失业津贴这类福利支出）只是弥补了失业者的家庭收入，使他们不急于寻找工作。财政支出结构中社会福利支出的比重不断增加，一方面扩大了收入，使经济在萧条时期物价水平不下跌，甚至促成了通货膨胀；另一方面，无助于尽快消除失业现象。这样，就形成了停滞膨胀局面。

（2）托宾在《通货膨胀与失业》（1972）一文中提出了关于"劳工市场上的均衡和失业的观点"，用市场结构的变化来解释失业和通货膨胀并发症。他指出，当工作市场出现失衡状态时，工人将从过度供给的市场转移到过度需求的市场，从低工资市场转移到高工资市场。但是，如果在失衡状态中，当失业对货币工资增长速度的减缓力量小于空位对货币工资增长率的加速度时，就必然会出现降低通货膨胀的作用越来越小的情形。

詹姆斯·杜森贝利（James Duesenberry，1918—2009）[①]对托宾的观点做了进一步分析。他认为，工作市场是不完全竞争的市场：劳工有不同的工种，技术熟练程度之分，对工人的供给相对劳工的需求还有地区限制，这自然会引起失业与空位并存。由于强大的工会力量使工资易涨不易跌，因而，尽管社会上存在失业，但是，货币工资却不下降。只要存在工作空位，货币工资就会迅速上升。于是，失业与工作空位并存就转化为失业与货币工资率上升并存。

1.4 政策主张与"二战"后的美国经济

在第二次世界大战后的 30 余年间，新古典综合派的政策主张深刻影响了发达国家的经济政策制定。我们以新古典综合派的大本营——美国为例进行介绍。为适应战后资本主义发展的需要，新古典综合派提出并推动美国政府实施了以"需求管理"为主要内容，以财政政策和货币政策为主要手段，和以"相机抉择"为主要特征的宏观经济政策体系。按照托宾的说法是，"我们坚持'新古典学派的综合'，强调货币成分和财政成分可以按照不同的比例结合在一起"[②]。

---

① 杜森贝利是哈佛大学经济学教授（1955—1989），曾任约翰逊政府经济顾问。

② [美]托宾. 十年来的新经济学. 钟淦恩，译，北京：商务印书馆，1980：14.

为什么新古典综合派会选择总需求，而不是总供给作为核心政策主张呢？原因在于，混合经济制度的性质决定了政府不是商品和服务的供给主体（公共产品除外），而是对商品和劳务提出需求的大户。同时，这种政策主张反映了凯恩斯的一个基本观点，即至少在短期内，总需求水平决定总产出和就业水平。简言之，新古典综合政策主张的基本含义是，在私人经济无法实现充分就业的均衡条件下，政府把干预经济的重点放到调节总需求水平上，通过这种调节影响总供给水平，以实现宏观经济的政策目标。以下，我们按照 20 世纪 50 年代、60 年代、70 年代的三个十年为界来分析新古典综合派的政策主张。

1.4.1 20 世纪 50 年代的"补偿性"政策

以汉森为代表的新古典综合派指出，当前的美国经济形势已经和"大萧条"时期完全不同，因此，要针对国民经济的具体走势酌情采取相应措施，交替地使用财政政策和货币政策来影响总需求。具体讲，这种"补偿性"政策包括两种。

（1）补偿性财政政策，即在经济繁荣时，压缩政府财政支出，提高税率，增加税收，抑制社会总需求；经济萧条时，增加政府支出，降低税率，减少税收，增加社会总需求。

（2）补偿性货币政策，即中央银行在经济萧条时放松信用，增加货币供给量，降低利率，以刺激投资和社会总需求的增加；在经济繁荣时紧缩信用，减少货币供给量，提高利率，以抑制投资和社会总需求的增加。

由此可见，"补偿性"政策是一种相机抉择的"逆经济风向行事"方案。汉森认为，只要事先根据经济情况的变化，安排好各项"反周期"措施，就可以消除经济周期波动，实现现代资本主义经济的长期稳定增长。1953—1960 年，艾森豪威尔总体采纳了新古典综合派的政策建议。这一时期，美国的经济表现比较稳定，国民经济的年均增长率为 2.5%[①]，通货膨胀均值仅有 1.1%，失业率均值为 4.5%。[②]新古典综合派对美国政府的经济政策制定产生了深刻影响，也在学术界获得了统治性地位。

1.4.2 20 世纪 60 年代的"增长性"政策与肯尼迪减税

以托宾、奥肯等人为代表的新古典综合派认为，尽管艾森豪威尔时期的美国经济还算稳定，但由于政府仍恪守传统的预算平衡原则，使社会经济增长的潜能没有充分发挥出来。因此，要打破这一传统原则，实施"增长性"的财政及货币政策。他们提出，财政政策的长期目标应建立在"潜在国民生产总值"和"充分就业预算"的基础

① [美]萨缪尔森. 经济学：上册. 第 10 版. 高鸿业，译. 北京：商务印书馆，1981：516.

② 两个数据根据此书计算：曼昆. 宏观经济学. 第 7 版. 卢远瞩，译. 北京：中国人民大学出版社，2011. 通膨率第 31 页，图 2-3；失业率见第 143 页，图 6-1。

上，使经济政策的长期目标和长期水平与充分就业增长轨迹保持一致。这阐述了一种新的政策观，它不是以经济是否扩张，而是以经济是否已充分发挥其潜力，作为判断经济表现的标准。奥肯提出了日后被称为“奥肯定理”的著名观点，即失业率上升1%，实际产出水平就会相对于潜在产出下降2%。托宾指出，政府的财政及货币政策应该立足于使奥肯缺口等于零，即使为此付出财政赤字的代价也在所不惜。托宾和奥肯摒弃了那种主张在经济衰退期实行扩张性政策的传统观点，而是以实现充分就业作为政策目标，被称作“新经济学”。[①]

1960年，当美元遭遇“二战”后首次危机时，萨缪尔森提出了既保卫美元又实现经济增长的货币政策：对短期贷款提高利率，阻止美元外流；对长期贷款降低利率，以刺激国内投资。同时，萨缪尔森等人还向肯尼迪政府提供了减税方案。萨缪尔森在提交给肯尼迪的报告中说：“暂时削减个人所得税税率可以成为应对衰退的强大武器。”[②]新古典综合派认为，削减个人所得税可以刺激家庭的消费支出，使总需求曲线向右移动，导致产量增加而价格并不上升。这是因为美国当时尚处于具有过剩生产能力的状态，工人失业人数庞大、大量生产机器闲置。换言之，美国经济的均衡点处于总供给曲线的相对平坦的部位。因此，总需求曲线的增加将主要地转换为产量的增加和就业量扩大，而价格水平并不随之提高。1964年开始实施的减税措施将个人所得税最高边际税率从91%下调至1965年的70%，并同时下调了低税级的税率。美国经济发生了明显的变化：减税前的4年中（1961—1964）联邦政府剔除通胀因素后的所得税收入年均增长率为2.6%，而政府所得税总收入（联邦+州+地方）年均增加2.5%。减税后的4年中（1965—1968），这两大收入指标分别提高到了8.6%和9%。减税前的4年中美国实际GDP年均增长率为4.6%，减税后的4年中为5.1%，失业率由5.8%下降至3.9%。[③]美元危机也得到化解。不过，面临着越南战争支出的巨大压力，约翰逊政府于1968年开始着手增税。1970年，萨缪尔森在《纽约时报》撰文阐明了新古典综合的政策主张。他指出，“传统的放任经济下，繁荣是脆弱的，只是昙花一现，但在后凯恩斯主义的现代‘混合经济’下，财政和货币政策肯定可以防止长期衰退，弥补消费不足，挖掘更多资源，确保就业机会。”[④]在这一历史节点，新古典综合派迎来了自己的全盛时期，他们乐观地认为已经找到了资本主义长治久安的繁荣之路。

1.4.3 20世纪70年代的“多样化”政策

20世纪70年代，发达资本主义国家的社会经济发展出现严重问题。面对前所未

---

① 二人均被聘为总统经济顾问。

② 转引自[美]保罗·萨缪尔森，威廉·诺德豪斯. 萨缪尔森谈财税与货币政策. 萧琛，译. 北京：商务印书馆，2012：13.

③ [美]拉弗、摩尔. 重返繁荣：美国如何收复经济霸权. 马林梅，译. 北京：东方出版社，2014：264-265.

④ 转引自《投资者报》2012年12月20日。

有的“滞胀”局面，新古典综合派提出了更为多样化的措施搭配，主要是宏观政策的“松紧搭配”和宏观政策的微观化。

首先，“松紧搭配”的宏观政策。为影响一个宏观经济变量而不至于伤害到另一个，可以搭配地使用财政政策和货币政策。“松”为扩张，“紧”是收缩。一种是以“松”的财政政策和“紧”的货币政策相配合，即前者用投资优惠、减税、扩大政府支出来增加总需求；后者通过中央银行控制货币供给规模，防止因投资需求过旺而加剧通货膨胀。另一种是以“松”的货币政策和“紧”的财政政策相配合，即前者用扩大银行信贷和降低利率等方法来增加总需求；后者通过缩小政府支出规模，来减轻总需求对市场的压力，稳定物价。

其次，宏观政策的微观化。政府对单个市场和部门的具体情况制定有差异的政策。例如，在财政政策方面，实行不同的税收方案、税率和征税范围，调整财政支出的内部构成或拨款比例；在货币政策方面，规定不同的差别利息率，控制对不同行业和部门的信贷条件和借款数量等。这种具体情况具体对待的方式，增强了政策干预的灵活性。

此外，新古典综合派还提出了收入政策和人力政策。前者通过干预各种生产要素的收入增长率，使之与劳动生产率的增长相适应，来限制物价上涨。后者是指针对劳动市场的不完全性，解决失业和职位空缺并存的矛盾，以增加就业机会。

为了使美国经济走出困境，新古典综合派可谓倾尽全力，但事与愿违。在整个 20 世纪 70 年代（1970—1979），美国的国民生产总值年均增长率是 2.9%，失业率平均值为 7.4%，而通货膨胀率则达到 8.2%。[①]尤其是 1974 年、1975 年国民生产总值更是出现了可怕的负增长，分别为 0.6%和 1.2%。[②]现实的窘境使人们开始怀疑凯恩斯主义原则的适用性，挖苦、质疑和讽刺政府干预的言行甚嚣尘上，社会期待新的救世主。这预示了 80 年代，美国经济政策大变革的来临。

思考题

1. 如何理解“凯恩斯在指明新繁荣道路的同时，没有危及资本主义的价值理念”？

2. 新古典综合是如何把凯恩斯经济学和新古典经济学综合起来的？这种综合的主要问题是什么？

3. 什么是“混合经济”？国家在混合经济中发挥哪些作用？

4. 简述新古典综合派对资本主义“滞胀”原因的解释。

5. 简述新古典综合派政策主张的基本逻辑。

---

① 前两个数据见《美国统计年鉴》（1984），转引自秦嗣毅：美国与日本宏观调控政策比较研究（1945—2000）. 北京：中国财政经济出版社，2010：19. 第三个数据根据此书计算：曼昆. 经济学原理宏观经济学分册. 第 5 版. 梁小民，译. 北京：北京大学出版社，2011：33.

② 《美国统计年鉴》（1984），转引自秦嗣毅. 美国与日本宏观调控政策比较研究（1945—2000）. 北京：中国财政经济出版社，2010：19.

第 2 章

后凯恩斯主义经济学

后凯恩斯主义经济学（Post-Keynesian Economics）是当代凯恩斯主义的一个独特派别，自诞生之日起，就与长期处于主流地位的新古典综合派针锋相对地展开辩论。它反对新古典综合学派将新古典的微观经济学直接作为凯恩斯宏观经济学的基础的做法，认为这实际上是背叛了凯恩斯革命。与主流思想更彻底的分歧在于，后凯恩斯主义者把资本主义社会看作是一种天生就存在缺陷的和不稳定的制度，他们更加强调物质技术以外的社会制度和社会经济关系在经济学研究中的重要性，并提出了具有激进色彩的社会改良方案。作为凯恩斯经济学的一种延伸，后凯恩斯主义既坚持了凯恩斯的宏观分析、非均衡分析等方法，又同时发展了凯恩斯作品中有关不确定性、货币非中性、非理性预期，以及关于资本主义政治、经济权力过分集中在少数人手中并由此而产生的财富、收入分配不公等激进思想。价值判断的分歧使后凯恩斯主义注定无法成为西方主流经济学，但它仍是不可被忽视的重要学术力量。

2.1　后凯恩斯主义经济学概览

后凯恩斯主义经济学产生于 20 世纪 50 年代。在英国，随着这一学派的初创领袖相继辞世，显得后劲不足。目前，后凯恩斯主义经济学主要活跃在美国，尤其是自 20 世纪 80 年代以来取得了重大发展。2008 年席卷欧美的金融风暴使后凯恩斯主义经济学的很多理论观点得到验证，有利于它进一步提升影响力。不过，后凯恩斯主义阵营内部存在着不小的分歧，它没有在最近的发展中显示出必要的内在统一性、综合性和强劲性，因而难以对主流学说形成系统性的致命一击。

2.1.1　策源地：英国新剑桥学派及其代表人物

后凯恩斯主义产生于英国，这些经济学家大多在凯恩斯曾经执教的剑桥大学任教，并形成了统一的研究方法，也被称为“新剑桥学派”[①]。其第一代成员有琼·罗宾逊、

① 区别于由新古典经济学奠基人、剑桥大学教授阿弗里德·马歇尔（Alfred Marshall，1842—1924）创立的“剑桥学派”（即新古典经济学）。

卡尔多、皮埃罗·斯拉法（Piero Sraffa，1898—1983）和理查德·卡恩（Richard Kahn，1905—1989）等，他们是凯恩斯的同事、学生和追随者，参与过《通论》草稿的讨论。[①]作为曾经和凯恩斯长期共事和密切合作过的剑桥同仁，他们有理由说自己是把"凯恩斯革命进行到底"的正宗后继。因此，当新古典综合学派提出将凯恩斯经济学与新古典经济学嫁接在一起形成"后凯恩斯主义经济学"时，新剑桥学派对之嗤之以鼻，称其为冒牌货。第二代成员包括：杰夫·哈考特（Geoff Harcourt，1931—）、卢伊季·帕西内蒂（Luigi Pasinetti，1930—）、约翰·伊特韦尔（John Eatwell，1945—）等人。新剑桥学派内部由于研究的侧重点和方法特征的差异又形成了几个派别：①强调凯恩斯思想中激进成分的"凯恩斯左派"；②倡导古典经济学和马克思剩余分析范式的"剩余学派"；③提出从李嘉图学说寻找凯恩斯宏观分析之微观基础的"新李嘉图学派"。

对于如何理解、继承和发展凯恩斯经济学，新剑桥学派和新古典综合学派发生了严重分歧，并在与后者的激烈论战中"技惊四座"。新古典综合学派直接用新古典的微观经济理论填补凯恩斯经济学的空缺，罗宾逊等人对此强烈反对。他们指出，新古典综合派将新古典的微观理论作为凯恩斯宏观经济学的基础是完全错误的，因为凯恩斯革命的意义在于否定新古典经济学的基本前提，凯恩斯的宏观理论与新古典的微观理论在本质上是无法融合的。新古典综合派背叛了凯恩斯革命，是向传统学说的倒退。对此，新古典综合派反驳道，凯恩斯在《通论》第 24 章中说：实行管理之后，总产量与充分就业的产量相一致时，新古典理论还是对的。因此，指责新古典综合派就是颠覆凯恩斯本人。罗宾逊回应说，凯恩斯这段话是考虑不周的，完全与其基本思想对立。凯恩斯力图摆脱传统学说的羁绊，新剑桥学派正是致力于对凯恩斯革命的进一步推进。

20 世纪五六十年代，以美国麻省理工学院为中心的新古典综合派和英国剑桥大学为中心的新剑桥学派之间，进行了一场影响深远的持久论战。1953 年，琼·罗宾逊发表《生产函数和资本理论》一文，对新古典综合派的资本理论进行批判，大论战由此发端。由于这两所大学所在城市都叫剑桥，所以这两大学派在对凯恩斯学说的理解与诠释上的激烈争论又被称为"两个剑桥之争"。论战从资本测量问题开始，涉及价值理论、收入分配理论和经济增长理论。这场争论持续 22 年，直到 1975 年克里斯托弗·彼利斯（Christopher J. Bliss）出版著作《资本理论与收入分配》，争论才基本结束。新剑桥学派对新古典综合派展开全面批判，涉及方法论、动态和静态、宏观和微观、意识形态、经济政策等问题。通过这场论战，新剑桥学派形成了凯恩斯主义经济学范式中的一个激进阵营，并冲击了新古典综合派的主流地位。新剑桥学派的代表人物如下。

琼·罗宾逊（Joan Robinson，1903—1983）是世界公认的著名女性经济学家、新

① 20 世纪 30 年代，凯恩斯的周围聚集着一批二三十岁的优秀经济学人，如罗宾逊、斯拉法、卡恩、米德、哈罗德等，他们组成"Cambridge Circus"的研讨会，会议纪要由卡恩汇报给凯恩斯。

琼·罗宾逊

剑桥学派领袖，出生于英国坎贝里一个高层军官家庭。1922 年，进入剑桥大学学习经济学，1925 年毕业，翌年嫁给剑桥大学经济学家奥斯汀·罗宾逊。她终身执教于剑桥大学，1971 年退休后转任荣誉教授。1933 年，她出版《不完全竞争经济学》开创了不完全竞争理论的研究先河。[①]但随后，罗宾逊的兴趣转向解析和发展凯恩斯经济学。1942 年，她出版《论马克思主义经济学》，把马克思的思想与传统经济学以及凯恩斯主义理论进行了比较和评价，对马克思给予较高评价。从 20 世纪 50 年代起，她与居统治地位的新古典综合派论战，使新剑桥学派的特征日益明确起来。她在《资本积累论》（1956）和《经济增长论文集》（1962）中加入凯恩斯经济学，提出剑桥学派的经济发展理论。1973 年，她与伊特韦尔合编《现代经济学导论》被认为是新剑桥学派理论的入门教程。1975 年，业内普遍认为罗宾逊夫人会在联合国所确立的“世界妇女年”这一年荣膺诺贝尔经济学奖，结果让人大失所望。即便是她的论敌萨缪尔森也对此表示诧异。许多人认为，诺贝尔经济学奖的评委会戴着有色眼镜。[②]这位才华横溢、特立独行，被主流经济学界视为离经叛道的杰出理论家可谓经济学界的无冕之王。

尼古拉斯·卡尔多

尼古拉斯·卡尔多（Nicholas Kaldor，1908—1986）新剑桥学派的主要代表人物，出生于匈牙利布达佩斯一个比较富裕的犹太家庭。1932 年，他获伦敦政治经济学院硕士学位，并留校任教至 1947 年。1947—1949 年，在日内瓦任欧洲经济委员会研究及计划组主任。1949 年，转聘剑桥大学任教直到 1975 年退休。期间，他担任过英国财政部长的特别顾问（1964—1968、1974—1976）和英国工党政府财政大臣的特别经济顾问，被聘为联合国欧洲经济委员会研究及计划组组长、联合国拉丁美洲经济委员会的经济顾问，并出任过印度、墨西哥、土耳其等许多发展中国家的政府顾问。1974 年，卡尔多被授予男爵爵位，成为上议院的终身议员。卡尔多的经济研究领域广泛，1939 年发表《经济学的福利主张与个人之间的效用比较》，提出“卡尔多补偿测验”的“补偿原理”，用以判断社会福利是否提高。1956 年发表《两种不同的分配理

---

① 哈佛大学爱德华·张伯伦（Edward Chamberlin，1899—1967）的著作《垄断竞争理论》在《不完全竞争经济学》6个月前出版，两人被认为是垄断竞争理论或不完全竞争理论的各自独立创始人而相提并论。

② 直到 2009 年，美国经济学家、印第安纳大学的埃莉诺·奥斯特罗姆（Elinor Ostrom，1933—）才凭借着在公共经济治理领域的贡献成为自 1968 年诺贝尔经济学奖设立以来首位获奖的女性经济学家。

论》，从宏观入手，结合经济增长来说明国民收入的分配。卡尔多的论著还有：《支出税》（1955）、《价值与分配轮文集》（1960）、《经济稳定与增长论文集》（1960）、《货币主义的灾难》（1982）、《没有均衡的经济学》（1985）等。

2.1.2　新阵地：美国后凯恩斯主义及其代表人物

在新剑桥学派与新古典综合派论战的同时，后凯恩斯主义经济学在美国出现。第一代美国后凯恩斯主义者主要是温特劳布和明斯基。他们培养的第二代学者包括：戴维森、阿尔弗雷德·艾肯纳（Alfred Eichner，1937—1988）、维多利亚·齐克（Victoria Chick，1936—）等人。年富力强的新生一代包括：杨·克雷格尔（Jan A.Kregel，1944—）、巴泽尔·莫尔（Basil J.Moore）、希拉·道（Sheila C.Dow，1950—）、兰德尔·沃瑞（Randall Wray，1953—）、瑞克·霍尔特（Ric Holt，1953—）等。20 世纪 70—80 年代，美国后凯恩斯主义有了重大进展。1978 年，温特劳布和戴维森一起创办《后凯恩斯主义经济学杂志》被视为美国后凯恩斯主义诞生的标志。这一期刊汇集了一种与新古典经济学、新古典综合派和新凯恩斯主义极为不同的经济学思想，成为后凯恩斯主义思想传播的重要阵地。后来，加拿大、澳大利亚及西欧都出现了后凯恩斯主义者。

在如何理解凯恩斯学说的本质和如何研究现代资本主义制度等方面，英、美的后凯恩斯主义者之间存在分歧。新剑桥学派认为，凯恩斯学说的本质并非新古典综合派推崇的“收入—支出模型”，而是《通论》第 24 章有关社会经济问题的思考。例如，资本主义社会财富和收入分配不均，投资的社会化，以及资本主义必然走向没有食利者阶层的文明生活新阶段的推论等。那么，后继者的研究重点自然是收入分配问题，并提出向没有食利者阶层的文明生活新阶段过渡的改良措施。然而，美国后凯恩斯主义者则认为，凯恩斯学说的精髓是《通论》的第 12 章、第 17 章和其他作品中诠释的不确定性、非理性、货币非中性等观点；凯恩斯始终都是一个货币经济学家，其主要著作都与货币有关。美国人称自己是“原教旨凯恩斯主义”，把凯恩斯的货币学说发展为货币—信用理论，并以此对现实资本主义的经济问题，如通货膨胀、失业和金融危机等做短期分析。美国后凯恩斯主义的代表人物如下。

西德尼·温特劳布

西德尼·温特劳布（Sidney Weintraub，1914—1983）是美国后凯恩斯主义的开拓者。他 1914 年出生于纽约州布鲁克林，1938 年进入伦敦经济学院学习，1941 年在纽约大学获得经济学博士学位。1941—1943 年，在纽约联邦储备银行工作。1945 年加入圣约翰大学教学，1950—1983 年在宾夕法尼亚大学任教授。他反对把凯恩斯宏观经济学与瓦尔拉斯一般均衡理论相结合的所谓新古典综合分析。并创造性地尝试发展一个与凯恩斯宏观经济理论相适应的微观经济理论基础，由此奠定了他在西方经济学界的声誉。保罗·戴维森是他的学生，两人于1978年创建《后凯恩斯主义经济学杂志》。他的主要著作有：《价格理论》（1949）、《收入分配理论的一种方法》（1958）、《凯恩斯和货币主义者》（1978）等。

海曼·明斯基

海曼·明斯基（Hyman Minsky，1919—1996）金融理论的开创者，是当代研究金融危机的权威。1919年出生于美国芝加哥，1941年在芝加哥大学获得数学学士学位，1954年获得哈佛大学经济学博士学位。1957—1965年，在加利福尼亚大学任经济学副教授，1965年任华盛顿大学圣路易斯分校的经济学教授，直至1990年退休。他的“金融不稳定性假说”是金融领域的经典理论之一。始于2008年的金融危机被认为是对明斯基有关资本主义经济危机理论的验证。他的主要著作有：《中央银行与货币市场的变化》（1957）、《金融不稳定性假说：资本主义经济的过程和行为》（1982）、《稳定不稳定的经济》（1986）等。

保罗·戴维森

保罗·戴维森（Paul Davidson，1930—）后凯恩斯主义经济学派当代领军人物。他出生于美国纽约的布鲁克林。1950年毕业于布鲁克林大学，主修化学和生物学，1958年在宾夕法尼亚大学获得经济学博士学位。曾任教于欧美多所著名大学，并历任美国议会、联邦贸易委员会及多个拉美国家央行的经济学顾问。1965年发表《凯恩斯的财政动机》，用凯恩斯的基本理论对货币理论进行了分析。2013年于中国人民大学经济学院，作了题为《凯恩斯革命如何被篡改及其对全球经济与政策制定的影响》的报告。他的主要著作有：《货币、投资均衡、资本积累和经济增长》（1968）、《约翰·梅纳德·凯恩斯》（2009）、《凯恩斯方案：通向全球经济复苏与繁荣之路》（2011）等。

2.1.3 研究方法

后凯恩斯主义经济学与新古典综合派的研究方法大相径庭。新古典综合学派沿袭的是新古典经济学的均衡分析、边际分析和供求分析传统，预置假设条件，用数学方法推导出一些定理，以此为基础构建其理论体系。后凯恩斯主义经济学秉承的是古典经济学以来的社会经济关系分析传统，坚持凯恩斯经济学中的宏观分析、非均衡分析、非理性预期、经济的不确定性和对资本主义生产制度和分配制度的批判等，强调所有权与经济制度在经济变量决定中的最终作用。

1. 不确定性

后凯恩斯主义经济学的一个基本假设前提是世界的不确定性，即在绝大多数情况下无法预测未来。他们指出，经济系统是在历史时间中而不是在逻辑时间中运行的，它由不可逆的过去走向不确定的将来。同时，世界的构成具有很大程度的历史偶然性，逻辑性预测极难实现。在历史时间中发生的经济事件具有非遍历性特征，即历史、现实和未来之间的联系无法通过概率论进行解释。后凯恩斯主义强调经济研究的历史时间因素与经济过程的非遍历性，在不确定性环境中，形成理性预期的概率为零。即使人们可以收集和处理全部所需信息，通过考察过去事件的概率分布来间接地获取一些关于未来的知识和信息，依旧不能在统计上准确地判断未来和防范风险。换言之，未来是演化中的和不确定的，那么，严格合乎理性的行为也就不存在。后凯恩斯主义动摇了新古典经济学的前提假设。关于未来的确定性预期、经济事件的遍历性和将未来的不确定转化为概率意义上的风险是新古典经济学最重要的假设条件。新古典经济学正是由此出发建立了以个人最优化决策为基础的边际分析均衡体系。

后凯恩斯主义经济学认为，凯恩斯的不确定性思想是他摆脱新古典经济学范式羁绊的助推器。罗宾逊说："凯恩斯革命的实质是把分析放在历史时间当中并强调不确定性的全面影响"。①明斯基则比喻道，"失去不确定性的凯恩斯，就像失去王子地位的哈姆雷特一样"。②明斯基进一步论述道，凯恩斯非常强调"不确定性"在资本主义社会经济分析中的重要作用。在凯恩斯看来，对有效需求、生产、就业和收入水平起主要影响作用的投资之所以经常发生波动，是因为投资的决策发生于现在，而投资的收益则产生在未来。正是依据未来的不确定性，凯恩斯阐释了投资的不稳定性和人们对货币的灵活偏好的需要，论述了资本主义经济活动的不稳定性。

不确定性深刻地揭示了资本主义制度的内在不稳定性。在不确定性的世界和历史的时间中，先做出决策而后产生结果。既然有关未来的完备知识不能获得，行为就不可能百分之百的准确，而行为偏差的后果很难被轻易抹除。随着时间的流逝，决策必须不断调整。尽管市场权力的集中、纵向和横向一体化以及远期合同的运用可以作为一种对付不确定性的手段，但不确定性永远是既定前提。因此，资本主义经济存在天生缺陷，它无法在假设的完全竞争市场中自动实现充分就业的长期均衡。

---

① [英]琼·罗宾逊，约翰·伊特韦尔. 现代经济学导论. 陈彪如，译. 北京：商务印书馆，1982：223.

② 转引自转引自[英]布莱登·斯诺登，霍华德·文，彼得·温纳齐克. 现代宏观经济学指南：各思想流派比较研究引论. 苏剑，等译. 北京：商务印书馆，1998：454.

2. 阶级与剩余的分配

后凯恩斯主义经济学认为，资本主义制度始终处于逐步演变的过程当中。它强调必须重视对社会制度和社会经济关系（尤其是阶级之间的社会经济关系）的研究，而新古典综合学派将经济关系看作单纯的人与物之间技术关系的做法是荒谬的。罗宾逊指出，经济关系是人们之间的关系，尽管人类社会的技术发展水平对社会中的各种关系有重大影响，但技术条件不能完全决定人类社会的各种关系。生产领域的社会关系同技术结构一起决定了经济绩效，凯恩斯的宏观总量分析要辅以社会关系和阶级关系来研究，收入、储蓄和消费等应被分解为工人阶级和资本家阶级两个阶级的不同总量。这样，不仅说明了收入水平的变动，同时也反映出两个阶级在收入分配中的利益对立关系及其变动趋势，从而把宏观动态理论与微观的分配理论紧密地结合在一起。

后凯恩斯主义把"剩余"作为经济学研究的核心概念。任何超出简单再生产必要耗费之上的东西就是剩余，它要在各个阶级之间分配。财富的分配方式反映了社会的政治、经济权力结构。在资本主义社会，资本家和劳动者之间对剩余的分配，即工资和利润在国民收入中各自所占的份额，直接反映了资本主义社会权力的不平等现象。这是一种有利于资本家的权力关系，资本与有组织的劳动为谋取所获相对份额所进行斗争的结果决定了工资水平，而商品价格则是由处于垄断地位的资本家在工资水平之上设定的。实际上，价格是财富分配的函数。财富和收入的分配并非如主流经济学所讲，是从竞争性商品和要素市场的定价中推导出来的。财富和收入的不合理分配以及社会的阶级结构，在决定商品价格和要素收入的同时决定了资源配置状况。但是，在新古典经济学那里，剩余的概念消失了。新古典经济学提出经济学就是要研究如何对稀缺资源进行最优配置的问题，生产活动就成了一个单向选择过程。在这一定位下，新古典经济学提出边际效用的主观分析方法，将分配理论转变成各种要素的定价问题，使分配理论成为价格理论的组成部分。与之对立，后凯恩主义经济学强调剩余在社会各阶级之间的分配，强调分析资本主义的生产关系，这是对古典经济学和马克思经济学研究方法的一种坚持。

3. 货币非中性

在新古典经济学体系中，产量、就业及收入的实际水平是由现实中各种因素（资本、劳动、资源和技术等）所决定，货币供应量的变化只决定各种经济变量的名义水平，而不会决定其实际水平。这就是说，货币是中性的；整个经济会自动实现充分就业均衡。凯恩斯反对这一做法，他在《通论》绪论中写道，"当我开始写《货币论》时，我还遵循传统路线，把货币看作是供求通论以外的一种力量。当该书完成时，我已有若干进步，倾向于把货币理论推展为社会总产量论。"[①]凯恩斯提出了生产的货币

① [英]凯恩斯. 就业利息和货币通论. 徐毓枬，译.北京：商务印书馆，1981：2.

理论，用来解释在以不确定性为特征的世界中有效需求的波动。后凯恩斯主义经济学发展了凯恩斯的货币非中性思想，它提出，无论在长期还是短期货币都是影响实际经济的重要因素。现代资本主义经济是在以不确定性为前提的信用—货币体系中运行的。因此，一旦忽视了货币的特殊性以及使货币发生作用的金融机构，就会使理论研究脱离实际。

后凯恩斯主义经济学推进了《通论》第 17 章关于现代货币两个特征的论述，阐释了为什么货币会影响实际产出和就业，和为什么资本主义的常态是有效需求不足。货币的第一个特征是：其生产弹性几乎为零。货币不像其他商品那样，其需求增加和价格提高会导致供应量增加。在不兑现纸币流通或者实行管理通货的国家，政府严格控制货币发行。货币的第二个特征是：其替代弹性几乎为零。货币不像其他商品那样，其需求增加和价格提高会减少自身的需求量和增加其替代品的需求量。因为货币可以换回任何其他商品，而其他商品则没有这种效用。因此，货币的交换价值越高，人们越不愿用其他商品来替换货币，对货币的需求就越大。货币的这两个特性导致有效需求不足，因为不确定性的增大会引起对灵活性需求即货币需求的增加，在货币供给不变的情况下，一方面会导致货币的价格（利息率）上升；另一方面会导致非货币生产及相应的劳动力需求的减少。可见，货币会对实际产出和就业产生决定性的影响。

后凯恩斯主义经济学十分关注货币作为储藏手段的职能，认为这是在不确定的世界中把现在与未来联系在一起的媒介。在现代资本主义经济，由于不确定性无时无刻地存在，储存货币成为抵御不确定性的必需手段。作为一种特殊资产，货币具有其他资产无法比拟的灵活性。此外，后凯恩斯主义者也分析了不确定性世界中货币的支付手段职能以及由此产生的债务问题。货币的这一职能产生的信用关系在资本主义社会被发展到了极致，资本主义本质上是一种信贷经济。生产者之间、消费者之间以及生产者和消费者之间的相互欠债，货币资本的借贷关系都无处不在。由此构成了环环相扣的支付链条，一旦出现有人无法按期偿还债务（这在不确定性条件下是必然的），这个链条就会发生断裂，最终引发金融危机。

2.2　收入分配与经济增长

新剑桥学派指出，资本主义社会的分配关系主要表现为资产阶级和工人阶级的收入确定及其在国民收入占比问题，它引发了阶级冲突。这种冲突既受制于所有制结构和生产技术结构，又和经济增长过程相关。资本主义社会的收入分配原则有利于资产阶级，必然导致有效需求不足和“富裕中的贫困”等问题。凯恩斯看到了资本主义社会收入分配的严重分化，但并未具体考察这种分配不合理的来龙去脉。新剑桥学派就是要研究资本主义社会的分配关系，把分配问题与经济发展问题联系起来，进而将凯恩斯革命进行到底。例如，卡尔多提出了“凯恩斯主义宏观分配论”，用以说明资本主义制度下的分配结构，并强调这一理论要研究的是整个国民收入分配问题。建立一个与凯恩斯的宏观经济学相适应的收入分配理论应该依循的原则是：以凯恩斯的资本主义社会收入分配不合理论点为基础，在进一步研究中坚持价值的物质性和客观性，摒弃主流经济学以边际生产力为基础的分配理论。①

2.2.1 资本主义收入分配的不合理性

新剑桥学派指出，产品的分配状况涉及人与人之间的实际利益，反映了社会阶级间的冲突。它取决于历史形成的财产所有制和阶级力量间的对比。分配论是价值论的引申，价值则以客观物质为基础。罗宾逊指出，斯拉法的著作《用商品生产商品》（1960）为新剑桥学派的收入分配理论提供了一个价值论基础。斯拉法首先分析了一个无“剩余”的简单商品生产体系中的价值决定，然后讨论有“剩余”的商品生产体系（资本主义）中的相对价格，即生产价格的决定。国民收入就是“纯产品”，即劳动在生产过程中新创造的价值。国民收入的分配就是社会成员对这部分“纯产品”的分配。为了突出现代资本主义的分配结构，假定社会中只存在工人和资本家，纯产品也就只在两者之间分配，即表现为工资和利润。在国民收入既定的情况下，工资和利润之间的关系是

$$利润=纯产品-工资 \tag{2-1}$$

$$利润=纯产品\left(1-\frac{工资}{纯产品}\right) \tag{2-2}$$

等式两边除以生产资料或资本，得到

$$\frac{利润}{资本}=\frac{纯产品}{生产资料}\left(1-\frac{工资}{纯产品}\right) \tag{2-3}$$

r 代表利润率，R 代表纯产品对生产资料的比例或国民收入与资本的比例，W 代表工资在纯产品中所占比例，（$1-W$）是利润在纯产品中所占比例；则利润率的决定可用式（2-4）表达。

$$r=R(1-W) \tag{2-4}$$

根据这一分配关系公式，新剑桥学派提出了分配理论的主要内容。

（1）如果 $W=0$，则国民收入即全部纯产品都归于利润，R 是利润率的最高限；如果工资不为零，国民收入必须在工资和利润之间进行分割，二者为反方向变动关系。

---

① 新剑桥学派反对主流经济学以边际生产力为基础的分配理论。他们指出，资本和劳动的收入由生产函数和它们各自的边际生产力所决定是循环论证，在这里工资率和利润率从最初的问题变成了预知的答案。资本的边际生产力理论也是错误的。因为只有假定资本是同质且可分的，平滑和向右下方倾斜的资本边际生产力曲线才能成立。然而，有形资本（实际的生产资料）却是由各种物质组成在一起的。而各种估计资本价值的“现值法”需要以预先知道的利息率为前提，也是一种循环论证。

这就是说，在国民收入分配中，工资与利润是对立的。利润率越高，利润总额在国民收入中的比例就越大，工资总额在国民收入中的比例就越小；反之，利润总额在国民收入中的比例就越小，工资总额在国民收入中的比例就越大。在一定的国民收入水平上，工资和利润总是呈反方向运动的。

（2）利润率水平受生产技术条件制约。在分配关系公式中，W 和 R 都代表生产技术水平，它们与利润率发生直接联系。利润率的大小取决于技术水平对 W 和 R 的影响不同，若技术水平变化使 R 下降幅度大于 W 下降幅度，利润率就会下降；反之，利润率就会上升；若技术水平对二者的影响幅度相同，则利润率保持不变。新剑桥学派这种物质技术关系对于收入分配关系起一定制约作用的观点，不同于新古典主义分配理论的分配完全由物质技术关系决定的论点。

（3）实际收入分配格局是社会制度以及其他外生的历史条件共同作用的结果。在探讨收入分配时，新剑桥学派特别强调制度因素和历史因素，特别是财产所有权形式和劳资关系。他们认为，从实际工资和货币工资两方面看，现代资本主义的收入分配严重不合理，这必然引起资源错配，导致一系列社会经济问题。因此，资本主义社会各种弊病的根源是收入分配的不合理，必须进行社会改良。

2.2.2　经济增长模型

在哈罗德—多马模型的基础上，新剑桥学派将经济增长同收入分配问题结合起来考察，阐述如何通过收入分配中的变化实现经济稳定增长，以及在经济增长过程中收入分配的变化趋势以及变动的基本因素，从而将凯恩斯理论长期化和动态化。新剑桥学派的经济增长理论主要有卡尔多的经济增长模型、琼·罗宾逊的经济增长模型。

1. 卡尔多的经济增长模型

P 代表利润总额（财产收入），W 代表工资总额（劳动者收入），S 代表储蓄总额，S_w 是工资总额中储蓄所占比例（劳动者即工人的储蓄倾向），S_p 是利润总额中储蓄所占比例（财产所有者即资本家的边际储蓄倾向），Y 代表国民收入，I 代表投资。国民收入是工资和利润总量之和，用公式表示为

$$Y = W + P \tag{2-5}$$

社会总储蓄由工人阶级的储蓄与资本家阶级的储蓄相加，工人阶级的储蓄主要来自于工资，它等于工人阶级的边际储蓄倾向乘以工资总额。资本家阶级的储蓄来源于利润，它等于资本家阶级的边际储蓄倾向乘以利润，则有

$$S = S_w(Y - P) + S_p P \tag{2-6}$$

根据凯恩斯的储蓄等于投资（$S = I$）的公式，则有

$$I = S_W Y + (S_p - S_W)P \tag{2-7}$$

等式两边除以 Y，移项后得出

$$\frac{P}{Y}=\frac{I}{Y}\cdot\frac{1}{S_p-S_w}-\frac{S_w}{S_p-S_w} \tag{2-8}$$

式（2-8）说明现代资本主义收入分配极端不合理。在卡尔多的经济增长模型中，收入分配和资本积累是直接相关的。当 S_w 和 S_p 既定时，资本积累率（I/Y）会直接影响利润在国民收入中的份额（P/Y），或者说，投资量直接决定了利润量。卡尔多模型阐述了经济增长中的两个基本问题：经济均衡增长的条件和决定经济增长率的主要因素。

（1）经济均衡增长的条件。卡尔多认为，只要将 $S_p>S_w$ 这一限制条件作为收入分配原则运用到经济增长模型中，就可以实现稳定的经济均衡增长。在经济增长过程中，S 和 I 的任何偏离都会引起国民收入分配的变化，以使 S 适应于 I。例如，在充分就业条件下增加投资将使社会总需求增加，导致价格上涨超过工资增长速度，从而增加利润和降低工资在国民收入中的份额；在 $S_p>S_w$ 的条件下，总社会储蓄量将会增加，使 S 和 I 恢复均衡。如果情况相反，投资与社会总需求趋于全面缩减，则价格下跌将快于工资下降速度，总社会收入中的利润份额将下降，工资份额将上升；又由于 $S_p>S_w$，总社会储蓄量将减少，从而使 S 和 I 恢复均衡。这种通过国民收入分配变化来调整储蓄，使之适应于投资的分配机制作用，被称为“卡尔多效应”。卡尔多的结论是，国民收入分配是投资、总需求、相对价格变动的函数。

（2）经济增长率的决定因素。卡尔多强调了国民收入分配的作用。在 S_w 和 S_p 既定时，积累率上升将导致利润在国民收入中的份额增大。卡尔多将关系式中的 $1/(S_p—S_w)$称为“收入分配的灵敏度系数”，表明积累率变化对利润在国民收入中所占比重的影响。S_p 与 S_w 之间的差额越大，积累率变化对利润份额的影响就越小。在积累率既定的条件下，收入分配的变化将取决于资本家和劳动力的储蓄倾向，当 S_w 不变时，S_p 越小，P/Y 的数值越大。这意味着，资本家的储蓄变少、消费增多，则利润在国民收入中的份额就越大。它说明了资本主义社会收入分配的严重不合理。按照新剑桥学派先驱者米哈尔·卡莱斯基（Michal Kalecki，1899—1970）的描述是：“资本家得到他们花费的，工人花费他们得到的。”

1974 年，卡尔多的门生帕西内蒂在《增长与收入分配》（1974）一书中对卡尔多的经济增长模型进行了扩展分析。他假设工人的储蓄倾向大于零，即工人会通过储蓄拥有一部分资本存量，从个人拥有资本收益权（如获得利息的权力），就会参与利润分配。他把这种不等价性纳入卡尔多的经济增长模型，结论是卡尔多的结论仍然成立，从而形成了“帕西内蒂定理”：在 $S_w>0$ 的情况下，S_w 影响着收入在两个阶级之间的分配，但是不影响收入在工资和利润之间的分配，也与利润率无关。国民收入在工资和利润之间的分配主要由投资量和投资增长率决定。当然，帕西内蒂进行研究的前提条件是 $S_w<I/Y<S_p$。后来，温特劳布、格雷格尔也参与进来，推动了后凯恩斯主义分配

理论的发展。

2. 琼·罗宾逊的经济增长模型

罗宾逊把古典经济学的价值论、分配论与凯恩斯的储蓄—投资理论结合起来，建立经济增长模型。假设在一个自由放任的封闭经济中，只有资本家和工人两个群体；劳动供给较为充裕，资本家可以按需要雇佣工人；技术进步是中性的。在该模型中，她把生产部门分为投资品（生产资料）和消费品（消费资料）两大类，把总收入分为利润和工资两大部分。假定工人将其所有收入（工资总额 W）用于消费（C），资本家将其所有收入（利润总额 P）用于投资（I）。这时，工人的收入等于消费品的总价格，资本家的利润等于投资品的总价格，国民收入中利润和工资的相对份额等于消费品的总价格与投资品的总价格之比。

根据凯恩斯的储蓄等于投资的假定 $P=S=I$，如果加进对资本存量（K）的考察，等式两边除以 K，利润率（π）等于资本积累率（g），公式表示为

$$\pi=\frac{P}{K}=g=\frac{I}{K} \tag{2-9}$$

若取消资本家将其全部收入都用于投资的假定，即利润总额中有一部分被用于资本家的消费，其他部分是可用作投资的储蓄总额。用 S_p 表示资本家的储蓄倾向（储蓄总额占利润总额的比重），则利润、储蓄和投资三者间的关系为

$$S_p\cdot P=S=I \text{ 或 } P=\frac{I}{S_p} \tag{2-10}$$

等式两边除以资本存量（K）

$$\frac{P}{K}=\frac{1}{S_p}\cdot\frac{I}{K} \tag{2-11}$$

式（2-11）中，$\frac{P}{K}$ 为利润率，用 π 表示，$\frac{I}{K}$ 是资本价值的增长率。这里假定技术进步是中性的（即技术进步不引起资本和劳动在产品价值构成中的相对份额变动），资本价值对产量价值的比例在经济增长过程中保持不变，因此，资本增长率 $\left(\frac{I}{K}\right)$ 等于国民经济增长率 g。式（2-11）可以写为

$$\pi=\frac{g}{S_p} \tag{2-12}$$

罗宾逊揭示了与卡尔多模型同样的原理：资本家在利润中用于消费的部分越大，经济增长率越高，利润收入在国民收入中所占的比重就越大，而工资收入所占的比重则越小。因此，经济增长并不是解决资本主义社会经济问题的良药；相反，经济增长加剧了资本主义社会的各种矛盾，引发了更大的问题。

那么，经济增长究竟是为了什么？一般认为，增加投资可以减少失业，资源的投

入带来经济增长，人民生活水平自然会提高。但罗宾逊指出，“财富的增长同贫穷的减轻并不完全是一回事”“不仅主观上的贫穷绝没有因经济增长而被克服，而且绝对贫穷还因经济增长而增大”。[①]在私有制条件下，积累的性质必然产生不平等，资本主义经济增长会加剧收入分配的失调。这主要表现为，一方面，广大低收入者的生活水平提高很慢，而无论其消费的绝对水平如何；另一方面，即使工人的收入有所增加，也不意味着相对贫困和绝对贫困的消失，因为名义工资率的上升将推动物价上涨，并促使企业增加投资和加紧采用新技术以代替工人，实际工资水平趋于下降。因此，资本主义的经济增长没有而且也无法消灭绝对贫困。此外，罗宾逊还指出，私人企业的目标是追求最大利润，不可能从人类需要的长期利益出发合理地开发和使用资源。与资本主义经济增长相伴的是生态环境的急剧恶化与不可再生资源的趋于耗尽。政府必须对自由放任的市场机制所导致的生态环境恶化进行积极干预。

3. 新卡莱斯基经济增长模型

新剑桥学派的经济增长与收入分配理论在灵活价格假设下进行均衡增长分析得出了工资率与经济增长率、资本积累率和利润率反向变动等结论。新古典综合派认为这脱离实际和背离了凯恩斯主义短期分析的传统。20 世纪 80 年代以来，新卡莱斯基主义者以卡莱斯基模型为基础，复归凯恩斯主义的数量调节传统，得出了资本主义阶级和谐的论断。

后凯恩斯主义的经济增长和收入分配思想可以追溯到卡莱斯基。他将有效需求原理和古典经济学的阶级分析方法结合起来。社会分为工人和资本家两个阶级，他们的收入分别来自工资和利润，工人的储蓄倾向为零，资本家的储蓄倾向为正，从而得出利润决定原则：“工人花费他们挣得的，资本家挣得他们花费的。”这就是说，资本家的利润由他们的投资和消费支出来决定，用公式表示为：$P=\dfrac{I}{S_p}$，被称作卡莱斯基利润方程。

新卡莱斯基模型坚持凯恩斯主义数量调节的传统，强调寡头垄断和产能利用率的灵活性，用收入变化来解释投资储蓄的实现。新卡莱斯基模型有三个方程组成。

（1）利润方程

$$r=\frac{P}{K}=\frac{P}{Y}\cdot\frac{Y}{Y_f}\cdot\frac{Y_f}{K}=\pi\cdot u\cdot\frac{1}{v}=\left(1-\frac{W}{Y}\right)\cdot u\cdot\frac{1}{v} \tag{2-13}$$

Y_f为产能充分利用下的产出水平，π 是收入分配中利润份额，为产能利用率，$\dfrac{W}{Y}$是工资份额，$\dfrac{1}{v}$是资本产出比的倒数，由技术因素外生决定。

① [英]罗宾逊. 经济理论的第二次危机，现代国外经济学论文选：第 1 辑. 北京：商务印书馆，1979：12.

（2）储蓄方程

$$g_s = \frac{S}{K} = \frac{S_p \cdot P}{K} = S_p \cdot r = S_p \cdot \left(1 - \frac{W}{Y}\right) \cdot u \cdot \frac{1}{v} \tag{2-14}$$

S_p是资本家储蓄倾向，工人不进行储蓄，g_s是储蓄积累率。

（3）投资方程

$$g_i = \frac{I}{K} = a + b(u - u_n), 0 < b < S_p \cdot \left(1 - \frac{W}{Y}\right) \cdot \frac{1}{v} \tag{2-15}$$

u_n是资本家预期的长期平均产能利用率，g_i是投资积累率，它与利润率 r 无关，由资本家根据适应性预期和产能利用率的偏差缺口进行调整。

资本产出比 v 不变，决定资本积累率等于经济增长率，所以经济均衡的条件是 $g_i = g_s = g$，即

$$u = \frac{a - bu_n}{S_p \cdot \left(1 - \frac{W}{Y}\right) \cdot \frac{1}{v} - b} \tag{2-16}$$

所以 u 和 $\frac{W}{Y}$ 正向变化，$\frac{W}{Y}$ 上升时，uv 也上升，u 上升引起 $g_i = g_s = g$ 上升，所以工资份额和经济增长率、资本积累率和产能利用率呈正向变化。

巴杜里（Bhaduri）和马格林（Marglin）将利润份额引入投资函数，研究得出工资份额上升会对经济产生两种效应：作为收入，工资上升引起总需求增加，提高产能利用率，促进经济增长；作为成本，工资上升减少投资需求，抑制经济增长。当收入效应大于成本效应时，经济是一种工资导向的增长体制，应采取有利于工资的分配政策，以促进经济增长；当收入效应小于成本效应时，经济是一种利润导向的增长体制，应实行有利于利润的分配政策。

新卡莱斯基增长模型使后凯恩斯主义增长理论从关注收入对经济增长的影响，转向了考察经济增长对收入的影响，进一步完善了后凯恩斯主义的研究领域和研究结论。尽管后凯恩斯主义至今仍未建立一个完全统一的经济增长和收入分配理论体系，在与主流学派相抗衡时处于不利地位，但这无法掩盖其独到的思想光芒。

2.3　货币金融理论

后凯恩斯主义经济学的货币金融理论主要是在美国产生和发展起来的，与新剑桥学派重点关注资本主义收入分配不合理问题不同，美国后凯恩斯主义者从金融—货币—信用方面展开对资本主义经济不稳定的剖析，因而，也被称为后凯恩斯主义货币学派。他们认为，货币量与名义工资既是价格水平的主要决定因素，又是经济是否稳定的重要因素。他们将凯恩斯的不确定性和货币非中性思想发展为一种非均衡的和信

用货币的宏观经济学分析框架，并提出有关建议。

2.3.1 宏观经济学的微观基础

与新古典经济学的完全竞争市场假设不同，后凯恩斯主义经济学认为资本主义经济的一般状态是垄断，尤其是工业品市场处于典型的寡头垄断结构。后凯恩斯主义从垄断出发来研究市场价格的形成。卡莱斯基设计了一个最基本的成本加成定价模型。他指出，现代资本主义经济中包括两个不同的价格体系：原材料或初级产品的价格由市场的供求关系决定；工业部门的产品价格则一般按成本加利润的原则来确定，公式为：$P = \text{ATC} + \text{NPM}$。其中，$P$ 表示厂商的产品价格，ATC 表示平均总成本，NPM 表示每单位产量的边际净利润。成本加成价格是一种"操纵价格"，反映了成本和厂商对市场的控制程度，但它对市场需求的变动反应不敏感，因而，它不是使市场出清的均衡价格。

后凯恩斯主义把微观经济学的成本加成运用于宏观领域，用以说明物价水平的决定和通货膨胀。其中，最具代表性的是温特劳布（1978）根据凯恩斯就货币工资和物价之间关系提出的"工资成本加成方程式"。

$$P = K\frac{W}{Q} \tag{2-17}$$

P 代表一般物价水平，K 代表整个经济中单位劳动成本之上的利润平均加成，它反映经济中各企业运转的外生制度环境所决定的垄断程度。一般来说，短期内它是比较稳定的，在考虑 P 的变化时可以忽视 K 的变化。名义总工资（W）与实际产出（Q）之比是生产全部产出的单位劳动成本。用 L（总劳动投入）除以 W 和 Q，可得

$$P = K\frac{w}{a} = P(w) \tag{2-18}$$

w 是平均年名义工资率，a 是平均的劳动生产率。假定劳动生产率随时间推移而提高的速度相对稳定，如果名义工资率的相对增长超过了平均劳动生产率的提高（$w>a$），物价就会上涨。或直接地将物价看作名义工资的函数，两者正相关。因此，后凯恩斯主义的通货膨胀理论是成本推动型的通货膨胀：当初级品价格上涨时，制造品成本增加，价格上涨。工会为了抵制实际工资的下降，要求提高货币工资，资本家则通过提高产品售价以避免因工资上涨而造成的利润损失。因此，初级品价格上涨必然导致工资—价格螺旋式上涨的通货膨胀。这种通货膨胀会抑制有效需求和削减产出。一方面是由于制造品价格过高，初级产品购买减少；另一方面，大多数工业国的政府可能采取紧缩性的财政政策和货币政策来对付通货膨胀，使收入减少，投资受到限制，这就引发了通货膨胀和失业并存的局面。两者同时上升的势头一旦形成，便不会有简单易行的出路。以后还要回到式（2-18），推导出后凯恩斯主义经济学的内生性货币供给理论。

2.3.2　货币需求的融资动机

新古典经济学指出，利率由投资和储蓄这两个实物因素决定，货币的供求不会影响到实际利率，因此，货币是中性的。凯恩斯反对这一观点，并在《通论》中提出了其流动性偏好理论。凯恩斯指出，货币需求由交易动机、谨慎动机和投机动机构成。货币供给是由货币当局决定的货币数量。利率是一种价格，它使公众愿意持有的货币量正好等于现存的货币量。因此，货币的供求变化使利息率发生变化，进而使资本边际效率发生改变，影响实际生产运行。后凯恩斯主义货币学派对凯恩斯的有关思想进行补充，指出货币是非中性的，形成了货币需求的融资动机理论。

凯恩斯在《货币论》(1930)中就否定过货币数量论思想。他明确区分了工业和家庭这两个部门为交易动机所持有的货币量，两者持有货币的动机不同：工业部门持有货币是为了生产和投资，而家庭部门则主要是为了消费。马歇尔的"剑桥方程式"只适合于家庭部门，而工业部门则由于经济周期和未来不确定具有很大波动性。因此，货币在两个部门的流通速度不可能相同。不过，凯恩斯在《通论》(1936)中并没有推进分析，而是在它出版一年后，撰写《就业通论》《利率的替代理论》和《利率的"事前"理论》这三篇论文，明确提出了融资动机的概念，将它作为传统的交易需求之外的一种货币需求。新古典综合学派对凯恩斯有关货币需求之融资动机的论述置若罔闻，但后凯恩斯主义经济学则对其非常重视。后凯恩斯主义强调货币需求的"融资动机"，将它称为"第四种货币需求"。温特劳布则提出货币需求七项动机说：①产出流量动机；②货币—工资动机；③金融流量动机；④还款和资本化融资动机；⑤预防和投机动机；⑥弥补通货膨胀损失的动机；⑦政府需求扩张动机。其中，除⑤、⑦外，货币需求的其他动机都与融资动机有关。一旦将货币需求的融资动机引入未来不确定性下的资本主义货币—金融体系的分析框架，就会得出货币非中性和资本主义经济不稳定的结论。

所谓货币需求的融资动机，是指企业家在进行投资决策和实际完成投资这一时间间隔内产生的货币需求，在经济高涨时期，这种需求会十分巨大。事前投资的急剧扩大导致对事前资金需求的显著增加，而除非银行愿意按现行利息率提供更多资金——这是不可能的，因为此种资金需求是无法在不使利息率上升的情况下被满足的。正如凯恩斯所说："在企业家筹措资金的时候和实际进行投资的时刻之间，存在着一个空位期，在这个空位期，存在着对流动性的额外需求，但是却不存在着它的额外供应。"[①]在灵活偏好理论中加入融资性需求，意味着在存量货币中加入流量货币，必然使存量和流量发生矛盾，造成利息率的不确定性和波动性。最终导致实际产出的和失业的波动。

---

① 转引自[美]斯蒂芬·罗西斯. 后凯恩斯主义货币经济学. 余永定等，译. 北京：中国社会科学出版社，1991：43.

戴维森指出，“融资动机”的存在使 IS-LM 模型不稳定。当出现“融资动机”时，投资增加必然导致货币需求的增加，商品市场与货币市场是相互联系的，在融资动机导致 IS 曲线移动时，LM 曲线也随之移动。

2.3.3 内生性货币供给理论

在新古典综合派和货币主义[①]的货币理论中，货币供给是由中央银行决定的外生变量。后凯恩斯主义货币学派则从不同视角分析了货币的创造过程，提出了内生性货币供给理论。货币供给的内生性是指货币供给的数量由经济主体的需要内生决定。因为中央银行不能有效地控制货币供应量，而只是部分地满足了对于货币需求的增加，这样，发生在货币部门中的变化就会通过利息率的变动外溢到实际部门。这一理论是与主流经济学推崇的货币数量论相对立，按照罗西斯的说法，内生性货币供给理论在三个方面直接否定了货币数量论：①否定资本主义经济会趋于长期充分就业均衡的观点；②否定关于货币需求是人均实际收入或一般物价水平的稳定函数的论点；③否定货币数量论中的由货币供应量到名义收入或一般物价水平的因果逻辑。内生性货币供给理论的代表模型由卡尔多和温特劳布在 20 世纪 70 年代所提出。

卡尔多认为，在信贷—货币经济体系中，货币供给直接随着公众对现金和银行存款的“需求”变化而变动，即货币供应是内在的和受需求驱使的。他提出了决定货币供给变化的两个因素：货币收入变化率和通货膨胀率。货币收入变化率取决于以下因素：①需求压力；②国内投资；③出口；④财政政策；⑤工资上涨率；⑥公共部门借贷要求的变动等。货币收入率和通胀率的变动使名义收入发生改变，导致货币需求量发生变化，为了避免由此引发的金融危机，货币当局唯有选择满足由名义收入变动引起的货币交易需求变动。这意味着货币需求创造自己的供给。此外，利息率（贴现率）不是由竞争性金融市场上的供求作用内生所决定，而是由中央银行确定和管理的外生因素决定的货币基本价格。货币政策的目标是确定利息率，而非货币存量，这说明中央银行对货币供应量没有实际控制能力。总之，货币需求是名义收入的函数，而利息率则由中央银行决定，货币需求的变化是利息率变化所导致的生产和收入水平变化的结果。因果关系如下：利息率下降→投资增加→收入按倍数增加→货币需求增加。由此引出的货币需求的变化必须由作为“最后贷款人”的中央银行予以充分满足。按照卡尔多的分析，在中央银行制定和维持的任何既定利率水平上，货币供给曲线的弹性都无限大，即货币需求创造自己的货币供给，供给因此可以满足经济对货币的需求，货币供给曲线呈水平。但实际上，在未来不确定性的货币—信用经济中，货币供给一般无法完全适应信贷货币的需要。这说明了资本主义金融体系的不稳定和金融市场的非均衡状态，必然爆发金融危机和债务危机，发生经济震荡。

---

① 由于后凯恩斯主义经济学时间跨度长，“货币主义”见第 4 章。

温特劳布模型的基础是其工资定理。温特劳布认为，商品价格是在劳动成本及其之上的某种加成所决定。假定劳动生产率随时间的推移而提高的速度相对稳定，一旦名义工资率（w）的相对增长率超过平均劳动生产率（a）的增长率，即 $w>a$，就会引发物价（P）上涨，社会名义收入也会增加（P_y），造成在给定实际产出水平上的货币需求增加。温特劳布假定货币的流通速度不变，则要维持实际产出和就业水平，就必须完全满足对货币的需求。那么，因果逻辑如下：货币工资上升→成本提高→利润加成→价格水平上升→货币需求增加→货币供应量增加。这一逻辑顺序与货币主义正好相反，因为后者认为，是货币供给量的变动造成了价格变动。假如此时中央银行拒不增加货币供给，过度的货币需求就会引起利息率的上升，导致预料之中的凯恩斯主义后果，即通过乘数的作用，投资的减少将导致实际产出和就业下降，以使货币需求与供给在低收入水平上被迫相等。同样的分析也适用于如下状况：货币供应量的增加只能部分地满足货币的需求。在这种情况下，实际产出和就业就会下降，但下降程度比货币供应完全不增加时少。在上述任何一种情况下，由于货币供应没有或部分地满足了货币需求的增加，物价水平将会提高，而产出和就业则减少。这也是温特劳布对“滞胀”现象的解释。

20 世纪 80 年代末，比斯利 · 莫尔（Bsil J. Moore）将卡尔多和温特劳布的分析进一步深化，如果说卡尔多—温特劳布的货币内生性表现为中央银行对承担稳定经济金融秩序的责任显得无奈，莫尔则证明货币供给完全可以由需求自行决定，而不为中央银行所控制。莫尔的货币内生性理论主要包括：信用货币的供给内生、基础货币内生、负债管理使基础货币自给、银行角色转换传导内生等四方面。莫尔还否定货币乘数的意义，认为它不能解释创造货币过程中的因素及其创造的过程，以往的货币供给等于基础货币乘以乘数的等式仅仅是对现象的描述，而不是对现象的解释。政府无法控制信用货币的供给。[①]

2.3.4　金融不稳定性假说

金融不稳定性假说（financial instability hypothesis）或金融脆弱性假说，是后凯恩斯主义货币学派用来说明现代资本主义时常发生金融危机或经济危机的重要理论。它既是一个资本主义经济周期的模型，说明了经济周期与金融危机的内在联系；也指出了现代资本主义的金融体系是一个高度不稳定的体制。这一假说最早由明斯基提出，其后继者对它进行了补充和发展，用来研究 20 世纪 30 年代资本主义“大萧条”、80 年代初拉美国家外债危机、80 年代末 90 年代初日本金融泡沫、1997 年东南亚金融危机和 2008 年美国金融风暴。

① 限于篇幅，详见胡海鸥. 莫尔的水平主义货币供给理论探究，外国经济与管理，1998，9：22-26.

明斯基的逻辑起点是从研究企业投资决策开始的。决定企业是否投资的主要因素是此项投资的预期利润所得，而投资的实施则主要是通过借债来筹措资金。如果未来的预期利润率大于银行的利息率，企业就愿意投资，而一旦实施投资，企业和商业银行之间的债务关系也就形成了。企业将用预期收入的现金流偿还银行债务，可未来是高度不确定的，利息率则随经济周期的波动而变化，尤其是在繁荣时期，利息率会因为借贷需求的急剧增加而提升。在现金流发生断裂时，企业会陷入债务危机。个别企业的债务危机当然不至于搅动整个宏观经济，但是，因企业过度负债产生的债务危机必然会通过以商业银行为代表的信用创造机构和借款人相关的行为造成宏观经济的通货紧缩，使金融危机和经济危机同时爆发。

明斯基指出，借款企业按其金融状况可分为三类。①“套期保值”企业。这类企业的预期收入不仅在总量上大于债务额，并且在每一时期内，其预期的现金流也大于到期债务的本息。这类公司在金融上是最安全的。②投机性借款企业。这类企业的预期收入在总量上大于债务总额，但在借款后的前一段时间内，现金流小于到期的债务本息。而在此之后的每一时期内，其现金流大于到期的债务本息。可见，这类企业存在债务缺口，它们为偿还债务，需要重组其债务结构或变卖其资产。因此，这类企业就是那些一期又一期地滚转其债务，或用其债务进行资金再融通的公司。③“庞兹”借款企业。[①]这类企业在金融上是最脆弱的，其在每一时期内的现金流都会小于到期的债务本息。为了支付到期的本息，它们必须采用滚动融资的方式，不断地借新债还旧债，把后来者的投资当作上一期投资者的收益。负债的雪球越滚越大，危机终会爆发。

建立在债务基础上的货币经济的稳定性，由这三种融资类型的混合状况、融资方法沿债务风险由低向高移动所决定。在一个经济周期开始时，大多数借款企业属于“套期保值”型借款者。当经济形势处于高涨时，金融机构开始放松贷款条件，受到乐观情绪感染和宽松信贷环境刺激，企业倾向于采用更高的负债比率。更多企业显现出风险较高的两种金融状况（投机型和庞兹型），“套期保值”企业日益减少。与此同时，借款需求的增加和中央银行为抑制物价普遍上涨而采取的紧缩性货币政策导致了利息率大幅度上涨，企业的财务状况发生恶化。企业为了偿还债务，只能改变融资方式：从套期融资转入投机融资，再由投机融资转入负债融资。又或者是来自外部的巨大冲击（如石油危机）引发大衰退，即便利率水平不变，预期利润率的急剧下降也可能导致同样的恶果。无论何种情况，当总的到期债务超过总的预期收入时，整个经济的债务结构处于失衡之中。这将会引发由债务危机导致的全面通货紧缩，发生大量的企业破产和银行倒闭现象。

① 查尔斯·庞兹（Charles Ponzi）是第一次世界大战后的美国金融骗子。他把新投资者的钱支付给前一批投资者。前期投资者由于获得了高额回报，宣扬他是一位投资天才。这个雪球越滚越大，到最后一次，庞兹突然卷走了一大笔钱财并销声匿迹。

明斯基认为，有两个主要原因可以解释资本主义金融体系的内在脆弱性特征。①代际遗忘。它是指由于前一次金融危机有段时日，受一些利好事件推动，金融业再次繁荣起来，借款人对当前利益的贪欲战胜了对过去危机的恐惧。他们认为当前资产价格的上涨趋势将一直保持，纷纷加大购买量。②竞争压力。它是指贷款人迫于竞争的压力而进行许多不审慎的贷款决策。在经济高涨期，借款需求巨大，一个无法提供充足贷款的银行会失去顾客。为了保住市场，各银行都尽力向客户提供大量贷款，而无暇顾及最终的累积性影响。由于从借款开始高涨到最终结账日的间隔时间可能很长，以至于发放贷款的银行不会因为其行为后果直接遭受损失。约翰斯·霍普金斯大学经济系研究员罗伯特·巴伯拉（Robert Barbera）将明斯基的观点总结为："经济的长期健康发展使人们愿意去承担越来越大的风险。当许多人进行风险赌博时，一丝沮丧之情便可引发灾难性的后果。"[①]他指出，2008 年美国房地产市场暴跌正是"明斯基式危机"的一个经典案例。[②]

2.4　社会经济改革方案

后凯恩斯主义经济学自诞生之时就与主流经济学派相对立，它所提出的社会经济改革方案具有明显的激进主义特征。英国的新剑桥学派强调政府在分配领域内进行干预的必要性，他们反对新古典综合派关于调节总需求和实行工资—物价管制的措施，也反对货币主义关于任由市场机制自动运行的主张，因为 20 世纪 30 年代的"大萧条"已经证明了自由放任市场机制的失效。美国的后凯恩斯主义侧重于从货币内生供给理论出发提出政策建议。然而，后凯恩斯主义经济学的社会改革方案在政府实际操作层面反映微弱，远不如其理论学说那样受人关注。正如对待雾霾天气一样，揭露它和批判它会很快产生社会反响，但要提出系统性的和可操作性的治理方案，则纷繁复杂、任重道远。

2.4.1　新剑桥学派的改革主张

新剑桥学派认为，资本主义社会经济问题的根源是收入分配严重不公，而出路在

---

① 《自由市场的缺陷暴露无遗》，《纽约时报》2009 年 4 月 19 日，转引自《党政干部学刊》2009 年第 6 期，第 49 页。

② 1966—2002年，美国房地产价格持续上涨，主流学者和消费者认为房价永远不会下跌。随着房价上涨，人们在这里增加投入，形式是次级抵押贷款、抵押再融资及复杂的金融衍生品。2004年6月起，为抑制通货膨胀，美联储决定提高利率，联邦基金利率提至5.25%。人们对房地产的需求开始下降。同时，拖延还款的情况显著增加。首先被拖欠的贷款就是所谓的风险贷款或次级贷款。在贷款市场繁荣时，许多银行利用抵押贷款发放担保债券。当房屋价格下跌、消费者开始拖欠还贷时，投资者发现最佳选择就是快点抛出手中债券。问题马上转移到银行方面：它们没有充足的资金应对这股抛售浪潮。而且债务成本提高，资产贬值使得许多家庭受到财产损失，造成消费、投资和信贷活动的大量缩微。

于《通论》第 24 章所指出的："投资的社会化、改变资本主义的租税体系和消灭食利者阶级。"要实现凯恩斯所提出的"文明生活"社会，这必须由政府实施一系列社会经济政策，主要包括以下。

（1）实行累进的税收制度来改变社会各阶层收入分配的不均等状况。累进的税收制度可以对高收入者课以重税，把富人的一部分收入转移给低收入家庭，使收入分配极度不均的状况有所改观。

（2）实行高额的遗产税和赠予税，以便消除私人财产的大量集中，抑制社会食利者阶层收入的增加。阶级的存在来自于财产的世袭制度，政府要消灭这种制度，通过遗产税把大宗私人财产转归"公共所有"，即把征收上来的资金用于社会公共目标和改善低收入人群的生活水平。

（3）政府运用财政预算中的盈余来购买私人公司的股票，把一部分公司股份的所有权从私人手中转移到国家手中，从而抑制食利者阶层的财富积聚，这个政策与前两个一道发挥作用，最终消灭私有财产制度，实现国有化。

（4）通过政府的财政拨款对失业者进行培训，提高其文化程度和技术水平，为他们增加就业机会，并有机会从事收入较高的技术性工作，有助于缩小社会收入差距。此外，政府可以通过预算给低收入水平家庭一定的生活补贴，增加他们的收入。

（5）实行进出口管制政策，大力发展自身具有优势的产业，从而为国内提供更多的就业岗位，降低失业率提高劳动者的收入。

新剑桥学派的累进税制方案主要是受凯恩斯的影响①。凯恩斯强化了累进税率的收入再分配功能，促进了凯恩斯革命后累进税在西方各国税制实践中的推行。但是，随着西方社会陷入"滞胀"，供给学派被里根政府所青睐，减税热潮成为当时的主旋律。在美国，1981 年个人所得税的最高税率从 70%下降到 50%。3 年内边际税率降低了 23%。1986 年采用 15%和 28%的双税率结构取代从 11%到 50%的原 14 个级次的税率档次。②随着科技的发展和经济全球化的推进，各国之间的税收竞争的结果是各国税制趋同，各国税率结构也趋向于低税率、广税基、少级次。从历史的轨迹来看，累进税制的变革是由简单到复杂，再到简单。暂且不论累进税制的优缺点，累进税制成为大趋势，不过新剑桥学派当时并没有提出具体的实施方案。

遗产税是一个更为古老的税种③，在美国，联邦政府的遗产税于 1797 年首次开征，

---

① 需要指出的是，在税收方面无论是累进税还是遗产税，新剑桥学派都不是始作俑者。早在15世纪的欧洲，佛罗伦萨就采用过累进税率，到了 19 世纪初期，欧洲大陆开始普遍倡导累进税制。

② [英]锡德里克·桑福德. 成功税制改革的经验与问题. 第 1 卷. 张文春，匡小平，译，北京：中国人民大学出版社，2002：119，121.

③ 古埃及、古希腊和罗马帝国都曾开征过遗产税，近代遗产税则始于1598年的荷兰，目前有一百多个国家和地区开征此税。欧洲的意大利、瑞典，亚洲的印度、马来西亚、新西兰、澳大利亚和中国香港地区已先后取消了遗产税，但更多国家和地区仍然选择保留。

其主要开征目的是筹措战争资金。之后曾三次废除，又三次开征。2000 年小布什总统上任后，签署了《经济增长与税收减免法案》，这是一份总额高达 1.6 万亿美元的减税计划，其中就包括 10 年间大幅削减直至废除遗产税的方案，此举并未获得参议院 60% 以上压倒性票数，因此该法案中不得不包括“落日条款”[①]，于 2011 年 1 月 1 日恢复税改前相关条款，以遵守“伯德规则”[②]。2009 年奥巴马政府计划复收遗产税，但是提案被参议院搁置，致使 2010 年不得不暂停征收一年的遗产税，产生了一个古怪的“空窗期”。之后两党经过多次博弈之后达成妥协，2010 年 12 月奥巴马签署法案，遗产税得到保留，但将布什政府的减税政策延期两年。2013 年，美国《纳税人减免法案》（ATRA）生效，无限期延长 2001 年小布什《经济增长与税收减免法案》条文，将遗产税、赠予税和 GST（隔代转移税）法律确定下来：豁免额为 500 万美元，最高税率为 40%，夫妻间额度可移植。2015 年，奥巴马政府扩大遗产税税源和改变遗产税计算方式的计划遭到国会否决。虽然特朗普政府立志于取消遗产税，但 2017 年 12 月 22 日特朗普签署的《减税与就业法》（TCJA）对于遗产税，最终保留了参议院版本：保留遗产税，但提高了豁免额，自 2018 年 1 月 1 日起，至 2025 年 12 月 31 日，将遗产税、赠予税和 GST 的豁免额从原来的 500 万美元增加了一倍至 1000 万美元。每年随通胀调整，2017 年豁免额为 549 万美元，税改前 2018 年为 560 万美元。税改后 2018 年翻倍至 1120 万美元的豁免额，一对夫妇的免税额再双倍即 2240 万美元；并且与小布什《经济增长与税收减免法案》类似，也包括一个“落日条款”，8 年后优惠政策失效，2026 年之后恢复税改前的模样。[③]

遗产税一直是政府拿捏不定的税种之一。“废”是因为遗产税是重复课税，阻碍了自由竞争，不利于经济效率的提高，是“对成功者的惩罚”，是效率的损失；“存”则是为了社会公平，取消遗产税不利于税收调节财富分配、维护社会公平功能的实现。新剑桥学派从凯恩斯那里继承了资本主义发展的不稳定性需要社会公平分配来解决这一思想，并按照这个逻辑展开政策建议，遗产税的保留也就是合理的。但是一项政策的采纳并非那样简单，其中还有选民的意愿、各大利益集团的竞争和博弈等。

---

① “落日条款”是一项立法措施，规定法律在特定日期之后失效，除非采取进一步立法来延长法律。

② 伯德规则以其主要发起人罗伯特·伯德（Robert C. Byrd）名字命名，1985 年通过，1990 年修订为预算法案 313 条。伯德规则要求任何导致增加政府支出或减税的法案，应由 60%以上的多数票数通过，否则应包含“落日条款”，以确保在预算决议期之后不增加赤字。

③ 1950 年，我国政务院曾颁布《全国税收实施要则》，其中列有遗产税但并未开征。1985 年，《关于〈中华人民共和国继承法〉（草案）的说明》也曾提到设立遗产税问题：“现在有些遗产数额较大，而且有增长趋势，征收遗产税的问题需要研究，如果要征收遗产税，可以另行制定有关税法。”1997 年，“十五大”报告正式提出“调节过高收入，逐步完善个人所得税制度，调整消费税，开征遗产税等税种”，为遗产税立法提供了政策依据。2017 年 10 月财政部发文“我国目前并未开征遗产税，也从未发布遗产税相关条例或条例草案，……下一步，我们将继续跟踪国际上遗产税的发展趋势，进一步研究遗产税有关问题。”（参见，《财政部关于政协十二届全国委员会第五次会议第 0107 号（财税金融类 018 号）提案答复的函》）。

对于新剑桥学派提出的第三条政策建议，反对者认为这是用“国家作为食利者”来代替“私人食利阶层”的一种国家资本主义思想，并不能从根本解决资本主义的问题。

新剑桥学派社会改革方案的主旨是符合时代精神的，甚至可以说他们走在了时代的前面。凯恩斯曾说：“我们生活在其中的经济社会，其显著缺点，乃在不能提供充分就业，以及财富与所得之分配有欠公平合理。”[①]不仅仅是凯恩斯，古典经济学家、马克思和激进政治经济学都对资本主义社会财富分配的不合理性及危害进行过论述。新剑桥学派的贡献在于把它与经济增长联系起来，并有力地证明了：现代资本主义的运行结果必然导致严重的两极分化。当劳动者从经济增长中分得一些好处时，冲突被暂时掩盖，一旦经济危机爆发，由收入分配不均引起的社会矛盾立刻尖锐起来。当2008年的金融风暴来临时，很多劳动者的收入降低甚至失去工作，而那些巨额亏损的、靠政府救市（资金当然是来自广大纳税人）的大公司总裁们却依然享有天价酬金，这引起了公愤并影响了政府决策，一些亟需政府帮助的大亨们只得假装高姿态，主动降低薪酬和收敛炫富行为。[②]这可能是资本主义分配制度将发生较大变革的信号。

2.4.2 美国后凯恩斯主义的政策建议

后凯恩斯主义货币经济学的基石是内生性货币供给论，它是对学说史上有关内生性货币供给思想的一次复兴和发展。从货币供给的内生性这一理论出发，后凯恩斯主义货币学派强调，中央银行对货币存量没有任何控制能力，正是把货币看作是外生实体而试图对货币供应量加以控制的无效性导致了经济政策的失败。该学派指出，无论是新古典综合派“相机决策”的货币政策，还是货币主义“单一规则”的货币政策，都是无用且有害的。因为这两种货币政策都以货币数量论为基础，都假定货币供应量是外生的，从而把控制流通中的货币量作为货币政策选择的首要目标。

后凯恩斯主义者认为，决定物价水平的不是货币供应量，而是工资成本和利润加成。这说明在货币政策中不能找到如何使价格保持稳定的答案，因为货币政策对工资和薪金谈判影响甚微，因此它不可能对价格发生直接作用。只有当货币政策实施产生大量的失业，进而严重削弱工会的力量时，它才能对价格产生间接的影响。货币政策

---

① [英]凯恩斯. 就业利息和货币通论. 徐毓枬，译. 北京：商务印书馆，1981：321.

② 看以下两个事件。①2008年11月18日，遭受巨额亏损的美国三大汽车公司CEO前往华盛顿参加国会是否批准250亿美元救助资金的听证会。土豪们是乘坐私人飞机来的，通用CEO瓦格纳的座机3600万美元，福特CEO穆拉利的便宜一些，为2800万美元。这一趟的费用是60多万美元，而乘坐经济舱只需288美元、头等舱为837美元。这种大排场遭到国会议员的批判，土豪们在下一次选择开车赴会。②2009年3月15日，刚刚获得政府300亿美元救助不到两周，美国国际集团（AIG）向公司高管分发了1.65亿美元的奖金和续聘津贴，这激起了公众的愤怒。众议院以328票对93票通过一项法令，收回它发给高管的奖金，并对那些获得政府援助却向高管发放奖金的金额征收90%的重税。

当然会降低物价上涨率，但这必然会导致利息率的大幅度上升和大规模的失业。这就是说，只有引起经济的灾难性后果，货币政策才是管用的。20 世纪 80 年代的最初几年，英国撒切尔政府和美国里根政府推行货币主义政策的结果证明了这一点。因此，卡尔多把作为货币数量论现代代言人的货币主义看作西方国家出现大量失业和引起社会痛苦的一种诅咒。

因此，后凯恩斯主义经济学主张实施以稳定价格为目标的“收入政策”，并加强金融监管和对经济中的信贷流量进行控制。2008 年爆发的全球金融危机无疑是对后凯恩斯主义货币经济学的一次褒奖，对于纠正当代经济学近年来出现的“市场调节至上”的偏差具有重要意义。对于促进宏观经济思想变革和世界经济朝着健康方向发展也具有积极作用。后凯恩斯主义货币经济学的新发展出现在国际金融领域。他们将流动性偏好和货币的内生性特性融入国际货币理论体系中，对于发展中国家的经济发展和资本流动问题，提出了中心—周边理论的借贷款模型。他们指出，随着金融的深化和金融市场的发展以及国内金融与国际金融的接轨，货币的内生性将变得更强。后凯恩斯主义经济学对货币理论产生了很大影响，当然，它高度重视资本主义的不确定性和不稳定性，其最终目标不是要颠覆整个制度，而是要以国家干预弥补资本主义市场经济的缺陷，使资本主义在调整后成为运行效率更高与生存能力更强的社会。这正是当年凯恩斯在《通论》所力图达到的目的。

思考题

1. 后凯恩斯主义经济学是如何论述未来的不确定性的？谈谈你对主流经济学试图把不确定性转化为风险的观点的认识。
2. 简要评述新剑桥学派的经济增长理论。
3. 温特劳布是如何解释“滞胀”问题的？
4. 如何理解融资动机的存在导致 IS-LM 模型不稳定？请画图说明。
5. 如何理解“2008 年美国的房地产市场暴跌是‘明斯基式危机’”这种观点？

第 3 章

新凯恩斯主义经济学

新凯恩斯主义经济学（New Keynesian Economics）是指自 20 世纪 80 年代继新古典综合之后以美国为大本营发展起来的、为资产阶级所接纳的现代凯恩斯主义经济学派。新凯恩斯主义是相对原凯恩斯主义（Original Keynesianism）而言的，它具有新古典主义经济学的风格，但总体上坚持的是凯恩斯主义经济学的结论。[①]其新颖之处在于，对不完全竞争假设全面考察，用“黏性”理论取代了原凯恩斯主义的“刚性”理论，并从经济当事人利益最大化和理性预期的角度对这种“黏性”进行了合理解释，进而运用微观经济学的理论和方法诠释了资本主义的经济波动和非自愿失业现象。这在很大程度上解决了原凯恩斯主义宏观经济的非均衡与微观经济的一般均衡分析方法之间的矛盾，为国家干预主义的继续推行提供了有力的思想基础。与新凯恩斯主义者大多集中于美国东西海岸相比，作为对立面的新古典宏观经济学阵营汇集于美国淡水湖群周边（芝加哥、明尼苏达和卡内基梅隆）。有人将前者比作“盐水”经济学家，将后者喻为“淡水”经济学家。20 世纪 90 年代之后，这两大阵营在相互角逐中不断发展，难分高下。当 2008 年的美国金融危机爆发后，如何通过政府干预使国民经济摆脱困境成为街头巷尾议论的主题，在这一背景下，新凯恩斯主义显得生逢其时。

3.1　新凯恩斯主义经济学概览

20 世纪 70 年代主要发达国家陷入“滞胀”局面，凯恩斯主义饱受质疑。与此相对的是以供给学派和货币主义为代表的新自由主义经济学深刻地影响了美英两国 20 世纪 80 年代的经济政策制定。虽然新自由主义取得了一些成绩，但资本主义的长治久安并未到来，当现实经济形势再度逆转时，人们又开始怀念起凯恩斯主义传统的昔日辉煌。在这一时局背景下，新凯恩斯主义经济学横空出世，这一学派倡导非均衡分析的研究方法，以市场不完全竞争为前提假设，其理论体系既有对新古典综合学派的继

① “新凯恩斯主义”一词由迈克尔·帕金（Michael Parkin）所创，他在著作《宏观经济学》（1984）中使用了“新凯恩斯理论”（New Keynesian Theory）的提法。“新凯恩斯主义经济学”最早出现于劳伦斯·鲍尔、格里高利·曼昆和戴维·罗默发表的论文《新凯恩斯主义经济学和产出量：通货膨胀交替关系》，载于《布鲁金斯经济论文集》，1988 年第 1 期。

承，又有对新古典宏观经济学的借鉴，推进了凯恩斯主义的发展。按照阿兰·布林德（Alan Blinder，1945—）的说法，新凯恩斯主义经济学可谓宏观经济学上的又一次革命，“这次革命等于凯恩斯主义的再现，但是具有更加严密的理论风格”。

3.1.1　产生背景

20 世纪 70 年代是凯恩斯主义的黯淡时光，进入 80 年代，新古典综合学派已无法号令江湖，新自由主义经济学风生水起。特别是当英国的撒切尔首相和美国的里根总统均公开宣称将现代货币主义和供给经济学作为制定经济政策的理论基础之后，新自由主义经济学正式“登堂入室”。新自由主义取得了一定效果，发达国家的通货膨胀率明显降低。例如，英国的通货膨胀率由 1980 年的 21.9%下降到 1981 年的 8.7%，此后连续三年稳定在 5%的水平。[①]1980—1990 年，美国的实际 GDP 以平均每年 3.5%的速度增长。[②]尽管 20 世纪 80 年代初期美国的失业率还很高，但 1983—1990 年的就业量平均每年增长 2.4%。[③]在苏东剧变的背景下，全球范围内掀起了一场私有化浪潮。资本主义社会越发朝着亚当·斯密所描述的经济自由主义世界前行。市场的力量日益增强，政府的作用主要局限于通过保证稳定的货币体系和牢固的经济基础来鼓励私人投资。

但问题并未全部解决，撒切尔政府为了降低通货膨胀率也付出了惨痛的代价。首先是失业率上升，并持续多年居高不下，经济增长率只有 20 世纪 60 年代的一半左右。1985 年，撒切尔政府被迫放弃了弗里德曼所倡导的“单一规则”的货币政策，把失业和经济增长问题放在政府政策目标之首。这是英国经济政策对现代货币主义的一种背离。在 20 世纪 80 年代末的美国，生产率增长速度放慢。更糟糕的是，在连续减税的同时，政府开支却与日俱增，出现了巨额的财政赤字。一方面，这使利率居高不下，极大地妨碍了资本投资；另一方面，高利率又吸引了大量海外资金变成美元资产，迫使美元汇率上升，使美国产品在国际市场上的竞争能力下降。供给学派在里根政府的第二任期内失宠，再难以找回昔日的辉煌。

到 20 世纪 80 年代末和 90 年代初期，西方国家再度陷入困境，首先表现在经济增长率明显下降。1989 年美国实际 GDP 增长率为 0.6%；1990 年最后一个季度开始到 1991 年第一个季度结束，6 个月中甚至出现了 0.6%的负增长。[④]英国的表现同样糟糕，1990 年 GDP 增长率为 1.6%，1991 年 GDP 比上一年下降 2.1%，1992 年又比 1991 年下跌 0.5%。[⑤]在这种情况下，秉承凯恩斯的国家干预传统，并在理论上有所突破的新凯恩

① 何国华，范卫清. 新保守主义经济学的失势和新凯恩斯主义经济学的发展. 经济学动态，1995，2.

② [美]加里·沃顿等. 美国经济史. 第 10 版. 王钰，等译. 北京：中国人民大学出版社，2011：694.

③ [美]加里·沃顿等. 美国经济史. 第 10 版. 王钰，等译. 北京：中国人民大学出版社，2011：619.

④ 根据美国商务部经济分析局公布的数据计算得出。

⑤ 毛锐. 撒切尔政府私有化政策研究. 北京：中国社会科学出版社，2005：188.

斯主义经济学受到普遍关注，也就不足为奇了。

20 世纪 90 年代，一些主张以国家干预矫正市场失败的年轻学者努力使凯恩斯“复活”了。曼昆用“转世”（incarnation）一词来描述凯恩斯主义的“复活”。他的解释是：“我选择‘转世’这个术语因为它意味着在另一个身体上重生。我想强调的是，新旧凯恩斯经济学虽然有很多相似之处，但也有很多差异。在某种意义上，凯恩斯的精神已经被带回来了，不过它看起来不像老凯恩斯。事实上凯恩斯也许根本不会承认新凯恩斯主义者是凯恩斯主义者。一般而言，也许人们转世之后就认不出以前的自己了。”[①]

3.1.2 代表人物

新凯恩斯主义的主要代表人物来自美国，其中，阿克洛夫、约瑟夫·斯蒂格利茨（Joseph Eugene Stiglitz，1943—）获 2001 年诺贝尔经济学奖[②]，费尔普斯是 2006 年诺贝尔经济学奖获得者。

乔治·阿克洛夫

乔治·阿克洛夫（George Arthur Akerlof，1940—）生于美国康涅狄格州纽黑文市，于 1962 年本科毕业于耶鲁大学，1966 年获麻省理工学院博士学位，之后加入加州大学伯克利分校经济系。1980 年至今，担任这里的经济学首席教授。阿克洛夫的研究范围较广，包括货币理论、金融市场、宏观经济学等，还曾在贫困和失业理论、犯罪与家庭、社会习俗经济学等领域发表过大量论著，包括：《稳定增长：在危机关头吗？》（1967）、《资本、工资与结构失业》（1969）、《“柠檬”市场：质量的不确定性与市场机制》（1970）、《货币需求基金流通理论的微观模型》（1978）。其论文《行为宏观经济学与宏观经济行为》（2001）是行为宏观经济学的必备入门文献。他与罗伯特·希勒合著的《动物精神》（2012）则是从人们行为的非理性探析 2008 年金融危机的发生。《“柠檬”市场：质量的不确定性与市场机制》是其影响最为深远的作品，此文推进了信息经济学的发展，被诺贝尔经济学奖青睐。“柠檬市场”现已成为经济理论中的一个隐喻，表示存在信息不对称现象的市场。阿克洛夫亦被称为“信号理论之父”。他的夫人珍妮特·耶伦（Janet L. Yellen）也是著名专家，两人合著了《劳动力市场效率工资模型》（1986）和《合理工资前提与失业》（1990）。2014 年 2 月 1 日起，耶伦出任美国联邦储备委员会主席。她曾这样评价她的丈夫：“他对人类问题具有的敏锐洞察力，可以直指社会现象的原因。与他合作是精彩的，他如此具有原创性。”

① [英]布莱登·斯诺登、霍华德·文. 现代宏观经济学：起源、发展和现状. 佘江涛，等译. 南京：江苏人民出版社，2009：385.

② 一同获奖的还有斯坦福大学教授迈克尔·斯彭斯（Michael Spence，1930—）。

埃德蒙·费尔普斯

埃德蒙·费尔普斯（Edmund S.Phelps，1933—）出生于美国伊利诺斯州，他师从詹姆斯·托宾教授，1959年获耶鲁大学经济学博士学位。1966 年，他加入宾夕法尼亚大学，次年发表著名论文《菲利普斯曲线、通货膨胀预期和随时间变动的最优就业》。1971 年，转任哥伦比亚大学经济系，在此执教 8 年。此间，他对经济公平问题、劳动市场结构刚性、理性预期下货币政策、非一致工资或价格制定、非对称信息下的隐性合同以及理性预期本身等问题进行了深入研究。1981 年，他当选为美国科学院院士，也是美国财政部和参议院金融委员会顾问、《美国经济评论》编委等。他的著作还有《政治经济学：入门教材》（1985）、《宏观经济思想七个流派》（1990）等。经济增长理论是费尔普斯对宏观经济学的主要贡献，他继罗伯特·索洛之后，对经济增长的动态最优化路径进行分析，提出了著名的“经济增长的黄金分割律”，正式确立了经济增长理论，也因此荣膺 2006 年诺贝尔经济学奖。

格里高利·曼昆

格里高利·曼昆（Gregory Mankiw，1958—）出生于乌克兰，在美国新泽西长大。1980 年以优异的成绩毕业于普林斯顿大学经济系，1984 年获麻省理工学院经济学博士学位。1985—1987 年，担任哈佛大学经济学助理教授。1987 年，年仅 29 岁就被聘为哈佛大学经济学教授。2003 年，他接替哈伯德的职位担任美国经济顾问委员会主席，任期 2 年。同时，他还被聘为国会预算办公室及波士顿联邦储备银行的顾问。此外，他还供职于 ETS 考试研发委员会下的经济学高阶水平考试委员会和 NBER 商业周期委员会。曼昆的菜单成本理论完善了传统凯恩斯主义的微观基础，他的论文《小菜单成本与大经济周期：一个垄断的宏观经济模型》（1985）已成为经典。同时，曼昆为经济学教学事业做出了重大贡献。1992 年，他出版《宏观经济学》，克鲁格曼认为这是在国际上最有影响力的中级教科书之一。1998 年，他出版经济学教材《经济学原理》。这两部教材在全球享有盛誉，多次再版。其论文《作为科学家与工程师的宏观经济学家》（2006）对宏观经济学理论的发展史进行了很好的诠释。①

① 对于新凯恩斯主义经济学假设的真实性，曼昆认为其企业定价模型、效率工资模型和黏性价格模型经受了经验的检验，而其他的多种模型则达不到预期。“在经验问题上是否会成功比较难说……现在已经有了一些经验研究，但迄今为止研究工作受经验推动的程度还远达不到我所期望的水平”（曼昆）。转引自布莱登·斯诺登，霍华德·R. 文. 现代宏观经济学的反思. 黄险峰，等译，北京：商务印书馆，2000：403-404.

3.1.3 新凯恩斯主义的继承与超越

如果说20世纪80年代末90年代初西方国家社会经济发展的现实问题是新凯恩斯主义经济学产生的动因，则它在理论准备上则要耐心得多。曼昆将新凯恩斯主义经济学的研究历程总结为三波。第一波是对一般非均衡的研究。第二波旨在探索如下问题：在不存在市场出清假设的情况下，如何将理性预期概念引入模型中。第三波旨在解释凯恩斯主义依赖的假设前提“工资和价格不能实现市场出清”的原因是什么。①可以说，新凯恩斯主义经济学比其前辈——新古典综合学派理论的论证——更严谨；比新自由主义的后起之秀——新古典宏观经济学派——的理论假设更实际。正因为如此，它成为了现代主流经济学派。我们将在本节阐述它是如何继承与发展了原凯恩斯主义经济学的理论，又是如何在与新古典主义经济理论交锋中借鉴对手思想来完善自身的。最后，简要介绍一个可能的新的理论发展趋势。

1. 研究方法：非均衡分析

非均衡学派是从20世纪70年代之前的原凯恩斯主义经济学向20世纪80年代以后的新凯恩斯主义经济学进行过渡的桥梁。自从马歇尔开创性地用供求曲线描述社会经济之后，价格调整使经济达到均衡就一直是西方经济学界的主流思想。后来经瓦尔拉斯、希克斯等人的发展，一般均衡分析方法始终是分析微观经济理论的主流方法。直到凯恩斯创立宏观经济理论之后，宏观经济领域的非均衡情况才进入人们的视野，在凯恩斯看来，资本主义经济中出现非均衡情况应是常见的惯例，而一般均衡只是特例。但是，当时人们被凯恩斯如此独特的理论所吸引，并没有过多地认识到经济学研究方法需要重大变革以适应理论的系统发展。当然，由于凯恩斯本人的理论缺少微观基础，所以没有关于微观领域的非均衡的分析。遗憾的是，凯恩斯主义的追随者——新古典综合学派，没有对凯恩斯宏观经济学中的非均衡思想给予足够重视，而是直接对凯恩斯宏观经济学与新古典的微观经济学进行嫁接。这就出现了凯恩斯的宏观经济理论所包含的非均衡思想与一般均衡的微观基础相矛盾的问题。从而招致了后凯恩斯主义经济学、新古典主义经济学的诟病。为了提供一个真正的与凯恩斯宏观理论的非均衡思想相一致的微观基础，一些经济学家逐渐形成了一个新的经济学派——“凯恩斯主义的非均衡学派”。

美国经济学家罗伯特·韦恩·克洛沃（Robert Wayne Clower，1926—2011）②是公认的非均衡学派的奠基人之一。他在论文《凯恩斯主义的反革命：理论评价》（1965）

---

① 参见 Mankiw, N ,G.(2006). The Macroeconomist as Scientist and Engineer. Journal of Economic Perspectives, 20(4), 29-46.

② 克洛沃是美国洛杉矶加利福尼亚大学教授，获牛津大学博士。曾在英美多所高校任教，并担任《经济探索》和《美国经济评论》杂志的主编。

中对用一般均衡方法解释凯恩斯理论的做法提出了尖锐的批评。后来，他的学生阿克塞尔·莱荣霍夫德（A·Leijonhufvd，1933—）在其博士论文《论凯恩斯学派经济学和凯恩斯经济学》中又进行了深入探讨。论文指出，在凯恩斯的宏观体系中，马歇尔所安排的价格—数量调整序列被倒转过来。在短时间内，流量不断变动，但价格却相对稳定。这段经典的论证成了日后新凯恩斯主义者建立宏观经济模型的重要参考。但对新凯恩斯主义经济学影响更大的是巴罗和格罗斯曼通过综合克洛沃的消费函数和帕廷金的就业函数，所提出的"非均衡"的宏观经济学模型。[①]曼昆将它视为新凯恩斯主义经济学的第一波研究，即利用一般均衡分析工具，来理解当市场不能出清时的资源配置的结果。尔后，还有法国经济学家贝纳西、马兰沃德等人建立起的非均衡微观经济学模型。非均衡理论不仅为凯恩斯的宏观经济学的分析方法提供了微观基础，而且强调了经济分析中信息及信息成本的作用、不确定性和预期的作用，为后来的信息经济学和博弈论的发展提供了某种启发。

新凯恩斯主义者在构建非均衡总模型时，把家庭、企业和政府的经济活动都结合到一个有着产品市场、货币市场和劳动力市场的模型中。但是，有别于瓦尔拉斯的一般均衡理论，即如果三个市场中有两个是出清的，那么剩下的那个市场也是出清的，新凯恩斯主义者研究市场非出清时的情况。他们在研究方法上的改变，主要体现在微观非均衡市场的传导机制上：①溢出效应，是指几个非均衡的市场之间，某一个市场的初始干扰，将通过价格、数量信号传递到其他市场中去，进而影响那个市场的有效供给与需求；②乘数效应，在溢出效应发生作用后，初始的冲击会再次作用到第一个发生此冲击的非均衡市场中，而且干扰强度往往更大；③预期效应，在动态的非均衡市场上，由于市场的不完全竞争、信息的不对称性，人们的预期与实际发生的获得值之间存在差距，所以人们要受到配给的限制。配给的限制是非均衡市场最显著的特征。

运用非均衡分析方法得到的结论在下文会有进一步介绍，这里仅就新凯恩斯主义经济学在方法论上借鉴凯恩斯非均衡学派的过程给予简要介绍。尽管凯恩斯非均衡学派在对凯恩斯主义经济学的理解上较新古典综合更胜一筹，但却并没有引起广泛的反响。然而，它对新凯恩斯主义经济学与新古典宏观经济学的启示作用不应湮没在时间的洪流中。

2. 主要假说

新凯恩斯主义经济学作为凯恩斯主义的后继者，继承了原凯恩斯主义的经济理论。按照斯蒂格利茨的说法，新凯恩斯主义与原凯恩斯主义在以下三个命题上是一致的：①劳动市场上经常存在着超额劳动供给；②经济中存在着显著的周期性波动；③经济政策在绝大多数年份是重要的。但是，新凯恩斯主义绝非仅仅是对原凯恩斯主义经济

① 巴罗与格鲁斯曼于 1971 年在《美国经济评论》上合作发表论文《收入与就业的一般非均衡模型》，奠定了非瓦尔拉斯均衡的理论基础。

学的简单沿袭。新凯恩斯主义经济学家构筑了一个以不完全竞争、工资—价格黏性和不对称信息为主要特征的新的理论世界，如同“把一桶一桶的沙子倒入平滑的新古典范式之中”。

赫维·狄克逊在《不完全竞争在新凯恩斯主义经济学中的地位》中写道，“新凯恩斯主义中所有重要的创新之所以是可能的或者有价值的，只是因为不完全竞争。这是区别‘新’‘旧’凯恩斯者的关键特征：它使新凯恩斯主义者与凯恩斯本人相区别；它使‘新凯恩斯主义者’与‘新古典’经济学家相区别”。①凯恩斯本人的学说中已经体现了市场不完全竞争的思想。他承认新古典经济学中工资等于劳动的边际产品这个假设，而放弃了当就业量不变时，工资的效用等于此就业量的边际负效用这个假设。实际上就是在微观经济领域假定“价格刚性”，从而使“非自愿失业”的引入成为可能。但是，凯恩斯自己并未在宏观经济学延续这种方法，而是提出了新的假设，即三大心理定律。同时，他也没有从经济学角度说明微观经济领域中价格刚性的原因是什么。尽管琼·罗宾逊和理查德·卡恩等人十分关注不完全竞争问题，但新剑桥学派始终不是西方经济学的主流。直到新凯恩斯主义经济学用不完全竞争假设和价格黏性理论重新解释经济周期和非自愿失业的存在，市场不完全竞争问题正式进入到主流经济学的视野。

新凯恩斯主义经济学是把两个古典假设都进行了放松，来说明凯恩斯乘数的实现，弥补了原凯恩斯主义经济学中微观基础的不足。当然，假定市场的不完全竞争或者需求曲线是向右下方倾斜的，并不必然意味着价格和工资具有刚性的特征。但是，当市场是不完全竞争时，价格刚性出现的可能性很大。这种联系是由曼昆（1985）、帕金（1986）、阿克洛夫与耶伦（1985）在“菜单成本”中完成论述的。简单讲，这个逻辑就是：假设有一个追求利润最大化的垄断厂商，他在边际成本等于边际收益的点上决定生产多少产品。尽管在这个最大化条件下，价格的微小变化，并不会导致利润的很大变化。但新凯恩斯主义者认为，即使很小的价格变化，也会产生很大的价格刚性。这一思想不仅为名义价格刚性提供了基础，也为实际刚性理论提供了基础，也就是说在价格和工资可以自由变动时，经济中的相对价格也由于市场的不完全竞争特征而保持稳定。在新凯恩斯主义经济学中，这种“价格刚性”又可以表述为“价格黏性”假说。当市场供求失衡时，具有控制价格能力的垄断企业可以通过调整产量和就业量而不是通过调整价格去恢复市场均衡。新凯恩斯主义者从市场不完全竞争的假设入手，假设厂商有能力行使定价权，由此价格黏性出现的可能性大，厂商倾向选择调整产量来应对各种冲击，因而出现了经济的周期性波动。

新凯恩斯主义经济学在论述价格黏性理论时，使用了两个重要的理论假设——不对称信息与理性预期。后者因为涉及新古典宏观经济学，我们把它放在第四点单独介

① [英]布莱登·斯诺登，霍华德·R.文. 现代宏观经济学的反思. 黄险峰，等译. 北京：商务印书馆，2000：207.

绍。不对称信息的概念最早由肯尼斯·阿罗（Kenneth J. Arrow，1921—2017）提出。阿罗在研究保险市场承保人与投保人行为差异时采用了信息分析的视角。他认为，在保险市场上，承保人与投保人之间的保险契约是针对未来风险分担的一种契约。而未来具有不可知性，有关未来风险的信息在两者间呈不对称分布，即投保人对自身风险大小的信息必然多于承保人所掌握的信息，结果可能出现一种无形的人为风险，即个人在获得保险公司的保险后，降低防范意识而采取更冒险的行为，使发生风险的概率增大。比如，“健康保险”相当于降低了医疗护理的价格，因而，一旦取得这种保险，有理性的人将会增加他的消费量，这又增加了医疗保险支付的数量，最终引致保险费的上涨，这就是一种社会成本。这样，无论是承担风险的服务，还是医疗服务的使用，都是低效率的。阿罗将这种由于信息不对称而导致的经济主体在经营活动时有意识地违背道德原则以求达到其利润或效用最大化的行为称为“道德风险”或“败德行为”。新凯恩斯主义运用信息不对称方法考察的范围相当广泛，不仅涉及产品市场价格与质量问题，还涉及劳动力市场和资本市场。这种信息不对称以及了解信息所需的成本给市场的有效运转带来了很大困难。最早指出这种困难的是乔治·阿克洛夫。他在论文《次货市场：质量不确定性和市场机制》（1970）以旧车市场为例，详细地阐述了产品市场存在的信息不对称和由此得出的逆向选择（adverse selection）机制。所谓逆向选择，是指在买卖双方信息不对称的情况下，差的商品必将把好的商品逐出市场。

不对称信息是新凯恩斯主义经济学用以重新构建经济理论体系的基石，也是这一学派对经济学方法论的杰出贡献。在引进不对称信息之后，整个微观经济学应当改写，因为不完全信息是普遍的存在的，在此情况下达到的市场均衡是没有意义的。

3. 对新古典综合的继承：个体理性

个体理性最先应见于新古典经济学的方法论研究中。新古典经济学用个人偏好来限制和解释个体的理性行为，以达到最优目标。新古典经济学认为，在经济活动中做决策的是个人，是个人的决策最终导致了综合的结果，因此，经济研究应该以个体行为为对象，相关的宏观经济问题分析自然也应建立在微观的个人理性行为基础上。这种想法在今天看来显然有些过于简单，经济应是一个更为复杂的系统，个体的规律不能用来说明总体的规律。因此，在凯恩斯革命后，新古典综合学派对微观和宏观之间的关系进行了再思考。新古典综合的一个重要创新正是在宏观经济学的分析中引入了个体理性（个人利益最大化）的分析方法，进而将宏微观结合起来。例如，在新古典综合经济学的宏观经济学模型 IS-LM 与 AS-AD 模型中，运用个体理性的分析方法使新古典综合学派能够得到两条互相交叉的供求曲线，每一条曲线都是个体追求利益最大化下的一般均衡表现。新古典综合的经济增长和经济周期理论，也引用了个体理性的方法，如索洛模型中的最优消费规模的选取和基于 IS-LM 模型的乘数—加速数理论。

新凯恩斯主义经济学致力于为宏观经济理论构建微观基础，从微观个体行为来解释宏观经济现象。当前的很多重要宏观经济学问题，无论是经济增长、经济周期，还是消费和投资，都是从微观的角度来加以解释的。例如，实际周期理论、内生增长理论、理性预期的消费理论、关于失业的效率工资假说等，都是立足于个人最优化行为研究而展开的。这一研究趋势在现代宏观经济学中越来越盛行。在基于个体理性的宏观经济学研究上，形成了新古典主义经济学和新凯恩斯主义经济学两大理论体系。他们都强调将对宏观经济结果的解释建立在个人行为的基础上，因为总体活动是由个体行为构成的，是个人的选择导致了宏观结果。他们要解释的是，居民户、厂商们的选择与行动是什么样的，这些选择与行动又是如何导致一国就业、产量与价格水平的变化的。不仅如此，他们还一致同意，个人的行为是理性的。换言之，人们在从事经济活动时会进行准确的成本收益计算，力争以一定成本获得最佳回报，即厂商追逐利润最大化和家庭追求效用最大化。

4. 对新古典宏观经济学的借鉴：理性预期[①]

"预期"作为影响经济活动的主要变量由来已久，早在马歇尔的《经济学原理》中，就使用过心理预期的方法来分析资本的未来收益。凯恩斯也在《通论》中引入心理预期来解释有效需求不足的原因。但就宏观经济学发展而言，是弗里德曼将预期置于舞台的中心，这也为"理性预期革命"——货币主义Ⅱ对"凯恩斯主义"的第二轮冲击——提供了准备。他认为，意料之外的通货膨胀率，例如"货币幻觉"的存在，才能使菲利普斯曲线向右下方倾斜。而在古典理论中和货币中性适用的长期，菲利普斯曲线并不存在。

"理性预期"是最早由约翰·穆思（John Muth）于1972年提出的，尔后，罗伯特·卢卡斯拓展了弗里德曼的观点，把理性预期引入经济分析中，并对宏观经济学理论产生了重要的影响。卢卡斯在论文《经济计量评估：一个批判》（1976）中指出，在凯恩斯主义基础上建立起来的经济计量模型中预先设定好的描述经济稳定的参数（外生变量）并不是不变的。由于人们的理性预期经常更改他们的行为模式，在实际世界中这些参数是广泛变动的，因此，这些经济计量模型的结果和预期是无效的。虽然理性预期学派对政府实际政策制定的影响尚不明显，但是它对经济理论研究的影响却日益增强。新凯恩斯主义经济学研究的第二波，就是旨在探索这样的问题：在不存在市场出清假设的情况下，如何将理性预期概念引入模型之中，通过表明系统的货币政策如何能够在理性预期的情况下稳定经济，来回应萨金特和华莱士关于货币政策无效性的结论。

理性预期学派借助于建立在一系列微观基础上的单个产品市场的供给函数，加总平均推导出总供给函数。其基本模型是由IS-LM曲线与卢卡斯供给函数组成的。在新的总供给函数中，实际的产量取决于自然率水平的产量、货币量、人们的价格预期、

① 从时间跨度上讲，新凯恩斯主义出现在理性预期学派之后，本教材第6章"新古典宏观经济学"将对理性预期思想进行专门介绍。

实际价格对价格预期的反应和各种意外的外在冲击。新凯恩斯主义者借鉴了理性预期的思想，实现了通过对个体行为的分析来说明其与宏观经济总量之间的关系。所不同的是，新凯恩斯主义经济学强调：现实经济非常复杂，在短期内难以形成理性预期，所以新的总供给函数中的实际产量无法总是处于自然率水平。即使各经济当事人在进行预期时是理性的，但是在人们最终形成理性之前，会存在一段调整预期的时间。在这段调整预期的过程中，总供给曲线就会向右上方倾斜，只要这条总供给曲线不是垂直的，则即使价格可以完全伸缩，市场能够出清，也可能出现低于充分就业的情况。新凯恩斯主义者也把这种预期称为“理性限制性预期”。

5. 新新古典综合：走向融合的可能

自凯恩斯主义经济理论诞生以来，新古典综合学派是其与新古典主义的第一次综合，但新自由主义的冲击又使经济思想再次分化。20 世纪 90 年代末，西方主流经济学悄悄地迎来新融合的可能性，即所谓“新新古典综合”（New Neoclassic Synthesis）。这一术语最早见于 1997 年美国国民经济研究局的宏观经济年会的论文《新兴新古典综合学派与货币政策的作用》。除论文的作者罗伯特·金（Robert King）和马文·古德弗兰德（Marvin Goodfriend）外，哥伦比亚大学的迈克尔·伍德福德（Michael Woodford，1955—）也为这一学说的创立做出过重要贡献。此外，索洛、曼昆、布兰查德、麦卡勒姆、瓦什等经济学家都是这一研究趋势的积极倡导者。一些经济学家虽然没有着力宣传这个新生的学派，但他们的研究工作却有助于新古典主义和新凯恩斯主义的融合，如阿克洛夫、伯南克和戈里等。

新新古典综合将理性预期学派的实际经济周期理论与新凯恩斯主义的基本概念融合在一起，运用包含了垄断竞争、有成本的价格调整以及动态价格设定因素的跨期一般均衡分析，建立了宏观经济的动态模型，试图在分裂的微观经济学和宏观经济学之间搭建起新的桥梁。这是由于新古典主义经济学与新凯恩斯主义经济学在现实中都遇到了难题，单靠自身的理论都无法完全解释现实中的现象。比如，在实践中，一些典型现象实际经济周期理论无法解释。为了提高模型的解释力，实际经济周期学派不得不引入新凯恩斯主义的一些研究方法对模型进行修正，其中就包括名义价格刚性与实际价格刚性，来解释为什么货币政策在短期具有真实效应。新凯恩斯主义经济学也同样面临着困境，那就是除了工资—价格设定是动态的以外，建立在不完全竞争基础上的新凯恩斯一般均衡模型是静态的。直到新凯恩斯主义采用了实际经济周期理论的动态的方法论以后，它才能在一般均衡框架内分析名义价格刚性和实际价格刚性的动态影响。新新古典综合的核心就是将经济视为一个因价格黏性等因素而偏离帕累托最优的动态一般均衡体系。新新古典综合学派正是在这样的背景下发展起来的，并不断扩大其影响。当然，它也存在问题，比如仍然在对诸如菜单成本如何影响真实菲利普斯曲线的问题上没有明确的答案。曼昆认为，这一新新古典综合的核心本来就是传统凯恩斯主义所强调的，同时也是新古典宏观经济学所要丢弃的东西。

3.2 价格黏性理论和工资黏性理论

工资—价格黏性问题是新凯恩斯主义经济学非市场出清模型的核心问题。价格黏性由凯恩斯的价格刚性（rigidity）发展而来。工资刚性是凯恩斯理论体系的基石，而价格刚性不过是工资刚性的一种情况。但凯恩斯对刚性的解释考虑的仅是政治因素，未能给出一个合理的经济学解释。新凯恩斯主义经济学用黏性（sticky）代替刚性，是对凯恩斯刚性假设的某种弱化，和对新古典主义弹性假设的一种让步。黏性是指从刚性到弹性的一种中间状态：从长期看，工资—价格不是不能变动的；但在短期内，它们对市场条件变化的反应是呆滞的。当然，黏性理论并没有改变凯恩斯主义的结论：在经济中出现需求或供给冲击后，工资和价格的黏性使市场不能出清，经济会处于非均衡状态。更重要的是，新凯恩斯主义也弥补了新古典综合有关价格刚性理论的缺陷，在个人理性的基础上，它又从不完全竞争市场、不对称信息和理性预期的角度对黏性进行了合理的经济学解释。

3.2.1 价格黏性理论

为深入剖析价格黏性的成因，新凯恩斯主义经济学区分了名义价格黏性和实际价格黏性。前者是指商品的名义价格不能随着市场对此种商品需求的变动而相应地变化，后者是指一种价格相对于另一种价格的黏性。

1. 名义价格黏性理论

（1）菜单成本论。这一理论用调整价格的实际成本或风险成本来说明价格黏性。早期菜单成本论从价格调整的实际成本的角度来解释价格黏性和经济周期。在新凯恩斯主义经济学模型中，厂商被假定为垄断竞争厂商，是价格的决定者。但厂商却不能根据供求情况连续调整价格。因为厂商每次调整价格的行为都有成本支出，诸如，研究和确定新价格、编印价目表、通知销售人员、更换价格标签等。这好比餐馆打印新菜单所花费的成本，故得名“菜单成本”。厂商是否调整价格，取决于菜单成本和利润的关系：如果厂商调整价格获得的预期利润大于菜单成本，厂商就会调整价格；反之就不会行动。所以，价格出现黏性。在价格黏性的条件下，厂商对需求变化的反应是改变产量和就业，因此，总产出随需求变动而改变，宏观经济出现波动。

曼昆是这一理论的始作俑者，他指出了菜单成本与经济周期波动之间的联系，并提出了关于垄断企业的价格刚性的简单静态局部均衡模型。当总需求冲击使得价格偏离利润最大化水平时，只要存在微小的价格调整成本，垄断企业就可能固执地维持原有价格，即产生价格黏性，并且这种价格黏性还将导致比菜单成本大得多的社会福利损失。具体讲，菜单成本理论的核心观点包括以下两点。①在面临需求冲击时，单个企业调整价格所增加的利润可能性很小，甚至会小于价格调整的微小的菜单成本。在这种情况下，企业当然会维持原来的价格不变，这就出现了所谓名义价格黏性。②在面临总需求的冲击时，尽管单个企业调整价格所产生的社会收益相对较大，但本企业所得到的私人好处却很小。在这种情况下，价格也将是黏性的，价格调整的潜在社会福利不可能实现。

曼昆认为，垄断企业依据对总需求水平的预测提前一期制定自己的价格，如在 t_0 时期制定 t_1 时期的价格。由于企业在 t_0 时期并不完全掌握 t_1 时期的总需求水平，因而预期的总需求与实际的总需求不会完全相符，因此实际制定的价格往往偏离最优价格。此时，企业是否会将原先制定的价格调整到最优价格，要看它从这种调整行为中的获益情况而定。好处就是调整后增加的利润或 MR，损失就是由调整所增加的成本或 MC。可分两种情况说明。

第一种情况，如果企业预期的总需求高于实际的总需求，则企业制定的预期价格 P_0 高于最优价格 P_m，即 $P_0 > P_m$。如图 3-1 所示。若企业将价格从 P_0 调整到 P_m，则生产者剩余的变动为 $B-D$；消费者剩余的增加部分为 $C+D$，总剩余增加部分为 $B+C$。总剩余增加的部分远远大于生产者剩余增加的部分。然而，企业是否调整价格并不是根据总剩余增量 $B+C$，而是根据自己所得到的生产者剩余增量 $B-D$ 来确定。如果价格调整的成本为 0，则由于总有 $B-D$ 大于 0，企业愿意将价格由 P_0 调至 P_m，从而使社会的福利增加。然而，企业调整价格需要成本。假设价格调整成本为 Z，则企业只有在 $B-D \geqslant Z$ 时才会调整价格，否则宁愿维持错误的价格不变。当调整价格的总剩余增加部分大于菜单成本，而生产者剩余增加部分又小于菜单成本时，即 $B+C > Z > B-D$。此时，企业不会调整价格，从而形成价格向下刚性。这种刚性将使社会福利减少。

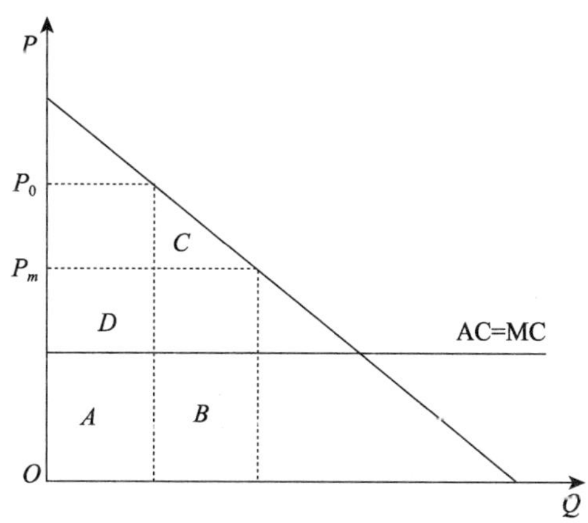

图 3-1　第一种情况

第二种情况，假如企业预期的总需求小于实际的总需求，则企业制定的预期价格

P_0 小于最优价格 P_m。如图 3-2 所示，此时如果企业调整价格，则生产者剩余的增加部分为 $H-F$，社会总剩余的增加部分却是负数，即总剩余减少了 $F+I$。企业调整价格的条件为 $H-F>Z$。当 $H-F<Z$ 时，企业宁愿维持原来的价格不变，价格出现向上刚性。但这种价格刚性不会使社会福利减少，反而使社会福利增加。

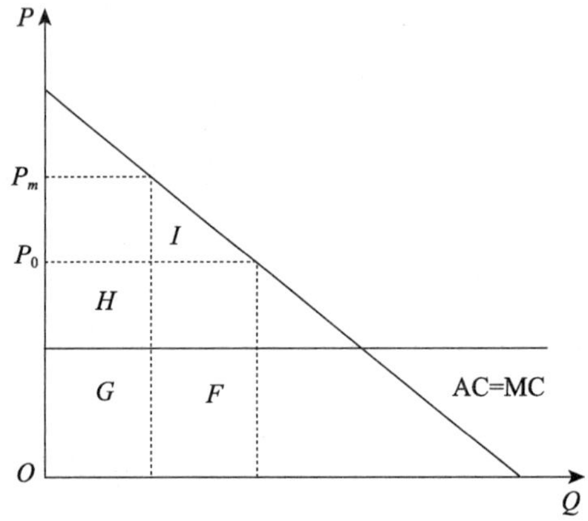

图 3-2　第二种情况

以价格调整的菜单成本来解释价格黏性的做法遭到了批评。反对的观点认为，与所获利润相比，价格调整的实际成本即菜单成本微乎其微。因此，这种基于价格调整实际成本的菜单成本论并不能解释价格黏性。后来，又出现了一种菜单成本理论，它通过价格调整的风险成本而不是实际成本来解释价格黏性。它认为，当厂商在做出价格调整决策时，难以预料产品价格或要素价格（工资）调整的后果，要素供给者、竞争对手及顾客对价格调整或工资调整的反应都有很大的不确定性。同时，价格水平变化对厂商拥有的各种有形和无形资产价值的影响也是不确定因素。这些不确定性使价格调整具有风险，因而价格调整是有代价的，即风险成本。风险成本远大于价格调整的实际成本。如果厂商预期调整价格后的利润所得大于调整价格的风险成本，厂商就会调整价格；反之，厂商则不会行动。正是因为风险成本较高，厂商不会经常改变价格，价格具有黏性。在价格不能变动时，厂商对市场需求变动的反应只能是调整产量。厂商共同调整产量的后果是总产量的变化。因而，经济中总产出会发生波动。

（2）合同定价论。合同定价论又称交错价格调整论。这种理论认为，买卖双方为了避免屡次讨价还价所花费的成本，常常签订许多正式或隐含的价格合同。按合同规定，在期满之后价格才可能进行调整。但从全社会来看，由于存在许多在时间上相互交错的价格合同，即使一些垄断厂商在价格合同到期后可以按需求的变动调整其产品的价格，另有许多厂商因价格合同未到期而不能进行价格调整，因此价格具有黏性。假设现有 n 个厂商，都订有价格合同。由于合同是错开的，每一次可以调整价格的厂商的比例为 $1/n$，那么不能调整价格的厂商的比例为 $n-1/n$。由于不能调整价格的厂商所占的比例很大，所以，合同到期的厂商的调价行为对总价格水平的影响是微乎其微的。

（3）成本加成定价论。这一理论主要是用边际成本的黏性来解释商品价格的黏性。新凯恩斯主义者认为：在不完全竞争市场上，厂商通常是用生产成本加上一个固定的百分比来确定产品的价格，因此，价格的变动主要取决于成本的变动。但是，厂商和工人之间长期劳动合同（将在工资黏性理论中提到）的存在，导致了劳动边际成本的黏性；而厂商和原材料商之间价格合同的签订，又使原材料商品的边际成本具有黏性。

2. 实际价格黏性理论

（1）投入产出表理论。这一理论从厂商之间的相互联系来解释实际价格黏性。当生产率提升和分工协作发展时，专业化程度不断提高，厂商之间形成了错综复杂的投入产出关系链。为减少交易成本和抵御因价格波动而产生的风险，有联系的厂商之间会选择合同定价制度。这种定价制度不仅导致了厂商产品的名义价格黏性，还保证了有联系厂商的投入品价格即成本具有相当的稳定性。只要成本保持不变，按照成本加成定价的厂商就不会经常调整价格。以此类推，各厂商之间的相对价格不会随总需求的变动发生变化，价格有实际黏性。退一步讲，即便单个厂商可以变动其产品的价格，从而对其他厂商的成本产生影响，但这种影响在繁复多样的投入产出链之间的传递也是缓慢的。

（2）厂商信誉理论。在不完全竞争市场上，消费者不掌握商品质量和性能的相关信息，只能习惯地将商品的价格与它的质量联系在一起考虑。因而，价格成为显示商品质量信息的重要信号。价格的这种显示功能促使那些拥有定价权的垄断厂商实行优质高价的定价策略：一方面，制定的价格要比边际成本高出许多；另一方面，高价格也产生了一种激励效应，激励厂商为保持市场信誉而保证产品质量，从而实现长期高价出售产品的目标。一旦价格成为商品质量的信号，厂商采取薄利多销的定价策略便会得不偿失。因为下调价格会被消费者视为由于商品质量下降所致，他们就会减少对这一商品的消费。价格和销售量的双重减少造成厂商的利润损失。可见，无论是总需求发生变动，还是对某种商品特定的需求发生变动，厂商均不会轻易调整价格，各种商品的相对价格大体上保持稳定，实际价格具有黏性。

（3）寡头市场定价理论。寡头市场具有其他市场结构所没有的一个重要特征：厂商之间是相互依存的，他们之间经常进行博弈。如果一家厂商提高价格，在厂商之间不存在勾结的话，其他厂商必定不会跟着提价，因为这样做可以增加自己的销售量，扩大市场占有份额；如果一家厂商降低价格，其他厂商必定会跟随降低价格，因为如果不这么做，销售量就会减少，市场就会被其对手夺走。所以，除非价格与成本相差很大时，任何厂商都不敢轻易地变动价格，他们宁可在非价格方面如产品质量、设计、包装和广告宣称等方面进行竞争。只有当寡头面临着进入的威胁时，它才会使用价格武器对潜在进入者进行恐吓。一旦这种威胁被消除，价格就会恢复刚性状态。

3.2.2 工资黏性理论

工资黏性是指当劳动市场出现供求关系不平衡时，合同工资不能及时随之变动，并通过这种变动调节劳动市场上的供求关系，使之重新恢复均衡。因此，当总需求或总供给发生变化时，劳动市场便处于失衡状态，致使就业和产出发生波动。工资黏性理论可以看作是价格黏性理论的另外一种表达，因为工资构成了生产成本的主要部分，而具有市场势力的垄断厂商总是根据成本加成的方法来制定价格。因此，决定工资黏性的那些因素同时也决定了价格的黏性。

1. 长期劳动合同论

长期劳动合同论，也被称作交错契约论或交错调整工资论。它认为，无论是通过合同机制还是理性预期机制来稳定工资水平，都会导致通货膨胀与失业之间的交替。交错调整工资是指劳资双方通过订立工资合同来调整工资。美国的汽车、钢铁、建筑、航空、铁路等许多行业已经高度工会化。在这些行业中，劳资双方会签订较长期的劳动合同，以降低谈判成本和由谈判破裂给双方造成的损失。通常，劳资双方都乐于通过谈判签订为期几年的长期劳动合同，规定厂商和工人的未来行为。从全社会来看，各行业的长期劳动合同的谈判与签订不会是同步的。由于存在长期的、重叠的和时间错开的合同，造成工资的名义黏性，使工资率不能根据总需求的变化进行及时调整，从而导致产量和就业发生波动。这样，长期劳动合同的存在就被认为是经济周期的根源。费希尔和泰勒的长期交错合同理论（staggered contracts theory）最能说明问题。他们的研究表明，这种由长期合同引起的工资刚性，使政府的主动性货币政策成为有效的调节工具。因为即便经济主体的预期是理性的，能准确地估计到货币政策的变化，但由于工资黏性的存在，政府调整货币政策仍然可以影响短期的产量水平。

2. 隐含合同论

隐含合同论（implicit contracts）用风险中性的厂商与厌恶风险的工人之间有着某种稳定工资的非正式协议来解释工资黏性。该理论假设厂商对风险持中性态度，这是因为企业由大量的股东所有，而股东可以通过股票市场的证券组合将特定的风险分散化。工人则缺乏规避风险的能力和手段，只能寄希望于工资的稳定，他们厌恶风险。如果没有这种隐形合同，工人的工资和就业率都将随着经济波动而波动。这种收入的波动会在更大程度上引起工人效应或满足水平的波动。所以，劳资双方达成了一种协议或默契：工资份额不变，而风险、权力和剩余都归资本家。这样的协议被主流经济学称作劳资双方“看得见的握手”，双方友好合作，各得其所。

换言之，风险中性的企业向厌恶风险的工人提供了一份“含潜台词”的收入保障，即合同工资不是准确地等于劳动的边际收益产品，它实际上包括了两个部分：一个与劳动边际收益产品相等的部分，还有一个保险赔偿部分，即合同工资 = 劳动的边际收

益产品 + 保险赔偿。在经济衰退期，劳动的边际收益产品较低，为了维持“正常”的收入水平，企业支付给工人一个正的保险赔偿，这时合同工资便高于劳动的边际收益产品；反之，经济繁荣时，劳动的边际收益产品较高，企业则把工资降低到劳动的边际收益产品以下，由此保险赔偿为负数。通过加入一个能够随局势进行调整的保险赔偿额度，工资实现了相对稳定状态。而当总需求水平发生变动时，工资的黏性会引发劳动市场的非均衡状态，造成产量波动和就业水平变化。

3. 效率工资论

效率工资理论强调工资的激励作用。它指出，劳动生产率是工资的函数，相对工资率高时会对生产产生正能量，例如，工人努力提高劳动产率而不是消极怠工，工人专心工作而不是私下准备单飞，更多的优秀工人被吸引过来从而节约了培训成本等。因此，厂商同意支付给工人高于均衡水平的工资，来保证生产效率。当需求下降时，厂商为了保持较高的劳动生产率，不会调低工人工资。当发生失业时，厂商并不愿意按低于现行工资的工资雇用失业者来代替在业工人，这就形成了工资黏性。如此，当存在失业时，工资的黏性阻滞了工资的下降，工资不会调整到使市场出清。

新凯恩斯主义者为效率工资理论提出了许多的微观根据，如“偷懒模型”。在实际生产过程中，由于信息的不完全性，雇主对工人无法进行全面监控。工人可以决定自己的行为，当然一旦偷懒行为被发现，就会被开除。在这种情况下，工人是否偷懒不仅取决于这样做被抓住的概率，还取决于偷懒的“机会成本”。假定在最初期，全部厂商都支付同样的工资且经济运行处于充分就业状态。在这种情况下，工人偷懒的机会成本很小，因为被解雇后他们很容易找到新工作并得到同样的工资。因此，工人大量偷懒，生产效率低迷。为了消除怠工，雇主们加重惩罚力度并提高工资，怠工者感到偷懒被抓住的后果很严重，便开始遵守企业纪律。假如全体厂商都如此行事，则社会平均工资将上升，超过均衡（市场出清）水平，从而引发了失业问题。这样就从原先的充分就业均衡进到了新的失业均衡。尽管社会存在失业，但厂商依然反对以低的工资水平雇佣工人。因为如果这样做，工厂又会发生大量的怠工偷懒现象，从而回到原来的低效率状况。

4. 局内人—局外人理论

局内人是指当前在岗的有经验雇员，局外人是指长期游离于企业之外的失业工人或临时工，他们一般无法获得行业工会的保护。局内人的工作受到各种劳动转换成本的保护，转换成本使厂商在用局外人代替局内人时要支付高额费用。转换成本也被称作跳槽成本，包括：雇用、训练、谈判、诉讼和解雇的成本等。因此，即便局外人员愿意接受比局内人更低的工资，但由于转换成本的存在，厂商不会倾向于雇用低工资的局外人，而愿意继续雇用那些高工资的局内人。局内人在就业上具有实际的优先权，进而使局内人在劳动市场上获得市场力量，这种市场力量因局内人的合作而加强，局外人在就业市场上处于弱势，即使乐于接受比局内人低得多的工资依然无法得到工作。

同时，局内人控制了培训过程，他们刻意排挤局外人，因为新手将来会成为实际威胁。并且，当新工人获得培训机会之后，便有理由谋求更高的薪酬待遇，所以局内人对局外人的加入十分反感。局内人—局外人理论可以解释很多就业市场现象。例如，持续性失业、劳动力市场分割、高工资与高失业并存、行业间的工资差异、不同行业不同国家的就业差别等。新凯恩斯主义者用这一理论解释了20世纪80年代欧洲高失业率持续同高工资并存的现象。

3.3 信贷配给理论和股权配给理论

新凯恩斯主义者指出，资本市场利率机制的调整同样存在滞后现象。这意味着，利率也是具有黏性的，无法使资本市场出清。新凯恩斯主义经济学对资本市场理论的研究是建立在不完全信息的基础之上，即由于借方和贷方之间关于投资项目信息不对称导致了资本市场的道德风险和逆向选择的效应。信息不对称问题不仅形成了独特的资本市场制度和筹资手段，并且干扰了资本市场的均衡。新凯恩斯主义者关于资本市场的研究形成了信贷配给理论和股权配给理论。

3.3.1 信贷配给理论

信贷配给理论认为，金融机构对企业的贷款利率通常设定在低于市场出清的水平，这造成对信贷资金的需求远大于供给，迫使银行不得不采取信贷配给的办法，企业对信贷资金的需求只能得到有限满足。在新古典经济学的资本市场出清理论条件下，利率的变动具有完全弹性，因而不会发生信贷配给现象。那么，在现实中为何金融机构不使用提高利率的方法而是采用信贷配给方法进行资金分配呢？

1. 信贷市场上的信息不对称遇与逆向选择

信贷市场的逆向选择问题指，在利率很高时诚实的借款人会被挤出资金市场，反而是那些不诚实的和敢冒风险的借款人继续存在下去。银行的利率既有正向选择效应，也有逆向选择效应。正向选择效应是利率的提升可以增加银行的收益，逆向选择效应是高利率会使低风险借款人的比例下降。当利率提高时，诚实且风险小的企业不会继续借款，而那些从事高风险和高利润，即可以承受高利率的厂商将继续获取贷款。然而，这些厂商还款率低，一旦投资失败，银行会遭受巨大损失。当利率的逆向选择效应超过了正向选择效应时，银行的收益下降，因此，银行不会轻易提高利率，这说明利率具有黏性。

2. 信贷市场上的信息不对称与道德风险

在市场竞争日益激励和金融风险不断攀升的背景下，银行也会发生破产倒闭。这说明，银行的贷款预期利润率不仅取决于利息率水平，还和金融风险密切相关。因此，确定风险是银行贷款行为的重要项目。从此意义上讲，它比利率的选择更重要。但是，如何甄别优质借款人（按期偿还者）和劣质借款人（违约者）是十分复杂的。因为借贷双方的信息不对称，作为借方的厂商比作为贷方的银行在还款概率方面掌握更多信息，银行很难判断企业的诚信度及其投资的风险性。在这一情况下，银行发生了厌恶风险的行为，即选择能保证银行预期收益最大化和破产机会最小化的最佳利率，而无论此种利率能否实现市场出清。

3.3.2　股权配给理论

除了银行信贷，企业还可以通过在资本市场发行股票来募集资金。企业成功上市，就与广大股东共同承担了风险，也没有银行贷款的偿还性要求。尽管发行股票具有明显的优越性，但厂商的资金中只有少部分投资来源于发行股票。新凯恩斯主义者在信息不对称的条件下，研究了投资者和管理者之间、内部持股人与新股东之间的利益冲突，形成了股权配给理论。

1. 激励效应与发行新股

在股票市场上，投资者或股东通过购买股票来获得企业将来兑现红利的誓言。股东和经理之间的关系是一种委托—代理关系。与企业经理相比，股东们对企业实际情况所掌握的信息要少得多。股东追求利润最大化，而经理追求效用最大化。两者为了各自的利益其实并不热衷于企业上市发行股票。一方面，借贷融资在给企业经理带来成本的同时，也提高了他们的管理水平。如果通过股票来融资，经理没有风险，不会由于资不抵债而破产，也就没有提供优质管理服务的动力。由于这种负的激励效应，原始股东们也不会倾向于发行新股。另一方面，通过增发股票融资，企业经理只会获得投资利润中很小的一部分，其余的则要以红利形式分配给新股东。股东数量的增加和对其支付红利减少了经理所控制的资源，限制了他们的各种权力。因此，企业经理一般不愿意通过发行新股来融资。正是由于经理和股东都缺乏采取股票融资的动力，新凯恩斯主义者指出，企业只有当通过内部融资和借款所得的资金无法满足投资的需求时，才会选择发行新股的融资方式。

2. 逆向选择与发行新股

按照阿克洛夫关于不对称信息条件下市场运行机制的原理，最常见的方法是根据平均质量确定价值。投资者在购买高质量企业的股票时，将会低估它的市场价值。好企业在它的市场价值被低估时不愿发行新股。因此，高质量企业不倾向于股票融资的方式。同时，高质量企业比低质量企业更有能力采取内部融资和借贷融资的方式。一旦投资者广泛地建立起这样的信念，即“最差的厂商是最愿意发行股票的厂商”，他们就会把发行新股票看成是企业质量恶化的信号，相应低估它的市场价值。好企业会认识到继续发行新股是不明智的，从而做出逆向选择，即停止发行新股票。

3.4 经济周期模型

新凯恩斯主义者将价格黏性理论、工资黏性理论与宏观经济学中的产量、就业量等问题结合起来，构建了经济周期模型。这个模型证明，当经济受到总供给或总需求的冲击时，黏性以及经济不完全性是如何将这种冲击继续放大延伸的，进而造成实际总产量和就业量的周期性波动。新凯恩斯主义的经济周期理论是沿着如下两条逻辑思路形成的：①在名义工资和价格黏性的基础上论述经济周期；②在工资和价格弹性的基础上分析经济周期。

3.4.1 名义黏性与经济周期

新凯恩斯主义经济学的名义黏性经济周期理论分为不变价格加成模型和可变价格加成模型。

1. 不变价格加成经济周期模型

该模型假设工资率固定为W_0，原材料价格固定不变。因为平均成本不变以及按固定的比例加成利润，就造成了名义价格的黏性，价格水平固定为P_0。由于名义工资和名义价格的黏性，实际工资为W_0 / P_0，这说明实际工资也具有黏性。由此，在总需求变动时，工资和价格的黏性使得市场无法很快地调整到出清水平；换言之，市场由失衡状态再恢复到均衡状态的调整过程十分迟缓。在这一过程中，倘若政府不进行干预，经济必然发生周期性波动。图 3-3 描述了经济周期的发生过程。

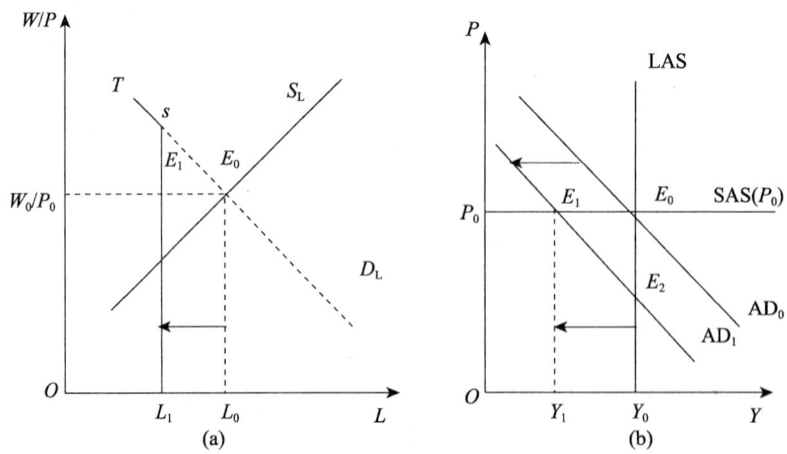

图 3-3 不变价格加成经济周期模型

在固定价格水平下，新凯恩斯主义经济学的短期总供给曲线 SAS（P_0）具有完全弹性，假如社会总支出减少，图 3-3（b）中的总需求曲线从 AD_0 向左移动到 AD_1，使经济从 E_0（原均衡点）向左移至 E_1 点。它是新总需求曲线和不变加成的总供给曲线的交点，总需求的减少使收入或产量由 Y_0 下降至 Y_1。相应地，在图 3-3（a）中有两条劳动需求曲线：向右下方倾斜的 D_L 曲线代表观念劳动需求曲线，TSE_1L_1 代表有效劳动需求曲线。观念劳动需求曲线是厂商在每一实际工资水平下愿意雇用工人数量的劳动需求曲线。有效劳动需求曲线是厂商在现行实际工资水平下无法完成它们想要销售的商品数量时的劳动需求曲线。因为价格水平和实际工资分别固定于 P_0 和 W_0，总需求下降使厂商卖不掉就业量 L_0 所生产的产量，厂商偏离观念劳动需求曲线而向有效劳动需求曲线移动，产量及就业人数减少，总需求冲击导致的非自愿性失业的增加量为 L_0L_1。

通过以上分析，新凯恩斯主义者指出，经济不会永远处于非均衡状态，工资和价格黏性并不意味着工资和价格是一直不变的。厂商和工人都不喜欢经济衰退。经过一段时间后，劳资双方重新签订雇佣合同，价格逐渐发生调整。当存在失业时，工资率会下降至 W_0 以下。当存在产品超额供给时，价格会下降至 P_0 以下。工资和价格的压力使不变价格加成的总供给曲线向下移动，同新需求曲线相交于 E_2。由于产量恢复至原来水平，就业人数日益增加最终回到原来的就业量 L_0。当然，产量和就业量的恢复是一个十分缓慢的过程。不变价格加成经济周期模型的结论是：总需求的减少在短期内会降低实际产量，但长期内只会降低价格水平。

2. 可变价格加成经济周期模型

不变价格加成模型假定原材料的价格不随总需求的变化而变动，因而不仅名义工资有黏性，名义价格也有黏性。然而，这个假设是不现实的，因为在短期内，初级产品的价格会对总需求变化做出反应，最终产品的加成定价由此也会发生变动。现在，可变价格加成模型把以上因素纳入分析中。它假定在短期内名义工资有黏性，但名义价格有不充分的弹性。如图 3-4（b）所示，短期总供给曲线并非一条水平线，而是具有正斜

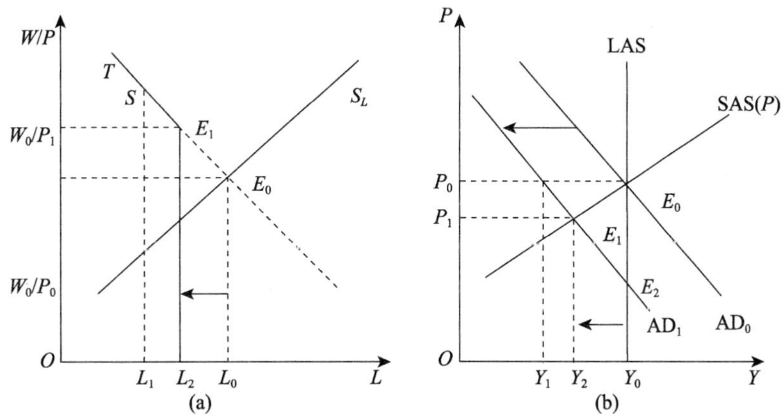

图 3-4　可变价格加成经济周期模型

率的曲线。它与新的总需求曲线相交于 E_1 点，与图 3-3（b）相比，E_1 点决定的产量或收入较高，价格较低，这是由于价格会随需求减少而下降，可以对产量和就业的减少起一定的缓冲作用。相应地，在图 3-4（a）中，当价格由 P_0 降到 P_1 时，实际工资从 W_0 / P_0 提高至 W_0 / P_1，有效劳动需求曲线为 TSE_1L_2，这说明可变价格加成下就业量 L_2 大于不变价格加成下的就业量 L_1，就业量会相应增加。可变价格加成经济周期模型的结论是：在短期内，总需求的变动不仅影响实际产量，还会影响价格水平；而在长期中，总需求的变动只影响价格水平。

3.4.2 价格弹性与经济周期

新凯恩斯主义者指出，即便价格和工资是充分灵活的，产量与就业仍旧可能发生很大波动。格林沃尔德和斯蒂格利茨绕开了价格和工资的黏性假设，在市场与信息不完全性以及由此产生的风险的基础上建立了一个经济周期模型。该模型假定：厂商是风险规避者，而金融市场是不完全信息和不完全竞争的市场。厂商使用证券融资的方式要受一定约束，这样，他们就只能通过部分地多样化来降低风险。厂商更多依赖贷款而不是发行证券进行融资，这使它自己处于险境。因为厂商的债务负担主要取决于其产品的价格和投入的要素价格，价格的不稳定使它承担的风险升高。可见，与价格灵活性有关的风险大于来自产量调整的风险，为安全起见厂商当然要会调整产量以规避价格风险。特别是在经济衰退期，厂商生产越多，破产的概率就越大。对此，规避风险的厂商会选择降低每一价格水平上的产量。企业净值的任何变化和企业关于风险预期的任何调整对企业的生产热情都会产生负面影响，并将由此而来的以风险为基础的总供给曲线向左移动。图 3-5 描述了这一情况：在经济衰退时，总需求曲线 AD_0 左移到 AD_1，需求引致的经济低迷使厂商的风险升高，厂商将会缩减产量。假如大多数厂商都这样做，将使总供给曲线 AS_0 左移到 AS_1。这里假定供求共同减少使价格水平

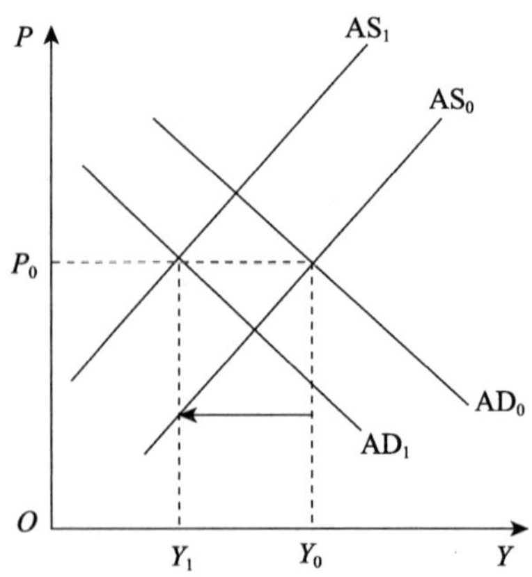

图 3-5 价格与工资弹性下的经济波动

P_0 不变。如果再考虑到价格的波动性，局势会进一步恶化，产量继续减少，总供给出现更大规模的萎缩。产量下降引起就业减少，即便实际工资没明显变化，非自愿失业依然会增加。

当经济衰退时，银根紧缩，厂商借贷的成本过高或很难获得贷款，这也迫使厂商只能缩减产量，经济从衰退走入萧条。由于高利率会提高拖欠贷款的概率，使银行利润缩水，因而银行一般要实行信贷配给，这就进一步加剧资金短缺，使经济走势全面恶化。

3.5　政策主张与克林顿—奥巴马经济学

3.5.1　政策主张

新凯恩斯主义经济学与新古典综合派一样都认定非市场出清，也就是说仅靠市场机制的自发调节会难以避免出现失业和经济波动。因此，国家必须干预经济。新凯恩斯主义经济学家通过构建数学模型，提出了许多公式化的经济政策主张。但这些政策主张（理论模型）大部分缺乏经验事实的验证，对此，曼昆直言不讳地指出了新凯恩斯主义偏向于理论模型构建，而缺乏经验研究的现象。[①]新凯恩斯主义遵循了新古典综合学派政策主张的基本原则，但强调政府应制定诱导性的经济政策降低价格、工资和利率的黏性，恢复其弹性以减轻经济波动；采取贷款补贴和担保等手段干预信贷市场以增加社会福利；运用人力政策给“局外人”提供就业机会，增进长期失业者的利益。概言之，新凯恩斯主义的政策主张具有如下几方面特征。

（1）新凯恩斯主义突破了短期需求管理的政策制定模式思路，它不仅强调供给方面调节经济的作用，也重视结构性政策在长期的效果。

（2）尽管新凯恩斯主义同意新古典综合派的论点，即经济在短期内很可能偏离其均衡水平，货币政策和财政政策对实际经济活动有重要影响。然而，建立在不完全竞争和非对称信息基础之上的新凯恩斯主义模型更加关注的是，经济波动是不规则和不可预测的。按照斯蒂格利茨所说：“新凯恩斯主义经济学家也相信，面对迅速变化的经济，实际上不可能设计出合适的政策来。”[②]因此，不同于新古典综合派倡导的“微调”（fine-turning）政策[③]，新凯恩斯主义经济学更强调“粗调”（coarse-turning）政

---

① [英]布赖恩·斯诺登、霍华德·文、彼得·温纳齐克. 现代宏观经济学指南——各思想流派比较研究引论. 苏剑，等译. 北京：商务印书馆，1998：246.

② 转引自[英] 布莱登·斯诺登、霍华德·文、彼得·温纳齐克. 现代宏观经济学指南——各思想流派比较研究引论. 苏剑，等译. 北京：商务印书馆，1998：393.

③ “微调”政策：国家小幅度地使用政策工具不断地对经济运行中出现的微小变动进行调整，具有灵活性和前瞻性。

策[①]，关注使社会经济免于严重危机的宏观政策方案。

（3）新凯恩斯主义者对政府干预的有效性和局限性给予同等重视。在他们看来，政府在克服市场失灵方面有四个优势，即课税权（对付外部性）、惩罚权（对付垄断）、限制权（国家的产业政策）和节省交易成本（法律和制度）。然而，政府也存在四个劣势：①存在于公共部门的不完全信息和不完全市场；②公共部门的缺乏效率和竞争力；③潜在的政府不良寻租行为及其引发的不公平现象；④庞大的行政运行成本。

3.5.2 克林顿经济学

新凯恩斯主义经济学成为政府采纳的主要经济理论始于美国第 42 任总统克林顿当政时期，后来的奥巴马继续坚持了新凯恩斯主义的政策主张。以下，我们简要回顾一下克林顿上台前的美国政府经济政策演变历程（20 世纪 70—90 年代）。美国经济在 20 世纪 70 年代经历“滞胀”病痛，不仅对凯恩斯主义经济理论造成了巨大冲击，也使政府经济政策的制定思路发生了颠覆性变化。1976 年，参与总统竞选的重点仍是围绕着货币政策和财政政策，即总需求层面来解决“滞胀”问题而展开。但是，事情并没有按照人们的设想那样发展，在杰拉德·福特总统卸任之时（1977.1），留下了高达 530 亿美元的联邦赤字。在接下来吉米·卡特总统任期的 4 年中，联邦财政的赤字情况更是到了崩溃的地步。这同时也带来了另一个令美国政府烦恼的问题——通货膨胀。当下，新古典综合派所描述的菲尔普斯曲线已经处在进退维谷的境地，想要降低通膨率就要对经济扩张，赤字还要扩大，这显然是不切实际的。卡特总统也因此在 1980 年的连任竞选中败北。之后罗纳德·里根上台，在保罗·沃克尔的协助下，1983 年美国的通货膨胀率从 1980 年的 13.5%降到 3.2%。[②]这也意味着新自由主义经济政策的到来。通过降低社会福利，实行税级更少的“统一税”和借助寻求安全和高利率的外国投资者之力，1983—1985 年的美国经济处于升势，至 1988 年年底，失业率已降至 5%左右。但是，赤字依然存在，并且在乔治·布什时期又扩大了。在 1991—1994 年的每一年中，联邦预算赤字都超过 2000 亿美元。[③]伴随巨额财政赤字的是严重的经济衰退，1990 年第 2 季度美国经济出现了衰退，之后的萧条一直持续了 11 个季度至 1993 年第 1 季度，空前的高财政赤字、高利率和高贸易赤字进一步抑制了经济的发展。正是在这种背景下，比尔·克林顿在当政之后必须着手扭转这一局势。

① “粗调”政策：国家运用政策工具对宏观经济运行进行逆经济周期的幅度较大的调整，属于一种事中或事后措施。

② [美]乔纳森·休斯，路易斯·凯恩. 美国经济史. 杨宇光，等译. 上海：格致出版社，2013：703.

③ U. S. Bureau of Economic Analysis, NIPA Tables, table 4.1，Congressional Budget Office, Historical Budget Data（1-26-2006）, Table 12。转引自乔纳森·休斯，路易斯·凯恩. 美国经济史. 杨宇光，等译. 上海：格致出版社，2013：704.

所谓克林顿经济学，是人们对克林顿政府（1993—2000）所主张和实施的一系列新凯恩斯主义经济学政策主张的一个统称或代名词。尽管克林顿本人并未明确表示过其施政纲领来自新凯恩斯主义理论，用他本人的话说，“我们的政策既不是随便的，也不是保守的；既不是共和党的，也不是民主党的。我们的政策是新的，是与以往不同的”，“是介于自由放任资本主义和福利国家之间的‘第三条道路’”[①]。他一反过去“政府应尽量减少对经济干预”的主张，重新回到了强调“政府参与经济”的凯恩斯主义的理论上来。正如克林顿在任职演说中所讲，“我们必须正视严酷的现实并采取有力措施，但是，我们没有这样做。相反，我们所奉行的是放任自流的政策，这种政策已经削弱了我们的力量，破坏了我们的经济，动摇了我们的信心……今天我们决心结束这个僵持停顿和放任自流的时代。一个振兴美国的新时代已经到来”。其实，在 1993 年早些时候克林顿提出了“刺激性一揽子计划”时，就预示着凯恩斯国家干预主义的回温。赫伯特·斯坦对克林顿的经济政策思路的评价是，“克林顿新经济学的创新之处在于政府愿意介入市场的程度。这主要体现在管理国际贸易的言论上，体现在医疗价格控制方面，体现在瞄准投资的大量计划。所有这些想法在过去的实践和经济学家的论述中已经有了先例。但是在 1993 年新经济学形成之前，无论在实践上还是在美国经济理论界，这些思想还不是很确定”，“新经济学强调了增长的重要以及投资的需求”，“它拒绝承认由市场引导的私人投资将会是更好、更有效的投资。相反，它坚持政府在改善投资活动中可以起到很大的作用”。[②]下面，我们对克林顿政府的经济政策做一个简单总结。

克林顿经济政策的特征可以归结为两点：平衡预算和重视供给管理（需求管理靠后）。克林顿采用结构性的增税减支来应对财政上的巨额赤字，提高边际所得税的税率、提高公司所得税[③]、增收能源税[④]，对富有退休者的社会保险收益征税，并扩大对低收入居民的免税范围。在支出方面则是减少如国防、联邦工作人员的工资等一切能减少的开支。在短期内增加政府支出，目的是要解决失业问题。萨缪尔森对此很赞同，认为“暂时增加赤字可刺激就业，就业增加有助于随后的赤字解决”。在平衡政府预算的同时，克林顿政府加强与美联储的协调，促使美联储实行“中性偏紧”货币政策以保持低通胀，不断对货币政策的松紧程度进行“微调”以应对经济波动。

---

① 第三条道路：20 世纪末在西方国家盛行的政治思潮，核心是在资本主义体系内部“超越左右”，既超越代表资产阶级右翼的新自由主义，也超越代表资产阶级左翼的社会民主主义，而走一条中间的道路，折中主义和实用主义色彩突出。

② [美]赫伯特·斯坦. 美国总统经济史——从罗斯福到克林顿. 金清，等译. 长春：吉林人民出版社，2011：335-336.

③ 对年收入超过 4 万美元的家庭，税率由 31%升到 36%，超过 25 万美元者再加征 10%的附加税；对年利润超过 1000 万美元的大公司税率由 34%提高到 36%。

④ 税率为 5%。

1991 年，投资占美国 GDP 的比重是自 20 世纪 60 年以来的最低水平，之后开始上升，这主要是因为互联网技术的普遍使用。但是，出现了公共部门与私人企业的负债投资现象。克林顿政府为了消除这部分投资，将大量政府预算投在了基础设施建设，如高技术产业、交通、通信、环保、能源、教育等。克林顿政府遵循管理贸易理论，加强对进出口贸易的管制，宣称其既非保护主义，也非自由主义，而是遵循公平合理或对等原则[①]，1993 年提出《国家出口战略》，旨在增强美国企业和产品的对外竞争能力。1996 年，克林顿签署了《个人责任和工作机会调和法》来保障人民的社会福利。对单身母亲的保护增强让更多的人加入工作队伍中去，贫困率下降了。

克林顿政府的经济政策产生了显著的积极效果。在克林顿任期的最后一年（2000），美国经济已经连续增长了 112 个月，超过美国历史上的任何一次增长期，联邦政府财政盈余 185.2 亿美元[②]，财政预算盈余创纪录地达到 2369 亿美元。[③]2000 年实际 GDP 增长率：第一季度为 2.6%，第二季度为 4.8%，第三季度为 0.6%，第四季度为 1.1%。[④]更有意义的是，这次经济增长同时拥有较低的通货膨胀率、失业率和财政赤字。1990—1995 年的通膨率为 2.1%，1995—2000 年的通膨率下降到 1.8%。[⑤]1990 年的失业率为 5.5%，2000 年的失业率为 4%。[⑥]人们将这种“高增长率、低失业率、低通胀率、低财政赤字”的“一高三低”现象称为“新经济”。当然，美国的经济发展没有一帆风顺。乔治·沃克·布什（小布什）当政期间，发生了“9·11”事件，美国随即向恐怖主义开战，加上大西洋飓风肆虐，联邦政府的预算平衡已不可能实现。在经历了 8 年经济持续扩张之后，国家又进入了经济衰退的局面。

3.5.3 奥巴马经济学

奥巴马经济学[⑦]是对克林顿经济学在某种程度上的一种沿袭，从奥巴马班底大多来自克林顿旧部这一点就可以看出来。其中，克林顿的夫人希拉里任国务卿，著名新凯恩斯主义经济学家、克林顿政府的财政部长劳伦斯·萨默斯（Lawrence Summers，

---

① 克林顿政府的外贸原则实际上是“双轨制”，即在自由贸易对自己有利的地方主张自由贸易，在对自己不利的领域就以“不公平、不对等”的借口大搞保护主义。

② U. S. Bureau of Economic Analysis, NIPA Tables, table 3.2。转引自[美]乔纳森·休斯、路易斯·凯恩、美国经济史. 杨宇光等译. 上海：格致出版社，2013：700，表 30.5。

③ U. S. Department of Treasury. Budget Results for Fiscal Year 2000.

④ U. S. Department of Treasury. Economic Recovery and Job Creation 2002.

⑤ 参见 Statistical Abstract, 2009, Table 703, 705。转引自[美]乔纳森·休斯、路易斯·凯恩、美国经济史. 杨宇光，等译. 上海：格致出版社，2013：688，表 30.1。

⑥ 数据参见 Historical Statistics, series Ba475。转引自乔纳森·休斯、路易斯·凯恩. 美国经济史. 杨宇光，等译. 上海：格致出版社，2013：618，表 28.5。

⑦ 最早由美国人约翰·塔伯特在《奥巴马经济学：公平的经济前景如何改变贫困》（2008）一书中提出。此书对奥巴马的经济政策持积极态度。

1954—）出任白宫国家经济委员会主任，财政部长是克林顿政府主管国际事务的副财长盖特纳、克林顿政府的司法部副部长霍尔德成为首位黑人司法部长，商务部长由克林顿政府的能源部长理查德森担任。奥巴马执政团队的克林顿色彩浓厚，以至媒体评论说，奥巴马是在组建“克林顿第三届政府”。的确，两人在政治上有很多相似之处，他们都是具有左翼倾向的民主党人，主张扩大政府干预经济的职能，缓和贫富矛盾，创造共同繁荣，并且都是在经济危机的背景下依靠中产阶级的支持赢得大选。

克林顿政府处于“新经济”的繁荣现象之时，但潜在的危机也在积累，21 世纪初高科技领域发生问题，美国经济经历了 2001—2003 年的震荡，小布什政府采取了长期的超低利率政策，这在促进经济复苏的同时，也形成了房地产泡沫。房地产泡沫在美联储不断加息的压力下最终于 2007—2008 年发生破裂，引发了世界金融危机。美国经济增长率迅速下滑，2009 年名义 GDP 出现了 3.53%的负增长，失业率则飙升至 9.3%的水平，通货膨胀率则下降到了 − 0.36%，通货紧缩显现。又由于小布什政府发动全球反恐战争和伊拉克战争所导致的巨额军事开支使美国财政预算由总体盈余变为巨额赤字。

奥巴马政府的“新政”正是在此背景下展开的。上任伊始，奥巴马在继续支持上一届政府的救市方案的基础上，提出了“全面金融市场稳定计划”。奥巴马政府承诺将消除银行资产负债表上高达 1 万亿美元的不良资产，并向提供大量资金与私营部门合作来国家金融体系。大规模的经济刺激计划由此发端，奥巴马在就职后不到一月就签署了总额高达 7870 亿美元的《美国复苏与再投资法案》，包括补贴州政府的财政支出、失业补助、减税、基础设施投建等。“金融市场稳定计划”和“经济刺激计划”促进了美国经济的复苏，也引起了很多争议。

在首个任期内，奥巴马政府推行了以公平和再分配为特征的改革，其中，健康、金融、能源和教育并列为奥巴马的四大改革。医疗领域改革首当其冲，2010 年通过的医疗改革法案计划在未来十年内斥资 8710 亿美元建立一个“广覆盖、低成本”的健康医疗保险体系。在金融领域，国会通过《多德—弗兰克华尔街改革与消费者保护法案》（2010），从监控系统性风险和加强金融消费者保护等方面对美国金融体制进行了局部改革。当局将应对气候变化、能源改革和国家全球竞争力紧密联系在一起，积极推动能源结构改革和发展新能源战略，这一改革由于种种压力半途而废。当局还通过促进立法、经费支出等手段进行了旨在提高国家教育整体水平的改革。

面对国内日趋恶化的收入差距局面，奥巴马政府在第二个任期内正式提出了“中产阶级经济学”。基于“中产阶级是美国经济增长的动力”这一判断，当局指出，不断扩大的收入差距极大地破坏了国民经济增长潜力。因此，政府应在提高劳动生产率、减少收入分配不平等和提高劳动参与率这三方面入手来提高中产阶级收入水平，进而实现美国经济的长期繁荣。在“中产阶级经济学”指导下，当局实施了增加人力资本投资、促进广泛就业、改善分配格局和提供更有效公共服务的经济政策。

奥巴马经济学促进了美国经济复苏。2010—2016 年，美国名义 GDP 的年增长率保持在 1.62%～3.02%，人均国民总收入（GNI）年均复合增长率为 2.87%，失业率从 2010 年的 9.6%降至 2016 年的 4.9%。通货膨胀得到遏制，除 2012 年为 3.16%，其他年份均在 2.1%以下。然而，巨额财政赤字局面没有扭转，2009 和 2010 年美国财政赤字居然超过了 GDP 的 10%，政府债务急剧膨胀，巨额的经常账户赤字则说明了美国国际贸易的严重失衡。综上所述，奥巴马经济学秉承的依然是新凯恩斯主义的国家干预理念，经济政策思路也没有从根本上偏离于克林顿政府。因此，理论界和主流媒体有克林顿—奥巴马经济学这一称谓。克林顿—奥巴马经济学体现了新凯恩斯主义的精髓，即强调国家干预的需求管理。这一理论逻辑的前提是面对西方发达国家成熟市场经济体系进行诊断。发展中国家与发达国家在面对新凯恩斯主义时存在前提条件、政策运行环境的差异，片面注重需求管理很可能会导致政策失效。2017 年的第二、第三季度美国经济增长均超过了 3%。[①]可以看作是奥巴马经济学的后续影响，但随着特朗普政府不断废除奥巴马经济学的核心政策，美国经济运行进入了新阶段，而关于奥巴马经济学的成效评价可能要放在更长的时间表中由历史去检验。

思考题

1. 简要说明新凯恩斯主义经济理论中，不完全竞争与价格黏性的关系。

2. 新凯恩斯主义者是如何运用不对称信息假设和理性预期假设论述价格黏性理论的？思考新凯恩斯主义与新古典综合学派的异同点。

3. 简要评述新凯恩斯主义经济学的经济周期理论。

① 本段数据来源：http://finance.sina.com.cn/worldmac/.

第 4 章

货 币 主 义

货币主义（Monetarism）是 20 世纪 50 年代中期主要在美国发展起来的一支反对凯恩斯主义经济学的重要力量。这一学派因强调货币存量是名义收入以及实际经济活动水平短期变化的最重要因素而得名。货币主义所坚持的核心命题是“唯有货币最重要”（only money matters），这与凯恩斯强调的“货币不重要”（money does not matters）理念直接对立，故人们习惯地把它看作是对凯恩斯革命的革命者。货币主义的理论学说及政策主张直接影响了 20 世纪 80 年代美国和英国两大坚持新自由主义理念政府的经济政策，对日后的新自由主义经济学范式中其他经济学派的发展也起到了开拓性作用。货币主义的基本信条可以概括为：①自由竞争市场经济可以实现自动稳定；②货币在长期是中性的；③在短期内，菲利普斯曲线是成立的；④凯恩斯主义的干预政策有害。从更广泛的意义上讲，货币主义引发了西方经济学的大转向，即向右转，这一转变被称为“向新保守主义转变”。美国经济学家斯坦对这场大变革进行了很好的解释：“一直孕育着而现今跃居舞台中心的新秩序是‘保守主义’……其他标签，如‘货币主义’、供应学派以及自由市场派等也都适用，但‘保守主义’是最适用的，因为它最宽泛、最适于把正在涌现的新思维、新政策的所有元素都包括在内。在保守主义经济思潮中汇集的各种观点都是消极的，是对‘更少’的要求——更少的政府支出，更少的赋税，更少的赤字，更少的政府干预。”①

4.1　货币主义概览

20 世纪 50—60 年代，西方国家正处于“二战”后经济发展的黄金时期，凯恩斯主义居于主流地位。此时出现的货币主义显得生不逢时，没有得到太大的关注。如果资本主义保持长期繁荣，那么，弗里德曼将只是一个名不见经传的见异者，他所领导的货币主义也不会找到适宜的生存土壤。所谓时势造英雄，20 世纪 60 年代末期发达资本主义国家的经济发展出现了诸多问题，货币主义作为凯恩斯主义的反对者出现，它高举经济自由主义旗帜，形成了完整的理论体系，并得到撒切尔和里根政府的认可。

---

① [美]赫伯特·斯坦. 美国总统经济史：从罗斯福到克林顿. 金清，等译. 长春：吉林人民出版社，1997：1.

4.1.1 货币主义的产生和发展

第二次世界大战之后，西方国家纷纷采取凯恩斯主义的经济政策。就凯恩斯的祖国英国而言，无论是工党还是保守党上台执政，都在不同形式上加强政府干预经济，实施需求管理政策，采取扩大财政赤字、增加公共开支、提高所得税、增加社会福利等措施来增加总需求，以刺激经济发展。这在一定时期内促进了英国的经济发展，同时，凯恩斯主义在其他主要资本主义国家也都得到认可。然而，资本主义的经济发展并不是完美无瑕，通货膨胀和失业的阴霾逐渐浓郁。20 世纪 60 年代末，英、美等发达国家的经济发展出现了严重问题。首先来看英国，1967 年英镑遭遇贬值，工资约束被破坏，成本费用开始上涨。而 1973—1974 年的石油价格三倍上涨进一步加剧了成本费用的增加。此间，国内需求不再旺盛，就业和产出随之下降。失业从 1970 年的 1.7% 飙升至 1978 年的 6%。[①]面对“滞胀”困境，英国政府在工资缺乏约束的情况下不敢继续使用凯恩斯主义的需求管理政策来维持充分就业，“工人漫天要价以致找不到工作”的场景在持续上演。另一方面，凯恩斯主义经济政策的常年实施使政府的经济职能过度扩张、规模过大，政府支出不断增加。1976 年，英国的财政支出占 GDP 的比例一度达到 46.9%。[②]工党执政时期不断推进的产业国有化政策在国有企业的年年亏损中丧失了信用，加之耗资巨大的公共开支和福利措施，逼迫财政赤字持续徘徊在经济承受极限的边缘。其次，来看美国，1965 开始，由于越南战争的迅速升级，美国政府的支出不断增加。针对 1968 年出现的经济过热，政府根据凯恩斯主义的政策思路，决定开征一项附加的个人所得税。但是，这项税开征以后的近 2 年时间内，美国的通货膨胀率与预期相左，进一步上扬。凯恩斯主义此时面对“滞胀”局面陷入了两难境地。因为，如果实施扩张性的宏观经济政策来延缓危机和增加就业，无疑会给严重的通货膨胀雪上加霜；如果实施紧缩性的宏观经济政策，则会使失业人数再次大幅增加。在这一背景下，弗里德曼领衔的货币主义开始受到关注。

与凯恩斯主义崛起于“大萧条”一样，货币主义则在“滞胀”困境中得势。具体讲，货币主义的发展经历了三个阶段。第一阶段是 20 世纪 50 年代的理论准备时期，具有标志性的事件是灵魂人物弗里德曼发表《货币数量论：一种重新表述》（1956）一文，对传统货币数量论进行了重新解释，率先提出了现代货币数量论。不过，它在凯恩斯主义的光芒下显得黯淡无色。20 世纪 60 年代，货币主义在实际经济形势恶化的情况下开始发力。在这个第二阶段，弗里德曼发表了《价格理论：一个假定题目》（1962）、《资本主义和自由》（1962）、《1897—1960 年美国货币史》（1963）、《通货膨胀：原因

① [英]约翰·布鲁斯威尔. 英国的货币主义、工资和就业政策. 后凯恩斯经济学杂志，1982，春季号. 尤来寅，译. 国际经济评论，1983，7：68.

② 李栋. 撒切尔主义的经济政策实践及借鉴. 税收经济研究，2011，5：92.

与后果》(1963)、《最优货币数量和其他(论文集)》(1969)、《货币分析的理论结构》(1970)和《国民收入的货币理论》(1971)等一系列作品，提出了附加预期的菲利普斯曲线理论等有力观点，货币主义发展为一个系统的理论体系。第三阶段是20世纪70年代中期以后，此阶段的重要标志是：①1976年，诺贝尔经济学奖在亚当·斯密的《国富论》出版200周年之际被授予弗里德曼，以表彰他在消费分析、货币理论及历史和稳定政策复杂性等方面的贡献；②货币主义衍生出理性预期学派[①]；③货币主义在国际收支与汇率决定的货币理论分析上进行了扩充；④20世纪80年代，货币主义直接影响了英国撒切尔政府和美国里根政府的经济政策，货币主义的雄心壮志有了用武之地。至20世纪90年代，货币主义对美、英两国的政策影响仍未完全消失。克林顿在面对里根总统留下的并由老布什继续加重的巨额财政问题时，将本届政府的财政政策目标定位在平衡预算，把政府干预经济的着眼点放在供给方面，重视使用货币政策，并赋予它引导经济均衡增长的主要责任。梅杰在取代撒切尔任首相后，仍然把财政政策和货币政策纳入追求稳定货币供应量目标的轨道，将抑制通货膨胀作为宏观经济政策的主要目标，继续坚持撒切尔削减公共部门开支以平衡预算的措施。

4.1.2 代表人物

米尔顿·弗里德曼

米尔顿·弗里德曼(Milton Friedman，1912—2006)是货币主义的杰出领袖，新自由主义思想的重要倡导者。他出生于美国纽约一个贫苦的犹太家庭。1933年，获芝加哥大学经济学硕士学位。1934在哥伦比亚大学学习一年后开始从事经济方面的研究工作。先后在全国资源委员会参与消费者预算的研究工作，国民经济研究局协助库兹涅茨研究独立职业者的收入。1946年，他获得哥伦比亚大学博士学位，随后到芝加哥大学执教，直至1976年退休。在30年的从教生涯中，他推动了芝加哥大学经济系成为一个享誉世界学术重镇，这里陆续走出了一批诺贝尔经济学奖得主。[②]此外，他还担任过总统竞选人巴里·戈德华特的经济顾问、尼克松总统经济顾问委员会委员以及《新闻周刊》杂志的专栏撰稿人，退休后任斯坦福大学胡佛研究所高级研究员。弗里德曼发表了大量学术

---

① 在第6章《新古典宏观经济学》阐述。

② 包括：默顿·米勒(Merton Howard Miller)、罗伯特·福格尔(Robert W.Fogel)、罗伯特·卢卡斯(Robert E. Lucas Jr.)、詹姆斯·赫克曼(James J. Heckman)、罗杰·梅尔森(Roger Myerson)、尤金·法玛(Eugene F. Fama)、拉尔斯·汉森(Lars Peter Hansen)、乔治·施蒂格利茨(George J.Stigler)、西奥多·舒尔茨(Theodore William Schultz)。

论著、专栏评论和访谈录，其主要著作一部是与安娜·施瓦茨[①]合作的《1867—1960年美国货币史》(1963)，三部是与其夫人露西·戴瑞克特(Ross Director)[②]合作的《资本主义与自由》(1962)、《自由选择》(1980)、《现状的专制》(1984)。第一部作品对关于通货膨胀与失业关系的自然率假说、货币真实需求的货币数量假说、消费需求的持久收入假说等重要假说进行了大量的数据分析、检验，复兴了商品的物价水平由流通货币数量所决定的传统，成为货币主义理论学说的重要数据支撑。他与夫人合作的著作详细阐述了自由放任的经济政策，对20世纪70年代末至90年代初推崇自由市场的运动产生了重大影响。其中，后两本书以原标题在公共电视上以系列节目的形式播出，受到广泛关注。弗里德曼是一位天才的演说家和优秀的写作家，他的作品习惯于"以彼之矛攻彼之盾"，即用凯恩斯主义的语言和逻辑打击凯恩斯主义内核。[③]

卡尔·布伦纳

卡尔·布伦纳（Karl Bruner，1916—1989）是货币学派的重要人物，"货币主义"一词的首创者。[④]1943年，他从瑞士移居美国，1962年起在加州大学从事经济研究工作，致力于结合科学哲学和逻辑性质对货币供应量的整个运转过程的研究。他与艾伦·梅尔泽在20世纪60年代提出的财富调整理论在当代西方货币理论中占据重要的地位。该理论认为，货币与经济活动的相互关系表现为一个普遍的财富调整过程。公众根据各种资产的相对收益率（包括利息率）来调整他们的资产结构，以达到一个意愿的资产平衡状况。这一调整过程，特别是对资产结构中实物资本的调整，会导致产出的变化。布伦纳曾参加过包括影子公开市场委员会[⑤]在内的多个专案会议，还创办了《货币、信贷与银行杂志》与《货币经济学杂志》。

迈克尔·帕金（Michael Parkin，1939—）是货币主义的英国代表。他毕业于莱斯特大学和曼彻斯特大学，先后在谢菲尔德大学、莱斯特大学以及埃塞克斯大学任教。30岁时出任埃赛克斯大学教授。1975年，任加拿大西安大略大学经济系教授。他曾在

---

① 施瓦茨（Anna Jacobson Schwartz，1915—2012）生于美国纽约市，毕业于哥伦比亚大学，长期任职于美国全国经济研究所，是货币主义、芝加哥经济学派的成员。

② 1932年，弗里德曼在芝加哥大学的第一堂经济学理论课上，当时的座位按姓氏字母排序，他恰巧坐在了戴瑞克特旁边，两人于1938年结为伉俪。两人也是事业上的紧密合作者，1998年，两人推出了他们的共同回忆录《两个幸运的人》。

③ 前美国总统里根的秘书舒尔茨有一句名言："每个人都喜欢与米尔顿争辩，尤其是当他本人不在场的时候。"

④ 该名词首次出现在其于1968年7月发表的论文《货币和货币政策的作用》中。

⑤ 这是一个由货币主义经济学家组成的大型组织，成员多半来自银行和学术界，他们会定期组织聚会，发布针对美联储行为的刻薄评论。

迈克尔·帕金

《货币经济学杂志》《美国经济评论》《经济研究评论》《货币、信贷与银行杂志》等一流刊物担任评委，还担任过《加拿大经济学杂志》的执行主编，两度出任加拿大经济学会会长。帕金发表了大量作品，其中，最具影响的是关于不相信工资与价格控制可以控制通货膨胀的分析。他与大卫·莱德勒（David Laidler，1938—）合作研究关于通货膨胀起因、结果及治愈方法的研究。衡量中央银行账号独立性的巴德—帕金指数也有很大影响。帕金在经济学教育方面也是成绩卓越，由他编写的入门教科书《经济学》于1989年首版，具有世界性的声誉。

除上述人物之外，货币主义主要代表人物还有艾伦·梅尔泽（Allan Meltzer，1928—）、艾伦·沃尔特斯（Alan Walters，1929—2009）、戴维·莱德勒（Davil Laidler，1938—）、菲利普·卡甘（Phillip Cagan，1927—2012）和安娜·施瓦茨（Anna Jacobson Schwartz，1915—2012）等。

4.1.3　研究方法与基本假说

弗里德曼在经济学方法论方面进行了重要探索。《实证经济学方法论》（1953）这篇经典论文阐明了实证经济学方法论的概念，为货币主义对经济问题的研究奠定了基础。我们知道，经济学中有两种分析方法：实证分析法和规范分析法。实证分析法秉承价值中立原则，分析经济问题“是什么”；规范分析法以一定的价值判断为前提，研究经济运行“应该是什么”。弗里德曼推崇实证分析法。经济学家对经济政策的分歧本质上是在实证研究上的分歧。进一步讲，实证经济学的日的在于发展可以对尚未观察到的现象进行合理预测的“假说”。这就涉及假说的有效性与可证性原则。①假说的有效性是无法用其假设的真实性来检验的，检验是要说明假说本身的含义是否正确，并不是其依据的假设是否真实。假定的真实性似乎并不重要，因为经济学研究是一种分析过程，而不是对现实生活拍照进行复制，假设只起到简化理论描述和通过假说含义对假说进行间接检验的实证作用。②假说的可证性，弗里德曼指出，事实从来就不能证明一个假说的正确性，它只能证明一个假说的不正确。假说的证据总是由人们试图证明它与实际情况相左而受到多次失败组成的。这与波普尔证伪主义中“理论不能证实只能证伪”的思想高度一致。此外，波普尔的客观知识进化论思想以及开放社会中反对极权社会的自由主义观念也对弗里德曼触动深刻。[①]

遵循波普尔哲学中经验证实、寻找科学的确定性及其与经验事实的一致性这一基

---

① Friedman, M. “The Methodology of Positive Economics”, Essays in Positive Economics, Chicago: University of Chicago Press, 1953. pp. 13-14.

本方向，弗里德曼提出“唯有货币最重要”这一基本假说，证明了货币需求函数的稳定性。他通过大量的数据演算、经验资料和历史资料的回归分析，对货币需求函数假说的有效性和科学性、经验可证实性进行了艰苦的检验。在此假说的基础上，他继续发展了几个重要假说：货币真实需求的货币数量假说，消费需求的持久收入假说，通货膨胀与失业关系的自然率假说。以下简要涉及前两个假说，第三个假说将在第 4.3.1 小节中介绍。

在对消费需求的永久性收入假说的阐述中，弗里德曼复苏了“二分法”。具体讲，永久性收入使实际货币需求和货币流通速度十分稳定。那么，经济活动水平变动的根本原因在于由货币当局直接控制的货币供应量。换言之，名义收入或物价水平的波动只能用货币供给的变动才能加以解释，货币数量的增长率与名义国民收入的增长率保持一致。于是，货币因素对经济活动的影响便可以用货币数量对名义国民收入的影响来说明。名义国民收入的变动可以划分为产量变动与物价变动两项，先产量变动、后物价变动。在短期（5～10 年）内，货币数量既影响产量又影响物价，货币对名义国民收入变动和实际国民收入变动起双重决定作用，货币不再是一层面纱，它对实际产量具有实质性的影响。长期（10 年以上）来看，货币数量对实际国民收入的影响微不足道，而对名义国民收入具有重要影响，从而货币数量只是影响物价水平，因而，货币在长期保持中性。

自然率假说包含自然失业率假说和国民收入的自然率水平假说。①自然失业率这一概念是弗里德曼为了将失业问题中的货币层面因素与非货币层面因素进行区分而提出来的。它具体是指当不存在货币因素干扰的情况下，由经济体系中的实际因素所决定的失业率。在弗里德曼看来，自然失业率并不是一个固定的常数，通过消除劳动市场上的障碍、减少摩擦因素等可以降低这种失业率，反之则会提高这种失业率。②国民收入的自然率水平则是指经济中只存在自然失业率时的国民收入水平，它就相当于古典经济学所说的充分就业的国民收入。因此，如果没有政府干预，经济会稳定在它的自然率水平上。

4.2 经济自由主义

经济自由主义，以反对国家过多干预经济生活、倡导发挥市场机制作用为主要特征。经济自由主义不是无政府主义，并非一概反对政府的作用，但认为政府的干预过度了。无论是在古典经济学还是新古典经济学时代，经济自由主义一直代表着主流经济学的思想和政策主张，然而，“大萧条”使这一主张遭受重创，西方经济学的指导思想走向了国家干预主义。货币主义秉承的是经济自由主义理念，更具体来说是对亚当·斯密的经济自由主义一种复归和发展。在分析货币主义的理论学说和政策主张之前，本节对货币主义或弗里德曼的自由主义信条进行介绍。

4.2.1 坚持古典自由主义的内核

弗里德曼指出，自由主义发端于18世纪末至19世纪初，本是一个羸弱的生命体。这就是古典自由主义，其核心原则是“相信个人的尊严，相信根据他自己的意志来尽量发挥他的能力和机会，只要他不妨碍别人进行同样的活动的话”。[①]古典自由主义强调个人是社会的最后实体，将个人自由作为鉴定社会安排的最终目标。这涉及两种意义上的自由：①与人们之间关系有关的自由，它是自由主义者把自由作为第一个考虑因素的出发点；②涉及个人如何使用他的自由，它属于个人伦理和哲学的范畴。第一种意义上的自由，是说自由只能为了自由本身的缘故而被限制，无论是为了所有人的还是最不利者的更大物质利益，都不能侵犯自由的神圣优先性。一旦给定了一个可以自由行动的范围（当然这是消极自由），自由主义者的主要目的是把伦理问题让每个人自己来加以处理。

古典自由主义把权力的集中视为对自由的最大威胁。因为权力意味着某种强制和对他人自由事务的干预。弗里德曼说，自由主义者基本上是害怕权力集中的，在一人的自由不妨碍其他人的自由的条件下，他的目标是各个人得到最大限度的自由。他相信：这个目标就要求把权力分散。他对分派给政府任何可以通过市场履行的职能表示怀疑，既因为这会在有关领域中用强制手段来代替自愿合作，又因为政府的作用的增加会威胁其他领域的自由。[②]古典自由主义要求权力尽可能地分散和相互抵消。它支持国内的自由放任主义和国际上的自由贸易，支持代议政体和议会制度的发展，以削减国家权力。

但是，到了20世纪初，尤其是30年代的美国，自由主义的理念实际上发生了改变。古典自由主义把扩大自由看作改进福利和平等的最有效方法，而变化了的自由主义则把福利和平等看作自由的必要条件甚至是代替物，最终目标不再是自由，而是福利和平等。这就要仰仗国家的力量，而不是私人的自愿安排。假以福利和平等的名义，此时的自由主义赞成的正是古典自由主义所反对的国家干预体系。弗里德曼尖锐地批判凯恩斯主义，认为这是一种徒有其名的自由主义。与哈耶克一样，弗里德曼以复兴古典自由主义为己任；与哈耶克论证集体主义是一条通往奴役之路相对，弗里德曼直接指出，自由竞争的资本主义是政治自由和经济自由根本性保障。

4.2.2 对斯密经济自由主义的现代阐释

在弗里德曼看来，自由竞争的资本主义是以私有制为基础，私有企业通过自愿交

---

① [美]弗里德曼. 资本主义与自由. 张瑞玉，译. 北京：商务印书馆，1986：188.

② [美]弗里德曼. 资本主义与自由. 张瑞玉，译，北京：商务印书馆，1986：39.

换所组成的经济制度。由于不存在任何集权机构，就消除了强制和高压。在这一自由放任的经济体中，经济合作与协调只会以自由竞争的市场来运行，政府是次要的角色并执行为数不多的职能。亚当·斯密论证了在这种经济制度下，一只“看不见的手”如何把个人追逐私利的行为引向社会公众福利的整体增进上，而弗里德曼要说明的是这种经济体制是如何实现自由主义原则的。

弗里德曼认为，自由竞争的市场经济是政治自由和经济自由的充分必要条件。首先，企业是私有的，签订合同双方最终依赖于个人；其次，个人自由地参与或不参与任何具体的交换，从而每笔交易都完全是自愿的。自愿交易之所以发生，是因为双方均可以从中获利。每个人为追求其自身利益行事，如果有谁是作为别人的代理人行事，则一定是基于双方自愿的原则。由于经济之间的合作完全是个人的和自愿的，那么，经济活动便无须政府直接干预，任何强制的形式都是错误的。由于经济制度对权力的集中和分散具有重要影响，那么实现政治自由的一个不可或缺的手段就是经济自由。“政治自由意味着一个人不受其他人的强制性的压制。对这一点的基本威胁是强制性的权力……保持自由要求在最大可能的范围内排除这种集中的权力和分散任何不能排除掉的权力——即相互牵制和平衡的制度。通过使经济活动组织摆脱政治当局的控制，市场便排除了这种牵制性的权力的泉源。”①

亚当·斯密阐述了自由竞争市场如何在“看不见的手”的作用下良好运行。弗里德曼在近 200 年后用现代经济学术语支持了斯密的学说。他指出，社会上的每一个人都自由地追求个人利益，并且在自愿与互利交易的基础上进行合作，错综复杂的社会结构由此发生和生长。价格这一手段在自由市场中发挥着三种作用：传递信息、提供激励和分配收入。①价格的自由变动可以反映市场上的商品供求状况，从而把各种供求信息传递给生产者与消费者；②生产者与消费者会按照价格所传递的信息行动，社会资源发生优化配置，并促使生产效率提高；③对于通过市场活动来赚取收入的人而言，其收入取决于他出售劳务所得与生产劳务成本之间的差额，这种差额由市场配置资源所决定。因此，价格具有分配收入的作用。价格的这三种作用密切相关，如果价格传递的信息被扭曲，则价格的激励效应和收入效应也会被扭曲；若价格不具有激励效应和收入效应，则价格传递信息的作用毫无意义；或者，如果价格不具有分配收入的作用，那么要利用价格传递信息和刺激人们从事经济活动根本不可能发生。总之，如果不发生政府干预，市场在价格机制的作用下，会带来最佳的个人自由和资源配置效率。

弗里德曼把国家视为一种必要的罪恶。他指出，出于保护自由的目标，政府应当存在。但由于权力集中在当权者的手中，它又是对自由的重大威胁（即便掌握权力的人最初是善良的）。肯尼迪总统在就职演说中曾发表了家喻户晓的名言：“不要问你的国家能为你做些什么，而问你能为你的国家做些什么。”弗里德曼则认为，他没有正确

① [美]弗里德曼. 资本主义与自由. 张瑞玉，译. 北京：商务印书馆，1986：16-17.

地表示自由公民与政府之间的关系。实际上，“自由人既不会问他的国家能为他做些什么，也不会问他能为他的国家做些什么。他会问：‘我和我的同胞们能通过政府做些什么’，以便尽到我们个人的责任，以便达到我们各自的目标和理想，其中最重要的是：保护我们的自由。”[①]弗里德曼反对政府直接干预市场经济，认为这会导致人们丧失个人选择的自由，破坏市场经济的高效率。因此，应剔除没有必要的政府权力和政府职能。弗里德曼规定了为避免政府权力集中从而威胁自由的两大原则。第一，政府的职责必须是受限的。他根据亚当·斯密的论述，把政府作用概括为四点：①保护社会，使之免受外敌入侵；②建立健全司法机关，制定自由社会的公民在进行经济和社会活动时所遵守的具体规则，维护全体公民的合法权益；③建设并维持某些私人无力进行或不愿意进行的公共事业和公共设施；④保护那些被认为不能保护自己的社会成员。但是，即便如此，政府仍然是危险的，这就需要第二个原则——政府的权力必须分散。总之，弗里德曼的经济自由主义是对亚当·斯密经济自由主义的现代经济学阐释和坚守。这不仅为货币主义的价值理念奠定了基础，也深刻地影响了日后新自由主义经济学范式中的各种经济学派。

4.3 现代货币数量论、传导机制和通货膨胀

货币广泛而深刻地影响着分工、生产、分配及消费等各个市场经济环节。货币理论的产生正是为了研究这一手段运用的途径及影响。这一理论包括对货币供给、货币需求及货币传递机制的基本分析。其中，关于货币供给与货币需求的分析是为了服务于货币传递机制理论。弗里德曼的货币理论以稳定的货币需求函数、“外生”并可控的货币供给为前提，揭示了货币与名义收入之间单向的、直接的传递机制，并构建了一个宏观经济分析的货币数量理论分析框架。

4.3.1 现代货币数量论

弗里德曼指出，货币数量论首要是关于货币需求的理论，是货币主义的基础假说。他的现代货币数量论是基于传统货币数量论的一个重新表述。传统货币数量论是一种解释物价和货币价值决定的学说，其核心观点是：物价水平的高低和货币价值的大小由一国的货币数量所决定，前者与货币数量成正比，后者与货币数量成反比。这一学说的早期开拓者是来自英国的古典经济学家。至19世纪末20世纪初，货币数量论兴盛起来，代表人物有美国经济学家费雪（Irving Fisher，1867—1947），英国剑桥学派奠基人马歇尔（Alfred Marshall，1842—1924）及其门徒庇古（Arthur Pigou，1877—

① [美]弗里德曼. 资本主义与自由. 张瑞玉，译. 北京：商务印书馆，1986：3.

1959）等。费雪在著作《货币的购买力》(1911）中，提出了以“现金交易说”为基础的交易方程式：$MV = PT$。其中，M 代表货币供应量，V 代表货币年流通速度，P 代表平均物价水平，T 代表一年内商品和劳务的交易总量。V 是由一些制度上的因素（包括公众的支付习惯、使用信用的范围、交通和通信条件等）所决定，T 取决于资源和技术等条件。在短期内，这些因素和条件变化不大，P 与 M 成正比变化。很明显，费雪是以充分就业为假设前提的，他所关心的是社会经济整体为实现一定的交易量所需要的货币量，只关注货币的支付与流通职能，而忽视了货币的储藏职能。庇古的《货币的价值》(1917）一文依据马歇尔学说提出了一个以“现金余额说”为基础的剑桥方程式：$M = KPy$。其中，y 代表真实国民收入，P 代表一般物价水平，M 代表人们持有的货币量，K 代表人们手中经常持有的货币量与名义国民收入 Py 的比率，实际上是现金交易学说 V 的倒数。庇古的方程式表明，人们自愿在手中保存的实际现金余额多少取决于实际国民收入 y，两者之间存在稳定关系。在 K、y 保持不变的情况下，M 与 P 就成正比变化。可见，上述两个方程式的结论相同，即物价水平的高低取决于货币数量的多寡。不过，剑桥方程式侧重货币的持有方面即货币的储藏职能，把货币看作是财产的保存形式。

20 世纪 30 年代，凯恩斯以流动偏好为基础，提出了新的货币需求方程：$M / P = L(y,r)$。其中，L 表示对货币的总需求（一般由交易需求和投机需求构成），y 表示收入水平，r 表示利息率。这一灵活偏好货币需求函数考虑了投机需求因素，突出了利息率的作用。在凯恩斯看来，一方面，流动偏好本身的存在决定了利息率不可能降为零，因为利息率是放弃流动偏好的报酬；另一方面，当利息率很低的时候，人们对投机所需要的货币量接近无限大，这就是所谓的“流动性陷阱”。由此，凯恩斯得出结论：“货币不重要”，即在经济处于衰退时，货币供给的积极扩张是没有意义的，因为“你无法逼人花钱”。他把货币数量论的适用范围限定在充分就业的特殊情况下，由于充分就业并不现实，传统的货币数量论也就没有实际意义。面对“大萧条”，资产阶级的货币当局不知所措、拿不出有效方案，从而使传统的货币数量论遭到唾弃。凯恩斯主义大行其道，然而，在这个对于经济自由主义的漫长黑夜中，芝加哥大学经济系依然有一些学者坚持货币数量论思想，弗里德曼就是其中的杰出代表。

弗里德曼将传统货币数量论与凯恩斯主义流动偏好理论相结合，提出了现代货币数量论。在研究方上，弗里德曼不再以充分就业背景下固定的国民生产总值和不变的货币流通速度为基础来分析货币数量与物价的关系，而是沿着剑桥传统研究货币需求。一方面，他论证了传统货币数量论中有关货币流通速度的稳定性，指出货币存量取决于国民生产总值，强调了货币在经济中的作用；另一方面，他又吸收了凯恩斯主义流动偏好理论中关于货币需求不仅取决于利息率，也取决于其他资产的收益率的观点。弗里德曼假设，货币只是人们持有财富的形式之一，此外，我们还可以通过持有债券、股票、人力资本及非人力资本（生产资料和耐用消费品）等形式来保持财富。对货币的需求与对其他资产的需求一样，人们需要比较其收益和持有的机会成本。尽管货币具有日常交易的便利，但持有货币自然也放弃了保有其他资产可能产生的生利机会，人们将对货币的灵活性和其他财富的收益率进行比较，来确定持有比例，从而实现效用最大化。

弗里德曼认为，人们对货币的需求主要取决于以下几个因素：①总收入或总财富量（Y^P），这是持久性收入，即一个人拥有的物质资本和人力资本在相当长时期内可以经常获得的收入，相当于观察到的过去若干年收入的加权平均数；②其他各种资产的预期收益率或持有货币的机会成本（r）；③财富持有者的偏好（U）；④预期的通货膨胀率（P^e）。由此，货币需求函数为：$M_d / P = f(Y^p, r, P^e, U)$。

弗里德曼指出，现代货币数量论和传统货币数量论的逻辑思路是相同的，因为如果把传统理论中的K或$1/V$看成是取决于Y以外的其他因素，如r，P^e，U等，两个函数就是一致的。

弗里德曼通过《1867—1960年美国货币史》一书对自己的理论进行了实证检验，证明了货币需求是稳定的，且随着收入的增加具有长期增长的趋势。数据表现为：①货币需求对Y的弹性较大，不过因他使用了持久收入的概念，这种加权的平均收入具有相对稳定性，不会引起货币需求的波动，根据实证检验，货币需求的收入弹性为1.8。②长期来看，货币流通速度将随着国民收入的增长呈递减趋势。货币流通速度在1880—1914年期间持续下降（从4.97降至1.91），在1914—1929年期间未发生明显变动，从1946年起开始反弹，但依然比整个20世纪20年代的水平低。并且，货币流通速度随经济周期波动而发生变化，即在经济繁荣时上升，在经济衰退期下降。③利率对货币需求的影响十分微小，在统计学上的意义几乎可以忽略不计，按照统计计算，货币需求的利率弹性为－0.15，而同期其他作品所估计的绝对值也都小于1。④物价变动率只有在变化很大和持续时间较长时，才可以直接影响到货币需求的预期通胀率，而在物价稳定的情况下，P^e可以忽略不计。⑤在短期内，货币的效用是十分稳定的。总之，弗里德曼通过实证方式支持了自己的理论假说。尽管直到20世纪70年代初的数据都可以支持弗里德曼的结论，即货币需求是稳定，但在随后的现实生活中，货币的需求日益变得不稳定，货币主义的威力开始下降。①

4.3.2 货币供给和货币传导机制

弗里德曼对货币的定义是，通货和商业银行的活期存款与定期存款之和，即M2。决定货币供给虽和贵金属供给的技术有关，但最终要取决于货币制度。在美国当时的

① 人们提出了许多可能的原因来解释这种现象，其中包括20世纪70—80年代金融体系的制度性变革。

货币制度条件下，决定货币供给的因素主要有三个：①基础货币，由银行准备金和公众所持有的现金组成；②银行存款与存款准备金的比率，反映银行的行为；③公众存款与公众持有的通货的比率，反映公众行为。很明显，当局可以控制基础货币，而存款—准备金比率和存款—通货比率分别反映的是银行和公众的行为，并一起决定了货币供给的乘数，这是货币当局所不能控制的。这两种比率主要取决于实际经济情况的变动。例如，当经济处于扩张时期，银行倾向于扩大贷款和投资；公众倾向于持有较少的通货而扩大其手中盈利性资产的数额，因此这两种比率都将趋于上升；相反，经济衰退时，两种比率都下降。不过，弗里德曼又提出，货币供应量说到底就是由货币当局直接控制的。原因在于，货币当局能够通过调整基础货币的供给影响银行的存款—准备金比率和公众的存款—通货比率，进而改变了银行的准备金数额和公众持有的货币量。这就是弗里德曼所强调的货币供给的外生性和可控性的简明解释。

货币供应量由货币当局决定，可以随意调整，而货币需求与其决定因素之间具有稳定的函数关系，无法任意变动，并且人们愿意持有的货币余额与其收入的比例在长期内是稳定的。由此，问题就指向了货币供给方面。假如货币的供应与实际需求发生重大偏差，宏观经济就会发生动荡。经济中的货币存量，如人身上的脂肪，过多过少都不健康。货币供应量加速或减速的变化极可能引发两大顽疾：通货膨胀和通货紧缩，都会危害宏观经济稳定。对于货币供应量的变化是通过何种途径传导到真实经济部门的，也就是货币的传导机制问题，弗里德曼进行了以下论述。

凯恩斯主义理论强调货币政策的利率传导机制，即通过改变货币存量改变利息率来影响实际产出和就业。相比于财政政策，凯恩斯对货币政策的热情要小很多。在他看来，利率传导机制是以间接的方式作用于总支出，并且“流动性陷阱”也会使货币政策失灵。弗里德曼则认为，利率在货币传导机制中作用不大，应在更广的资产范围内从相对价格的视角分析货币传导机制，而不应只把资产界定为货币和债券两种。他指出，个人追求效用最大化，其全部财富在各种资产间的分配状况由各种资产的相对收益率所决定。这些资产不仅包括货币、股票和债券，还包括各种实物资产（如耐用品、资本品、消费品等）。在市场均衡条件下，财富将在各种资产之间按照边际收益率相等的原则进行分配。若边际收益率不相等，人们就会在不同资产之间重新分配财富，直到各种资产的边际收益率相当为止。比如货币管理当局在公开市场上购买债券会导致货币供应量增加：公众持有的货币量增加，货币的边际收益率将下跌，人们就会用多余的货币余额购买其他资产，促使各种金融资产和实物资产的价格上升。由此，大部分货币增量将直接作用于增加名义收入。名义收入的增加最终会影响到投资、储蓄、消费和物价水平。弗里德曼又指出，在货币传导机制中利率变动有一定的复杂性，存在反方向的二重效果，应分阶段加以考察。货币供给的增加最初会使利率降低，但后来随着它引起的支出增加、价格上涨，导致贷款需求增加从而提高利率。

货币传导机制不仅包括初始流动性和可贷出资金效应，及其引发的收入效应，还包括延缓的价格预期效应。在现实中，对货币政策的调整需要精密的策划，花费较长的时间。货币作用过程中的短期均衡是由某种调整过程所决定的，在短期的调整过程中，名义货币需求变动率与名义货币供给变动率之间的差异，使名义收入变动率脱离它的长期值。名义收入的调整速度，是它的测得值与预期值之间差异的函数。因而，在长期均衡中，所有的预期都是可以实现的，以致实际量和预期量是相等的。短期调整过程通过预期值的修正逐步向长期均衡状态转变。

货币主义的货币传导机制理论把凯恩斯经济学的利率传导机制作用范围扩展到货币与其他金融和实物资产的结构调整中。正是通过资产组合的调整过程，货币存量的变化对实际部门产生了重要影响。货币主义与凯恩斯主义对货币的看法是针锋相对的。货币主义指出，在短期内，由于存在“货币幻觉”，货币供给量的变化会引起产量波动；在长期中，当“货币幻觉”消失后，货币供给量的变化全部体现于物价水平的变动上。

4.4 通货紧缩与通货膨胀

弗里德曼对通货紧缩和通货膨胀两大问题都进行了深入研究，他关于 20 世纪 30 年代“大萧条”的起因、脉络及出路，以及菲利普斯曲线的形状等论述，都颠覆了当时大行其道的凯恩斯主义经济学理论，为宏观经济学的研究走向提供了新的逻辑思路。

4.4.1 重新解释“大萧条”

弗里德曼与经济史专家施瓦茨配合，通过经济史研究证明了货币政策对经济的作用，从而否定了凯恩斯主义的“货币不重要”观点①。具体讲，他们对美国的货币增长率和经济活动水平的转折点进行比较，分析货币对经济的影响力。货币供应变化率的高峰平均领先于经济活动水平的高峰 16 个月，如果是低谷则平均领先 12 个月。特别是，历史上的货币存量绝对减少时期，正好是经济严重收缩时期：1873—1879 年、1893—1894 年、1907—1908 年、1920—1921 年、1929—1933 年和 1937—1938 年。弗里德曼对这些经济衰退期间货币供给变化背后的历史环境加以分析。他认为，导致货币收缩的那些因素基本上与货币收入和物价的同期或事先变化无关。因此，货币收缩是造成经济衰退的原因，而不是由经济衰退而产生的结果。

弗里德曼对“大萧条”的成因进行了独到阐释。他指出，引发“大萧条”的真正原因是 1927 年 7 月美国联邦储备体系为抑制投机活动而采取的货币紧缩政策。在这一背景下，1929 年 10 月 24 日黑色星期四的股市崩盘（通常被认为是“大萧条”的直接

① 凯恩斯认为，在经济衰退或萧条时期，货币不重要，因为你无法逼人花钱。

起因）引起巨大恐慌，消费者和企业家都纷纷减少支出，并增加自己的流动性储备以应对变局。面对这场经济衰退，美联储没有采取在公开市场上买进政府债券和扩大货币供应量进行调控。特别是在1930年年底，爆发银行业挤兑风潮时，作为金融体系“最后银行”的美联储非但没有采取有效行动，反而提高了贴现率，使货币数量锐减。货币崩溃既是经济坍塌的原因，也是它的结果。大坍塌一旦开始，又使货币崩溃更加严重。1929—1933年，货币数量下降30%，价格下跌30%，国民收入减少50%，失业率上升至25%。弗里德曼认为，正是货币当局采取了错误的通货紧缩政策，使一场普通的衰退迅速升级为世纪灾难。货币当局其实可以通过及时有效的货币政策来避免“大萧条”。经济原本会在1931年年初就开始复苏，如1908年年初那样。当“大萧条”来临时，政府信誓旦旦地宣称：联邦储备体系在避免情况变得更糟的过程中用尽了全力，无奈通货紧缩的力量过于强大。对这一辩解，弗里德曼愤愤不平地说：“没有任何国家在任何时间有过任何严重的经济萧条而又不伴随货币数量的急剧下降；而同样的，没有任何货币数量的下降而又不伴随严重的经济萧条。”[①]这次巨大的经济灾难“实际上是货币力量重要性的一份可悲证明”，也说明赋予少数人过大权力及充分伸缩余地的制度是完全错误的，少数人的性格和作风导致了行动的偶然性，必然产生严重后果。此后，美联储虽然没有再犯“大萧条”时期的错误，但它对以往的错误又矫枉过正，使货币量增长过快，加剧了通货膨胀。实际上，美联储不时地在两个极端之间飘忽不定，使通货膨胀与通货紧缩交替上演。因此，弗里德曼要求用宪章和规章制度来限制货币当局的权力。

关于是什么因素促使美国走出“大萧条”，弗里德曼持“政策无效”观点，认为联储储蓄政策不是美国经济恢复的原因。总之，尽管弗里德曼注意到各种因素导致20世纪30年代中期货币供给的增加，但他似乎对由于美联储的无能及由此加重的危害更为关注，而对货币扩张在促进恢复中的作用兴趣不大。

4.4.2 “新”通货膨胀理论

弗里德曼将通货膨胀定义为：引起物价长期普遍上涨的一种货币现象，它与印刷机直接相联系，是凯恩斯主义干预政策下货币增长速度过快的结果。他指出，当货币数量的增长速度超过产量增速时，就引发了通货膨胀。而现实生活中，没有一个政府敢于承担通货膨胀的责任，他们善于寻找各种借口，把责任推诿给逐利的企业家、贪得无厌的工会、挥霍无度的消费者、哄抬油价的阿拉伯酋长、恶劣的气候及其他风马牛不相及的事由。尽管有些因素会影响商品价格，但它们只能推高个别商品的价格，不会带来一般物价的普遍提高。作为背后推手的各国政府都十分清楚，通货膨胀是一

① [美]弗里德曼. 资本主义与自由. 张瑞玉，译. 北京：商务印书馆，1986：50.

种可以致命的瘟疫，若不及时制止，后果不堪设想。那么，当局为何还要快速增加货币量呢？据弗里德曼分析，这一明知山有虎偏向虎山行的行为里隐含着如下原因：①政府推行凯恩斯主义的充分就业政策使政府支出迅速增加，由于增加税收在政治上不受欢迎，政府只能通过中央银行发行债券来扩大货币供应量；②中央银行推行了一种错误的货币政策，即不是以控制货币供应量，而是把控制利率作为自己的政策目标；③政府可以在通货膨胀中获得好处，即"通货膨胀税"①。

此外，还存在一种说法认为制止通货膨胀的代价过大，不如另谋出路：以加速通货膨胀为代价减少失业。对此，弗里德曼表示反对：把货币工资增长率和失业率联系起来的原始菲利普斯曲线忽视了人们对通胀的预期在工资谈判中的作用，菲利普斯曲线关于货币工资变化率是在完全与通胀率无关的情况下决定的假设是一个根本性错误。这意味着，工人是非理性的，完全受"货币幻觉"的支配，即工人根本不了解物价水平的变化情况，只是依据货币工资水平的变动来决定是否增加或减少劳动的供给。但实际上，厂商和工人关心的是真实工资，而不是货币工资。弗里德曼指出，应该用实际工资变化率来确定菲利普斯曲线。由于名义工资是在劳动合同确定之前由劳资谈判所决定，所以影响实际工资的一个重要因素是人们对整个合同内存在的通胀率的预期。这就意味着不再只有一条菲利普斯曲线，而将有一组菲利普斯曲线，每条曲线与一个不同的预期通胀率相关联。图 4-1 刻画了附加预期的菲利普斯曲线（横轴是失业率，纵轴为货币工资率）。假设劳动生产率为零，这意味着货币工资增长率等于价格上涨率；并假定开始时，货币增长率为零，从而物价水平保持不变，预期通胀率也为零。经济位于短期菲利普斯曲线（SRPC1）的 A 点。在该点上，失业为 U_n。U_n 是自然失业率，即在没有货币干扰时劳动市场和商品市场供求达到均衡状态下的失业率，它是

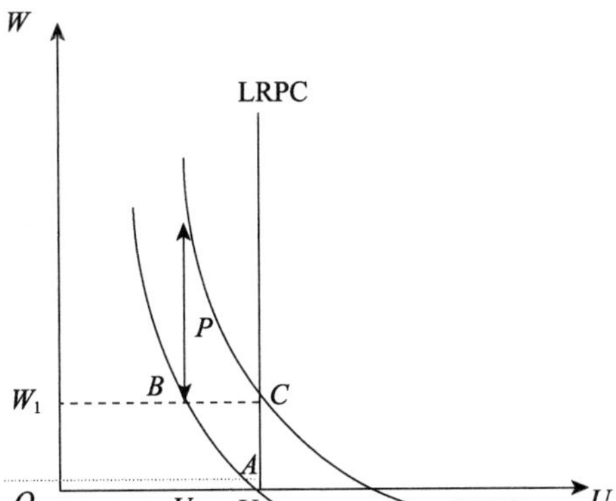

图 4-1　附加预期的菲利普斯曲线

① 政府通过增发纸币来弥补财政赤字。通货膨胀引起的隐蔽性增税，即民众的名义货币收入增加，导致纳税人被自动地划入较高所得税的税率来交税。

由货币因素之外的实际因素决定。“自然失业率”实际上就是传统经济学所说的摩擦性失业和自愿失业。

如果当局采取扩大货币发行量的方式降低失业率，商品市场和劳动市场上的过度需求将推动物价和货币工资上行。工人经历过一段物价稳定期，他们的预期通胀率为零，并且不掌握价格变动的相关信息，因而暂时陷入了“货币幻觉”。工人误认为自己的实际工资增加了，乐于提供更多的劳动。但是，厂商并不存在“货币幻觉”，劳动的实际成本由于价格上涨而下降会使厂商增加对劳动的需求。那么，经济就会由最初的 A 点过渡到 B 点，失业率由 U_n 降至 U_1，而货币工资增长率从而通胀率则由 W_0 上升至 W_1。但是，B 点只是经济长期均衡过程中的一个短期过渡点。随着人们对实际生活变动的了解，他们明白尽管自己的货币工资提高，但实际工资却下降了。由此，工人会按照调整后的通胀预期 P^e 要求更多的货币工资，以补偿由物价上涨而导致的实际收入下降。在这一过程中，厂商会解雇工人，失业增加，直到 C 点，实际工资恢复到原来的水平，失业处于自然水平。把 A 点和 C 点连接起来，就得到一条垂足于自然失业率之上的长期菲利普斯曲线（LRPC）。它的形状说明，人们会在经过一段时间的体验后掌握正确的价格预期，即 $P^e = P$，“货币幻觉”就不复存在，失业和通货膨胀之间不会有长期的交替关系。

1976 年，弗里德曼荣膺诺贝尔经济学奖，他发表了《通货膨胀与失业：经济学家的新领域》的演讲。他把菲利普斯曲线所描述的通货膨胀与失业的关系按发达国家不同时期被划分为三个阶段。

第一个阶段是负斜率的菲利普斯曲线。本书第 1.3.2 小节讲过，菲利普斯依据对英国 1861—1957 年的统计数据研究发现，通货膨胀与失业之间存在着一种负相关的关系，这就是最初的经典菲利普斯曲线，它是负斜率的。弗里德曼认为，这是由于人们在短期中还未形成物价上涨的预期，不会要求增加工资和提高利率，从而使实际工资和实际利率因物价上涨而下跌，利润上升，厂商扩大生产，增加工人，使产量增加，失业率减少。因此，出乎意料的货币增发使物价上涨和产量同时增加。

第二个阶段是垂直的菲利普斯曲线。20 世纪 60 年代发达国家的实际情况正是如此。在此期间，政府追求充分就业的目标，并力图将失业率降至低于自然失业率之下。扩张性的财政政策和货币政策在刺激总需求的同时，导致物价水平上涨。通货膨胀时而出现，人们形成了关于通货膨胀的预期。起初，人们的预期失误频频，但他们不断提高认知水平。从长期看，人们对物价上行的预期会与实际值不断接近。市场利率和名义工资的进一步提升，促使失业率恢复到自然失业率水平。任何旨在把失业率降低到自然失业率之下的政策，只有在人们的通胀预期低于实际通胀率的情况下才会生效。假如货币当局此时依然想维持较低的失业率，只能进一步增加货币供应量，致使价格继续上涨。但是，最终人们对物价上涨的预期也将提高，使失业率又回到自然失业率，名义国民收入的变动全部表现为物价上涨，菲利普斯曲线转变为一条垂直曲线。

第三个阶段是正斜率的菲利普斯曲线。20 世纪 70 年代，发达国家陷入“滞胀”困境。这是因为长期的通货膨胀加剧了经济前景的不确定性，实际的和预期的通货膨胀率越高，经济越发不稳定，市场经济条件下资源的合理配置遭到严重破坏。随着通货膨胀的加重和频繁，投资将越发减少，价格机制的效率和信誉都在下降，各个市场之间的冲突加剧，相对价格体系发生扭曲。对此，政府会采取工资和价格管控措施，从而使失业率进一步升高。于是，菲利普斯曲线向右上方倾斜，“滞胀”危机降临。弗里德曼指出，只有以增加失业为代价，采取通货紧缩政策，降低通货膨胀率，才能使经济返回自然失业率状态。20 世纪 70 年代的“滞胀”现实使货币主义日益受到关注。在弗里德曼的适应性预期分析基础上，货币主义又演化出一支理性预期学派。它以理性预期代替适应性预期，认为即使在短期内，菲利普斯曲线也是垂直的。[①]

对于如何治理通货膨胀。弗里德曼认为，制止通货膨胀“知易而行难”。长期以来，西方各国政府只是在两个选项中行动：提高失业率，经历短期高水平的失业；或者是降低经济增长率，以今后更加严重的经济衰退和失业为代价暂时推迟大崩溃的到来。事实证明，对物价和工资进行管制不是一个好办法，这样做会破坏价格结构，降低价格体系的有效性，从而对生产产生不利影响；号召工业和工人提高商品生产量也是一个虚伪的方法，它充其量只是起到缓和的作用。因此，“医治”通货膨胀只有一个方法，就是减少货币供应量的增长，能否做到这一点是一个政治问题，要由政治家们去解决。至于经济增长率的降低和失业率的提高这一副作用，可以减弱，但不能完全排除。此外，菲利普·卡甘（Phillip Cagan，1927—2012）提出了卡甘模型，得出以下推论：稳定现有的货币供应量增长率和人们对未来货币供应量增长率的预期对于稳定物价具有双重必要性。进一步，稳定的预期又取决于人们对中央银行的信任度，即中央银行能否真正执行稳定的、一贯的货币政策，而后者又取决于中央银行的独立性。因此，高度独立的中央银行对于稳定政策的承诺有助于结束超级通货膨胀。

需要指出的是，中国的宏观经济经验与货币主义的预测不符（即长期中，货币存量增加导致严重的经济危机和通货膨胀，而对 GDP 增长没有影响）。长期以来，中国的货币存量增长较快，却没有发生高通胀。一个重要原因在于，中国的固定资产投资非常高，高投资促进了 GDP 的高速增长，也就增加了货币存量。换言之，中国的货币供给大幅增加，这些增加的货币供给变成了投资，使在货币存量增加的同时，产出也大幅增加，所以中国没有发生经济危机。

① 第 6 章会专门涉及这一学派。

4.5 政策主张与撒切尔政府、里根政府的回应

弗里德曼不仅构建了严密的、自成体系的货币主义理论学说，也在此基础上提出了一系列的政策主张。尤其是他关于调节货币量和私有化的建议受到英国首相撒切尔夫人的青睐，其学术理想在现实中找到了用武之地，同时，美国总统里根也对货币主义的政策方案推崇有加。

4.5.1 政策主张

1. “单一规则”的货币政策

“货币是重要的”，这是货币主义的核心立场。资本主义市场经济运行的方方面面都会涉及货币，因此，一旦货币体系出现问题，就会迅速蔓延至整个经济系统，破坏社会经济稳定。由于市场无法完全依靠自身来摆脱货币可能带来的干扰，货币当局就应肩负起降低货币失调的可能性以及推动货币体系发挥效力的双重职责。弗里德曼强调要对货币当局的货币政策行为进行立法约束，实行“单一规则”（single rules）的货币政策来构建一个稳定的通货环境。这一主张主要包括以下内容。

（1）货币当局应该量力而行，选择一个可控的货币数量。弗里德曼反对凯恩斯主义以盯住利息率和失业率为主要目标的货币政策，认为这仅能在很短的时间内限制利息率和失业率，但在长期内将会导致通胀率、利息率和失业率的同时提高，形成恶性循环。相比之下，货币当局通过控制货币存量来稳住宏观经济中的各种名义变量，如名义汇率水平、名义价格水平和名义国民收入水平等；并且有效地稳定宏观经济中的各种真实变量，如实际利率、实际失业率和实际国民收入水平等，使之不受各种名义变量的扰动。弗里德曼指出，有效地控制货币存量是货币当局的基本职责和唯一政策目标，然而，美联储把经济稳定、充分就业、价格稳定、经济增长等作为一般目标，并对这一广泛职责缺乏明确的规则限制和检验，这是美国货币制度安排的严重缺陷。实际上，这些职责是单凭货币当局一个机构所力不能及的，需要许多公共机构和私人机构的共同行动才能达到目标。

（2）货币当局应该遵循“简单规则”或“单一规则”行事，公开宣布它采取的政策是让某种给定含义的货币总额保持一个稳定的增长率，使货币供应量的增长率与经济增长率保持一致。弗里德曼估计，美国年平均产量增长率为 3%，劳动力平均年增长率为 1%～2%，而货币流通速度是伴随实际收入增加发生减慢的。为了保持物价大体稳定，美国货币供应量的年增长率应固定在 4%～5%。如果货币增长率能够固定在这范围内的某一点上，即使现实证明其过高或过低，也不会对经济稳定造成太大干扰。

因为一个被证明是多少有些过高的增长率，可能意味着长期温和的价格上涨；而一个被证明是多少有些过低的增长率，会意味着长期温和的价格下降。它们都不是严重的问题，向上或向下的温和而又平稳的长期价格对经济稳定的扰动不大。真正可怕的是迅速和激烈的价格波动。

弗里德曼对新古典综合派“相机抉择”的货币政策嗤之以鼻。通过货币政策的“时滞效应”分析，他得出货币行动只有在相当长久且不稳定的时间之后才能影响经济情况的结论。这意味着，有效的货币政策必须以准确地估计“时滞效应”为前提，但实际上这是无法做到的。“相机抉择”的货币政策不是从可靠的预测出发，所产生的作用与实际需求很可能背道而驰，使货币政策本身成为一个不确定及不稳定的潜在威胁。对此，弗里德曼做了形象的比喻：“我们需要的不是这样一个在经济车辆上不停地转变方向盘以适应道路上意外坎坷的熟练货币司机。我们需要的是某些工具，它们能够防止作为稳定物而待在后座上的货币旅客偶尔发生倾斜的危险，同时，还能够防止方向盘发生急剧转动从而把汽车打翻到路外去的危险。”①

2. “收入指数化”方案

为了应付20世纪70年代的“滞胀”局面，西方各国政府先后实施了冻结或管制工资、物价的“收入政策”，政府部门干预各种劳务的收入，并成为从飞机票价、出租汽车收费到电费等变动的批准者。弗里德曼指出，这一系列政策是“最糟糕的东西”和破坏市场经济运行活力的毒药。他对“二战”后德国、日本、巴西三国的经济崩溃进行了分析，指出这正是由于为抑制通货膨胀而实行“收入政策”所引发和加剧的。在德国与日本，生产能力因战争大幅削弱的阴霾一直束缚着两国经济，战时支出及战后的财政坍塌使国内货币供给量急剧膨胀，而占领军当局又继续实行战时的价格与工资控制，造成了两国的经济崩溃。在巴西，20世纪50年代末及60年代早期的政治不稳定，导致了大规模的财政赤字，而这一赤字则依靠货币数量的迅速增长来弥补。到1964年，通货膨胀率已达到100%以上。②为了抑制通货膨胀，巴西政府采取固定价格与工资、控制外汇交易、引入多重汇率等控制措施。然而，这些控制引发了恶果：普遍的浪费、低效率及黑市。

弗里德曼指出，“收入政策”只是一次悲剧的历史重复，一国接着一国实施该办法是一种人祸，政府将它作为金融紧缩和财政紧缩的代替办法，而不是这两种紧缩的补充。这会使金融界人士把实行物价和工资管制看作是通货膨胀恶化的信号，而不是看作通胀的解决之道。由此，人们进一步加强了对通胀的预期。此外，实行物价和工资管制只会在短期有效，已标定的物价即构成指数的物价保留不动，还有提高物价和工

① [美]弗里德曼. 货币稳定方案. 宋宁，等译. 上海：上海人民出版社，1991：128.

② 弗里德曼文萃. 高榕，译. 北京：北京经济学院出版社，1991：177.

资的间接方法，即降低产品质量、不供应劳务，提升工人职级等；而当物价结构遭到严重破坏，控制物价和工资所施加的压力达到饱和点时，不良反应会越发严重，通货膨胀进一步加剧，出现经济崩盘。

弗里德曼提出了辅助于“单一货币规则”的次优设计——“收入指数化”方案。他主张通过把工资、债券等收入与生活费用指数挂钩，使它们随物价变化进行调整来医治“普遍的价格波动”。这一思路与新古典经济学创始人马歇尔所提出的使购买力定期按比例调整条款的观点不谋而合。弗里德曼指出，用收入指数化政策来代替管制政策的优点是，实行收入指数化方案可以消除通货膨胀过程中带来的不公平，剥夺政府从通胀中所取得的非法收益及那些债券所有者的不当获利，这就消除了社会经济生活中推动通膨的动机。同时，他也指出了这一方案的局限性：①作用范围有限，因为人们不可能把所有的合同（包括政府与个人之间的默契）都同物价联系起来进行调整；②只能减轻通货膨胀的程度，无法彻底消除它，因为只有控制货币供应量的增长率，才能根除通货膨胀。总之，“收入指数化”方案是配合以“单一规则”为核心的货币政策所采取的缓和经济波动的权宜之计，或者说是降低政府干预的必要步骤。

3. 实行“浮动汇率制”

“二战”后的西方国家普遍放弃了外汇市场上的自由，加入到布雷顿森林体系的规制当中。各国政府按规定行事：美元与黄金按照一盎司35美元的比率挂钩，各国货币直接与美元挂钩，以美元为基础来确定各国货币的汇率，且各国汇率变动不得超过1%～2%。在这一体制被推而广之的情况下，弗里德曼发表《浮动汇率论》（1950）一文，预见性指出了该体制的要害，即固定汇率将推动通货膨胀，引发经济危机。他指出，在固定汇率机制下，汇率的冻结管理使通货膨胀发生国的国际贸易情况出现恶化，进口增加、出口减少，进而增加其他国家对该国通胀性的货币的持有数量。除了选择继续保持现状，无限地增加对通货膨胀国家的货币的持有量，近乎无条件资助这一条路外，其他国家只能选择引入通货膨胀。相比之下，浮动汇率是一条更合理的选择。浮动汇率利用汇率潜在的高度敏感特性，让世界各国通货价值在国际上自由地按外汇市场供求关系形成各自合适的汇率，通过汇率的下降应对国内通货膨胀对其国际贸易的影响，从而减少或消除通胀被转嫁到邻国的可能性。后来，弗里德曼对自己的观点进行了验证，指出1974年美国和其他主要资本主义国家普遍发生的严重通货膨胀是多数国家力图维持固定汇率的结果，从美国“输入”了通货膨胀。

弗里德曼指出，国际贸易会受货币及实际经济情况变动的影响发生相应变化。为了协调事前与事后的不一致性，弗里德曼分析了汇率变动的两种作用机制：浮动汇率、有管理的刚性汇率。他认为，后者是“最糟糕的一种汇率制度”，因为它既没有提供固定汇率制度下的稳定预期，也没有提供弹性汇率制度下的持续敏感性，从而使每一次汇率变动都成为可能引发经济危机的导火索。相比之下，浮动汇率制下汇率的自动调节是及时且充分的，有助于国际贸易和国际收支均衡的稳态。同时，这种汇率的变动较小，避免了大幅经济波动，且变动的风险主要由投机者承担，有助于稳定国家对外贸易。弗里德曼指出，“重整军备的促进，贸易的自由化，国内与国外分配及其他直接控制的避免，国内货币政策与财政政策的协调一致等，所有这些困难，在——可变汇率及其必然结果——通货的自由兑换的世界里，将完全是另一个样子，并且要更容易解决得多。”①对于浮动汇率无用论的说法，他回应道，“浮动汇率导致了外国产品的价格与国内产品的价格之间的相互关系的变化，从而促进了对外部环境的变化所做的调整。”②

20 世纪五六十年代，弗里德曼对浮动汇率主张的呐喊并未得到太大回应，但他的这种坚持在 70 年代开始被西方各国政府所重视。1971 年以来，各主要资本主义国家都容许了它们的通货在外汇市场上浮动，或者像西欧共同体的成员那样，实行了汇率的“蛇形”浮动，弗里德曼的浮动汇率倡议开始活跃于国际货币舞台。

4.5.2 撒切尔、里根政府的回应

1979 年 5 月，54 岁的保守党领袖撒切尔夫人入主唐宁街 10 号，出任英国首相，成为“英国病”③的主治医师。她以经济自由主义为基调，倡导英国应该回归亚当·斯密的传统，重塑维多利亚时代的价值体系，转变政府在经济上的主人地位，给予市场经济充分的自由。上任伊始，撒切尔就以货币主义之名开出了自己的治国药方。她推行稳定货币供应量增长率的货币政策，并在 1980 年 3 月的《中期财经战略》中承诺：1980—1981 年的货币供应量增长率保持在 7%～11%，以后逐年把货币供应增长率增长幅度降低 1%，1983—1984 年降低到 4%～8%。④另一方面，为了控制货币流通量，她果断地削减了 10 亿英镑的国债，将银行的准备金率和最低贷款利率分别提高到 10%和 17%。事实证明，紧缩的货币政策在短时间内收效颇为不佳，国内本来严重的失业现象更加恶化。1980 年 3 月 30 日，364 名英国经济学家在《泰晤士报》上联名发表公开信对撒切尔进行抨击。然而，并不乐观的经济表现和强大的外界压力并没有动摇撒切尔的政策方向和决心，她力排众议，继续坚持弗里德曼为首的货币主义政策。尔后，英国经济在经历了两年的“阵痛”之后，经济形势逐渐好转，生产有所复苏，物价开始回落。随后，撒切尔又因时制宜，选择温和、渐进的方式来深化她通过调控货币数量来稳定价格总水平的政策。1983 年 3 月，撒切尔公布了《中期金融战略》：分 4 年

① 弗里德曼文萃. 高榕，译. 北京：北京经济学院出版社，1991：592.

② 弗里德曼文萃. 高榕，译. 北京：北京经济学院出版社，1991：606.

③ 这里所说的是经济学上的“英国病”，是指第二次世界大战后英国经济发展缓慢，使国家丧失了昔日的全球霸主地位，尤其是后来英国经济处于“滞胀”状态难以自拔，被一些经济学家称为“英国病”。

④ 李栋. 撒切尔主义的经济政策实践及借鉴. 税收经济研究，2011，5：93。

逐渐减少广义货币总量英镑 M3（纸币、硬币加上银行存单）的增长速度之后，转向通过最狭义的货币 M0 来控制货币发行，促使了英国通货膨胀率从 1981 年的 8.9%一路下滑，经济保持长达 7 年之久的强劲增长。①

撒切尔经济改革计划的另一大手笔是“私有化”。出于国有企业普遍性靠行政性垄断和财政补贴拖垮经济以及政治上的考虑，撒切尔在其第一个任期内开始实施私有化政策。起初，受经济持续衰退的影响，她依靠削减公共开支为减税铺路，从而利用利率杠杆控制通货膨胀的计划面临巨大压力。政府在教育、住房、运输和贸易上的花费削减被国防、农业、失业救济、健康保健、社会计划以及法律和秩序方面的开支所抵消。随着私有化政策的深入推行，政府的财政收入不断增加，削减公共开支的政策也可以得到落实。撒切尔政府的私有化范围覆盖了电力、供水等自然垄断行业，住房、教育甚至是国民医疗保健制度。仅 1979—1989 年的 10 年间，约 40%的国有企业都转手至私人。到撒切尔于 1990 年 11 月卸任时，英国只剩下铁路公司、煤炭公司、皇家邮政三个部门没有实现私有化。这可以说是弗里德曼自由主义思想的一次重要实践。

当撒切尔在英国推行重大改革时，她“最亲密的朋友”美国总统里根也在实施他的经济自由主义计划。1981 年 1 月 20 日，里根在总统就职演说中抛出了震惊世人的论断，面对国家经济“滞胀”的局面，里根说：“政府不是解决问题的方法，政府本身就是问题所在。”（Government is not a solution to our problem，government is the problem.）这句当场赢得热烈掌声的演说正是里根政府 8 年的执政理念。在他的第二任告别演讲中，里根再次表达了同样的观点。他说：“‘我们人民’告诉政府，而不是政府告诉‘我们人民’该做什么。‘我们人民’是驾驶员——而政府则是一辆汽车。‘我们人民’决定它行驶的方向、道路与速度。世界上几乎所有国家的宪法都是告诉人民享有哪些特权，而在我们的宪法中，‘我们人民’告诉政府什么是允许做的。‘我们人民’是自由的。这种信念，是我在过去 8 年里进行不懈努力的基础。” 当然，这一思想并不是里根所创造的。这是本书第 4.2 节中所讲述的古典经济自由主义的精髓。里根复兴了这一传统并进行了现代阐释，将其作为施政理念进行实践。正如里根在离任演讲中所言，“那时我赢得了一个绰号——‘伟大的传播者’。但是，我从不认为，是我的风格或者我使用的语言改造了世界——这是问题的关键。我不是一位伟大的传播者，但是我传播了伟大的思想，它们并非凭空出自我的智力，它们来自一个伟大的国家的内心——来自我们的经历、我们的智慧以及我们对在两个世纪里引导我们的那些原则的信念。”里根就是要从政府本身解决问题，他主张撤回政府的干涉并减少税率和撤销管制，以此让自由市场机制能自动修正所面临的问题。1981 年 2 月，里根政府提出《经济复兴计划》，企图将“滞胀”问题分解并击破，以货币主义的控制货币供应量

① 通货膨胀率在 1982 年 7 月是 8.7%，1983 年降至 4.6%，1986 年降至 2.4%。数据来自傅殷才. 评撒切尔主义的“自由经营”理论和政策. 经济评论，1991，6：7.

来对付通货膨胀，以供给经济学的减税政策来应对经济停滞。在里根总统的直接压力下，美联储实行了货币紧缩的政策：货币供应量增长率下跌到零并维持了 6 个月之久，货币政策的终极目标则由维持币值稳定变为持续经济增长，把经济趋势和货币供应量指标并列。随后，与撒切尔政府的政策实施经历相似，美国经济在 1981—1982 年间经历衰退，随后出现戏剧性转折，经济开始复苏，1983 年 8 月，美国工业生产指数连续上升了 9 个月，数值已十分接近危机前的高点。全年综合增长了 6.5%，其中几个季度经济增长水平高达 8%，从而创造了美国多年的持续经济增长局面。①

撒切尔夫人与里根，前者是英国历史上第一位女首相，在创纪录的三连任任期内（1979—1990 年），对货币主义的经济自由主义思想和政策主张进行了长达 11 年的实际操作。1991 年的保守党大会上，她史无前例地获得全场站立鼓掌致意（但仍礼貌地婉拒上台演讲）；后者是美国历史上离任时支持率最高（63%）的总统，他 8 年的主政方针体现了货币主义的精神，是货币主义走向实践的重要体现。

思考题

1. 为什么弗里德曼说“货币是重要的”？简要阐述其货币理论的主要内容。

2. 运用适应性预期说明菲利普斯曲线在不同时期的形状。

3. 什么是单一规则的货币政策？说明弗里德曼反对新古典综合的相机抉择货币政策的理由。

4. 简要评述弗里德曼的经济自由主义思想。

① 张睿壮. 美国经济复苏与“里根经济学”. 国际展望，1983，2：15.

第 5 章

供给经济学

供给经济学（Supply-side Economics）是 20 世纪 70 年代后期在美国出现的一支新自由主义经济学学派。它因为反对凯恩斯主义的需求管理，推崇从供给方面应对经济问题而得名。凯恩斯主义从需求方面入手，通过财税政策调节总需求水平进而影响产量和就业的政策思路被供给学派完全否定。从这一意义上讲，人们将供给经济学看作是一种与凯恩斯主义相对立的财税政策体系。供给经济学的政策主张受到著名的保守主义者里根总统的青睐，并随着里根政府在 20 世纪 80 年代所推行的经济复兴运动而家喻户晓，掀起了一场所谓的“供给学派革命”。尽管在很多人眼中，供给经济学可能主要是一种财税政策主张，它并没有形成一套完备的理论体系。但是，供给经济学的很多分析已经在教科书中占据了一席之地，例如，刻画税收收入与税率之间关系的“拉弗曲线”，以及关于税收楔子的原理等。时至今日，供给学派的领袖阿瑟·拉弗依然不知疲倦地四处布道，他团结了一批来自著名的财经杂志、商业评论的作家，向世人传播供给经济学的思想理念和政策主张。

5.1　供给经济学概览

与弗里德曼在凯恩斯主义如日中天的 20 世纪 50 年代即开始苦心构建货币主义理论学说所不同的是，供给经济学更像是直接在 70 年代美国处于“滞胀”困境的局面中，时势造英雄地直取上层路线而迅速发展和壮大起来的。供给学派与美国共和党的政治运动联系紧密，为里根阵营的竞选活动出谋划策，并在其上台后进入政策制定的智囊团队，使自己的理念有了充分施展的舞台。

5.1.1　供给学派的产生和发展

凯恩斯主义经济学强调在短期内产量、收入和就业水平由总需求决定，因而政府通过推行需求管理的宏观财政政策和货币政策可以实现没有通货膨胀的增长。然而，实际的经济情况并非如此，本书第 1.4 节中已经作过介绍。20 世纪 60 年代后半期，美国的经济形势开始恶化。1970—1979 年，美国的国民生产总值年均增长率 2.9%，失业率平均值 7.4%，通货膨胀率则高达 8.2%。[①]特别是 1974 年、1975 年国民生产总值发生恐怖的负增长——0.6%和 1.2%。[②]在整个 20 世纪 70 年代，国民收入分配差距迅速扩大，税率和利率升高，财政赤字和贸易赤字持续攀升。很多人认为，美国经济已经不仅仅是“停滞膨胀”，更有要步入更可怕的“衰退膨胀”局面。正如 1981 年 1 月 20 日里根总统的就职演讲中所言，“我们遭遇到我国历史上历时最长、最严重之一的通货膨胀，它扰乱了我们的经济决策，打击着节俭的风气，压迫着正在挣扎谋生的青年人和收入固定的中年人，威胁着要摧毁我国千百万人民的生计。停滞的工业使工人失业、蒙受痛苦并失去了个人尊严。即使那些有工作的人，也因税收制度的缘故而得不到公正的劳动报酬，因为这种税收制度使我们无法在事业上取得成就，使我们无法保持充分的生产力。尽管我们的纳税负担相当沉重，但还是跟不上公共开支的增长。数十年来，我们的赤字额屡屡上升，我们为图目前暂时的方便，把自己的前途和子孙的前途抵押出去了。这一趋势如果长此以往，必然引起社会、文化、政治和经济等方面的大动荡。”在这种情况下，新古典综合派遭受普遍质疑，并且没有拿出令人信服的应对方案。人们迫切地希望新理论出世来拯救美国经济。在这种情况下，与凯恩斯干预主义相对立的新自由主义经济学范式发展起来，供给经济学便是这一范式中首当其冲的典范。

“供给经济学”这一术语，最早是由美国经济学家赫伯特·斯坦（Herbert Stein，1916—1999）在 1974 年 4 月提交的一篇论文中提出。在此论文中，他把经济学家分成几类，并把那些强调税收、财政开支和财政赤字对生产总供给的影响的经济学家称之为“供给方的财政主义者”。[③]萨缪尔森则带有讽刺意味地指出，“标准的供给经济学”所研究的问题，应当仅限于资本的形成以及技术的创新和发展对社会生产率的影响。不论所持态度如何，两人的描述很直观地反映了供给经济学的要义或特征，即与凯恩斯主义的需求管理政策体系针锋相对。因而，“供给学派革命”的主要意义是它引发了一场关于美国经济政策思路的重大改变。按照时任里根政府财政部部长助理（主管经济政策问题）保罗·罗伯茨的说法，“这场革命 1975 年夏发源于国会议员杰克·肯普的办公室，一直持续到里根政府的头 30 个月。杰克·肯普是第一个供应学派的政治家，罗纳德·里根是第一个供应学派的总统。”[④]杰克·肯普（Jack Kemp）是共和党众议员，

---

① 前两个数据见《美国统计年鉴》(1984)，转引自秦嗣毅. 美国与日本宏观调控政策比较研究（1945—2000）. 北京：中国财政经济出版社，2010：19；第三个数据根据此书计算，曼昆. 经济学原理宏观经济学分册. 第 5 版. 梁小民，译. 北京：北京大学出版社，2011：33.

②《美国统计年鉴》(1984)，转引自秦嗣毅. 美国与日本宏观调控政策比较研究（1945—2000）. 北京：中国财政经济出版社，2010：19.

③ [美]斯坦. 美国总统经济史：从罗斯福到克林顿. 金清，等译. 长春：吉林人民出版社，1997.

④ [美]保罗·克雷·罗伯茨. 供应学派革命：华盛顿决策内幕. 杨鲁军，等译. 上海：上海译文出版社，1987：1.

通过拉弗、万尼斯基和他的财政助理罗伯茨知道了供给经济学的政策主张，并成为这一学派的积极倡导者。现在，供给经济学已初具战斗力，它由拉弗教授领衔，聚拢了一批政客，并可以在《华尔街日报》连篇累牍地发表观点。肯普的办公室如同供给学派的研讨班教室，供给主义的经济学家、专栏作家及社会活动家、政治家相聚于此，主要是针对卡特政府的经济对策进行讨论，其立场当然是与当政者相左的。1977 年，肯普与另一位同共和党参议员威廉·罗思（William Roth）合作，提出了一个议案：要求按每年 10%的比率消减个人所得税，连续消减 3 年。这就是著名的“肯普—罗思减税提案”，它充分地反映了拉弗的观点，拉弗也由此名声大作。1977 年 9 月，共和党全国委员会接受了“肯普—罗思减税提案”，于 1978 年夏决定把该法案作为 1980 年美国总统大选的共和党竞选政纲。这意味着供给经济学成为支撑共和党政治运动的经济理论，也引起了政府、社会公众及学术界的普遍关注。供给学派十分希望肯普代表共和党竞选总统。万尼斯基公开阐明立场，认为肯普将会是西方文明的福星。不过，肯普最终决定退出共和党阵营的总统竞选提名。他与里根达成共识，即里根吸纳供给学派作为竞选团队。1980 年年初，里根与供给学派一同商讨了有关减税、金本位的一系列策略。

供给经济学的理论通俗易懂、操作方式明确，为社会公众描述了一条无痛苦地摆脱“滞胀”局面的捷径，很受保守主义的共和党青睐。自 1932 年富兰克林·罗斯福在总统选举中以压倒性胜利上台执政之后，民主党阵营的哈利·杜鲁门、约翰·肯尼迪、林登·约翰逊和吉米·卡特先后出任美国总统。在总共 30 多年的执政生涯中，民主党把凯恩斯主义贯彻到国民经济运行，并对其他国家政府起到示范效应。相比之下，共和党除了主张削减政府开支和财政预算平衡这些传统的保守主义经济政策外，拿不出像样的理论与之相抗衡。当 20 世纪 70 年代的“滞胀”局面愈演愈烈时，凯恩斯主义不再灵光，因为通货膨胀与失业之间的交替关系成为历史。并且，传统的保守主义政策理念也在经济困境面前畏手畏脚。因为在这种情况下，削减政府开支、减少预算赤字和实现预算平衡就必然要造成一次以经济衰退为代价换取物价水平下降的痛苦历程。这正是货币主义在撒切尔政府的早期经验。恰逢此时，供给经济学出山，他们乐观且直观地宣称掌握了无痛苦地降低通货膨胀的方法——通过大规模的持续性减税可以刺激生产、提高收入使经济迅速走出困境。这是一个极具吸引力的方案，“一刀切”式的全面大幅度削减所得税率受到选民的热烈拥护，共和党人在大选中底气十足，经济学家也得到了一个可以与凯恩斯主义需求管理主张相抗衡的新学说。很快，共和党与供给主义就以压倒性优势击败了民主党与凯恩斯主义。尔后，里根总统执政的八年间使供给经济学的基本理念得到用武之地，我们将在本章最后一节进行具体分析。即便是 20 世纪 90 年代以后，供给学派依然活跃。尤其是在 2008 年的金融危机爆发后，由学派奠基人拉弗领衔的供给主义者推出了几部重要著作，并利用他们在《华尔街日报》《时代周刊》和《福布斯》杂志的关系，发表了大量呼吁政府重启"供给学派革命"的评论和时评。费尔德斯坦也建议奥巴马政府进行税制改革、降低税率和推动社会保障保险计划。相比于学术界，供给经济学对社会公众的影响力要更大一些。

尽管供给经济学的基本假说和理论观点十分明确，但在学派内部对于某些具体政策主张的效果评价也存在着一定的区别。也正因为如此，一般将供给学派划为两个分支，即激进或极端的供给学派和温和的供给学派。前者以正统的供给学派自居，高举拉弗曲线的旗帜，坚信减税会产生立竿见影效果，也被称为"拉弗派"；后者以费尔德斯坦为主，倡导温和的税制改革和减税政策。

5.1.2 代表人物

阿瑟·拉弗

阿瑟·拉弗（Arthur Betz Laffer，1941—）是供给学派的首要代表和矢志不渝的布道者。他出生于美国俄亥俄州杨斯镇，1962 年由耶鲁大学经济学专业本科毕业，1965 年取得本校 MBA 硕士学位，1971 年获斯坦福大学经济学博士学位。他曾担任南加州大学马歇尔商学院和佩珀代因大学教授，2008 年出任佐治亚州摩斯大学经济学教授。他曾担任尼克松政府行政管理和预算局的研究成员，但最著名的是作为里根政府总统经济顾问委员会委员（1981—1989 年）。他建立了一套基于对个人和企业刺激的新经济理论，即以刺激供给为主要内容的减税经济学，并极力向世人兜售。为了清晰简明地表述减税不至于引起财政收入的减少和预算赤字的增加，他在一张餐巾纸上画了一条曲线，这条曲线就是著名的"拉弗曲线"。[①]有人称他是"自 20 世纪 30 年代凯恩斯以来的最迅速地发挥了政治影响的经济学家"。拉弗至今仍然十分活跃，他孜孜不倦地宣传供给学派的理论，撰写了大量的著作、论文，具有代表性的有：《货币政策与国际收支平衡》（1972）、《供给经济学基础》（1982，合著）、《里根—克林顿总统任期》（1998）、《拉弗曲线：过去、现在和未来》（2008）、《繁荣的终结：高税收如何毁灭经济——如果我们任其发展下去》（2009，合著）、《重返繁荣：美国如何收入经济霸权》（2010，合著）。他在《华尔街日报》发表大量的时评，还创办了拉弗经济顾问公司，提供广泛的经济咨询服务。

---

① 1974 年的一天，万尼斯基、拉弗（时任芝加哥大学教授）、唐·拉姆斯菲尔德（福特总统的白宫办公厅主任）和迪克·切尼（拉姆斯菲尔德的助手、拉弗在耶鲁大学的同学）在华盛顿酒店餐厅用餐。席间，在讨论福特总统提出的为抑制通货膨胀而进行增税的建议时，拉弗抓起一张餐巾纸，画了一条曲线来说明税率与税收收入之间的此消彼长，成就了"拉弗曲线"。

作为供给学派的领袖拉弗团结了一批认同者，如时任《华尔街日报》副主编祖德·万尼斯基（Jude Wanniski，1936—2005）。此人对尚处在民间的拉弗颇为欣赏，为其提供登堂入室的机会，供给学派的观点在该报社论中占据重要位置。他也写了一些文章来支持和宣传供给学派，如《世界发展之路》。他指出："像简单的观点一样，拉弗的观点尽管也相当简单，其含义却很深刻。'拉弗曲线'是简单的但却是非常有力的分析工具……懂得'拉弗曲线'的政治家将会发现，在其他条件不变的情况下，他们能够击败不借这条曲线的政治家。"①《华尔街日报》的另一位副主编，保罗·克雷·罗伯茨（Paul Craig Roberts，1939—）出版《供应学派革命：华盛顿决策内幕》（1984）一书，对供给学派的产生与发展、理论与实践都做了比较详细的介绍。罗伯茨是众议院预算委员会经济学家、里根政府财政部助理部长。里根政府财政部副部长诺曼·图尔也是拉弗理论的积极支持者，此人是里根政府三年削减个人所得税率计划的主要发起人。乔治·吉尔德（George Gilder，1939—），哈佛大学肯尼迪政治学院高级研究员，他在《财富与贫困：里根革命的理论根据》（1981）一书，从社会学的角度阐述了供给学派的理论，具有较大影响。他主张改变当时的税收政策，以激发工人和资本家的积极性；同时，他还反对政府的社会福利计划，认为这会助长"懒散"。吉尔德是里根欣赏的经济学家，里根就任总统后将《财富与贫困》一书赠送给每一位内阁成员阅读。拉弗最近的合作者斯蒂芬·摩尔（Stephen Moore）同样来自《华尔街日报》，这位报社社论版的高级经济作家是拉弗的亲密战友，是拉弗的《繁荣的终结》（2009）和《重返繁荣》（2010）两本著作的第二作者。他发表了《美国税收政策更应侧重竞争》（2012）等一大批评论文章，主要分析"二战"后美国历届政府减税政策的得失，大力倡导现任美国政府应当采纳拉弗的理论，深入推行税制改革，大力进行减税。此外，被称作"欧元之父"的1999年诺贝尔经济学奖获得者，罗伯特·蒙代尔（Robert Mundell，1932—2021）在20世纪70年代初也提出了减税主张。②尽管拉弗曾把供给经济学称为"对个人刺激的新经济学"。但供给学派在一定程度上继承了古典经济学宏观公共财政分析的精神，这一传统规定了国家赋税原则是公平与便利，强调税收对总供给和经济增长的影响。以拉弗为首的供给经济学倡导者高举拉弗曲线的旗帜，坚信减税会产生立竿见影效果，得名"拉弗派"。他们以供给学派的正宗自居，也被称为是激进或极端的供给学派。

相比之下，供给经济学的另一个团队反对过分地夸大减税的作用，不赞同采取过激过猛的减税政策，因而被称为温和的供给学派。马丁·费尔德斯坦（Martin Feldstein，

① [美]保罗·罗伯茨. 供应学派革命：华盛顿决策内幕. 杨鲁军，等译. 上海：上海译文出版社，1987：29.

② 蒙代尔批评美国政府所采取的通过增加税收来抑制通货膨胀的政策，指出这种政策是引发1969—1970年经济危机的直接原因。同时，他提出配合紧缩性货币政策的减税才是抑制通货膨胀和降低失业率的良方。总体看，他更主要的成就是开放条件下宏观稳定政策的理论和区域最优货币理论。

1939—）是这一学派的代表人物。他出生于纽约，本科就读于哈佛大学，在牛津大学获得博士学位，1967 年起开始在哈佛大学执教。1977 年获美国经济协会的约翰·贝茨·克拉克奖。他担任过里根总统经济顾问委员会主席（1982—1984 年）和老布什总统经济顾问委员会主席（1989—1992 年）、全国经济研究局局长（现为名誉主席），2009 年被任命为奥巴马政府总统经济复苏顾问委员会成员。费尔德斯坦起初是凯恩斯主义者，20 世纪 70 年代“滞胀”局面出现之后转变为供给学派的拥护者。不过，他只主张适度地减税，并且认为减税的效果并不像“拉弗派”所宣传的那么乐观。他以较温和的态度提出了“费尔德斯坦曲线”，对财政赤字、资本形成和通货膨胀的相互关系进行了讨论，这是供给学派又一比较独特的对宏观经济的总体解释。西北大学经济学教授迈克尔·埃文斯（Michael K. Evans）是温和派“阵营”的另一位学者。他认为，凯恩斯主义经济学把中心放在需求的问题上无力解救美国于“滞胀”困境，“而我们需要的则是强调供给一面，把中心放在生产力刺激上的模型。”①他与费尔德斯坦一样，对减税的效果持保守态度，他指出：“人们应该小心，别对削减个人和公司所得税抱太大的希望。我们并不赞成这样的理论：所有经济病都能够简单地用减税来医治而不用考虑任何其他方面的财政政策或货币政策。”②

马丁·费尔德斯坦

5.1.3 供给学派革命

供给主义者将供给经济学的产生和实践称为经济学上的一次革命：在经济理论上，意味着对凯恩斯主义需求管理逻辑的否定，即经济学研究从需求方面转向供给方面；在经济政策上，这是一场决定性的全面变革的开端，即政府从国家干预主义转向保守主义或新自由主义模式。

在经济理论革命方面，供给经济学不仅否定了新古典经济学关于经济自由放任结论的前提条件，也颠覆了凯恩斯主义展开理论分析的基本假设。作为新自由主义者，供给经济学接受了新古典经济学的“价格弹性”“经济中存在着完全的确定性和预见性”以及“货币在长期和短期内均为中性”的基本假设，但在资本主义经济的正常状态是否为“充分就业”的问题上，供给经济学则提出了与新古典经济学的“充分就业”以

① [美]迈克尔·埃文斯. 凯恩斯主义经济计量模型的破产，现代国外经济学论文选：第五辑. 北京：商务印书馆，1984：65.

② [美]迈克尔·埃文斯. 凯恩斯主义经济计量模型的破产，现代国外经济学论文选：第五辑. 北京：商务印书馆，1984：65，76.

及凯恩斯主义经济学的“非充分就业”都不相同的假设。新古典经济学从萨伊定律出发，认为供给会自动创造自己的需求，生产出来的商品全都能销售一空，社会经济的总供给和总需求永远相等，则资源得到了充分利用，资本主义经济的正常状态就是充分就业。这样，总产量就是充分就业时的总产量，且总产量由生产函数的性质和资源赋予的数量来决定。于是，新古典经济学的总供给曲线就是一条垂直于横轴（总产量）的直线。这种总供给曲线的形状决定了总需求的变动不会改变总产量，而只会影响到价格水平的变化。所以，新古典经济学主张自由放任，因为经济会自动达到充分就业，政府干预经济不会带来总产量的增长，只会引起价格水平的波动。凯恩斯主义经济学的看法不同，它指出，“大萧条”已经说明萨伊定律是错误的，供给无法自动创造自己的需求。而且，由于“资本边际效率递减”“边际消费倾向递减”和“流动偏好”三个基本心理规律发生作用，全社会的有效需求是不足的，生产过剩和大量的非自愿失业时常发生，因此，资本主义经济的基本状态是非充分就业。再加上“价格刚性”的假定，凯恩斯主义经济学的总供给曲线与横轴（总产量）平行。这意味着，总需求的变动不会改变价格水平，而且能够带来总产量的增长。据此，凯恩斯主义者主张国家干预经济，进行需求管理政策来刺激总需求的增长，推动生产发展，促进更多的就业。

供给经济学认为，新古典经济学和凯恩斯主义经济学的研究路径存在局限性。①它们都忽视了总供给变动的作用。在新古典经济学“充分就业”的假定条件下，总产量只会停留在由生产函数和生产要素赋予总量决定的水平上。供给经济学则认为，只要对供给以一定的刺激，总产量肯定还有增长的空间。在凯恩斯主义经济学“非充分就业”的假定条件下，总产量是由总需求水平决定的。但供给经济学指出，真正对总产量起决定作用的不是总需求，而是总供给。②它们都不符合眼前的实际经济情况。供给经济学认为，在当时的美国不纳税的经济活动，尤其是“地下经济”[①]活动十分频繁且覆盖广泛，使经济缺乏稳定性，出现了统计数字不实和政府对国家实际经济情况掌握不全面的问题。而新古典经济学和凯恩斯主义经济学的假设前提忽略了这一情况，由此展开的理论研究和政策主张自然是不切实际的。为了克服两者的局限，供给经济学给出了自己的假设前提：社会经济生活中存在居民户生产部门活动。这样，全社会有两个生产部门，即市场部门和居民户部门。市场部门被纳入国家税收制度的监督管理之下，而居民户部门则是不纳税的。“任何时候都存在着资本和劳动的固定的存量，而这些存量都必须加以分配，不是用之于家内生产就是用之于市场生产。”[②]只是存在

① “地下经济”活动主要是指未被纳入官方统计和管理的经济活动，这种经济活动不受政府税收和行政上的约束。根据其收入来源可将“地下经济”分为两类：一是合法经济部门的非法收入，二是非法经营和黑市活动。

② [美]阿瑟·拉弗，维克托·坎托，道格拉斯·乔伊尼斯. 税率、生产要素之运用以及市场生产，现代国外经济学论文选：第五辑. 北京：商务印书馆，1984：2.

资源利用效率的问题，市场部门对资源利用的效率要高于居民户部门。从这一假设前提出发，供给经济学指出，实际经济处于一种市场部门和居民户部门都拥有生产要素且生产要素全部被利用的特殊状态之中，生产要素受到相对价格的影响而在市场部门和居民户部门之间流动。这样，短期内总产量（市场部门的产量）仍然有增加的余地，这不同于新古典经济学的结论。并且，总产量的增长也不是凯恩斯主义经济学所说的主要由总需求的扩大来决定，而是由相对价格变动引起的总供给增加来决定。

在经济政策革命方面，供给经济学对政府如何使经济走出“滞胀”阴霾提出了自己的独特见解。与凯恩斯主义的需求管理思想相对立，供给学派从供给方面强调税收对产量、劳动供给、资本形成率和劳动生产率的影响或刺激作用。供给学派应对当时经济危局的基本逻辑思路是：通货膨胀起因于对产出的需求超过了供给，凯恩斯主义的需求管理方式不仅无法抑制通货膨胀，反而会加重生产萎缩。因此，要降低税率，这可以刺激经济均衡中的供给方面，将会减少需求超出供给的部分，进而控制通货膨胀。同时，刺激供给的措施会提高劳动生产率，即单位工作时间的产出，进而减缓劳动成本的增加和价格水平上升。另外，降低税率不仅不会减少财政收入，反而会使收入增加，因为减税将刺激劳动、储蓄和投资的积极性，从而增加劳动和资本的供给，进而提高国民收入。

5.2　正统供给经济学

拉弗派以供给学派的正统自居，他们坚信减税会产生立竿见影的效果，其学说本质就是减税经济学，或者是关于税收刺激的经济学。因而，被称为正统的或极端的供给经济学。这一学派认为，当前美国陷入“滞胀”危机是由于供给不足所致。供给不足的原因在于美国的所得税边际税率过高，从而阻碍了人们进行投资、生产和储蓄的积极性。因此，必须进行迅猛、大规模的减税及税制改革。减税成为正统供给学派经济理论和财政政策的核心主张。拉弗等人建立起一套分析税率如何影响产出水平、资源配置效率和政府收入的学说体系，来论证他们关于减税可以“包治百病”的政策结论。

5.2.1　拉弗曲线

拉弗等人指出，减税未必就会使政府的税收收入降低。因为减税在刺激供给增加、生产规模扩大的同时，扩大了税收面，从而使政府在较低的税率下征收到较广的税收，使税收总收入增大并超过高税率下的税收收入。为了通俗地描述税率和税收之间的关系以及减税在刺激经济增长中的作用，正统供给学派提出拉弗曲线作为他们解释减税

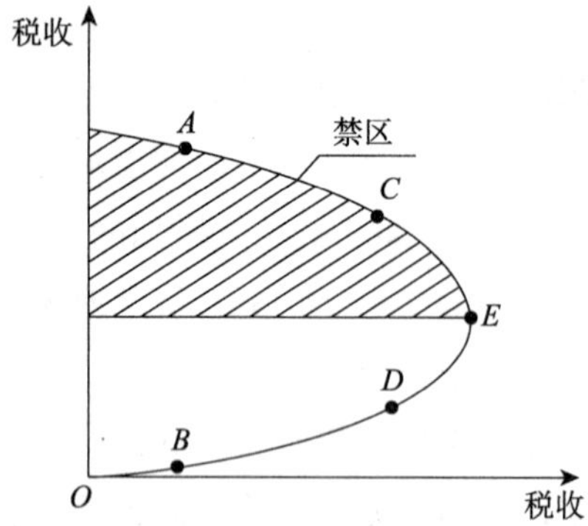

图 5-1 拉弗曲线

理论的依据和工具。[①]

如图 5-1 的纵轴表示税率，横轴表示政府税收收入。当税率为 0 时，人们得到他们的全部成果，经济生活中不存在任何政府干预。社会经济的产量只会受到人们选择闲暇和工作之间愿望的对比力量的限制。但是，税率为 0 时，政府的收益也为 0，这意味着政府不可能存在，因而并不可取。当税率上升到 100%时，就意味着人们要把全部收入用来纳税，则无人再愿意工作或投资。由于生产中断，政府的收益为 0。现在来看以上两种极端情况之间的区间：当税率从 100%降至 *A* 点，生产开始恢复，政府略有所得，随着税率的下降，收益还会增加。尽管 *A* 点和 *B* 点为政府提供的收入是相同的，但 *A* 点代表了很高的税率和很低的产量，*B* 点则代表了很低的税率和很高的产量。*C* 点和 *D* 点也是如此。可见，政府可以通过降低税率（从 *A* 点降到 *C* 点），政府收益增加，产量也增加；而政府如果提高税率（从 *B* 点到 *D* 点）也会增加得一样多的收益，但产量会下降。拉弗曲线的寓意很明显，较低的税率非但不会使政府的税收减少，反而会使国家藏富于民，从而实现富国裕民的双赢局面。在 *E* 点，政府收益和产量达到最大值。此时，如果政府继续降低税率，产量会增加，但收益反而下降；如果提高税率，则产量和收益都会下降。任何超出 *E* 点之上的边际税率对国家来说都应该是“禁区”（图中阴影部分），因为在落在该区内的任何税率都意味着较低水平的税收和产量的组合，只有降低税率，产量和收益才会增加。因此，政府要做的就是将税率置于 *E* 点及其 *E* 点之下的非禁区域。

和其他的黑板经济学曲线分析一样，拉弗曲线描述的是一种态势。[②]如果单从拉弗曲线的形状来看，在这条平滑的、对称性的曲线上，*E* 点应该是 50%。但实际上，没有哪位供给经济学家说出过某个具体国家的 *E* 点在哪里。拉弗也只是提出，美国的税率早已处在“禁区”之内，这正是引起生产率下降、供给不足的主要原因。因此必须实行减税，将政府税率降到禁区以外。

拉弗曲线所阐述的立场可能并不是前所未有的，人类历史上许多思想家都曾表达过类似观点。2000 多年前，孟子曾主张征收“什一之税”和“去关市之征”（《孟子·滕文公上》）。拉弗和里根都提到了 14 世纪的穆斯林哲学家伊本·赫哈勒敦（Ibn Khaldun）在《历史导论》中所描写的古埃及的税收状况：“‘在王朝初期少征税带来了多收入，在王朝后期，多征税带来了少收入’。换句话说，税率低时，税收就多；税率高时，税

① 拉弗曲线当然是由拉弗所提出的，其首次正式命名来自于万尼斯基 1978 年在《公共利益》期刊发表《税收、收入和“拉弗曲线”》一文。

② 在经济学中类似的曲线很多，如微观经济学中的总收益曲线、总效用曲线和短期总产量曲线等。

收就少。”[①]拉弗又谈到了凯恩斯在《繁荣之路》(1933)一文中的观点，“税收高到一定程度会损害其目标的实现，如果有足够的时间采摘果实，那么减税会比改善预算平衡创造更好的机会，这样的论断并不奇怪。”[②]当然，拉弗以通俗易懂的方式阐述了极具内涵的经济理论，作为供给学派解释减税理论的依据和工具。不过，拉弗曲线是一条理想主义的曲线，它将现实中的许多因素抽象掉，从而使税率、税收和产量水平之间呈现为一一对应的关系。后来，有人画出了一条平滑的但(上下)非对称的拉弗曲线，供给学派的政策主张便失效了。数学学者和科普作家马丁·加德纳(Martin Gardner，1914—2010)将美国 50 年的经济资料中税率和政府税收收入按照拉弗曲线的思路描绘出来，得到的是杂乱无章的毛线团般的曲线。

5.2.2　劳动、资本的楔子模型

为分析税率与劳动供求以及与资本形成之间的关系，拉弗派构建了劳动、资本“楔子”模型，用以说明改变税率对劳动供给和工作闲暇之间的选择弹性和刺激作用，以及对劳动需求函数和资本形成的影响。

拉弗派指出，对生产要素征税会使生产要素的净收入和总收入之间形成一定的差额，而生产要素的供求双方是根据税后的净收入来决定要素的供给量和需求量。这样，税收就好比插入生产要素供求之间的“楔子”，它使得生产要素的供给和需求同时减少，导致产出下降和社会福利的“无谓损失”，损失的大小与税率成正比。在生产要素所有者的总收入一定的情况下，其净收入的大小与税率的高低成反比。即税率越高，要素所有者的净收入就越少，要素供给数量就越小，产出水平就越低；反之亦然。税率不仅影响要素的供给，同时也影响对要素的需求。因为对要素的需求取决于雇佣该要素的成本，其成本越高，需求就越少。税率越高，雇佣要素的成本就越大，对要素的需求就越少，产出水平就越低；反之亦然。总之，无论是企业想使用生产要素的愿望，还是生产要素所有者想工作的意愿，都被税率的提高削弱了。

图 5-2 说明了插入税收“楔子”之后劳动市场的供求减少情况。假定 D_L(劳动需求曲线)和 D_S(劳动供给曲线)的弹性相等，故劳资双方承担税收负担的比例也相等。当“楔子”增加到 Y_2 时，每个工人的雇佣成本和工人所得实际工资之间的差距增大。在 Q_1 雇佣一个工人的成本是 Y_2，而向这个工人支付的实际工资却是 Y_1。如果税收减少，劳动的供给会趋向等于劳动的需求，如果最终拔掉了政府税收这根“楔子”，劳动的供给与需求相等，达到 Q_2。并且，当作为公共服务等领域的某些就业工作通过支付转移的形式得到津贴补助时，将会促使企业提供更多的就业机会，工人处于有利位置。拉弗派指出，同样的情况也可以说明资本市场的供求关系。税收“楔子”使资本的供

① [美]罗纳德·里根. 里根自传. 翻译组，译. 北京：东方出版社，1991：206.

② 转引自[美]拉弗，摩尔. 重返繁荣：美国如何收复经济霸权. 马林梅，译，北京：东方出版社，2014：269.

给成本和需求成本不断上升，严重地挫伤了储蓄者和投资者的积极性，导致资本的供给不足和投资热情降低，造成美国经济增长出现“停滞”。

通过劳动的“楔子”模型可以引申出派生的拉弗曲线。如图 5-3 所示，劳动力的供给函数是一个税后工资函数。假定在工资税率中，有一个外生变量，则劳动力的供给函数可以看成是固定不变的。由于劳动力的需求函数是处于税前工资条件下，因此，工资税这一外生变量会改变劳动力的需求函数。LD_1 代表对劳动力的需求，假定这时的工资税率为零，则此时劳动的就业机会是较为丰富的。在工资税率提高时，由技术决定的边际生产率保持不变，然而由于工资普遍下降，导致了劳动力需求曲线移到 LD_2。倘若工资税率继续提高就会使劳动力的需求曲线进一步向较低的就业均衡点或税后工资均衡点移动。

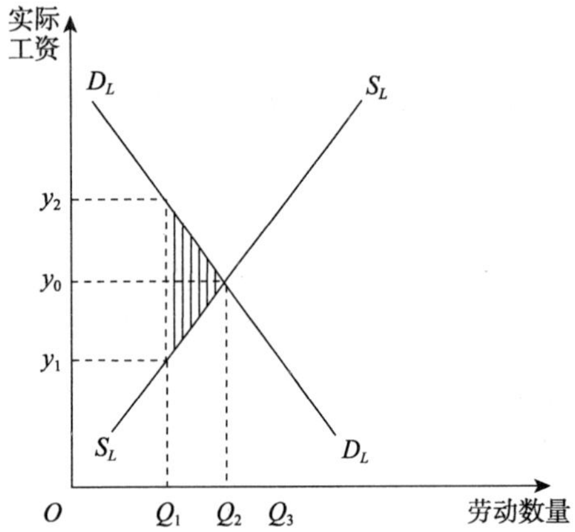

图 5-2　劳动楔子模型

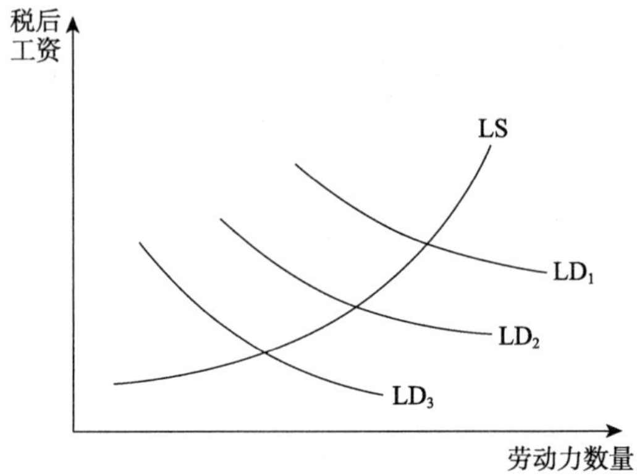

图 5-3　派生的拉弗曲线

5.2.3　消费—储蓄、闲暇—工作的“相对价格”

正统供给学派把边际税率看作影响人们当前，特别是未来把稀缺资源在消费和储蓄、工作和闲暇之间，进行配置的决定性因素。这是因为，边际税率的变动改变了人们从事工作、消费、投资、储蓄、学习及休闲等各项活动的机会成本。按照拉弗派的说法这使得各项活动之间的“相对价格”发生变化。高税率阻碍了人们从事工作、储蓄、投资、学习等有益于供给增加及劳动生产率提升的行为，而是热衷于消费和休闲。20 世纪 70 年代美国经济的重大顽疾是生产率降低，具体表现为资本形成率和工作积极性的同时下降，究其根本，是税率过高，“进入八十年代以后，普通美国人的边际税率已经接近百分之五十。这意味着通过额外工作所得的报酬的半数将以这样或那样的形式落入政府之手”。[①]因此，要提高生产率就必须削减边际税率，以改变储蓄与消费、

① [美]乔治·吉尔德. 财富与贫困. 储玉坤，译. 上海：上海译文出版社，1985：19.

工作与闲暇之间的相对价格。

相对价格理论在正统供给经济学中占有重要地位，按照罗伯茨的概括，“供应经济学的精髓在于把税率的变动看成相对价格的变动，这些变动影响劳动、储蓄、投资以及看得见的经济活动的供给和形式。”[①]有两种相对价格，一种支配着人们如何在消费和储蓄之间分配收入，它决定了人们投资的积极性和资本形成率；另一种支配着人们如何在工作和休闲之间或在休闲和通过学习提高人力资本价值之间分配时间，它决定了劳动的供给数量与质量。税率水平对这两种相对价格的变化产生重要影响。

消费—储蓄的相对价格相当于消费的机会成本，即一个人把一单位收入用于现期消费所放弃的将它用于储蓄和投资而获得的未来收益。它影响了人们对收入在消费和储蓄、投资之间的分配。相对价格高即消费的机会成本大时，人们会减少现期消费而增加储蓄和投资，这刺激了生产与供给的扩大；反之，人们会热衷于现期消费而不愿进行储蓄和投资。它的大小取决于边际税率，边际税率越高，相对价格就越低；反之，边际税率越低，相对价格就越高。因此，相对价格与边际税率成反比。高税率减低了消费的机会成本，人们会增加消费而不愿储蓄和投资。罗伯茨给出了一个例子。20 世纪 70 年代的英国劳斯莱斯轿车随处可见，那时当局对投资征收的最高税率为 98%，这导致人们普遍选择消费。因此，劳斯莱斯遍地并不代表社会繁荣，而是“英国病”的体现。同样，过高的边际税率提高了储蓄和投资的价格，降低了消费的价格，人们会多消费而少储蓄和投资。这是美国 20 世纪 70 年代储蓄率和投资率下降的重要原因之一。

闲暇—工作的相对价格相当于闲暇的机会成本，它等于一个人放弃工作（或学习）而休息所损失的现期收入（或未来收入）。它影响了人们对时间在工作、学习与休闲之间的分配。它的大小同样取决于边际税率，边际税率越高，则多劳动所多得的收入需按更高的税率纳税，到手的实际收入减少，那么，休闲变得有利，较低的相对价格使人们少工作多休息，因为他只是损失了微薄的收入，但获得大量的休闲时光；反之，边际税率降低，闲暇的机会成本就会提高，较高的相对价格就会鼓励人们多工作少休息。正统供给学派指出，过高的边际税率使美国人热衷于游玩、消遣和提前退休，而排斥就业及提高技能，导致了美国劳动生产率的降低。

不过，当里根第一届政府推行大规模减税政策之后，现实中并没有发生相对价格理论所宣传的美好景象。反对者抓住机会，对供给主义进行大肆批判，双方的交锋体现在以下几方面。

（1）反对者指出，减税没有引起储蓄的增加。自减税以来美国的储蓄率只是在 1982 年的第三季度上涨至 6.9%，但这与当时的经济危机密切相关，人们担心失业，

① [美]保罗·克雷·罗伯茨. 供应学派革命：华盛顿决策内幕. 杨鲁军，等译，上海：上海译文出版社，1987：39，62.

又对政府削减社会福利忧心忡忡，纷纷存钱自保。尔后，1983 年和 1984 年美国的储蓄率只有 5%左右。

（2）反对者指出，减税没有引起投资的增长。1982 年美国私人企业的固定资本投资实际数额（扣除通货膨胀因素）比 1981 年还减少了 4.8%。对此，拉弗派回应说，减税发生在一个严重的经济衰退时期，企业开工率持续下降，这意味生产能力过剩、大批机器设备闲置，企业如果要增加产量，主要是重启停滞的机器设备，而不是进行新投资。同时，国家正处于巨额的财政预算赤字中，利率不断上升。以上两大因素吞噬了减税对私人投资的刺激作用。

（3）反对者指出，减税没有带来劳动供给的增加。1981 年第四季度美国的失业率为 8.3%，1982 年夏季为 10%。减税即会产生替代效应，也会产生收入效应。换言之，减税带来的实际收入增加不仅会鼓励人们更多地工作，也让他们具有了更多休闲的可能。正统供给学派之所以强调减税的替代效应，而忽略其收入效应，是因为他们认为前者会一直大于后者。反对者认为，实际情况要复杂许多，从劳动力构成上看，一部分人以收入效应为主，另一部分人以替代效应为主。有统计显示，男性成年人对边际税率的替代效应和收入效应都近乎于零，而对妇女和青年人而言，边际税率的替代效应则比较大。此外，劳动者所处收入水平差异也会有不同的效应，高收入阶层的人一般不会因税率变动而改变工作时间，即替代效应较小，而低收入阶层的人替代效应则比较大。①

5.3 温和供给经济学

温和供给学派同样是认为凯恩斯主义经济学的需求管理政策使美国经济危局越发严重，要从供给方面考虑解决经济问题的出路。不过，与正统供给学派认为进行大规模减税的是最主要甚至是唯一手段的政策主张不同。温和供给学派指出，美国经济供给方面的问题主要是由过高的税率、财政赤字和通货膨胀等综合因素引起的，因此，必须进行多种政策搭配的综合改革。这一派关注的重点是财政赤字产生的通胀压力和高利率对美国经济的供给能力所产生的负面影响。为了消除财政赤字和达到预算平衡，甚至可以征税。温和供给学派的主要理论也是来自于以代表人物名字所命名的曲线——费尔德斯坦曲线以及他对财政赤字和贸易赤字并存现象的分析。

5.3.1 费尔德斯坦曲线

费尔德斯坦认为，美国当时的经济情况不是凯恩斯主义所说的非充分就业状态，

---

① C. V. Brown, *Taxation and the Incentive to Work*, New York: Oxford University Press, 1981. H. Rosen, “ What Is Labor Supply and How Do Tax Affect It”, *American Economic Review*, May, 1980, pp.171-176.

而是处于自然失业率状态下的充分就业状态。他以此为出点，对财政赤字和通货膨胀率与资本形成率之间的关系进行分析。在通货膨胀率不变的条件下，财政赤字的增加会引起资本形成率下降，即财政赤字与资本形成存在替换关系；在保证资本形成率不变的前提下，财政赤字的增加将导致通货膨胀，即财政赤字与通货膨胀率正相关，这意味着在财政赤字水平较高的局面下，提高资本形成率和抑制通货膨胀是政府无法兼顾的事情。

费尔德斯坦指出，当财政赤字增加时，政府面临着增发货币还是增发政府债券来弥补亏空的两难选择。很明显，增发货币，会引发更为严重的通货膨胀，从而引起名义利率上升，降低资本的实际净收益；而增发政府债券虽然可以避免物价上扬，但会引起利率升高，进而降低资本形成率。那么，要保证资本形成率不至于降低，政府应该降低边际税率，但这会进一步加剧财政赤字。这等于说，当发生财政赤字时，稳定或提高资本形成水平的同时必然伴随着通货膨胀率的上升。

将以上分析画在曲线图上（纵轴表示通货膨胀率 π，横轴表示资本形成率 K）就得到了向右上方倾斜的费尔德斯坦曲线（如图 5-4 所示）。这意味着在政府赤字条件下，通货膨胀和资本形成水平是正相关的。“费尔德斯坦曲线”还会随财政赤字水平的变化而相应地上下移动。当政府赤字增加时，曲线从Ⅰ上升到Ⅱ，这时为了保持原来的资本形成水平 K_1，通货膨胀率增加到 π_2；相反，如果财政赤字减少，曲线由Ⅰ下移至Ⅲ，用较低的通货膨胀率 π_3 就可以维持原有的资本形成水平。此外，经济中存在着一个自然通货膨胀率，它独立于政府的财政变量，对资本形成没有什么影响，自然通货膨胀率可以与任何一个资本形成率水平相对应，表现在坐标系中自然通货膨胀率是一条平行于横轴的直线。当财政赤字等于零时，费尔德斯坦曲线就下移到与这条自然通货膨胀率曲线重合。

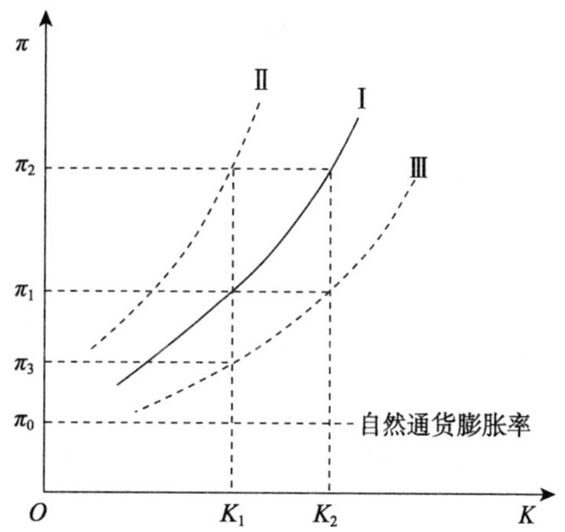

图 5-4　费尔德斯坦曲线

费尔德斯坦指出，菲利浦斯曲线所反映的通货膨胀率和就业之间的替代关系已经无法作为医治当时美国经济困境的药方。菲利浦斯曲线在经济处于非充分就业的条件下和短期内是有效的，但是，在经济达到充分就业时，菲利普斯曲线失效，而应当使用费尔德斯坦曲线来进行分析。当前美国的经济危局出自供给方面，倘若继续赤字财政，致使费尔德斯坦曲线向上移动，不仅会加重通货膨胀，还将提高资本形成水平造成更多的资本闲置，导致供给能力进一步萎缩。可见，凯恩斯主义的政策方案已经失效，应该将宏观调控的重点放在供给方面，主要的政策任务是平衡预算，推行紧缩性的货币政策和刺激性的财政政策，逐步降低或消除财政赤字，使费尔德斯坦曲线向下移动转化为一条水平线，达到自然通货膨胀率的水平。费尔德斯坦曲线与拉弗曲线都认为美国经济“滞胀”的症结在供给方面，特别是在于储蓄率和资本形成率低的问题上，但两者对于如何刺激供给的观点不同。费尔德斯坦不同意拉弗派关于通过直接减税就会迅速增加政府收入，抑制通货膨胀和实现经济增长的看法。他认为，减税主要是改善当前美国的税制结构和压缩政府预算，作为平衡财政赤字的一个重要手段，使费尔德斯坦曲线向下移动，从而提高资本的供给水平，促进经济增长。

5.3.2 财政赤字与贸易赤字

费尔德斯坦认为，美国的巨额财政赤字引发了国家对外贸易的不平衡。在以防止高通货膨胀复发为目标的货币环境下，大量的财政赤字必然使国家的实际利率上升。这就提高了美国利率相对于国外利率的水平。比如，当时美国公司债券的利率比联邦德国高将近 6%，吸引了全球资金来投资，这又推高了美元汇率。美元升值使美国产品的价格相对高于外国产品的价格，使美国的出口减少、进口增加，形成贸易逆差。费尔德斯坦总结道，严重的财政赤字必然引发严重的贸易赤字，它们是一对“孪生赤字”。

贸易赤字会增加美国的失业率，并且使美国由债权国变为债务国，动摇了美国的世界霸主地位。不仅如此，世界经济尤其是西欧国家经济也会受到打击。因为美国的“孪生赤字”一方面使它们的出口增加，贸易收支得到改善；另一方面，由美国财政赤字形成的高利率使它们的资本流向美国，不利于欧洲国家的经济发展。不仅如此，由于美元升值而导致的欧洲国家货币贬值会加重欧洲国家的通货膨胀压力，而当欧洲各国政府采取紧缩性的货币政策来抵御通胀压力时，就会造成高的失业率。总之，美国巨额财政赤字对美国和世界经济都是极为不利的，这会促使贸易保护主义势力抬头，最终大家都遭殃。因此，费尔德斯坦认为，有限的财政支出削减无法大幅度减少财政赤字，只能选择增加一定的税收，如征收备用税、消费税或增值税等，因为这既可以减少财政赤字，抑制需求过度增长，也可以减轻利率上升的压力，维持一定的资本形成水平。当然，经济增长率会下降，但对于平衡预算和降低通货膨胀是有益的。这显然与拉弗派的减税主张相对立。

5.4 政策主张与里根经济学、特朗普减税

正统供给经济学和温和供给经济学提出了有所差异的政策主张。正统供给经济学以拉弗曲线、楔子模型和相对价格分析为基础形成了以大规模和持续性减税为核心的政策主张。温和的供给经济学并不赞成正统派醉心于减税的主张，认为要重视储蓄和提高资本形成率要，提出要有选择性的适度减税，尤其是公司所得税和资本收益税。

5.4.1　里根经济学

供给经济学尤其是正统或极端供给学派的理论学说对美国共和党产生了重要影响，其政策主张在里根上台后执行的经济复兴计划中得到了充分体现。那些反对里根政府的政治对手将其执政方针戏称为“供给方经济学”，甚至讥讽为“巫毒经济”。也许任何新生事物都会遭受质疑和不理解，但里根政府在执政的 8 年间（1981—1989 年）取得了许多重要成绩，国民经济得到恢复并再次进入繁荣轨道，里根政府的执政方略也被冠以“里根经济学”而闻名于世。

大幅度地和持续地削减个人所得税率与企业税是正统供给学派最主要和最具代表性的政策主张。在“二战”后美国政府的经济政策中，除里根政府减税外，肯尼迪、克林顿和奥巴马政府也都推行过减税措施。但以往各届政府的减税政策遵循的是凯恩斯主义的原则和逻辑。供给主义的减税政策与凯恩斯主义经济学的减税政策在目的、手段和性质上是完全不同的。凯恩斯主义主张减税的目标在于增加总需求，进而提高产量和就业水平。而且，凯恩斯主义的减税政策具有暂时性、有选择性和非激进性的特征。一旦产量和就业水平提升之后，减税政策就有可能发生调整。相比之下，供给主义主张减税的目的是为了刺激人们储蓄、投资和劳动的积极性，进而提高总供给水平。在这里，减税是大规模长期执行的基本方针。双方在理念和目的上的分歧，决定了手段和方法上的差异，“凯恩斯主义的财政政策强调平均税率，因为凯恩斯主义者认为，税收是通过改变可支配收入进而改变总需求来影响经济的。供应学派经济学强调边际税率，因为供应学派相信，税收是通过改变对工作、储蓄、投资和承担风险的刺激来影响经济的”。[①]凯恩斯主义重点是削减低收入阶层的税率，以增加大部分人的可支配收入，刺激需求和缩小贫富差距。正统供给学派则将重心放在削减社会高收入阶层的税率，他们认为只有当这一阶层的收入增加时才会推动储蓄和投资的大幅提升。边际税率是指对新增加的收入部分征缴税率，收入越高，从削减边际税率中所减轻的负担也就越大。由此，反对派谴责供给主义制造的是“劫贫济富”的经济学。对此，供给经济学的回应是，政府的职责并非广泛地干预经济运行和承担社会福利分配（直接给予贫困群体或地区以特殊支持），而是通过“滴漏效应”（trickle-down effect）使减税引发的经济增长优势渗透到相对贫困的阶层，即促使发达的群体或地区在消费、就业等方面惠及落后方，使先富带动后富。这正是里根阵营的基本理念，里根当局经济政策理念是，救济不是救助穷人最好的方法，而应该通过经济增长使总财富增加，最终使穷人受益。里根经济学也因此也被形容为“滴漏经济学”（trickle down economics）。

里根在两届任期中实施了“经济复兴计划”，美国 20 世纪 80 年代中期之后的长期

---

① [美]保罗·克雷·罗伯茨. 供应学派革命：华盛顿决策内幕. 杨鲁军，等译. 上海：上海译文出版社，1987：5.

经济繁荣由此发端。由此，里根经济学便成为人们关注的热点，概括讲，它是指里根在总统竞选期间形成并在任期内付诸实践的经济政策主张，其主要内容有：紧缩货币供给、全面减税、减少政府干预和削减社会福利等。

按照罗伯茨的说法，“罗纳德·里根是以一个供应学派的政治纲领来竞选总统的，他因此而有了一个不靠通货膨胀和政府计划的就业政策，有了一个无须以失业为痛苦代价的反通货膨胀政策，也有了一个依靠经济增长消灭赤字，而不借助于纳税者预算账面平衡的预算政策”。[①]不过，里根自己并不认同这一定位，他在回忆录中说自己关于税制改革的认识主要来自于从事演艺事业时对税收问题的切身体会。他说：“我在华纳兄弟影片公司的鼎盛时期属于交 94%税的阶层；这意味着在超过某一个基数后，我只能拿到我所挣的每一美元中的 6 美分。剩下的都归政府……这个制度有些不对劲：当你不得不把这样高的比例作为所得放弃时，工作的激情便没有了。”[②]作为一个传统保守主义的政治家，供给学派并不是里根的唯一依靠，他要做的是在供给主义、货币主义和保守主义之间寻求平衡，以团结一切可以团结的力量，实现其宏伟的政治抱负。因此，里根经济学表现出了一种折中主义的策略，可以说是对供给主义、货币主义和传统的共和党预算平衡的权谊搭配。里根竞选运动中有关经济方面的主要内容如下。①大幅度减税。连续 3 年将个人所得税年均削减 10%，使最高边际税率从 70%降至 50%，最低边际税率从 14%降至 12%。3 年后，使边际税率在 10%～50%之间。此外，大幅度降低企业投资所得税。②减缓和稳住货币增长速度，来抑制通货膨胀。③大力缩减政府开支，尤其是在社会福利方面的支出。④全面减少政府管制。⑤在几年内，使联邦预算达到平衡。此外，里根还积极推行“国防扩充计划”。里根政府并没有对以上目标列出轻重缓急式的排列，而是进行了全面的承诺。很多人质疑里根政府过于乐观的雄心壮志，认为以上目标之间要实现全面协调本身就是存在矛盾。面对非议，里根阵营把握十足，宣传上述目标在 1～2 年内即可实现。因为货币主义者说控制货币自然就控制了通货膨胀；供给主义者则提供了应对通货紧缩会引发经济萎缩的办法，减税将会刺激劳动生产率的提高和供给的增加，且减税可以增加个人消费；加之政府开支削减，会促进预算平衡。这样一来，里根政府将一劳永逸地解决美国经济问题。但事实并不像纸上推演的那样简单，社会经济的联系纷繁复杂，尤其是里根团队对经济政策发挥作用的时效性重视不足。可见，里根的政策计划实际上是难度极大的复杂系统工程，如同一根一根抽积木的叠叠高游戏，任何一点失误都会引起整体坍塌。

上台伊始，里根便开始实施其政策主张。1981 年 8 月，他签署了“经济复苏税收法”，美国迄今为止幅度最大、范围最广的减税工作启动。按计划，政府将在 3 年内全

---

① [美]保罗·克雷·罗伯茨. 供应学派革命：华盛顿决策内幕. 杨鲁军，等译. 上海：上海译文出版社，1987：93.

② [美]罗纳德·里根. 里根自传. 翻译组，译. 北京：东方出版社，1991：206.

面下调个人所得税的边际税率，下调幅度高达 25%。非劳动收入的最高边际税率由 70%下调至 50%。官方宣传，减税将迸发出巨大推力，迅速刺激经济发展。然而，经济的现实表现并不好，1981 年、1982 年，美国的失业率、企业破产数和财政赤字居高不下。1982 年，为了扭转局面，里根政府甚至宣布了增税计划。正统供给学派认为，里根已经日益动摇了他原本所坚持的供给主义原则。1982 年和 1983 年，一些主张通过减税刺激经济的骨干成员相继退出里根团队，包括保守派理论家、总统国内政策顾问马丁·安德森，供给主义者、财政部副部长诺曼·图尔，他是里根政府削减个人所得税率的 3 年计划的主要发起人和支持者；供给主义者、财政部助理部长保罗·罗伯茨等。客观上讲，正统供给学派的理论没有得到里根总统在首个任期大规模削减边际税率的经验验证。反对派把正统供给学派关于减税会带来储蓄率提高、投资额增加、劳动供给量增加并最终促进经济增长的逻辑推导贬低为“巫术”。反对派指出，里根经济学中的货币主义和供给主义因素混合在一起，导致了膨胀性的财政政策和紧缩的货币政策之间的矛盾。美联储为抑制严重的通货膨胀采取紧缩的货币政策，使当时的利率始终保持高位，而高利率会严重地阻碍投资的增长，并导致政府赤字继续增加。高利率与高赤字相互叠加，加重通货膨胀，使国民经济继续恶化。

不过，里根经济学并没有发生根本性的转向。在获得连任之后，里根政府抛出了力度更大的减税方案，并同时对美国税收制度进行了全面改革。1985 年 5 月，里根在电视讲话中公布了税改方案。他指出，国家当前的税制是复杂和不公正的，此次“革命性”的税制改革集中在削减税率和层级，堵塞税收漏洞，建设一个“清楚、简单和公平的”税收制度。里根说这是使每位美国人享有完全的自由、尊严和机会的重要举措。改革的主要内容是：①降低个人所得税税率和档次。把个人所得税税率从现行的（11%~50%）区间 14 档改为 15%、25%和 35%这 3 档，最高税率由 50%降至 35%；②降低公司所得税税率，把公司所得税税率由现行最高 46%降至 33%；③缩减了 60 余项优惠赋税待遇，如废除对企业投资所实行的 6%～10%的减税优惠，减少企业享受的加速折旧优惠，限制或废除企业的各种娱乐、旅行和慈善费用的免税优待；④制定增加收入、堵塞漏洞的各种措施。里根的税制改革方案涉及广泛，引发了国会、白宫及其他众多利益集团之间的激烈争论。经过里根很大的努力，方案才获得国会通过。最终，新税法废弃了原来的最高税率为 50%、最低税率为 11%共 14 档的个人累进所得税制，改为 15%和 28%两级税制，对高收入者另加 5%的附加税。这样，个人所得税的税率上限将由 50%降至 28%，公司所得税税率将由 46%降至 34%，这是“二战”后以来美国从未有过的最低税率，新的税法对国民经济走势产生了深远的影响。

随后，美国的经济形势明显好转。1978—1982 年，实际经济增长率为 0.9%，而1983—1986 年，这个数字提高到 4.8%。于 1982 年达到峰值的失业率（9.7%）开始稳步下降，1986 年降为 7%，到 1989 年 1 月里根离任时，失业率下降至 5.3%。全国就业岗位累计新增 1900 余万个。制造业的劳动生产率，从 1981 年第 3 季度至 1986 年第 4 季度平均每年增长 3.8%。剔除通货膨胀影响的收入增长大幅提升，1978—1982 年，联邦所得税收入年均降幅 2.8%，政府的总所得税收入年均降幅 2.6%。1983、1986 年，这些数字变为正的 2.7%和 3.5%。①里根赢得了极高的声誉，他在告别演说中总结道，两届政府实现了两项重大成果：美国经济的恢复和美国全球领导地位的恢复。然而，美国经济也出现了温和供给学派提出的问题，表现为巨额的预算赤字和外贸赤字即“孪生赤字”，美元地位不稳定以及美国从净债权国变成了一个净债务国等。相关情况见表 5-1。

表 5-1　减税之前和之后的总所得税收入（个人和企业）② （单位：10 亿美元）

财年	联邦政府收入				政府总收入（包括联邦、州和地方）			
	名义额	变化率	实际额	变化率	名义额	变化率	实际额	变化率
1978	260.3	—	260.3	—	307.4	—	307.4	—
1979	299.0	14.9%	268.7	3.2%	350.8	14.1%	315.3	2.6%
1980	320.3	7.1%	253.5	–5.7%	377.4	7.6%	298.7	–5.3%
1981	356.3	11.2%	255.6	0.8%	419.6	11.2%	301.0	0.8%
1982	344.0	–3.5%	232.5	–9.0%	410.0	–2.3%	277.1	–7.9%
减税前 4 年的均值：	—	7.2%	—	–2.8%	—	7.5%	—	–2.6%
1983	347.5	1.0%	227.6	–2.1%	421.7	2.9%	276.2	–0.3%
1984	376.6	8.4%	236.5	3.9%	462.9	9.8%	290.7	5.2%
1985	412.3	9.5%	250.0	5.7%	504.6	9.0%	306.0	5.3%
1986	433.9	5.2%	258.2	3.3%	534.0	5.8%	317.8	3.9%
减税后 4 年的均值：	—	6.0%	—	2.7%	—	6.8%	—	3.5%

正如里根在首任美国总统的就职演讲中所说：“政府不是解决问题的方法，政府本身就是问题所在。”里根经济学就是要从政府本身解决问题，他主张大幅削减税率、改革税制和撤销管制，让自由竞争的市场自动修正凯恩斯主义引发的错误。因此，里根经济学的核心可以概括为：小政府、低税收和少干预，是经济自由主义的一次复归与发展。

5.4.2　特朗普减税

2008 年金融危机发生后，美国经济进入了漫长的复苏期，经济长期低迷、贸易逆差严重和经济“空心化”明显，奥巴马政府针对这些问题所做出的努力并没有太大成效。供给学派再次活跃，相继提出重启供给学派革命、税制改革等一系列政策药方。

2017 年，特朗普就任美国第 45 届总统。在共和党传统、供给学派及里根经济学

① [美]拉弗，摩尔. 重返繁荣：美国如何收复经济霸权. 马林梅，译. 北京：东方出版社，2014：267，268.

② [美]拉弗，摩尔. 重返繁荣：美国如何收复经济霸权. 马林梅，译，北京：东方出版社，2014：269.

的基础上，特朗普政府形成了以“让美国再次伟大”为目标，以减税、基建、制造业回迁、贸易保护为四大方向的特朗普经济学。

经参众两院表决通过后，2017 年 12 月 22 日特朗普在白宫签署了号称“美国史上最狠减税”的《减税与就业法案》。税改主要集中在企业所得税、个人所得税、跨境税制等方面，税制更加简化，试图重塑美国市场尤其是制造业在全球的竞争力。美国企业所得税（占联邦财政收入 9%）减税幅度较大，美国企业所得税从累进的 35%下降为单一税率 21%，考虑州和地方的企业所得税（约 4%），企业面对的税率约 25%。此外还有废除替代性最低限额税、保留对投资的税前扣除、限制利息费用的税前扣除等条款。

特朗普税改对个人所得税（占联邦财政收入近 50%）的调整力度不大，每年减税约 200 亿美元/年。一方面小幅下调税率、增加抵扣以减少个人所得税，另一方面废除部分抵扣项目以确保财政收入不至于出现锐减。相关情况见表 5-2。

表 5-2　税 率 比 较

现行税制			最终法案		
税率	应税收入（美元）		税率	应税收入（美元）	
	单身	已婚		单身	已婚
10%	0～9 525	0～19 050	10%	0～9 525	0～19 050
15%	9 526～38 700	19 051～77 400	12%	9 526～38 700	19 051～77 400
25%	38 701～93 700	77 401～156 150	22%	38 701～82 500	77 501～165 000
28%	93 701～195 450	156 151～237 950	24%	82 501～157 500	165 001～315 000
33%	195 451～424 950	237 951～424 950	32%	157 501～200 000	315 001～400 000
35%	424 951～426 700	424 951～480 050	35%	200 001～500 000	400 001～600 000
39.60%	426 701 及以上	480 051 及以上	37%	500 000 及以上	600 000 及以上

美国税制原则发生重大改变，对股息所得从全球征税的“属人原则”转变为“属地原则”，对来自海外的股息所得 100%免税，美国企业的海外利润只需要在利润产生的国家缴税，而无须再向美国缴税。同时，对过去的海外利润一次性征收利润汇回税，即现金或现金等价物适用 15.5%税率，非现金形式资产适用 8%税率，可在 8 年内分期缴纳。

《减税与就业法》（TCJA）保留遗产税，但提高了豁免额，自 2018 年 1 月 1 日起至 2025 年 12 月 31 日，将遗产税、赠予税和 GST 的豁免额从原来的 500 万美元增加了一倍至 1 000 万美元。（每年随通胀调整，2017 年豁免额为 549 万美元，税改前 2018 年为 560 万美元。税改后 2018 年翻倍至 1 120 万美元，一对夫妇的免税额再双倍达 2 240 万美元）；并且与 2001 年布什减税法案类似，也包括一个“落日条款”：8 年后优惠政策失效，2026 年之后恢复税改前的模样。

此次减税是结构性减税，一方面下降税率，实现减税目的；另一方面在抵扣项目上，部分有弱化或废除，避免财政收入大幅下降。从税改法案中条款的有效期看，既有永久性的调整，也有特定时期的暂时性调整，比如个人所得税税率的下调有效期间为 2018—2025 年，此后失去效力；比如遗产税扣除标准翻倍，也是到 2025 年，其后失效，因此减税在前期的效果更明显。特朗普减税方案的通过大大提振了美国人民的信心，但给其他国家带来了压力。

思考题

1. 简述拉弗曲线的理论逻辑。
2. 简述费尔德斯坦曲线的理论逻辑。
3. 比较极端供给学派和温和供给学派之间的共同点及差异。
4. 简述供给主义与凯恩斯主义在减税所持的理论基础、基本逻辑及操作方案的差异。

第 6 章

新古典宏观经济学

新古典宏观经济学（New Classical Macroeconomics），早期被称作理性预期学派（Rational Expectation School）。它是 20 世纪 70 年代凯恩斯主义经济学陷入困境之后在美国发展起来的一支重要的新自由主义经济学流派。因为它是从货币主义中分化出来并且表现得更加彻底的经济自由主义团体，所以也被称为“货币主义Ⅱ”。新古典宏观经济学将新古典经济学的一些原理运用于经济问题的分析，以理性预期假说为突破口，从理论基础到政策主张都全盘否定了凯恩斯主义经济学，并提出了独具特色、体系完整的理论见解。学术界将它描述为“洗劫凯恩斯神庙的造反派”，并“对凯恩斯主义这一清单上的每一个项目都提出了反对意见”。[①]20 世纪 80 年代以来，新古典宏观经济学的影响力日益上升，其主要代表人物卢卡斯于 1995 年获得诺贝尔经济学奖，随后 2004 年普雷斯科特与基德兰德又一起获此殊荣，2011 年萨金特再次为这一学派摘得桂冠。然而，2008 年爆发的金融危机使它面临着与其前辈一样的现实处境（20 世纪 30 年代“大萧条”时期的新古典经济学），即政府想要走出危机就必须有所行动，绝不能袖手旁观，长时间等待经济复苏的自动到来。

6.1 新古典宏观经济学概览

新古典宏观经济学是以“理性预期革命”的姿态登上经济学界舞台的，它将货币主义的适应性预期理论改造为理性预期理论，重新解释了新古典主义的市场出清假说、货币中性假说和货币主义的自然率假说，形成了以动态分析及理性预期假说为主要特征的新古典主义学说。它也对包括总供给、总需求和总就业量等经济总量进行了新的诠释，提出了独具特色的失业—通货膨胀理论、经济周期和有关政府政策作用的新理论，对现代宏观经济学的发展产生了重要影响。

6.1.1 理性预期之前的预期思想

所谓“预期”（expectation），是指行为人在进行某项经济活动之前，对未来状况

① Blinder, Alan S. Macroeconomics under debate. New York, Harvester Wheatsheaf, 1989，p.103.

及其变化进行研判，采取有针对性的措施来实现预计目标。在经济学中，预期从本质上讲就是对与当前决策有关的经济变量的未来估值，是当事人对与其决策有关的不确定性经济变量的主观预测。当事人为了谋求利益最大化，就必须对有关经济变量的未来变化进行预测并实施相应策略来规避风险。由于所有的经济决策实际上都要涉及现在采取的行动在未来获得的不确定性报酬，预期在决策时就显得十分重要。

20 世纪 30 年代起，预期思想被用于对经济现象的分析。例如，由舒尔茨、里西和丁伯根等人提出的蛛网理论就运用了对价格的预期；瑞典学派关于“事先”和“事后”的时间序列分析也涉及预期思想；凯恩斯在《通论》中对就业水平、货币需求、投资水平与经济周期的考察涉及预期问题，并提出了非理性预期，预期作为外生变量又被排除在宏观经济模型分析之外。但以上研究无法回答现实生活中预期如何形成以及预期如何影响国民经济运行等问题。随后，又产生了以下几种预期思想。

1. 静态预期

静态预期是在蛛网理论的基础上发展而来的。它假定生产者在进行价格预期时，通常以前一期的市场价格作为本期的市场价格，并未考虑市场价格的动态变化，因而这种价格预期被称为静态预期。静态预期模型可以表示为

$$P_t^*=P_{t-1} \tag{6-1}$$

其中，P_t^*表示在第 t–1 期所预测到的 t 期的价格，P_{t-1} 表示第 t–1 期的实际价格。静态预期或者假定行为人对价格变动的趋势是完全无知的（对相关信息都不掌握），或者假定行为人对预期的错误以及由此而导致的经济损失完全无能为力。这完全忽视了市场价格是处于动态变化之中的事实，其解释力明显不足。

2. 外推型预期

1941 年，芝加哥大学经济学教授劳埃德·梅茨勒（Lloyd Metzler，1913—1980）在静态预期理论的基础上，提出了外推型预期模型。他指出，对未来的预期不仅应以经济变量的过去水平为基础，还要考虑经济变量过去的变化趋势。他将 t 期的价格的外推型预期定义为

$$P_t^* = P_{t-1} + \beta(P_{t-1} - P_{t-2}) \tag{6-2}$$

根据式（6-2），任何时期的预期价格都等于前一个时期的价格水平加上（或减去）一定比例的前两个时期价格水平之差。其中，$P_{t-1} - P_{t-2}$ 代表价格从 t–2 期到 t–1 期的变动趋势；β 为预期系数，即行为人依据以往价格变动趋势对未来价格变动影响的预测。当 $\beta > 0$ 时，以往价格变动趋势将继续下去；当 $\beta < 0$ 时，以往价格趋势将逆转；当 $\beta = 0$ 时，外推型预期变为静态预期。与静态预期相比，外推型预期有所进步，考虑到了过去的趋势对预期的影响，但过去的预期（特别是过去的预期错误）并没有被考虑进去。

3. 适应性预期

适应性预期是由时任芝加哥大学经济学助理教授菲利普·卡甘（Phillip Cagan，1927—2012）[①]在论文《超通货膨胀的货币动态理论》（1956）中首次提出。他指出，当事人在形成自己的预期时，不仅依据实际的历史数据，还考虑自己之前的预期发生误判的程度。这是一种反馈型预期，行为人会根据前期预期的误差来校正当期预期值。t 期价格的适应性预期表示为

$$P_t^* = P_{t-1}^* + \beta(P_{t-1} - P_{t-1}^*) \quad (0 \leqslant \beta \leqslant 1) \tag{6-3}$$

其中，β 为适应系数，它决定了预期矫正其过去误差的速度。当前期预期价格高于实际市场价格时，现期的预期价格应当降低，否则应增加。只要对价格的预期出现错误，对预期的修正和调整过程就会继续下去，直至预期值与实际值相等。

适应性预期假说曾被广泛应用于经济分析当中。它强调当事人的预期并不是独立于其他经济变量之外的某种心理状态，而是以其以往经验及客观经济活动变化为基础，利用过去的预期误差修正当期预期值来实现个人行为最大化。尽管它用经济方法合理地解释了预期的形成，但其论述体系并不彻底，这意味着在适应性预期假说和个人行为最大化假说之间出现断裂。人们始终处于被动之中，他们只是在预期错误造成相当的经济损失之后才会进行适应性调整。难道以追求最大化为目标的理性经济人只能在明显的实际损失发生之后才能修正自己的行为？或他们无法有效地处理所获信息进行正确的预期？正是这些对适应性预期假说的质疑，导致了理性预期假说在 20 世纪 60 年代的出现。

6.1.2　理性预期假说

理性预期假说是经济学的预期理论进一步发展的必然结果。概括讲，这一学说“它假定单个经济单位在形成预期时使用了一切有关的、可以获得的信息，并且对这些信息进行理智的整理”。[②]理性预期的概念最初由美国经济学家约翰·穆斯（John Fraser Muth，1930—2005）[③]在《理性预期和价格运动理论》（1961）一文中提出。他指出，通过对实际预期数据的研究说明，企业在现实中所做出的预期要比一些简单模型的预测准确得多。由此，穆斯对人们的预期行为提出了一个新的假说：由于人们的预期是

---

① 卡甘于 1954 年博士毕业于芝加哥大学，1955—1958 年在本校任教，1966 年起担任哥伦比亚大学教授 30 年，期间任经济系主任 3 年。

② [美]贝尔特·麦卡勒姆：合理预期理论的意义//现代国外经济学论文选，第七辑　北京：商务印书馆，1983：40.

③ 穆斯出生于芝加哥，1962 年博士毕业于卡内基梅隆大学，1956—1964 年、1964—1969 年期间先后在卡内基梅隆大学、密执安州大学任教，尔后任教于印第安纳大学。其他著作有：《计划生产、库存和劳动力》（1960）、《经济管理：决策分析》（1972）。

对未来事件进行的有信息根据的预测，因而它们在本质上与相关经济理论的预测是一致的。他称这种预期为“理性预期”，并主张以下三点：①信息是稀缺的，因此经济系统一般不会浪费信息；②预期的形成方式主要取决于经济系统的结构；③公众的预期对经济系统运行不会产生实质性的影响（除非它以内部信息为基础）。理性预期假说可以用如下方程式表达：

$$P_t^* = E(P_t | I_{t-1}) \tag{6-4}$$

在这个模型中，I_{t-1} 代表当事人在 t–1 期所能获取的全部信息的集合，$E(P_t | I_{t-1})$ 表示基于可获得的信息而对 t 时期的价格的期望值。预期误差等于 0。穆斯的理性预期假说的经济学含义是：①理性预期是行为人追求利益最大化的自然结果，是最准确的预期；②经济行为人的主观概率分布等于经济系统的客观概率分布。理性预期并不保证每个人都有同样的预期，也不要求每个人的预期都正确无误，但理性预期的误差平均为 0。

理性预期假说自产生后便饱受争议，其中最激烈的批评者来自后凯恩斯主义经济学，主要集中在以下几个问题：①理性预期假说中关于单个经济单位在形成预期时对一切有关的、可获得的信息进行了理智的处理的假设是不现实的；②人们对未来的预期相当准确这一结论是没有说服力的，因为即便是计量经济学中复杂的预测模型也难以实现；③社会公众并不是有理性的，他们通常按照自己独特的嗜好行事。对于上述三种批评意见，卢卡斯等人从不同的角度进行了回应。首先，信息是代价高昂并且可以被有效利用的，在一个竞争性的世界中，现有信息有利可图的机会不会被任何人放过，而理性预期是使利润最大化的预期。当然，并不是每个人都能够有效地利用自己所掌握的信息，但作为一个整体概念的社会公众却可以做到。当把单个人的预期加在一起时，误差就趋于抵消。其次，理性行为人会自觉地利用一切信息来逐渐改善自己的预测，因为他们会不断总结经验，做出比复杂计量预测模型更准确的预期。最后，不合理的经济行为当然是无法预测的，不能为它设计模型，然而好的模型都是假设人们能够合理地行动。这是因为在竞争性的市场上，不理智的人是根本无法获得最大利润的。

6.1.3 从理性预期学派到新古典宏观经济学

当理性预期假说被提出时，这一思想只是用于微观水平的商品市场分析。当时新古典综合派如日中天，相机抉择的财政与货币政策在需求管理上游刃有余，所以它并未引起很大的关注。直到 20 世纪 70 年代，发达资本主义国家出现了“滞胀”局面，新古典宏观经济学借势走向了学术舞台的中心。他们开始探索为宏观经济学寻找微观基础进而重新架构宏观经济学体系的道路。按照斯蒂格利茨的说法：“在过去的几十年中，经济学家开始对微观经济学和宏观经济学的分裂提出疑问。整个经济学界逐渐认识到宏观经济行为必须和作为它的基础的微观经济原理联系在一起：经济学原理应该是一套；而不是两套。”①

新古典宏观经济学的发展可以概括为两个阶段。20 世纪 70 年代初至 80 年代初，是以卢卡斯、萨金特、华莱士为代表的理性预期学派。这一学派主要完成了以下工作：①提出理性预期假说，并将该假说引入经济计量模型；②把古典学派的最大化原则、市场出清等假设引入宏观经济学，试图为宏观经济学提供微观基础；③提出以未预期到的货币冲击为根源的经济周期理论；④提出货币政策无效性命题。但是，货币经济周期理论未能得到 1980—1982 年期间美国和英国经济衰退的事实的验证。这就需要理论的进一步发展，由此产生了以基德兰德和普雷斯科特为代表的新古典宏观经济学第二代。新古典宏观经济学于 20 世纪 80 年代进入第二个阶段。他们试图用货币以外的实际经济因素解释经济波动的根源，提出了实际经济周期理论，此外，他们还对财政政策是否有效、政策最优目标的时间一致性等问题进行了研究。第二代的主要力量还包括：巴罗（Robert J. Barro，1944—）、查尔斯·普洛瑟（Charles Plosser，1948—）、约翰·泰勒（John B. Taylor，1946—）、罗伯特·金（Robert G. King，1951—）、艾伦·斯托克曼（Alan C. Stockman）、塞尔焦·雷贝洛（Sergio T. Rebelo，1959—）等。新古典宏观经济学派的代表人物基本上都是美国经济学家，在英国的重要旗帜是被誉为“英国卢卡斯”的利物浦大学教授帕特里克·明福德（Patrick Minford，1943—），其代表作为《理性预期宏观经济学》（1998）。

6.1.4 代表人物

罗伯特·卢卡斯

罗伯特·卢卡斯（Robert Emerson Lucas，1937—）是理性预期学派的主要开创者。他出生于华盛顿州的亚基马市。1959 年获芝加哥大学文学学士学位。之后，进入加州大学伯克利分校攻读历史学专业研究生，当时他选修了经济史课程，并旁听其他经济理论课，对经济学产生了浓厚的兴趣，决定回到母校改学经济学专业。1960 年秋季，他听了弗里德曼的价格理论课，受到其自由保守思想巨大的影响。卢卡斯于 1964 年取得芝加哥大学哲学博士学位。1963 年，他开始在卡内基工学院任教，创立了宏观经济学的动态分析基础。1972 年，他发表《预期和货币中性》一文，将穆斯的理性预期假说同货币主义模型结合起来进行

① [美]约瑟夫·斯蒂格利茨. 经济学. 梁小民，等译. 北京：中国人民大学出版社，1997：17.

分析，提出了货币经济周期模型。1974 年，他回芝加哥大学执教。之后，对理性预期假说进行了深化，并将其作为工具重新定义了社会总需求、社会总供给、货币、经济周期等宏观经济概念。1995 年，由于对理性预期假说的应用和发展做出的贡献，卢卡斯荣膺诺贝尔经济学奖。不过在现实生活中，这位理性预期大师可谓棋错一招。当卢卡斯与妻子丽塔·科恩于 1989 年办理离婚手续时，科恩提出了一个条件：如果卢卡斯在 1995 年 10 月 31 日前获得诺贝尔经济学奖，她要分得奖金的一半；如果是之后，奖金与她无关。估计卢卡斯应该是对此进行了“理性预期”，认为这种可能性不大，便与科恩签下了这份离婚协议。但事与愿违，1995 年 10 月 21 日诺贝尔基金会宣布卢卡斯荣膺诺贝尔经济学奖。卢卡斯按协议将 100 万美元的奖金分给前妻一半。①

爱德华·普雷斯科特

爱德华·普雷斯科特（Edward C. Prescott，1940—）出生于美国纽约州。1962 年，毕业于 Swarthmore 学院，获数学学士。1967 年在卡内基梅隆大学获得经济学博士学位。先后任教于宾夕法尼亚大学（1967—1971）、卡内基梅隆大学（1971—1980）、明尼苏达大学（1980—1998，1999—2003）、芝加哥大学（1998—1999）。1988 年至今，他担任美国经济研究局副研究员。2003 年以来，普雷斯科特一直执教于亚历桑那州立大学。2004 年，由于推动了动态宏观经济学在经济政策的时间连贯性和商业周期的驱动力量方面的研究，他与基德兰德一起获得了诺贝尔经济学奖。普雷斯科特发表了大量学术论文，涉及经济周期和经济增长、一般均衡理论、货币理论等诸多问题。他的主要著作有：《不确定性下的投资》（与卢卡斯合著，1971）、《规则胜于相机抉择：最优计划的不一致性》（与基德兰德合著，1977）、《商业周期理论的测量》（1986）等。

芬恩·基德兰德

芬恩·基德兰德(Finn E. Kydland，1943—)出生于挪威。1968 年获得挪威经济与工商管理学院经济学学士学位，1973 年获得卡内基梅隆大学经济学博士学位。他与普雷斯科特合作发表了一系列研究成果，他们共同开创的实际经济周期理论被认为是宏观经济学最引人注意的进展之一。另外，两人还将博弈论引入宏观经济学中，

① 卢卡斯的前妻是从巴罗那得到消息的。当巴罗得知他在芝加哥大学曾经的同事卢卡斯获奖时，迫不及待地在早上 6:30 打去电话（这个电话本是 1984 年的），结果接电话的是科恩。科恩自然很高兴，并特意从巴罗那证实卢卡斯是独自获奖。[美]巴罗. 不再神圣的经济学. 苏旭霞，译. 北京：中信出版社，2013.

讨论宏观政策的时间一致性问题。他两次获诺贝尔经济学奖提名，尽管与其擦肩而过，但最终于 2004 年荣膺该奖项。他的主要著作有：《国际实际经济周期》（1992）、《内生货币供给与经济周期》（1999）、《货币总量与产出》（2000）、《家庭生产与建筑时机的结合》（2001）等。

托马斯 · 萨金特

托马斯 · 萨金特（Thomas J.Sargent，1943—）出生于美国加利福尼亚州的帕萨迪纳。1964 年获加州大学伯克利分校文学学士学位，1968 年取得哈佛大学哲学博士学位。1987 年以来，担任胡佛研究所高级研究员。他先后在宾州大学、明尼苏达大学、芝加哥大学、斯坦福大学任教，2002 年转至纽约大学经济学系任教至今。萨金特对现代经济学和金融学的大部分领域都有深入研究。2011 年，由于在解释政策与经济的相互影响方面的突出贡献，他与克里斯托弗 · 西姆斯一同获得了诺贝尔经济学奖。他的主要著作有：《宏观经济理论》（1979）、《理性预期与经济计量实践》（与卢卡斯合著，1981）、《理性预期与通货膨胀》（1985）、《动态宏观经济理论》（1989）等。

罗伯特 · 巴罗

罗伯特 · 巴罗（Robert J. Barro，1944—）出生于美国纽约，1965 年获加州理工学院物理学学士学位，1970 年获哈佛大学经济学博士学位。在谈到学术兴趣从物理学转向经济学时，他说："我喜欢把数量分析与应用社会科学的政策问题结合在一起，我是从数量背景起步的，因此这是一个容易的转变。"巴罗在许多大学任过教，包括布朗大学（1968—1972）、芝加哥大学（1973—1975，1982—1984），罗彻斯特大学（1975—1982）。他同时又是斯坦福大学胡佛研究所高级研究员。他在宏观经济学、货币理论与政策等方面都做出了卓越的贡献。1974 年，他发表《政府债券是净财富么？》一文，提出了著名的"李嘉图等价假说"，引起了很多经济学家的讨论。他的主要著作有：《货币、就业与通货膨胀》（1976）、《理性预期与和货币政策的作用》（1976）、《一个简单内生增长模型中的政府花费》（1990）、《经济增长的决定因素》（1997）等。

6.1.5　复归经典与革命意义

新古典宏观经济学的核心基础是理性预期假说。理性预期理论及其在经济学中的应用，是 20 世纪 70 年代以来宏观经济学领域的突破性成果，使宏观经济学在理论结构、分析方法上发生了重大的变化。当然，就其实质来说，它是对新古典经济学一种复归意义上的发展。

（1）理性预期假说实际上是对新古典经济学当事人理性行为分析的发展，它依然以个人行为最大化假说作为基础。但是，新古典经济学的预期理论是在完全信息条件下的完美预期或完全理性预期，这意味着当事人为了实现最大化目标的行动准确无误。正因为如此，新古典经济学没有对预期问题给予必要的重视。现在，理性预期假说指出了行为人在预期时所遭遇的实际困难，如不完全信息、预期的成本和预期失误等，它强调预期对产量、就业量与价格总水平的决定及变动起重要影响。然而，理性预期假说并没有颠覆新古典经济学的基本逻辑，只是换了一种阐述方式：经济行为人在追求最大化的活动中不会犯系统性错误，因为一旦发现错误便会得到及时修正。

（2）新古典宏观经济学是沿着新古典主义的逻辑思路展开对宏观经济问题研究的。它把理性预期假说融入新古典的理论分析框架之中，重新解释了总产量、总就业和价格总水平的波动，并说明了宏观总量水平的波动并不违背新古典经济学关于市场竞争机制会自动实现充分就业的均衡这一根本性命题，进而将新古典经济学范式的核心构成（市场出清假说、货币中性假说和货币主义的自然率假说）从凯恩斯主义的冲击中挽救出来。自然率假说反对凯恩斯主义菲利普斯曲线中指出的失业与通货膨胀之间的负相关的替代关系，而认为经济总量（总产量、就业和失业）与通货膨胀率之间不存在固定的关系，而与实际通货膨胀率和预期通货膨胀率之间的差别存在一种固定的关系。新古典宏观经济学将理性预期假说引入古典二分法和货币中性，并认为只有未预期到的货币供给变化才影响实际的产出，预期到的货币供给变化是完全中性的，对实际经济变量不产生影响。

当然，新古典宏观经济学不仅仅是一种对新古典主义的经典复归，它还引发了现代宏观经济学理论的革命。萨金特曾对此概括为："理性预期的观点却使我们对于宏观经济均衡的理解和我们解释观察到的事物的方法产生了突飞猛进的变化。它同样也扭转了我们研究最优宏观经济政策的方法，探讨一个有用的定性宏观经济模型以及确信它最终拥有什么特征的发展也发生了变革。甚至宏观经济学家所讲的语言都与从前殊异。据此可以说，已经发生了一场理性预期革命。"理性预期的革命价值主要有以下三点。

（1）它是对弗里德曼发起的"货币主义反革命"的继续推进，并且革命得更为彻底。以理性预期代替了适应性预期，这意味着菲利普斯曲线所表示的失业率与通胀率之间的交替关系即便在短期内也无法成立；由理性预期假说引申出来的"政策无效论"是对凯恩斯主义相机抉择的经济政策思想的全面颠覆。

（2）它推进了宏观经济学研究的计量化发展。在理性预期学派以前，理论经济学家和计量经济学家总体上是泾渭分明的。新古典宏观经济学家着力于将一般经济理论表述与计量经济学工具紧密结合在一起，他们所设计的经济模型，都经过了经济计量的充分论证，使理论经济学和计量经济学发生了有机融合。按照卢卡斯的说法，一个经济模型越是“现实的”，它可用于解释实际经济的有用性就越少，而一个抽象而简洁的计量经济学模型提供充分有说服力的假说理论系统，以抽象虚拟的特征来说明实际经济现象。通过把决定某种政策在实际经济中将发挥作用的各种参数及约束条件用一个经济模型表达出来，分析此政策在这些参数的作用下及相关约束条件下产生的效果，这等同于在实际经济中的检验，是一种贴近实际且简洁的研究方式。从而把自然科学中科学实验方法引入经济学领域，促使西方经济学研究日益走向形式化、数学化和技术化的发展路径。

（3）它意味着宏观经济学的微观化发展。新古典宏观经济学家认为，宏观经济的各种变量是由具体的微观经济变量加总而成的。因此，要掌握宏观经济变量的变动状况及其规律，就必须先分析微观经济变量的变动状况及其规律。从理性预期假说、自然率假说、货币中性假说发挥作用的情况看，新古典宏观经济学正以微观的经济分析整合传统的宏观经济研究。就理性预期假说而言，进行理性预期的主体是一个个从事具体经济活动的行为人，正是他们的理性预期以及在此基础上进行的决策，构成了整个经济系统的最优化基础。因此，要探讨整个社会的最优化经济活动，就要首先研究具体经济当事人的理性预期行为和决策，即进行微观经济分析。对于自然率假说，它把各种经济变量的自然率水平规定为各种市场实现均衡时所达到的水平。显然，自然率假说要求分析各种市场实现均衡的情况，而对各种市场均衡的分析便属于微观经济学的范畴。谈到货币中性假说，货币之所以只起到作为交换的媒介和经济计量工具的名义变量作用，是由于具体的经济行为人按照理性预期采取行动。换言之，正是行为人的理性预期及其行动，使货币只起名义变量的作用，货币是中性的，这也意味着要对具体行为人经济活动进行微观分析。总之，在新古典宏观经济学看来，传统的宏观经济学用总量分析方法所建立的宏观经济模型忽视了“个人决策”的作用，必须进行改变，从而使宏观经济学适应微观学说，才是经济理论发展的正途。

6.2　货币经济周期理论

新古典宏观经济学认为，在自由竞争的市场经济条件下，个人通过理性预期可以进行最优决策，进而实现一般均衡。然而，在现实中市场总是处于一种非均衡状态，如总产量水平的波动、失业与通货膨胀等。凯恩斯主义经济学构建了一个市场非出清或市场失衡的理论分析框架，进而衍生出干预主义的宏观经济政策论。尽管货币主义对凯恩斯主义模型进行了有力的批评，但并没有形成一个替代性的新古典主义经济周期理论，这一重任落在了新古典宏观经济学身上。新古典宏观经济学指出，凯恩斯主义的经济周期理论只关心某一时点上的总产量水平，而不是经济随着时间的动态演进。新古典宏观经济学提出了一种关于均衡的经济周期理论。这一理论认为，总产量、就业量和价格水平的波动来自不完全信息情况下某种外部干扰因素以出乎意料的方式使人们的预期发生暂时性错误，而在理性预期条件下，错误会很快被修正，从而使产量和价格回到均衡水平。经典的新古典宏观经济学经济周期理论是卢卡斯的货币意外冲击模型，它把穆斯的理性预期假说、弗里德曼的自然率假说、卢卡斯的总供给假说与传统微观经济学的市场出清假说和跨期替代假说结合在一起，以货币作为冲击源来解释产出围绕着自然率水平上下波动。除了理性预期假说，以下介绍两个重要假说，它们一同构成了卢卡斯模型的前提条件。

6.2.1 持续市场出清假说和劳动—闲暇跨期替代假说

1. 持续市场出清假说

持续市场出清假说指出，在每一个时点上存在着这样一种均衡价格，它使所有市场供求相等，因而经济无论是短期还是长期中都处于一种持续均衡的状态。这一结论是以完全竞争市场和价格、工资的充分弹性假定为基础的。如果价格和工资都具有充分弹性，一旦产品市场（或劳动市场）出现超额供给，价格（或工资）便会下降，对该产品（或劳动）的需求量就会增加，直至供求相抵为止；反之亦然。在所有商品的价格正好使供求量都实现均衡时，全部市场同时出清，这就是一般均衡。持续市场出清假说同样存在不小的争议，因为这一假说的成立需要工资与价格极度灵活、市场总是处于均衡状态等一系列前提条件。尽管卢卡斯等人为此构建了一个严谨的论证体系，但仍然难以说服那些秉承工资与价格刚性和市场非均衡信念的新凯恩斯主义者。在现实生活中，不完全竞争或垄断竞争市场又是普遍存在的。当前，新古典宏观经济学与新凯恩斯主义经济学关于持续市场出清假说是否成立的争论依然激烈。

2. 劳动—闲暇跨期替代假说

劳动—闲暇跨期替代假说是新古典宏观经济学用来说明总产量水平波动的另一重要学说，它建立于两个正统的微观经济学假设基础之上：①工人和厂商进行的理性决策反映了他们的最优化行为，②工人（厂商）的劳动（产量）的供给取决于相对价格。这一假说指出，产品和劳动的供给者主要依据相对价格和相对工资的变动状况来确定产出水平和劳动—闲暇之间的替代。因为市场是充分竞争的，故价格和工资都具有充分弹性，它们的短期微小变化就会导致产出和就业量发生剧烈波动。

劳动供给是这一假说的中心问题。因为劳动的供给取决于单个劳动者如何把自己的时间分配到工作和闲暇当中，所以应当分析影响这种分配的主要因素。劳动者当前就业的好处与所获报酬相关，高收入意味着可以消费更多。闲暇则表示全部不带来收入的活动，注入休闲、游玩、消费等，它们都会产生效用。收入和闲暇之间的相对价格的变化将会改变劳动者的效用最大化点，促使他们重新分配时间。假设工人对正常或预期的平均真实工资水平有一种主观判断，如果当前的实际工资高于其判定，他就会把更多的时间分配到工作上；相反，工人就会增加当期的闲暇时间。因此，劳动供给被视为对当前实际工资水平变化所进行的反应。这种用当前闲暇替代未来闲暇或相反的替代行为反应就是跨期替代。劳动—闲暇跨期替代假说对工人工作行为的解释完全撇开了凯恩斯主义“非自愿”失业的概念。

6.2.2　货币意外冲击模型

经过以上假说的建设之后，卢卡斯从总供给函数出发提出了货币的意外冲击模型，用方程式表示为

$$Y - Y_N = \alpha(P - P^*) \tag{6-5}$$

其中，Y 代表实际产量，Y_N 代表产量的自然率水平（或潜在产量），P 为实际价格水平，P^* 为预期价格水平，α 是常系数。这说明，产量对其正常水平的偏离只是价格水平对其预期值的偏离（价格水平意外）的反应。例如，当发生价格水平意外变动时，即当实际价格水平高于预期值时，厂商和工人会把这看作是其产品和劳动的相对价格上升，增加产品和就业的供给。在没有价格水平意外的情况下，经济将保持于它的自然水平上。

卢卡斯指出，经济中一般存在两种干扰：①由货币数量变化引起的一般物价水平波动，②由生产技术条件和消费者偏好的变化引起的相对价格水平波动。很明显，决定产量和劳动供给的增减时，唯有相对价格的变动起决定性作用。当人们进行理性预期时，一般物价水平的波动不会影响实际产出和就业，只会影响其名义量，这就是所谓的“货币中性”。然而，无论是哪一种干扰都首先体现于商品和工资的名义价格变动方面。在信息不完全的条件下，人们面临着“信号筛选”问题，即他们必须判断价格和工资的变动是局部性的还是全局性的，尔后进行决策。卢卡斯假定厂商只对自己产品的价格或相近产品的市场价格保持敏感，而对其他产品价格的掌握在时间上滞后。在厂商发现其产品的市场价格发生变化时，它需要判断这一变化是仅仅发生在自己产品市场上，还是全部商品市场价格都发生了同方向同幅度的波动。换言之，厂商要判断价格变化是相对的还是绝对的。这关系到厂商下一步的行为：如果它判定是相对价格发生变化，它将对产品供给进行相应的调整；如果它判定是全部市场价格的同方向同幅度变化，即名义价格发生变化，则它对供给的调整将是徒劳无功的。实际上，在不完全信息的条件下，行为人要掌握准确的信号是异常困难的，其判断很可能不准确，从而把一般物价水平的变动与相对价格的变动搞混，导致产出和就业偏离了自然率水平。但是，因为行为人具有理性预期，这种偏离很快就会得到纠正，使得在短期内经济也处于均衡水平上。

图 6-1 是对卢卡斯货币意外冲击模型的解说。假设经济最开始处于自然失业率水

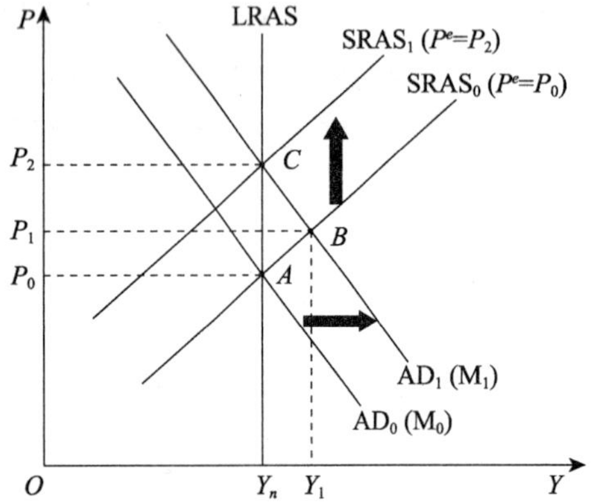

图 6-1 货币意外冲击模型

平（A 点）。倘若货币当局增加了货币供给，却事先没有向公众说明其意图，就会导致总需求意外增加（总需求曲线从 AD_0 移动至 AD_1），这样由于商品市场和劳动市场的过度需求必然导致货币工资和价格的上升。

这种情况将使掌握信息不完全的厂商和工人发生预期失误，厂商将把一般价格水平的上升当作他们自己产品的相对价格的上升并相应地增加商品供给；工人则错误地将货币工资的上升看作是实际工资（劳动的相对价格）的上升并且提高劳动供给（这种情况决定了短期总供给曲线 SRAS 向右上方倾斜）。如图 6-1 所示，伴随总需求的意外增加，经济将沿着短期总供给曲线从 A 点移动至 B 点。但是，这种变动（即经济总量对自然率水平的偏离）是暂时的，在行为人发觉其产品的相对价格没有发生变化时，当事人就会调整他们的价格预期，短期总供给曲线将从 $SRAS_0$ 移至 $SRAS_1$，经济将从 B 点移动至 C 点，产量和就业水平将很快地恢复到其长期均衡（即自然率）水平。尽管从货币主义引入了自然率假说，但理性预期学派对经济波动的解释与货币主义是不同的。在货币主义看来，当总需求发生变动，产量和就业水平在短期内会同向变动，长期中回归自然率水平（货币主义采用适应性预期，人们对预期价格水平的调整是一步一步纠错的，调整至正确的预期水平需要时间）。而理性预期学派认为，唯有意外的供给冲击才会在短期内影响产量和就业。倘若行为人事先掌握货币当局将增加货币供给这一信息（当局公开宣布意图，或货币供给是由某种规则所确定）。行为人将会对价格变动产生理性预期，这意味货币供给的变动将不会对产量和就业产生影响。如图 6-1 所示，当短期总需求曲线从 AD_0 移动至 AD_1，这种移动的效果将很快被短期总供给曲线 $SRAS_0$ 移动至 $SRAS_1$ 的调整所抵消。经济就直接从 A 点移动到 C 点，依然保持在自然率水平上，即便在短期也没有变化。

总之，意外的总需求冲击（主要由货币供给的意外变动所致）将导致市场价格的意外变化，这使理性经济人发生价格预期误差（不完全信息假说），引起厂商和工人对产品和劳动供给的调整（跨期替代假说），进而造成经济总量的波动，即产量和就业偏离其长期均衡水平（自然率假说）。一旦行为人察觉到预期偏差，会很快地调整产品与劳动的供给（理性预期假说），由于价格与工资具有完全弹性（市场持续出清假说），产量与就业将会迅速恢复到其长期均衡水平。正是由于经济总量受到的需求冲击被认为主要源于意外的货币供给变化，因此，这种对经济周期的解释被称为货币经济周期理论。

卢卡斯应用他的模型来解释 20 世纪 70 年代发达资本主义的“滞胀”困境。按照货币经济周期理论，假如冲击完全是意料之外的，就会发生价格和产量的联动变化；假如冲击完全是意料之内的，价格依然发生变化，但产量保持不变。倘若冲击同时兼有意料之中和意料之外，则价格和产量都会上升，只是价格会上升的幅度小于冲击完全是意料之内的情况下的幅度，而失业率下降的幅度小于冲击完全是意料之外的幅度。这说明菲利普斯曲线的斜率是不稳定的，它取决于货币供给增加后预期到和没有预期到的比例。现在，考虑一种极端状况：预期的货币增长率高于实际的货币增长率，这在一个处于持续通货膨胀的国家是很可能发生的。在这里，通货膨胀率会出乎意料地增高，而产出水平将会下降，因为人们会按照高估的通胀率要求获取补偿，进而推高了生产成本，失业率上升。当然，“滞胀”亦是由于人们的预期错误所致，一旦人们使用了正确的预期，社会经济就会好转。此外，卢卡斯还根据一些国家的一般价格水平与产出波动的实际情况来验证自己的模型。根据他的逻辑，在通胀率长期处于高位且多变的国家，由于人们预期了货币供应量的波动，因而价格对总需求变动的反应将十分敏感，而产出的反应相对迟钝。相反，在通胀率一直较低且价格稳定的国家，人们更容易把总需求变化视为相对需求的变化，因而产出对价格变化的反应非常敏感。基于上述推理，卢卡斯比较了近 20 个总需求和通胀率各不相同的国家，得出了一些有利于其学说的证据。

巴罗等人也以实际数据验证过货币周期模型，结果证明它在解释极端情况方面是很不错的，但对于其他情况的解释却不甚理想。经过深入研究，巴罗等人对货币周期理论提出了种种疑问。①不完全信息问题在实际中似乎并不特别重要，如果有关货币量和一般价格的信息果真重要的话，人们不必花很大代价就能很快得到。②意外货币冲击产生实际影响的结论对模型假设过于敏感。价格和工资在短时期处于较高水平，对于供给者来说固然是获利机会，但是对需求者来说则是坏消息。因此，一个对称模型将表明，即使是很大的意外冲击，也不能改变产出和就业。③货币模型描述的波动产生机制：货币冲击→价格水平意外上升→实际量改变。但是，价格和产量之间的这种密切关系，在“二战”以后的美国经济史中几乎不存在。[①]最直观的是里根执政时期的实际情况。里根上台时宣布，为了降低通货膨胀率，他将实行减缓货币增长率的政策。按照货币周期模型，这种事先公布的政策属于被预期到的事件，本不应该引起衰退，但结果衰退还是发生了。这对货币周期理论打击很大。与此同时，理性预期学派的核心政策结论——货币中性命题——也受到了现实经验的严峻挑战。在里根政府和撒切尔政府实行紧缩性货币政策之后，英美两国先后经历了严重的经济衰退，这是与所谓的货币中性命题不符的。也正是在这个时候，一批新古典宏观经济学家提出了更

---

① Robert J. Barro, *Modern Business Cycle Theory*. Harvard University Press, 1989, pp.1-15.

具革命性的新古典二号模型，对经济总量不稳定的新古典解释从货币冲击转向了实际冲击，进而形成了实际经济周期理论。

6.3 实际经济周期理论

20 世纪 70 年代，西方国家的社会经济受到石油危机和农业歉收等方面的冲击而陷入困局。实际经济周期理论正是在这一背景下产生的，目的仍然是构建以市场自动出清为基础的均衡经济周期模型。这一理论同样把经济总量的波动看作是经济当事人在生产可能性和资源约束条件下追求个人效用最大化的自然结果。实际经济周期理论与货币经济周期理论的分歧在于，影响人们在经济生活中时常进行理性反应的因素到底是货币因素还是非货币因素。实际经济周期理论是在对货币经济周期理论反思的基础上发展起来的。一方面，它继承了理性预期假说、持续市场出清假说以及劳动—闲暇的跨期替代假说等；另一方面，它又对前任进行了批判性的推进，主要体现在以下两点。

（1）用供给冲击尤其是技术冲击代替货币冲击作为主导冲击的因素，从而得出“货币超中性”的命题。[①]根据货币中性这一命题，货币冲击不会对产量产生持续影响，所以造成经济总量波动的主要力量必然来自于实际因素。货币经济周期理论忽视了实际因素，而把货币量的意外变动看作总产出波动的主要冲击源泉，这是对货币中性命题的某种背离和向凯恩斯主义经济学“货币非中性”理论的妥协。实际经济周期理论认为，来自供给方面对经济总量的冲击代替了货币经济周期理论的来自需求方面的冲击，从而加强了货币中性的命题。

（2）不再关注涉及一般价格水平的不完全信息，这其实是舍弃了形成货币经济周期理论传导机制中的一个重要组成。实际经济周期理论认为，理性预期的形成很可能受到不完全信息的影响，行为人依然要面对“信号筛选”问题。例如，当一种技术冲击出现时，行为人必须根据自己的经验从噪声中选择信号，以判断冲击是暂时性的还是永久性的，之后进行相应的决策。但是，有关一般物价水平的信息毕竟是可以公开获取的，这说明卢卡斯货币意外模型的重要假设前提，即行为人对价格变动会形成错误预期这一观点是不切实际的。

6.3.1 技术冲击

20 世纪 70 年代的石油和农业危机发生以前，经济学界普遍热衷于从需求冲击的

---

① 货币中性命题是新古典宏观经济学的一个重要结论，它是此前提及的各种假说（最大化假说、理性预期假说、市场出清假说、自然率假说等）演绎的必然结果。货币超中性是指名义货币供给的调整速度，即货币供给增长率的变化对经济当中的实际均衡没有产生影响。

角度解释经济的周期性波动，例如，新古典综合学派的总支出模型、货币主义的货币幻觉模型、卢卡斯的货币意外冲击模型等。因此，来自供给方的冲击被忽视。然而，现实中存在着大量由于生产水平的重大变化而引发的冲击，包括：①能源价格的明显波动，如石油价格在 1973 年和 1978 年的迅猛提升而随后在 1986 年大幅下降；②自然环境的变化对农业生产造成不利影响，比如各种自然灾害；③政府调控，例如实行进口配额，它破坏了激励，使企业家的才能转向寻租活动；④战争、政治动荡或大罢工，它们打乱了经济的运行和现存的结构；⑤由资本和劳动投入的质量变化造成的生产率冲击，如新产品的开发、新生产技术的引进和新的管理手段等，这类冲击被广义地界定为由技术变迁引起的"技术冲击"。实际经济周期理论认为，最值得关注的恰恰是技术冲击，因为它是先进的工业化经济中长时间内供给变动的主要推动力量，是经济周期波动的主要原因。

实际经济周期理论将经济波动归因于实际因素或供给方的冲击。其中，最典型的是全要素生产率的冲击或技术冲击，它造成总供给曲线的移动和劳动市场上供求曲线均衡位置的改变，进而导致总产量和就业量发生变化。冲击的具体过程如下：假设经济初始处于均衡状态，产量以长期增长率增长，没有随机的技术冲击。如果出现一种正的技术冲击，如引入一种新的生产技术，就会发生以下情况：劳动生产率提高→产出水平进一步增加→对劳动的需求提高→实际工资上升→劳动供给增加→就业量增加。如果出现了负的技术冲击，就会发生相反的情况。

6.3.2　总产量的随机游走

20 世纪 80 年代以前，经济学界普遍认同这样一种观点：经济总量是沿着一个长期趋势发展的，即使在此间发生由于需求冲击而对长期趋势的暂时偏离，但终会恢复到原有趋势。1982 年，纳尔逊（Nelson）和普洛瑟（Plosser）发表《宏观经济时间序列的趋势和随机游走》一文，批评了这种观点。他们提出："以作为纯粹短期波动原因的货币扰动为中心的宏观经济模型，可能在解释大部分产出变化时是不成功的，并且由实际因素导致的随机变化是任何模型的宏观经济波动的本质成分。"[①]下面用简化形式对其研究进行说明。

传统的解释真实 GNP 的短期波动观点可以概括为方程式：$Y_t = a + bY_{t-1} + \varepsilon_t$。$t$ 代表时间，a 和 b 为常数，ε_t 代表一个均值为零的随机扰动。在方程中，a 代表潜在 GNP 的平均增长率，它描述经济总量的平稳增长趋势。传统观点认为，假如发生随机扰动 ε_t，由于 Y_t 依赖于 Y_{t-1}，冲击将在时间上向后传播形成相关序列，然而，由于 $0 < b < 1$，扰动对产量的影响终将消散，同时产量终将恢复到其趋势增长率上（如图 6-2 所示）。

① Nelson and Plosser, Trends and Random Walks in Macroeconomic Time Series: Some Evidence and Implications. Journal of Monetary Economics, September, 1982.

这种情况被称作产量的“趋势复归”或“稳定的趋势”。在此趋势下，产量对自然率水平的偏离是暂时的，这是当时经济学界普遍认同的观点。

纳尔逊和普洛瑟对以上观点表示质疑。他们认为，人们观测到的 GNP 的多数变化是持久性的，这是由于在一次冲击之后，不存在产量复归到以前稳定趋势的倾向。两人指出，GNP 以随机游走的统计过程演进，用公式表示为 $Y_t = a + Y_{t-1} + \varepsilon_t$。其中，$a$ 被赋值为 1，这样如果 t_1 时期发生扩张性的货币冲击，产量水平提升，由于下一期的产量由上一期的产量决定，因而这次冲击对产量的影响将会持续到以后的任何一个时期（如图 6-3 所示）。

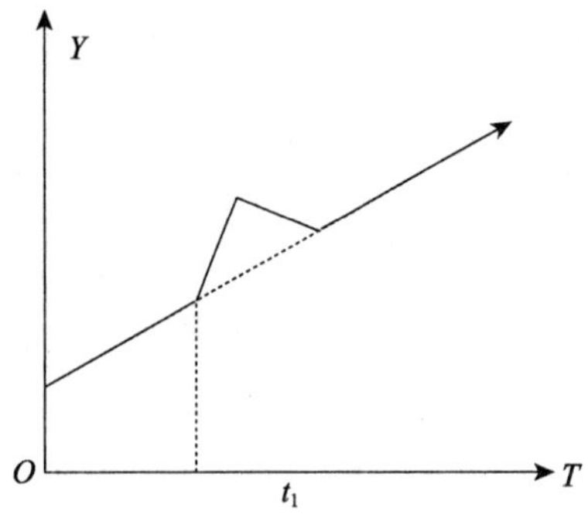

图 6-2 “趋势复归”下的产量波动轨迹

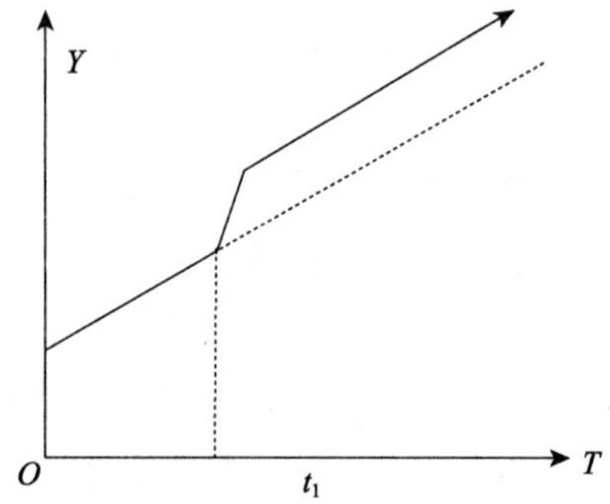

图 6-3 持久性冲击下的产量波动轨迹

纳尔逊和普洛瑟的观点对经济周期理论产生了重要影响。他们指出，技术变迁对生产函数的冲击是经常性和随机性的，由此引发的随机游走的产量轨迹会表现出类似于经济周期的特征。这意味着产量的波动是永久性的，而不是对长期潜在趋势的暂时偏离。由此可见，经济波动是由供给冲击造成的，而均衡模型与总量不稳定并非矛盾的。更重要的是，两人的研究对传统的宏观经济理论和研究方法提出了挑战。传统学说把经济波动视为由临时性的冲击而导致的总产量对自然率的暂时偏离，由此，经济增长和经济周期就被看作是不同的现象，因而需要不同的研究工具区别对待。经济增长作为一种均衡趋势是长期现象，而经济周期是对这一均衡趋势的短期偏离。这种长期和短期的两分法成为传统学说的基本思路，这是凯恩斯主义、货币主义和理性预期经济学之间的一种妥协。纳尔逊和普洛瑟则证明，推动经济增长和经济波动的经济力量是相同的，经济周期在很大程度上表现为经济基本趋势自身的波动，而不是经济围绕基本趋势的波动，即周期不是对均衡的偏离，而是均衡本身暂时的波动。这就是说，经济周期和经济增长之间并没有严格的界限，它们指向的是同一个问题。这就颠覆了传统的将波动与增长相分离的视角，也否定了关于短期循环与长期趋势的区分。在这一思路的指引下，实际经济周期开始整合增长理论和周期理论，预示了现代宏观经济学研究的进一步变革。

6.3.3 基德兰德—普雷斯科特模型

基德兰德—普雷斯科特模型是实际经济周期理论中的代表性成果，它出自基德兰德、普雷斯科特两人合写的论文《构造与汇总波动的时间》(1982)。它把长期增长和短期经济波动结合在一起进行分析，认为消费、投资、就业乃至产出的波动都是行为人对于真实冲击进行的最优反应，这就把经济周期的动态波动解释为对全要素生产率的实际冲击和劳动—闲暇跨期替代之间交互作用的结果。基德兰德—普雷斯科特的模型按照这样一个问题导向展开：是否可以找到一个具体描述偏好和技术的参数，使经济周期模型中那些由外生冲击引起的产出、消费、就业和其他经济变量与“二战”后美国的实际经济变量时间序列拟合？为此，两人假设了这样一个高度简化的自由竞争市场：只有一种产品，它由资本和劳动这两种投入生产出来，生产函数规模报酬不变。经济系统所受到的唯一外生冲击是外生的生产技术随机波动。很明显，这是一个完全竞争和市场出清的封闭经济的动态随机一般均衡模型，旨在研究投入增长（尤其是劳动和资本）和产出增长的关系，剩余部分（即“索洛剩余”）被看作是技术进步的结果。[①]二人指出，“二战”后美国产量方差的约 70%已由索洛剩余的方差解释，“索洛剩余”的度量意味着一段时间内较大的技术变化，大部分的技术变化恰好发生于商业周期波动频繁时期。余下的问题是，技术冲击是如何转变成产出和就业变动的呢？基德兰德—普雷斯科特模型包括了技术冲击初始推动力和传导机制。初始的推动力来自实际因素或供给方的冲击，如技术进步速度的改变或如全要素生产率的变化。它引起总供给曲线移动，导致经济周期发生。问题在于，一次性的较大或较小的单方面技术冲击是如何传导到整个经济中去，从而引起整个宏观经济的产出和就业受到持续的扩张或收缩的压力呢？

在这里，存在两个传导机制：劳动—闲暇的跨期替代和从投资到资本形成的时滞。

（1）劳动—闲暇的跨期替代。倘若存在正向技术冲击，便会推动劳动生产率和实际工资的提高。劳动者必须判断这一技术进步是暂时的还是永久性的。由于他们无法获得有关供给冲击的完全信息，就无法准确地筛选信号，从而引发经济周期的波动。假如劳动者预期这种冲击是暂时性的，现行实际工资相对于未来是更高的，他们就会选择增加当前劳动供给，而在预期实际工资较低的未来减少工作。这种以当前工作代替未来闲暇的效应证明，劳动供给曲线是充分弹性的，因而实际工资的微小变化就会引起就业量和总产量的大幅波动。如果劳动者预期这种冲击是永久性的，劳动供给不会增加，但消费可能会增加，那么，消费支出的增加就会把最初只对一小部分企业有意义的冲击传导演变为整个宏观经济层面的波动。

① 索罗把技术变化定义为总产量的变化减去劳动和资本投入的加权贡献之和，“索洛剩余”测度总产量中不能用资本和劳动投入的可测度的数量变化来解释的那部分变化，因此，可以作为技术冲击的衡量指标。

（2）从投资到资本形成的时滞。如果生产者预期这一冲击是持久性的，他们将增加资本投资。资本扩张则需要一段时间，因而在初始冲击过后的一段时间内产量增加，并且在一系列相关的冲击后的相当长时间内产量将持续增加。当不再有新的冲击出现时，生产者方才发觉，与保持稳定增长所需要的资本相比，他们持有的资本过多。他们会减缓投资，直到资本折旧使经济恢复到稳定的路径上。

在以上两个传导机制的作用下，宏观经济变量表现出高度的自相关。然而，一旦技术进步回归正常趋势路径，则产量、投资、就业等也都回到固有路径，经济也就处于下降阶段。这样技术进步加速或减速是经济繁荣或衰退的原始驱动力，而传导机制的作用使繁荣或衰退出现反转，经济发生周期性波动。

以上就是实际经济周期理论的三个主要构成。但是，这一理论受到了来自理论逻辑和实际验证两方面的激烈批评。

（1）理论上的批评主要集中于该理论的冲击源和传导机制上。首先，很多人质疑造成经济波动所需要的技术冲击是否足够大或足够频繁。①其次，实际经济周期理论用技术冲击来说明波动从一个行业波及全社会的过程，这引发了一个问题，即实际的技术冲击是否大到足以引起这样的连锁反应？这一问题对实际经济周期理论能否成立至关重要。反对派对劳动—闲暇的跨期替代弹性是否高到足以引起大规模的产量和就业反应进行了验证，结果并未发现劳动力供给有显著的跨期替代弹性。他们的研究表明，工人包括两类：一类认为其劳动力供给决策受工作时间的约束，另一类则认为自己不受约束。第一类工人不会按照跨期替代假说行事，第二类工人会进行跨期替代决策，然而，他们的劳动力供给对暂时的工资变动的弹性是微小的。也有人指出，准备资本所需要的时间是一个经济变量，它会随经济周期内生地变化，而不是一个技术常数。

（2）来自实际经验的质疑是，20 世纪 80 年代初，当真实经济周期理论不断增加曝光度之时，正值美国总统里根和英国首相撒切尔实施的货币性反通胀政策在两国引发严重经济衰退之时。对此，真实经济周期理论指出，此种情况是受到 1979 年第二次石油危机的影响所致，但这种解释没有得到广泛的认同。尽管饱受争议，实际经济周期理论确实为宏观经济学研究的发展做出了重要贡献，它使人们重新关注总供给的作用，而不是在需求研究上一去不返。

6.4 政府干预经济失效

以卢卡斯为代表的新古典宏观经济学把理性预期假说应用于宏观经济计量模型构建，论证了理性预期与宏观经济政策效应之间的关系，这颠覆了凯恩斯主义的宏观经济分析逻辑及其政府干预理论。弗里德曼在 20 世纪 60 年代末就曾提出相机抉择政策

① 由于在货币经济周期理论中，由于货币是全社会性的冲击源，所以这个问题回答起来比较简单。

的逻辑是错误的。他指出，只有以公开的、固定的和单一的规则束缚政府的行为，才能避免政府成为经济不稳定的因素。至 20 世纪 70 年代，新古典宏观经济学以其理性预期假说和供给冲击模型为这一政策提供了更系统的反对传统凯恩斯主义政策纲领的理由，并且证明了即使在短期内政府的干预也不会产生正面效应，促使经济学界开始重新考虑宏观经济政策的逻辑和方法。

6.4.1　政府干预经济的政策无效

新古典宏观经济学政策主张的核心就是倡导经济自由运行，反对国家干预经济，认为政府干预经济的任何措施都是无效的。该理论最初是在萨金特和华莱士（1975、1976）两篇有影响的论文中提出的，后来经过其他新古典宏观经济学家的努力得到了巩固和强化。新古典宏观经济学的一个主要原则：如果政府不反复调控经济，则宏观经济就会是稳定的。这一原则所引出的政策含义是，系统的货币政策无效，随机的货币政策有害。新古典经济学认为，各当事人对未来经济变动的预期是合乎理性的，只要政府政策是系统和有规律的，那么，这种规律性就迟早会被当事人发现。即具备理性预期的行为人可以掌握货币当局所依循的货币规则，并按理性预期采取行动，使政府的经济政策初衷难以实现。正如赫尔姆希·弗里希所说："理性预期将导致十分不同的含义。由于经济当事人了解这个模型的各个参数，所以货币供应量增长率的任何变化不仅引起通货膨胀率的变化，而且也引起预期通货膨胀率的变化，从而不会对这一体系的实际变量发生影响。"①尽管行为人在预测通货膨胀时可能经常犯随机性错误，但他们不会发生系统性误判。因此，货币供给的增加会被价格的同比增长所抵消，货币当局无法影响实际产出，政府也不可能通过系统地操控货币供给来影响实际产出。

按照货币经济周期理论，产出和就业之所以发生波动，在本质上是由于政府突然的干预行为，政府只有通过欺骗公众或以人们意料之外的方式执行经济政策才有可能暂时地影响经济。然而，政府不可能持续地实施出奇制胜式的干预政策，因为公众一旦认识到问题所在就会立即采取行动纠错，经济总量将会回到自然率水平。如果货币当局的政策变动是公开的，则理性的经济行为人会很快掌握货币当局的政策规律，并在此基础上形成理性预期。那么，货币供应量一旦增加，人们会对这一信息进行充分的考虑并很好地预见到它对一般价格水平的影响，结果产出和就业将会停留在自然率水平上而无波动。这说明，货币当局的货币政策（无论是可预见的还是不可预见的）对实际经济变量不会产生实质的影响，即货币中性。新古典经济学家喜欢引用林肯在 1864 年的一句名言来说明相机抉择政策后果的不可靠性："你可以在一段时间内欺骗所有的人，你也可以在所有时间内欺骗一部分人，但是你永远无法在所有时间内欺骗

① 赫尔姆希·弗里希. 通货膨胀理论：1963—1975 年"第二代"概述. 经济学文献杂志，1977，12：1302.

所有的人。”既然政府不可能永远地欺骗公众，那么为了保持经济稳定，政府必须尽量减少干预经济，从而使市场充分发挥调节作用。市场需要的是稳定的政策，而不是积极行动主义政策。政府最好制定公布长期执行的固定规则的经济政策，以取得公众的信赖，解除他们的各种预防措施，并引导他们自动地迅速进行与政策相应的调整。

新古典宏观经济学的第二代学者继续发展了这一命题，并将其应用到财政政策分析上，得到了财政政策也无效的结论。最有名的当属巴罗对公债的分析，即巴罗—李嘉图定理。传统宏观经济学认为，用公债或用税收增加政府支出是不同的。政府用向公众借债的方法筹措资金，总会以政府支出的形式注入经济，从而增加社会总需求，并通过乘数作用使社会总就业和收入水平提高。但巴罗不同意这种推断，他复兴了“李嘉图等价”命题，即赋税和债务融资是为政府筹措资金的相同方法。巴罗认为，在给定政府支出路径的条件下，由于两方面的因素使“李嘉图等价”成立。一方面，每期的政府预算约束表明预算赤字只改变了征税的时间，而没有改变税收的贴现值。另一方面，每个家庭在作有关消费、劳动供给等决策时，关心的只是税收的贴现值，而不是税收的时间安排。巴罗假设消费者具有“利他主义”的遗产动机，即消费者从他和其子女的消费中都可以获得效用，这样即便消费者在政府增加税收来偿还债券以前去世，“李嘉图等价”依然成立。因此，他得出结论：个人的跨时最优化消费决策会完全抵消政府赤字财政的影响，因而传统的财政政策无效。

6.4.2 政策效果评价与政策最优目标徒劳

新古典宏观经济学不仅反对政府干预经济，还运用理性预期假说否定了传统凯恩斯主义相机抉择的经济政策制定思路。在这项工作中，最具代表性的是：①针对传统凯恩斯主义使用宏观计量经济模型来评价不同政策效果的“卢卡斯批评”，②基德兰德与普雷斯科特关于最优目标的“动态时间不一致性”的论述。

20 世纪 50 年代和 60 年代，丁伯根等人发展了相机抉择的计量经济模型。其思路可以简单概括为，先估计出消费函数、货币需求函数等经济计量关系式，尔后加进不同的政策规则，预测它们的效果。模型假设个人处于从属地位，这意味着个人不会发生任何有关政府政策的预期及相应的调整行为。现在，理性预期假说颠覆了政府干预经济如同操作机械的这一逻辑思路。卢卡斯在论文《对经济计量政策评估的批评》（1976）抨击了使用宏观经济计量模型来评价不同政策方案效果的做法，即著名的“卢卡斯批评”。卢卡斯指出，传统凯恩斯主义建立在一种假定之上，即当政策发生变化时，模型的参数保持不变，并且几乎无视政策变动对人们预期形成的影响。实际上，人们在对政策干预的效果进行预期时，不仅会考虑过去，还会估计当前事件对今后的影响，并依据预测结果修正自己的行为来实现利益最大化。这会使经济计量模型的结构参数发生改变，进而导致原有的经济计量模型失效。正是由于政策制定者无法预测政策调整后对模型结构参数产生的具体影响，因而，使用既定经济模型的模拟将无法评价政策执行的效果。卢卡斯给出结论：那种认为政府可以运用经济政策来调控经济，就像控制一部机器那样简单的想法是完全错误的。

进一步讲，假设政策制定者可以准确预测人们关于政策的反应及行为所产生的全部影响，并正确计算出这些规则。但是，没有人能确保政府会始终如一地执行既定规则。因为当政策执行一段时期后，公众相信政府的承诺并期望这种规则继续进行。这时，政策制定者有了一种新的选择：他们可以利用公众稳定的预期来重新制定政策。基德兰德和普雷斯科特最早对此种情况进行分析，他们在论文《规则胜于相机抉择：最优计划的不一致性》（1977）中指出，最优控制理论是无法应用于经济规划的，因为公众具有理性的预期。两人把政府也视为最大化其目标函数的经济行为人，创立了一个基于政策制定者与具有理性预期的经济行为人之间动态博弈的新古典模型。此模型的基本论点是，对于政策制定者而言，最优政策具有动态时间不一致性。假定当局对外公布了它所认定的最优政策，公众又对此深信不疑的话，在今后的一段时间内对于当局而言它就不再是最优选择，因为当局会在新情况下发现背弃既定政策承诺对自己更有利。这就是所谓，“事先和事后最优之间的差异就是所谓的时间不一致”。[①]基德兰德和普雷斯科特指出，产生这种不一致性的根源在于经济当事人之间的冲突，包括政府和私人、私人和私人之间的冲突。两人运用这一思想具体分析了 20 世纪 70 年代发达资本主义国家的“滞胀”局面。假定当局的目标是低通货膨胀并且宣布了这样一种政策，进一步假设该政策导致了低通货膨胀预期，这推动了工资的小幅度上升。在给定的低通货膨胀预期条件下，当局会受到实施高通胀货币政策的引诱，因为如此可在短期内降低失业率。那么，这种诱惑将导致经济陷入高通货膨胀，同时又无法降低失业率。倘若厂商和工人都知道了政策制定者的动机，低通货膨胀政策就会失去其可信性；自我实现的高通货膨胀导致了工资的充分上升，却未能降低失业率。据此，两人解释了 20 世纪 70 年代末至 80 年代初英美两国抑制通货膨胀失败的原因。他们认为，这是由于两国政府的经济政策没有获得公众的信任。类似的问题出现在很多其他社会经济政策领域。例如，政府宣布对特定的经济领域(比如投资)进行减税，但是在该领域的投资一旦付诸实施，政府便可以撤销减税措施，从而增加收入。

如果说卢卡斯批评只是从模型参数变化的角度对凯恩斯主义政策论提出质疑的话，那么，基德兰德和普雷斯科特的研究进一步说明，社会经济体系与物理系统是完全不同的，对后者有效的最优控制理论并不一定对前者有效，经济政策问题从根本上讲并非一个控制问题，而是一个对策问题。如果政府时而改变其政策（即规则没有约束力），那么规则自身也会出现“时间不一致”，这说明建立对规则的信誉比具体的规

---

① [英]布赖恩·斯诺登，霍华德·文，彼得·温纳齐克. 现代宏观经济学指南——各思想流派比较研究引论. 苏剑，等译. 北京：商务印书馆，1998：246.

则本身更为重要。

自 20 世纪 80 年代以来，新古典宏观经济学政策主张的影响力不断提升。这批经济学家强调预期在经济活动中的作用，因为在社会经济运行中，预期对经济变量的变化的影响无疑是一个客观存在，是不容忽视的。政策制定者应当充分估计到当事人在参加市场经济活动中的预期作用，从而使政府决策更加科学。这一观点已经是经济政策制定的共识，被许多国家的政府借鉴和采纳。不过，新古典宏观经济学对预期因素在宏观经济学中的作用不免过于夸大。这就自然不会触及对资本主义经济制度自身固有矛盾的分析，经济周期等重要问题都一概被归结为偶然的预期不完善的结果。回眸西方国家的经济政策史，尽管政府干预大潮的强度有涨有落，但没有哪一个政府完全放弃过对社会经济的决策权力。在 2008 年西方世界陷入金融危机之时，国家干预主义思潮又再次席卷欧美。当下，新古典经济学的政策主张及理念所产生的影响更多的是在学术领域，而不是实际政策制定范畴。

思考题

1. 什么是理性预期？
2. 如何理解新古典宏观经济学的经典复归与革命意义？
3. 分析新古典宏观经济学与货币主义宏观经济学之间的区别和联系。
4. 简要介绍基德兰德—普雷斯科特模型。
5. 简要评述新古典宏观经济学的政策含义。

第 7 章

现代奥地利学派经济学

现代奥地利学派经济学（The Modern Austrian Economics）是 20 世纪中叶兴起于奥地利，尔后在美国发展起来的一支非主流学派。它的前身为奥地利学派经济学（the Austrian School of Economics），由奥地利经济学家门格尔等人在 19 世纪末创立，其核心构成是主观主义和边际主义的价值理论、资本理论与分配理论。20 世纪 20—30 年代，奥地利学派经济学步入主流殿堂，其称谓被看作仅是经济学说史上的一个地理概念或历史名称。然而，到了 20 世纪 50 年代，哈耶克和米塞斯在门格尔的思想基础上提出了一些全新的理论，尔后罗斯巴德、柯兹纳、拉赫曼和加里森等人继续发展了这些理论。现代奥地利学派经济学由此出现，它反对主流经济学的均衡分析、数量分析和总量分析，主张建立在个人主义和主观主义方法论基础上的过程分析、心理分析和结构分析，形成了独立的学术体系。它亦是古典自由主义的坚决捍卫者，反对任何形式的集体主义和干预主义思想。该派经济学家是坚韧的特立独行者，尽管饱受主流学说的排挤，却一直坚守着自己的理念，并通过与凯恩斯经济学、新古典经济学和社会主义经济学的几次著名论战扩大影响，成为不容被忽视的学术力量。

7.1　现代奥地利学派经济学概览

现代奥地利学派经济学（以下简称现代奥地利学派）是从奥地利学派经济学发展而来的，如果把奥地利学派经济学看作一个整体，它已然经历了约一个半世纪，共七代经济学家。它的第一和第二代被主流经济学所接纳，而从第三代起至今，则被看作是一支重要的非主流或异端经济学。尽管长期受到主流经济学的排挤，但现代奥地利学派仍顽强不息，不断著书立说并组织活动来图谋自强。

7.1.1　前史："奥地利三重奏"

19 世纪下半叶，奥地利学派用较为通俗的方式阐述了一种主观主义和边际主义的价值理论、资本理论与分配理论。它是边际革命的重要组成部分，在 20 世纪初被主流经济学接纳且辉煌一时。门格尔是这一学派的创始人，门徒维塞尔和庞巴维克是第二代，两人虽不是门格尔的弟子，但却是其理论的坚定追随者。三人被并称为"奥地利三重奏”。

门格尔（Carl Menger，1840—1921）在著作《国民经济学原理》（1871）[①]中批评古典经济学的劳动价值理论，系统地阐述了一种与边际原理相结合的主观主义的价值和价格理论。门格尔被认为是边际革命的重要领袖，但在现代奥地利学派看来，他就社会经济系统所提出的不同于新古典经济学的那些见解——如知识、无知、时间、过程、自发秩序等观点——才是应重点发展的内容。欧根·冯·庞巴维克（Eugen von Böhm-Bawerk，1851—1914）和弗雷德里克·冯·维塞尔（Friedrich von Wieser，1851—1926）继续发展了主观价值理论，使奥地利学派被主流经济学所接纳。[②]马赫鲁普（Fritz Machlup，1902—1983）将第二次世界大战前这一学派的主要思想概括为：①方法论的个人主义，②方法论的主观主义，③边际主义，④效用和边际效用递减，⑤机会成本，⑥消费和生产的时间结构。它们（除第六点）很大程度上被吸纳到主流经济学的体系之中。他指出，奥地利学派其实就是具有某种强烈自由市场倾向的新古典经济学的一支。因此，它必然要被融入主流经济学，而它的消失，并不说明其失败，而是反映了它的成功。

7.1.2 开篇：米塞斯与哈耶克

米塞斯和哈耶克是奥地利学派的第三代，他们发展了该学派中那些不同于主流经济学的命题，使之走向一条非主流的道路。他们因此成为现代奥地利学派的重要领袖。在两次世界大战之间，二人联手就社会主义可行性问题与社会主义者论战，就经济周期理论问题与凯恩斯论战，使现代奥地利学派受到广泛关注。

路德维希·冯·米塞斯

路德维希·冯·米塞斯（Ludwig von Mises，1881—1973），生于奥匈帝国的兰堡（今乌克兰利沃夫）的一个富裕犹太家庭。1900 年，他进入维也纳大学，1903 年底他读了门格尔的《国民经济学原理》，深受影响。他是庞巴维克讨论班中的活跃分子。1906 年，获法律和经济学博士学位。他担任过维也纳商业部的首席经济和法律顾问，对政策制定产生过重要影响。1912 年，出版《货币与信用理论》，用边际效用价值论解释了货币的起源、价值及作用，成为现代奥地利学派商业周期理论的雏形。

① 这部德文著作于 1950 年被翻译成英文，书名《经济学原理》。

② 维塞尔创造了“Grenznuzen”一词专门表达边际效用范畴，把成本分析初次引入门格尔的体系。他还在 1876 年最早提出了“机会成本”的雏形——为市场生产某种产品的企业家放弃了生产和销售其他产品的机会。这一思想成功地将生产成本转变为一种主观心理成本，他与庞巴维克一道对此进行了不断地完善。

1913 年起，无偿地到维也纳大学做兼职讲师。他长期在商业部办公室里主持私人研讨班（1920—1934）。每周五晚上，一批优秀的知识分子在此探讨有关经济、社会和哲学的问题。[①]1926 年，他与哈耶克共创办了奥地利经济周期研究所，由哈耶克担任所长，该所致力于监视和预测欧洲经济状况，甚至预测到了即将来临的大危机。[②]米塞斯推崇经济自由主义，出版了两本著作：《自由与繁荣的国度：论古典自由主义》（1927）和《国家干预主义批判》（1929）。1933 年，出版著作《经济学的认识论问题》。1945—1969 年，任纽约大学客座教授，继续举办私人研讨班，培养出像罗斯巴德和科兹纳等杰出的学派第五代。他在巨著《人类行为》（1949）中构造了一种全新的经济学理论体系，这是一部集奥地利学派经济学之大成的经典巨著。米塞斯从人进行有目的的行为这一简单的公理出发，通过文字演绎的方式，推出人需要选择特定的手段去达到目标，手段是稀缺的、选择受到知识的约束、行动需要时间、未来不确定等；最终推导出了从个人选择到商业周期的整个微观、宏观经济学体系。

弗里德里希·冯·哈耶克

弗里德里希·冯·哈耶克（Friedrich August von Hayek，1899—1992）出生在维尔纳一个知识分子家庭。1918 年进入维也纳大学，师从维塞尔。1921 年和 1923 年分获法学、政治学博士学位。1929 年任维也纳大学讲师，开始传播奥地利学派经济学。1931 年，伦敦政治经济学院经济学系主任莱昂内尔·罗宾斯（Lionel Robbins，1898—1984）邀请他到校就经济周期理论问题开设讲座，目的是与凯恩斯相竞争。同年，出版著作《价格与生产》。20 世纪 30 年代末和 40 年代，哈耶克加入到由米塞斯挑起的社会主义经济计算问题的大论战中，并出版了《通往奴役之路》（1944）。这部产生广泛影响的著作，主要是一部政治哲学作品。[③]1947 年，哈耶克创办了以反对社会主义为主旨的朝圣山学社。1950 年，任芝加哥大学社会与道德科学教授，薪水也是由私人基金所赞助。1962 年，担任德国弗莱堡大学的经济学教授。1969 年退休后，应邀到奥地利萨尔茨堡大学工作 8 年。哈

① 研讨班成员有：哈耶克、弗里茨·马赫鲁普、戈特弗里德·冯·哈伯勒、奥斯卡·摩根斯坦等，大多成为了奥地利学派的第四代。讨论一般会持续到晚上 10 点，大家移步附近一家意大利餐馆，继续讨论。约 11 点半，他们又到维也纳大学对面的咖啡馆。凌晨 1 点，仍有一些人要去散步。米塞斯总是最后一个回家。

② 1924 年，米塞斯提出，中央银行放松信用的政策会在国际金本位下导致经济灾难。1929 年，他拒绝担任信贷银行的高管职位，理由除了正在写一本关于货币的书之外，他还说："大崩溃就要来了，我不希望我的名字以任何方式和它联系在一起。"

③ 弗里德曼认为，哈耶克选择研究经济学就是一个错误，政治理论才是他适合从事的专业。弗里德曼说："我非常赞赏哈耶克，但不是赞赏他的经济学。我觉得他的《价格与生产》是一本漏洞百出的书。我觉得他的资本理论简直无法卒读。"

耶克和凯恩斯分别代表了20世纪30年代的两大阵营。他把凯恩斯视为自马克思主义产生以来对经济自由原则最严重的威胁，担心随着国家干预的加深和国家权力的集中，自由主义将遭受严重损害。虽然在20世纪30年代与凯恩斯的论战中受到轻视，但他在1974年荣膺诺贝尔经济学奖，被认为是20世纪自由主义意识形态的伟大思想家和自由市场经济的坚定捍卫者。他不但从经济学的意义上，也从政治学、伦理学和人本主义的意义上，把个人自由权利的存在与否视为一个社会是否健全的基本标志。

7.1.3 续展：新生一代

20世纪70年代，西方国家的“滞胀”局面使奥地利学派迎来了历史机遇。1974年，哈耶克获诺贝尔经济学奖。同一年，现代奥地利学派在美国佛蒙特州的南罗约敦举行了为期一周的首届本学派研讨会。[①]该学派的第五代是会议的主要发言人，阐述了现代奥地利学派的基本原理、方法及未来发展方向。会议论文集以《现代奥地利学派经济学的基础》为题出版，被认为是新奥地利学派的宣言。所谓“新奥地利学派”，发声于20世纪60年代的美国，由第五代及以后的奥地利学派经济学家组成。第五代的领军人物是罗斯巴德、柯兹纳及拉赫曼。其中，罗斯巴德和柯兹纳是米塞斯在纽约大学私人研讨班上的学生，拉赫曼是哈耶克在伦敦政治经济学院的学生，他们推动了奥地利学派的复兴和发展。

穆雷·罗斯巴德

穆雷·罗斯巴德（Murray N.Rothbard，1926—1995），出生于纽约布朗克斯的一个犹太人家庭。1956年获哥伦比亚经济学博士学位。在读博期间，遇见了米塞斯并被其学说吸引。1986年起任内华达大学的讲座教授，直至去世。20世纪70年代末，他创办《自由意志论研究杂志》，80年代初参与创立了米塞斯研究所，并任副所长，随后又创立了《奥地利经济学评论》（即现在的《奥地利经济学季刊》）。罗斯巴德延续了米塞斯《人类行为》的分析框架，增加了一些附属假设，进行了更为翔实和易懂的演绎。他为人类行为学做出重要贡献，其《人，经济和国家》《美国大萧条》《行为的逻辑》等著作重新解读了“大萧条”，阐明了政府干预经济的危害性。罗斯巴德密切关注货币理论，强调古典金本位制的好处并支持100%储备银行。他认为，该系统将防止信贷扩张，依据米塞斯和哈耶克的商业周期理论，信贷扩张导致了不可避免的萧条。这些观点结集为《政府对我们的钱做了什么？》（1964）与《银行的秘密》（1983）。他还撰写了现代奥地利学派的经济思想史著作，该书是

① 弗里德曼也参加了这次会议，但他认为，现代奥地利学派可以平稳地融入主流经济理论之中。

其去世后，由米塞斯研究所的同事整理为两卷本出版：《亚当·斯密以前的经济思想》《古典经济学——奥地利学派视角下的经济思想史》。自 1995 年初版后，引起广泛关注，于 1996 年和 1999 年连续再版。

伊斯雷尔·柯兹纳（Israel M.Kirzner，1930—）出生于英格兰，1940 年迁居南非，1947 年进入开普敦大学，在最后一学年迁居美国。1954 年获布鲁克林学院哲学学士学位，1955 年获纽约大学 MBA 学位。此后，与米塞斯的相遇使他下定决心放弃原本的会计学专业。在米塞斯的指导下，柯兹纳于 1957 年获纽约大学经济学博士学位。他在《竞争和企业家精神》（1973）中批评新古典经济学只关注完全竞争模型而忽略了企业家在经济生活中的重要作用，尔后在《市场过程的含义》（1992）提出市场过程是由一系列发现而造就的变化构成，企业家的警觉在其发现过程当中发挥着重要作用。2006 年，柯兹纳荣获全球创业研究奖。

伊斯雷尔·柯兹纳

路德维希·拉赫曼（Ludwig Lachmann，1906—1990）出生于南非，就读于柏林大学（1924—1933）并取得博士学位。1926 年夏，他在苏黎世大学首次接触到奥地利学派的理论。1933 年，到伦敦政治经济学院就读，开始求教于哈耶克。1948 年起，他在南非约翰内斯堡的金山大学任教授直至退休。他认为，奥地利学派已经偏离了门格尔最初构想的完全主观经济学体系。在他看来，奥地利学派经济学是一种进化的或者一种关于“起源—因果论”的方法。现代奥地利学派的主要内容应当是：经济主观主义、不完美的知识、商业周期理论、方法论的个人主义、机会成本以及“市场过程”。其著作包括：《资本及其结构》（1956）、《宏观经济的思考以及市场经济：论对微观基础的忽略及其后果》（1969）、《马克斯·韦伯的遗产》（1970）、《市场作为一个经济过程》（1986）等。

路德维希·拉赫曼

第六代成员包括加里森、杰德·奥德利斯库（Gerald O'Driscoll，1947—）、马里奥·里佐（Mario Rizzo，1948—）、劳伦斯·怀特（Lawrence White，1954—）、丹·拉瓦伊（Don Lavoie，1951—2001）等和第七代的乔治·塞尔金（George Selgin，1957—）、彼得·勃特克（Peter Boettke，1960—）、斯蒂文·霍维兹（Steven Horwitz，1964—）、大卫·普雷奇特科（David Prychitko，1962—）等。美国的纽约大学、奥本大学和乔治·梅森大学是这批思想家的驻地，其作品主要是著作或发表在《奥地利学派通报》

《市场过程》《奥地利学派经济学评论》和现代奥地利学派会议论文集上的论文。他们反对主流经济学关于社会经济处于确定、静态、均衡状况的描述，由于忽视了一些关键内容，主流学说不能为现实的社会经济提供清晰一致的解释。他们继续发展了门格尔、米塞斯、哈耶克传统，力图提出一种关于激进的动态主观主义和个人主义，关于时间、无知、过程的演化经济理论。

罗杰・加里森

需要特别提到的是罗杰・加里森（Roger Wayne Garrison，1944—），1981 年获弗吉尼亚大学经济学博士，现任美国奥本大学经济学教授，讲授“宏观经济学”和“经济思想史”课程。1978 年，他最先提出了“奥地利学派宏观经济学”的概念，尔后在著作《时间与货币：资本结构的宏观经济学》（2001）及论文《奥地利学派：以资本为基础宏观经济学》（2005）、《自然利率与稳态增长》（2012）等中进一步系统化，用“以资本为基础的宏观经济学”（capital-based macroeconomics）来阐述这一学派的宏观经济学说。

7.1.4 研究对象与研究方法

现代奥地利学派提出了与主流经济学完全不同的经济学研究对象和方法，为了揭示各种经济现象背后的真正因果关系，它用有目的的人类行动来描述一个动态世界。

1. 作为人类行为学的经济学

人类行为学（praxeology）是其独有的方法论。米塞斯首先对它进行了系统解读。他指出，人类行为学是一种对人类的行为进行终极假设的公理体系，并为所有以人的行为作为研究对象的社会科学奠定了坚实的理论基础。经济学只是人类行为学这一大学科体系中的子学科，人类行为学为经济学提供了认识论和方法论的基础，经济学则是将人类行为学的基本公理和少数几个辅助性公理运用于解释市场现象的一门学问。人类行为学的基本公理是：个人从事有特定目的的行动，对它的经济学解释构成了其他辅助性公理。

现代奥地利学派将经济学看作人类行为学的一个组成部分，经济学研究的主角是人而不是物，所涉及的是一个与物质世界完全不同的主观世界。经济世界是由人的动机、利益和目标组成的现实领域。经济学的主要任务是用个人行动的相互作用来解释经济世界。即拉赫曼所说的经济学研究的两个任务：“第一个任务是用人的行动和有计划的努力来解释我们周围的世界。第二个任务是探索此类行动的无意后果。”[①]这带

① [美]埃德温・多兰．现代奥地利学派经济学的基础．王文玉，译．杭州：浙江大学出版社，2008：39.

来了研究方法的个人主义和主观主义。现代奥地利学派指出，研究社会现象要从个体行为的视角展开，社会现象只是个体行为的有意识或无意识的结果。在方法论上，个人主义与集体主义相对立，前者认为要从个体推知集体，而后者认为社会作为一个整体具备其目的与需要。该学派坚决反对方法论的集体主义。哈耶克强调，其个人主义是方法论上的个人主义，而不是社会、政治意义上的个人主义。他所讲的个人主义绝不是利己主义和自私的代名词。当然，他并不否认方法论的个人主义将会导致社会、政治意义上的个人主义，如同方法论的集体主义必定导向极权主义一样。

2. 激进或动态的主观主义

米塞斯指出："在人类行为中除了各种为获取目标而产生的个人欲望之外，别无他物。对于这些目标的选择，不存在真理的问题，只有价值。而价值判断必然总是主观的。"[①]以人类行为的选择为出发点意味着对结果的评价是主观的。现代奥地利学派将主观主义区别成静态和动态两种。他们认为，新古典经济学的效用最大化理论（微观经济学中的消费者均衡）是一种"静态的主观主义"，把有个体有目的的行动简单地描述为特定、有序和静止的数学式，忽视了人主观主义的其他表现特征及其在决策时所面临的不确定性。人的行为绝非简单地在一个既定的目标框架下进行选择，它还包含更丰富的内容。"行动"概念比"最大化"概念更实际，人的决策具有创造性和不确定性。现代奥地利学派提倡"动态的主观主义"或"激进的主观主义"，人们不断地依据自身的知识、预期与市场环境的变化调整其决策。

在主观主义的方法论之下，现代奥地利学派强调，经济学不仅是研究偏好和约束的理论，也是一种关于时间和无知的学问。他们反对均衡分析的方法，提出了过程分析的方法。人的行动在时间之中，且在未能完全掌握知识的情况下进行，这意味着经济理论的发展无法摆脱时间与无知。而一旦将时间和无知引入经济分析之中，均衡状态就不复存在。

这一学派非常重视时间在经济分析中的作用。时间的动态概念，即对时间推移的主观理解，是它的独特观念。它反对新古典经济学的所谓"牛顿时间"，主张"真实时间"。"牛顿时间"是新古典经济学的时间观，这是一种空间化的时间概念，它仅意味着在某一线路上的移动，人们可以用不同的数据来描述时段或时点。即在某些情形中，时间可比作空间。"真实时间"是属于人类的时间。人事实上是存在于时间之中，时间是有限的，我们要理性地使用它。因此，理性行动中必须具有时间维度。此外，时期之间的联系一定是主观的，当前时期和其他时期原则上通过个人的感觉相联系。总之，"真实时间"是非定向和不可重复的，变化很可能是不可预见的。所以说经济问题不会是一种静态的分配，它还有另一个基本含义——广泛的不确定性。

现代奥地利学派提出，关注不确定性就是为了研究知识不完善的人们是如何努力

① Ludwig Von Mises, *Human Action*, Yale University Press, 1963, p.395.

去克服这些局限的。现代奥地利学派强调的知识概念不仅是指通常所说的科学技术知识，还包括只可意会不可言传的经验、对决策有用的信息、对机会的认识和把握，对未来变动趋势的预测，和人的学习与创造能力等。一旦承认知识随时间的流逝而变化，就会引出这一学派的基础性问题——未来的不确定性。知识塑造了行为，行为塑造了人类可以遵循的世界。但知识是多层次、异质、私有和多变的，它不是任何东西的函数，这意味着世界没有不变的东西，均衡状态并不存在。按照这一思路，该学派反对主流经济学的方法。首先，必须否定最大化概念。一个已知的和既定的手段——目的选择框架并不存在，因为知识流的变化改变了全体数据，人们的偏好和实现目的的手段将随之变化。其次，外部事件的冲击不一定导致行动朝着某一个均衡点收敛，任何一种随机性的干扰因素都可能使行动转向。最后，要否定“一般均衡”概念。如果说个人通过学习和修改行动计划可以实现“个人的均衡”，市场的整体均衡却是无法存在的。因为早在一般均衡状态实现之前，某些变化会使均衡力量不能及时发挥作用，而且知识还具有异质性。现代奥地利学派提出，用市场过程理论代替新古典主义的市场均衡理论。

他们反对数理经济学和计量经济学。米塞斯说经济学不是定量科学，因为经济关系处于不断变化中，不存在常量。[①]罗斯巴德强调，经济分析只能是文字演绎而不是数理逻辑。这是因为文字是一种意识，是我们思维能力的一部分，也是理解事物意义的一种抽象概括，而数学符号本身是没有意义的，数理逻辑演绎的每一步都会丢失很多含义，将自然语言转换为数学公式会使人们失去知识而不是获得知识。他们还反对主流经济学的总量分析或宏观分析方法。他们指出，所谓宏观经济总量是个虚构概念，人们不仅缺乏一种可靠的度量方法，个人的行动和计划也是无法加总的。该学派甚至反对经济理论的经验验证。因为其理论是从不言自明的公理演绎出来的，这些公理性命题是不需要被证实，也不能被证伪；他们并且认为，统计学和计量经济学只是在经济史的研究中有用，运用这些工具证实或证伪理论，只能说明过去，而不能说明现在和未来（两者处于变化当中）。

总之，现代奥地利学派与新古典经济学在方法论上是不同的。新古典经济学将经济世界界定为相对特定、有序和静止的，从而用类似于自然科学的方法研究经济问题。现代奥地利学派提出人类行为学的分析范式，强调无时无刻的变化、非均衡及未来的不确定性，这超出了新古典主义的视野。按照沃恩的说法，现代奥地利学派经济学与新古典主义正统经济学说之间的关系实际上是一场关于在经济学分析的过程中均衡模式结构的本质之争，同时也是关于新古典主义经济学的那些假定和结构原则是否恰当和有用的大辩论。[②]

---

① Mises, von Ludwig, *Human Action: A Treatise on Economics*, New Haven: Yale University Press,1963, p.55-56.

② [美]卡伦·沃恩. 现代奥地利学派经济学在美国：一个传统的迁入. 朱全红，等译. 杭州：浙江大学出版社，2008：13.

7.2　自发秩序、市场过程和企业家

沿着对经济学研究对象和方法的阐释，现代奥地利学派在关于对社会经济系统的认识方面提出了不同于主流经济学的学说——自发秩序原理、市场过程理论和企业家理论。

7.2.1　自发秩序原理

早在 17、18 世纪，思想家们就开始探索隐蔽在众多个体行动背后的社会秩序问题，这推动了经济理论的发展。而新古典经济学将人的经济行动看作在静态时间和完全知识条件下的选择行为，当然对社会秩序问题不会感兴趣。为了证明自由竞争市场经济的优越性，尤其是论证在时间和无知条件下人的行动之稳定性，现代奥地利学派提出了社会秩序原理。

哈耶克说，“秩序是指这样一种事态，其间，无数且各种各样的要素之间的相互关系是极为密切的，所以我们可以从我们对整体中的某个空间部分或某个时间部分所作的了解中学会对其余部分做出正确的预期，或者至少是学会做出颇有希望被证明为正确的预期。”[①]社会必然有着某种秩序，否则社会的成员就不可能生活在一起。“自发秩序”（spontaneous order），即人类社会中存在着某种有序的结构，但它并非人为设计出来的，而是许多人各自行动的结果。“看不见的手”正是对“自发秩序”的一个合适表达：我们对私人目的的追求，促进了一个超出了我们原有的更大目标，而我们对此既没有打算，事前也不知道。

哈耶克把由某人通过对一系列要素进行配置和控制其运行而确立起来的秩序称作“人为的秩序”。“自发秩序”与“人为的秩序”的相互交融，构成了社会全体成员行动的结构，即人类发展的社会秩序，但这两种秩序是根本不同的。哈耶克指出，社会科学研究的任务就是要说明自发秩序的各个方面，其经济方面正是经济学的研究对象。他用“交易秩序”（catallaxy）代替“经济”（economy），经济是指使一些目标最大化；交易秩序是指“市场上许多个体经济相互调整而产生的秩序”，这才是经济学的研究对象。

自发秩序是社会在长期的文化进程中自发形成的，用以调节人们行动规范的规则体系，自发秩序原理是现代奥地利学派制度观的基础。这种制度观囊括了两方面内容：人们行动结构的秩序与规则系统的秩序，前者是指个体遵循普遍规则而产生的秩序，后者是指个体遵循的规则如何进化的秩序。自发秩序首先作为各种规则的静态体系发

① 哈耶克. 法律、立法与自由：第 1 卷. 邓正来，等译. 北京：中国大百科全书出版社，2000：54.

挥作用。正式的法律体系、道德规范、传统习俗，以及社会中的许多具体规章，对人们的行为进行了明确或隐晦的规定，并设定了奖惩措施。这既限定了人们思想及行动的范围，也使我们在不掌握他人全部知识的情况下，就可以准确预期其行为。因此，制度帮助人们去除了在不确定世界中潜在的混沌，执行了在无知情况下个体计划协调的任务。米塞斯认为，货币制度的作用是：不仅使人们建立了复杂的交换体系，而且是人们在复杂经济中进行利益核算的唯一工具。试图预期某些商业计划结果的唯一手段就是估计未来的价格，而评价计划成功与否的唯一标准是计算货币量的得失。因此，这个计算是一种对行为的可能选择过程的思维方式。哈耶克指出，市场制度解决了无知情况下的知识有效利用问题。“知识分工”与“劳动分工”同等重要，但前者却很少被认真研究。由于“知识分工”，人们一般对现实中的很多事件处于无知状态。评判一个经济制度的效率的关键，是它能否充分、合理地利用知识。然而，知识通常是以分散和不完整的形式存在，并由许多独立的人掌握。因此，知识的非完整性不可避免。那么，经济问题就不仅涉及如何分配稀缺资源，还涉及任何人都只能在掌握部分知识的情况下使用知识。此外，经济问题往往只是由于现实变动的缘故而产生，因此，它主要是一个迅速适应特定时间和地点条件下的变动问题。知识的这种分散性、多样性和易变性，决定了没有哪一个组织或权威是面面俱到的。由此，为了使个人知识服务于社会，必须要依靠市场这样一个超越个体的信息收集体制。在市场条件下，不仅个人的知识得到有效利用，而且参与协作的社会成员之间在天赋、技能和兴趣上扩大了差异，促进了世界的多样化并增强了合作的群体力量，它大于所有个体努力的加总。价格体系是一种传递知识的机制，在这里，个人参与者只需知道很少的知识即可因地制宜地正确行动。中央计划无法解决知识的利用问题，因为它无法掌握决策所需的全部知识，也无法根据现实变化考虑所有情况。

7.2.2 市场过程理论

柯兹纳吸收了奥地利学派经济学第一代对于时间、过程、资本、市场等问题的思想精髓，并在第二代的理论基础上提出了以竞争为标志的市场过程理论，这成为现代奥地利学派的核心构成。

柯兹纳指出，市场过程是由一系列发现而造就的变化构成，这些发现是因为现实世界中有构成最初不均衡状态的无知的存在。他把市场看作是在所有时间里都表现出激励有价值发现的强大力量。市场过程理论重视分析市场的均衡趋势，而不是均衡状态。实际上，均衡状态从来都没有发生过，但市场确实展现出强烈的“朝向均衡趋近”的倾向性。柯兹纳指出，市场过程理论的核心问题是无知与发现在市场所发挥的重要作用，是承认人们“极端的无知”情况下的理论。市场过程是一个利润机会不断被发现的过程，正是因为人们的无知才会导致未被发现的有利机遇始终存在，其不断被发现所产生的结果构成了趋向均衡的过程。柯兹纳强调，市场中存在的均衡趋势却无法保证其必然实现，真实经济受到技术可行性、可用资源等不断变化的影响，趋向均衡的过程经常被打断，但发现会减少个体的无知性。当然，发现未必总是正确的，发现者必须不断适应可能发生新变化。总之，市场过程理论描述了无数个有目的的个人为实现各自计划如何通过市场交易过程进行创造性的选择，从而产生新的知识、新的技术和新的行为方式，来减少由时间和无知引起的不确定性，这有力地推动了社会的发展和经济的进步。按照奥德里斯科和里佐所说："学习不仅给不变的学习函数中的变量赋予新价值，而且还包括了知识的结构性变化。市场过程既是这种变化的原因，又是其表现。"[①]由此，社会制度和社会秩序可以被看作是创造性选择的副产品。柯兹纳指出，市场过程应当被理解为提供一种系统性的力量，这种力量通过企业家的警觉被启动（企业家发现机会），倾向于降低相互性无知的程度。这就引出了现代奥地利学派的企业家理论。

7.2.3　企业家理论

柯兹纳指出，市场最重要的特征就是"动态的企业家—竞争性发现过程"，这使"市场具备持续地产生在合理的程度上接近均衡价值的价格的能力"。[②]"一个根本不允许企业家精神存在的理论分析世界，除了均衡模式外不能解释任何东西。它对解释投入和产出的价格、数量和质量在市场过程中如何系统地发生改变完全缺乏解释力。"[③]按照这一逻辑，企业家能在非均衡价格中发现和抓住利润机会，企业家间的相互竞争促使了信息的传播、知识的利用以及市场的动态演化，最终产生出不断扩展的市场秩序，从而推动社会进步。

奥地利学派对企业家的解释有两种思路：①维塞尔—熊彼特思路将创新视为企业家精神的核心，突出具有创造性的特定活动及其在创造利润的过程中对经济发展的推动；②米塞斯—柯兹纳思路，它将警觉视为企业家精神的核心，突出具有警觉性的个体行为及其在发现和利用利润机会过程中对经济发展的推动。

首先，维塞尔把企业家看作具有超常能力与创造力的人，他们擅长利用竞争过程实现目标，普通大众对其进行追随模仿。这对熊彼特产生了很大影响，他借鉴维塞尔的"先驱""领导者"和"创新"等概念提出了创新理论。这一理论中系统阐述了企业家的作用，所谓企业家是能够实现生产要素的重新组合的创新者，是创新的主体。[④]他

① Driscoll,Gerald P Jr, Rizzo, Mario J. *The Economics of Time and Ignorance*, Basil Blackwell,1985, 215.

② 柯兹纳. 市场过程的含义. 冯兴元，等译. 北京：中国社会科学出版社，2012：112，113.

③ 柯兹纳. 竞争与企业家精神. 刘业进，译. 杭州：浙江大学出版社，2013：35.

④ 所谓"创新"是"建立一种新的生产函数"，把一种从来没有过的关于生产要素和生产条件的"新组合"引入生产体系，替代旧组合。详见吴宇晖，张嘉昕. 外国经济思想史，第2版. 北京：高等教育出版社，2014：15.

研究了经济系统如何依赖企业家的“创新”打破固有循环和均衡，但他很少涉及知识不完全问题，而柯兹纳正是从这一前提出发展开研究的。

其次，米塞斯—柯兹纳思路是现代奥地利学派企业家理论的正宗代表。米塞斯把企业家看成按照市场情况所产生的变化而采取相应行为的人，这是解决市场中不确定问题的人类行为的共性。那种通过调整生产以适应预期条件变化来获取利润的企业家即“促进者”，他们具有主动性和冒险精神。沿着米塞斯的路径，柯兹纳赋予企业家一种警觉的品质。可见，米塞斯—柯兹纳企业家精神的本质特征并非创新，而是“警觉”；企业家的利润来自“套利”而非创造。柯兹纳写道：“不是把企业家视为先前不存在的创新念头的源泉，而是视为对已经存在并等待被注意的机会的警觉。在经济发展中，企业家也被视为对机会的响应，而不是创建机会；视为捕捉利润机会，而不是产生出利润机会。当有利可图地使用资本的生产方法在技术上可得时，储蓄流足够提供必需的资本，此时就需要企业家精神出场，以确保创新在事实上得到实施。没有企业家精神，没有对新可能性的警觉，长期利益就会永远得不到开发利用。”①

纯利润机会表现为三种情况：①在不同市场上以不同价格同时买卖，作为纯粹的套利的结果；②以一个较低价格买，尔后以更高价格出售，作为跨期套利的结果；③以较低的价格购买原材料，以更高价格在未来出售产品，作为一种创造性的生产行为的结果。柯兹纳指出，“纯粹的套利倾向保证对于所有双方都得利的交易机会被发掘；跨期套利倾向于避免‘浪费性的’跨期配置；在产品生产中的企业家活动倾向于产生技术进步。”②由于知识的不完全、个人计划互不协调，自由竞争的市场处于一种无知状态。企业家发现了自己和竞争对手的无知，明确了获利的机会。企业家的逐利行为既是一个争胜的过程，也是市场竞争过程的一部分。当然，企业家也会犯错，所以市场总是处于一个趋向均衡的状态，而不是处于均衡的结果。总之，柯兹纳不承认存在均衡的结果，只承认市场存在走向均衡的趋势。但是，这一趋势却总是在没有达到之前就因市场情势的变化而被打破。

柯兹纳的企业家理论是对市场过程理论的重要补充和解释。这吸引了很多主流经济学家从新古典经济学完全竞争理论脱离出来，转而高度重视企业家的功能，以及企业家间相互竞争所促进的市场过程理论。

7.3 资本为基础的宏观经济学

现代奥地利学派宏观经济理论的基础可以溯源到门格尔。门格尔提出“财货的等级”理论，把消费品作为第一层级的产品，离最终消费品越远的产品层级最高。这种

① 柯兹纳. 竞争与企业家精神. 刘业进，译. 杭州：浙江大学出版社，2013：62.

② 柯兹纳. 市场过程的含义. 冯兴元，等译. 北京：中国社会科学出版社，2012：54.

有关生产过程及产出的分析独具特色。后来，米塞斯和哈耶克提出了商业周期理论，即米塞斯—哈耶克模型。它重点分析了时间、货币、资本结构和经济周期之间的关系。马赫鲁普将其实质表达为“货币因素引起周期，真实现象构造周期”。罗思巴德用它重新阐释了“大萧条”。最终的综合由加里森完成，他把资本的跨期结构、可贷资金市场以及生产可能性边界这三方面结合起来，提出了现代奥地利学派“以资本为基础的宏观经济学”。

现代奥地利学派把相对价格和产出结构的变化（被主流学说忽略的内容）纳入经济分析之中，试图说明货币干扰如何通过影响相对价格来改变生产的时间结构与经济的真实部门。他们没有对宏观与微观进行专门区分，这意味着早在新古典宏观经济学和新凯恩斯主义之前，经济学界就已为打通微观和宏观分析在努力。

7.3.1　货币非中性

货币主义及新古典宏观经济学所持的是货币中性观点，即货币只会影响价格水平或货币收入，不影响相对价格或实际产出构成，因而，经济会处于长期均衡状态。①现代奥地利学派反对这一假说，他们认为，货币供应量的变动、货币投入经济系统的方式及运行等因素，都会影响真实变量和最终市场结果。因此，货币是非中性的。他们关注货币量变化与相对价格变化和产出结构变化之间的关系：货币量变动引起商品和劳务、消费和投资之间相对价格的变化，导致了实际产出结构与就业的波动；而一般价格水平可能变化也可能不变。

米塞斯说：“货币增量一开始没有进入所有人的口袋；首先得到好处的人不一定都得到相同数量，而且并非每个人对相同增量的反应方式都相同。”②哈耶克则强调，扩张的货币政策是在一个特殊的点上不均匀地把货币注入经济当中。他将货币进入经济系统比作向一个容器注入蜂蜜的过程，蜂蜜被用均匀的力道注入，但在某一点可能形成小椎体，尔后又慢慢扩散。即便停止注入，也需要时间让液体恢复均匀面。罗思巴德举例说，假如天使一夜之间让每个人的现金余额都增加了 20%，但这不会带来所有商品的价格都上升 20%。因为每个人的价值尺度不同，增加的货币被用于购买的商品和劳务的种类及数量不同，需求结构将改变，相对价格和生产中的相对收入也会发生变化。总之，货币供应量的变动必然引发相对价格变化，导致资源的重新配置。现代奥地利学派把资源的重新配置视为生产和资本的结构在时间中进行调整的过程。资源的重新配置很可能达不到一般均衡，这就引发了经济的繁荣或衰退。

① 当然，货币量变化引起一般价格水平变动，对物价水平变动的错误预期会导致产出和就业的波动。

② 转引自[英]布莱恩·斯诺登，霍华德·文，彼得·温纳齐克. 现代宏观经济学指南：各思想流派比较研究引论. 苏剑，等译. 北京：商务印书馆，1998：429.

7.3.2 资本的跨期结构与储蓄引致的经济增长

哈耶克用一个三角形来描述他对生产和资本结构的分析，即著名的“哈耶克三角”（本书采用经加里森修订的版本）。如图 7-1 所示，最终消费品需要经过从左至右排列 11 个生产阶段。每个柱形按时间排列，相等的宽度表示在各自生产阶段所消耗的时间。最后一个柱形的长度代表消费品的价值，前一个高度缩短的柱形代表各生产阶段产品的价值。由于每一个生产阶段都在前一个生产阶段产品价值的基础上再附加一定的利润销售给下一阶段，故生产的结构图呈现为一个向右升高的三角形，其斜边是不同生产阶段的价值轨迹。临近的几个生产阶段可以在不相同或者同一个企业中完成。

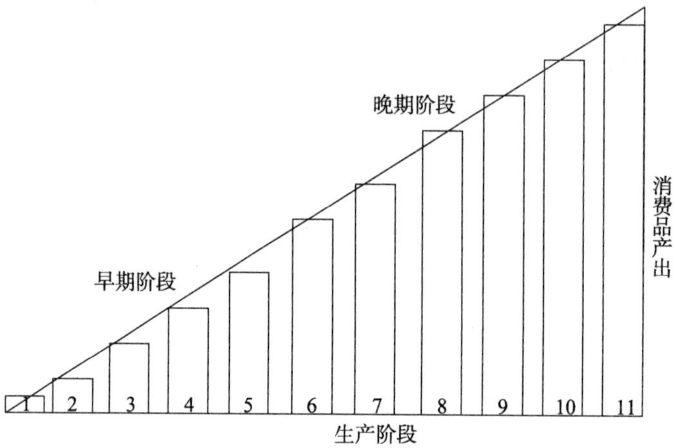

图 7-1 “哈耶克三角”

企业家在资本跨期的资源配置过程中发挥核心作用。企业家的生产决策需考虑利润和借贷成本，他们通过对后续阶段产品的需求甚至最终产品的需求来预期本阶段产品的需求状况。资本家的投机活动将导致资源在不同生产阶段进行重新配置，并可能引发更高级的生产阶段，即新的生产阶段。企业家对相邻两个阶段的产品的价值差与市场利率进行对比，决定在哪一个阶段投入资源。如果价值差大于利率，就选择在较早阶段开展生产。资本经过充分流动，各阶段的利润机会都消失时（各相邻阶段之间的价值差均等于利率），从而形成均衡利率。当以储蓄为基础的投资等于资本折旧时，经济就实现了跨期均衡，消费品的生产率不变。当投资大于折旧时，将发生经济增长，当利率不变时，“哈耶克三角”变大但形状不变。与主流学说的资本结构固定假设不同，在这里，资本结构会发生变化，即三角的形状改变。可见，现代奥地利学派宏观经济学关注的重点是资本跨期的失调与协调。

储蓄向投资的转化势必改变生产的时间结构，引发资本的跨期重构。在图 7-2 中，假定跨期消费的偏好变化发生在第二期末，它减少了第三期消费品的产出。伴随投资的完成，消费品产出速率递增，在第六期到达与初始的产出水平，并在未来时期继续增加。图 7-3 描述了消费—投资的变化与生产的时间结构之间的关系。从节省消费而释放出来的资源被投入到一个更为迂回的生产过程中，即资源被用于更远离消费品的资本品生产阶段，生产的时间结构延长（三角形的形状及面积发生改变）。这说明资本的跨期结构发生重组。在第三期，偏好变化时，哈耶克三角的形状改变，此后几期的形状不变，但面积扩大。可见，经济增长由储蓄引发，并以当前收入的减少为代价。经济增长是人们在现期与未来的消费之间进行选择的结果。进一步讲，储蓄和投资能否准确地反映人们对现期消费与长期增长的偏好决定了经济周期是否发生，这就需要从资本跨期结构的视角探讨储蓄与投资的关系。

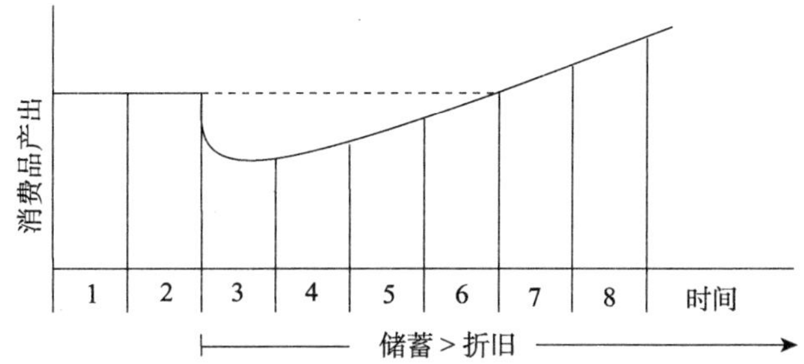

图 7-2　消费品产出可能的时间模式

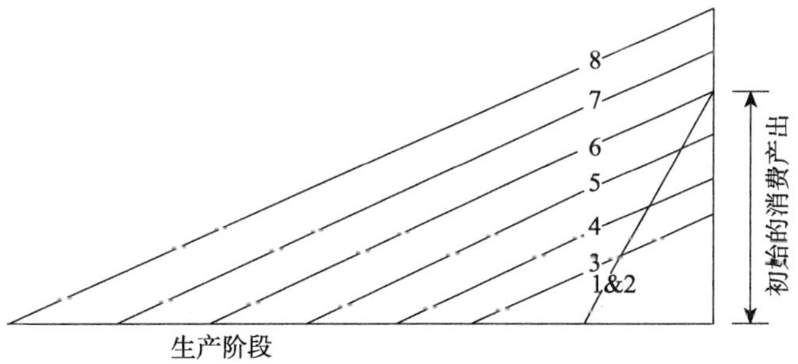

图 7-3　跨期资本重构

7.3.3　资本跨期结构视角下的投资和储蓄

现代奥地利学派没有明确区分宏观和微观，而是着重分析数量众多的个体按各自的生产计划在市场上进行相互协调而带来的生产结构问题。由此，它注意到了被主流经济学所忽视的问题：总产出的分解。

货币主义将产出、价格和货币供应量之间的关系阐释为：$MV=PQ$。它将注意力放在货币数量 M 和货币流通速度 V 与一般价格水平 P 的关系上，忽视了储蓄和投资变化对产出结构的影响。货币主义把这一问题留给微观领域，认为有效的市场机制可以解决稀缺资源的跨期配置问题，从而使投资和储蓄相一致。

凯恩斯曾在《通论》中提出了对当前消费与未来消费的决策进行协调的问题，然而，自由竞争市场缺乏协调这两种决策的能力。凯恩斯主义的交易方程为

$$MV = P(Q_C + Q_I) \tag{7-1}$$

总产出 Q 被分解为消费品产出 Q_C 和投资品产出 Q_I。投资受到收入的限制，收入与消费正相关，故投资与消费变动的方向一致。因此，在凯恩斯那里不存在投资与当前消费之间的权衡。在他看来，储蓄的增加或者消费的减少，不仅无法刺激投资，还会减少总支出从而降低总收入。

现代奥地利学派指出，需要对投资量作进一步分解，以便将生产阶段纳入分析之中。它的方程式是

$$MV = P(Q_C + Q_2 + Q_3 + Q_4 + Q_5 + Q_6 + Q_7 + Q_8 + Q_9 + Q_{10}) \tag{7-2}$$

假设在十个生产阶段中，Q_C 是消费品即第一级财货，如面包；Q_2 到 Q_{10} 是第二级和更高等级的财货，如从面粉、小麦到专业产品研发部门。储蓄的变化会导致产品相对价格和利息率发生改变，这带来两种效应：引致需求效应和利率效应（如图 7-4 所示）。它们引起了生产和资本的跨期结构变化。①储蓄增加意味着当前消费品的需求减少及其价格下降，从而引起与生产第一级财货直接相关的第二级财货及处于较晚生产阶段财货的需求和价格发生变化。例如，对面包的需求减少，使对面粉和小麦的需求下降。这就是引致需求效应。②储蓄增加使利率下跌，降低了投资的成本，并引起资本品生产的增加，使资源涌入较早的生产阶段。例如，对处于生产阶段末端的研发机构而言，利率下降是利好，它可以用更优惠的贷款条件实施原采购计划。可见，生产阶段越晚，引致需求效应越大；生产阶段越早，利率效应越大。这两种效应的相互关系说明了由储蓄释放出来的资源如何通过低级财货和高级财货相对价格的变化引起稀缺资源跨期配置结构发生变化，这改变了哈耶克三角的面积和形状。

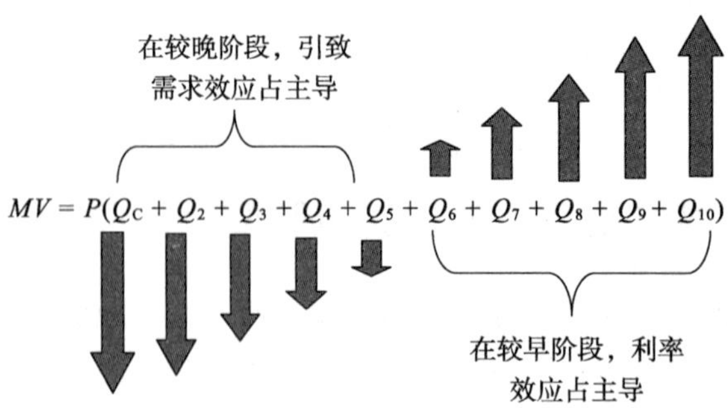

图 7-4　引致需求效应和利率效应

自愿储蓄影响了人们的跨期消费偏好。当人们倾向于未来消费时，就减少现期消费。由储蓄节约下来的资源变为投资，带来经济增长。这就是储蓄、投资和经济增长之间的关系。下面，进一步说明储蓄转化为投资的机制和资本的跨期重构。

现代奥地利学派认为，利息率是储蓄—投资跨期配置的基本协调机制。它们反对凯恩斯所说利率由货币供求所决定以及收入调节储蓄的观点，支持古典经济学关于利率由可贷资金的供求所决定并使储蓄转化为投资的主张。这就是说，人们节省消费而释放出来的资源是通过金融市场转移给生产部门的，而利息率则调节可贷资金的供求并使储蓄全部转化为投资。如图 7-5 所示，储蓄是利率的函数，并与之成正比。跨期消费偏好的改变使储蓄曲线右移，在释放更多资源的同时也降低了利率，促使企业增加投资。所以说，利率调节了储蓄和投资，推动了稀缺资源的跨期配置。

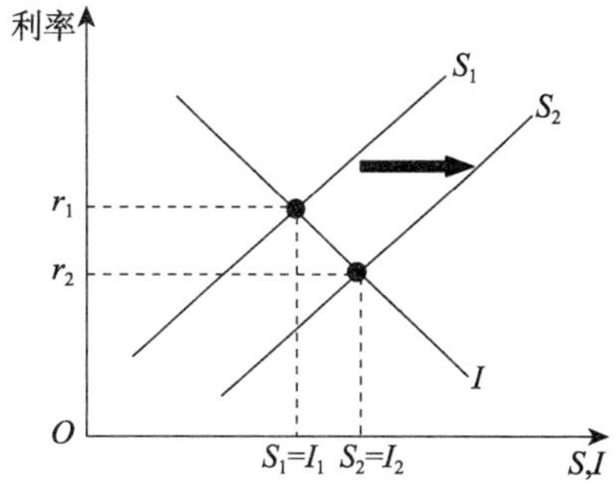

图 7-5　可贷资金市场

7.3.4　以资本为基础的宏观经济模型

加里森将哈耶克三角、可贷资金学说和微观经济学的生产可能性边界作为分析工具，设计了一个以资本为基础的宏观经济学模型（如图 7-6 所示）。从而把储蓄、投资和生产的时间结构之间的关系与变化综合在一起，描绘了充分就业的宏观经济跨期均衡，便于分析可能发生经济波动的原因。

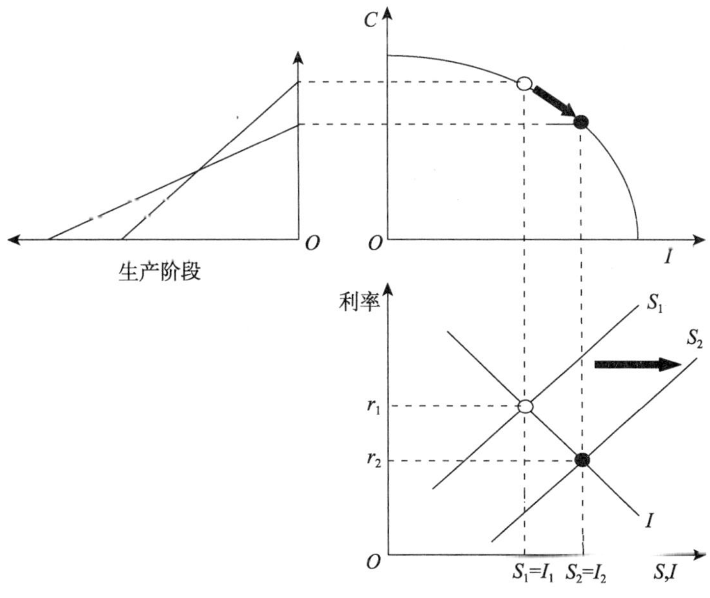

图 7-6　以资本为基础的宏观经济框架

在可贷资金市场上，利率反映了市场参与者的储蓄偏好和投资偏好。使储蓄和投资相等的利率被称为“自然利率”，这一概念来自于维克赛尔。自然利率决定了生产可能性边界曲线上的消费品产出和投资品产出的某一组合，从而最终确定哈耶克三角的形状。现在来看自愿储蓄偏好发生变化而引起的跨期调整。如果人们倾向于节俭，储蓄曲线向右移动（由 S_1 至 S_2），自然利率下降（由 r_1 至 r_2），使消费品产出减少，而投资品产出增加，二者的反方向运动反映了充分就业条件下的资源约束。由储蓄增加而产生的引致需求效应使哈耶克三角变矮，而利率效应使其变长。一旦资本的跨期重构完成，且储蓄引起的初始投资通过各个生产阶段得以实现，消费品产出将实现增长，最终会超过储蓄增加之前的产出水平，这意味着生产可能性边界发生外移。

7.3.5 经济周期理论

现代奥地利学派的经济周期理论旨在说明，不适宜的货币政策是如何通过改变相对价格和产出结构造成了资源配置扭曲，从而使经济偏离生产可能性边界，以及市场的自我纠错机制如何进行反向行动。

他们指出，市场可以通过利率调节使资源配置与社会的跨期偏好相配合，但如果利率受到来自市场以外的强烈冲击，就可能导致资源的跨期错配。唯有以市场发出的信息（包括利率）为基础的资源配置才能与消费者偏好、技术可能性以及资源可获得性等真实因素保持一致。由储蓄偏好增强带来的繁荣是真实的。而一个被操控的利率所引发的繁荣是虚假的，这一较低的利率仅仅模拟了真实繁荣状态下可贷资金市场的条件，缺乏真正的储蓄作为支撑，市场自身的纠正机制终将把经济拉回到衰退当中。

中央银行通过信贷市场向社会注入货币量的做法将导致储蓄与投资同时超量的双失衡局面。即便信贷扩张满足了市场上的投资需求，但它不是以真实的储蓄为基础。较低的利率使储蓄减少，消费增加，带来投资增长，消费和投资的双增长使经济超出了生产可能性边界，造成虚假繁荣。在短期中，原来在生产可能性边界之外的资源被投入生产领域（即生产超出了资源约束），这种虚假繁荣是不可持续的。很快，经济发生衰退，原因在于：①由于准备金率等限制，银行的信用扩张会停止，市场利率上升，投资的预期收益率下降，资本品的需求及价格下跌；②伴随生产的扩大，生产要素的价格提高，使资本品的生产成本上升；③要素所有者的货币收入增加后，会增加消费，推动了消费品的价格上升。非专用性资源由较早的生产阶段流出，再次进入较晚的生产阶段。因为资源约束，生产结构的延长无法完成，先前被延长的生产结构将收缩回程度较低的生产结构。资金短缺、产品滞销、存货积压和价格下跌陆续发生，资本品生产企业发生亏损，延长的生产结构只能停顿。许多特定的投资品组合和专业性资源由于无法被转移回程度较低的生产阶段，而被闲置起来，失业和衰退接踵而至。整个经济结构的大规模跨期调节重创了投资者的信心，引发连锁反应，经济由衰退走向萧条。唯有通过萧条使被信贷扩张扭曲的资源配置重新恢复到合理结构时，一个可持续的产出和就业结构才会建立起来。如果政府进行干预来阻止衰退，负的投入效应很可能更大，经济复苏反而更加困难。总之，货币扩张导致的相对价格变化及由此产生的资源配置扭曲是现代奥地利学派分析经济周期的基本思路（如图 7-7 所示）。

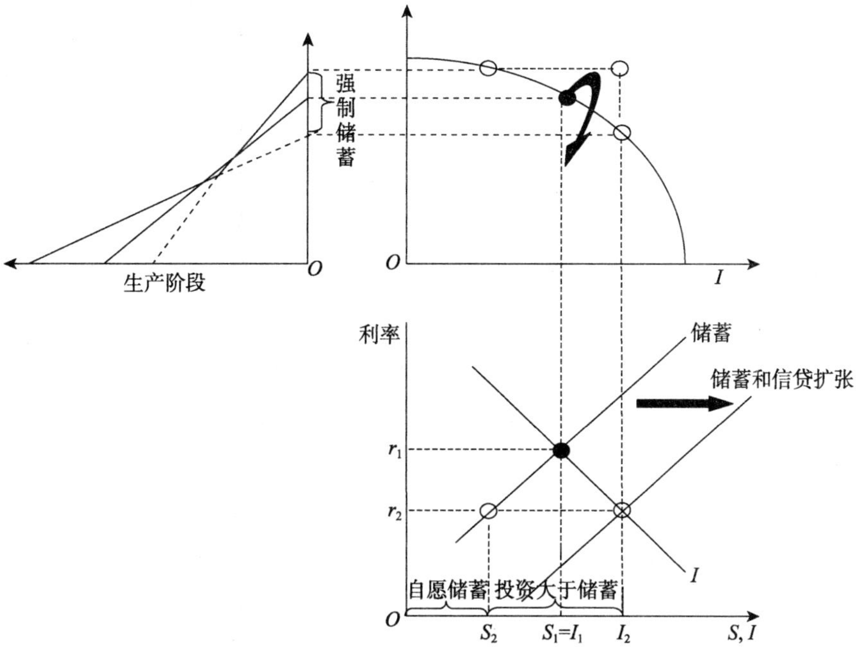

图 7-7　政策导致的繁荣和萧条

7.4　政 策 主 张

现代奥地利学派极力倡导自由市场经济和私有制。他们认为，经济周期现象是自由竞争市场发挥自我调整功能的直接表现。而政府干预市场自然过程的结果必然使经济周期发生扭曲变形，导致更严重的问题。因此，该学派反对任何形式的国家干预，20 世纪 70 年代发达资本主义陷入“滞胀”困境正是当局错误地执行凯恩斯主义政策试图维持人为繁荣的必然结果。

7.4.1　构筑自由的保障体系

现代奥地利学派的自由保障体系可以概括为：私有制、自由竞争、法制和“小政府”等几方面。哈耶克指出，集体主义必然会带来权力的集中与滥用，导致自由被毁灭和个人被奴役。如果人类放弃自由主义的精神，凭良好的意愿去计划、设计社会，必将把自己引向无法回头的深渊。[①]从经济自由主义的立场出发，哈耶克高度赞誉私有

① 限于篇幅，详见[奥]哈耶克. 通往奴役之路. 王明毅，等译，北京：中国社会科学出版社，1997.

制。在他眼中，私有制是自由最重要的保障，对有产者和无产者都是如此。正是由于生产资料掌握在众多独立行动的个人手中，没有人享有全部控制权，人们才能够自由地决定自己要做的事情。如果所有生产资料全部落到一个人或机构手中，无论它在何种名义上是属于整个社会的，终将导致全部控制权实际由个体掌控。因此，即便是对无产者而言，生产资料掌握在诸多独立行动的人手中才使他们可以自由地择业，使他们的自由权得到保障。

把权力分散一定会减少权力的绝对量，市场自由竞争就是通过分散权力将个人用来支配他人的权力减少至最低限度的唯一有效机制。哈耶克承认私有制存在着缺陷，在私有制和自由竞争社会中，富人的发展机会比穷人更多，穷人致富的可能性也比拥有遗产的人致富的可能性要小。但是，私有制是公正的，因为它保证了穷人均等的致富机会。穷人通过个人的努力有可能致富，并且这种努力不会受到他人的阻碍。每个人都可以自由地选择职业，施展才能，通过努力工作致富。而在公有制社会，穷人在名义上成了一部分公有财产的主人，但他们必须服从于拥有极大垄断权的国家机构并完全受其支配，其发展的机会来自于权威者的恩惠。哈耶克把私有制的社会称为“富人得势的世界”，而把公有制的社会称作“只有得了势的人才能致富的世界”。他指出，前者比后者要好得多。他反对政府对生产的数量、用途及产品价格等方面施加任何影响，认为政府对于财富分配进行限制实际上是剥夺了人们的经济自由。

哈耶克提出，法治是实现自由的最根本保障。他所说的“法治”，是指政府在一切行动中都要受事前规定和公开章程的约束，每一位公民均可依据这些法律规章来监督政府行为。尽管法律在某种程度上限制了个人自由，但它消灭了政府故意刁难个人努力行为的可能性。相比之下，人治的弊病是政府行为的随意性。如果权力落入追求私利的人手中，必然导致权力的滥用。哈耶克批评了如下一种对法治的看法，即认为只要政府的一切行动都合乎法律规定，或一切行动都有法律依据，那就是实行了法治。他明确指出，这种错误观念混淆了“法治”与“合法”的界限。只有在维护自由和自由竞争的前提下，制定法律并推动其实施，才是实现了法治。在损害自由竞争的场合，有“法律”，但没有“法治”；“合法”，但并不符合“法治”的精神。因此，法治既是自由的保障，也是自由在法律上的体现。据此，哈耶克指出，事实上存在着两种法律：“法治的法律”（the law of the ru1e of law）和“非法治的法律”。前一种法律是在事前发布一般原则，是我们应该争取的；后一种法律徒有其表，实质上为个人专政提供了舞台。

米塞斯和哈耶克都主张建立“小政府”，即在自由社会中，政府要尽力缩小自己的管辖范畴，它所扮演的角色应当最小化。政府的职责是为经济的正常运转提供合理的法律规则，以保护自由竞争和私有制，实现每个人的自由。法律规则不仅要对公民的私人权利提供保障，也要对政府权力的行使进行约束。一般认为，小政府理论是自由主义思想的重要项目，也是无政府主义学说的一种弱化。在无政府主义学说眼中，任何政府的存在都注定要侵犯到个人自由，而小政府主义信奉者则相信保留一个最小化的政府来维持个人自由是非常必要的。

7.4.2　关于永久消除经济周期的设想

凯恩斯主义用有效需求不足来解释经济衰退，因此，如果发生失业量增加，就应采取牺牲物价稳定的方式，实施扩张性的货币政策来刺激生产。现代奥地利学派把这一逻辑比作暴饮暴食和吸毒。他们指出，在短期内，菲利普斯曲线上通货膨胀和失业之间的交替关系仅仅是暂时地掩盖了由货币扩张所造成的经济扭曲，这抑制了市场的自我纠错功能发挥作用。货币扩张政策的实施制造了虚假盛世，投资和就业会迅速增加，但这种局面是无法持续的。因为货币扩张只会暂时掩盖储蓄和投资之间的偏离，而不合理的生产结构也只有靠货币扩张的持续加力得以维系。一旦货币扩张停止或减速，衰退马上就会袭来。因此，在长期中，通货膨胀和失业的交替关系根本不存在，执行凯恩斯主义政策的结果使西方世界陷入了“滞胀”困境。

现代奥地利学派指出，货币是通过相对价格效应及其随之产生的财富再分配而发挥作用的，因此，他们反对在货币供给上进行过度扩张。米塞斯和哈耶克分别提出了其政策主张。米塞斯热衷于金本位制，因为黄金的供给无法轻易地由货币当局所控制。哈耶克曾提出中性货币政策，即货币数量使市场利率等于自然利率而不至于引起货币非中性的货币政策。但是，这一建议不具有操作性，因为中央银行并不知道什么是自然利率，以及它如何变动。面对“滞胀”局面，哈耶克提出，必须对现行的货币制度进行彻底改革，即废除国家对货币发行权的垄断，由私营银行发行竞争性货币作为国家货币的替代物。这正是他在同名著作《货币的非国家化》（1976）中提出的设想。哈耶克指出，资本主义经济本质上是一种私人市场经济，货币原本就是私人自发行为带来的结果。只要不受政府的财政政策和货币政策的干扰，市场机制会充分发挥资源配置和供求信息传递作用，经济就趋向均衡和稳定的发展态势。因此，失业和通货膨胀都不是资本主义市场制度的必然现象。但是，要使市场信息准确地传递出去并发挥其积极的调节功能，必须以排除货币因素的干扰和建立起健全的货币制度为前提。问题不在于市场制度本身，而是出在政府对货币发行权的垄断上。哈耶克提出，政府应允许或授权私人银行发行竞争性的货币。在此背景下，各私人银行所面临的重大决策是单独发行自己的货币，还是选择其他私人银行所发行的某一种或几种货币作为储备。发行货币的私人银行自然要担负起过度发行货币的严重后果，必然会谨慎行事，自觉控制货币发行量和保持充足的储备，以确保赢得社会信用。这就如同厂商生产商品，为了赢得市场，就必须不断地提高自己产品的品质。而那些不发行货币的私人银行，它们扩张信用的行为也会受其货币被选择的那些银行的限制。由此，整个银行系统将在相互竞争中谨慎地对待货币发行，从而消除政府垄断货币发行经常引发通货膨胀的现象。在这种自由货币制度下，好的货币体系来源于各私人银行出于自身考虑的行动结果。私营银行发行竞争性货币和发挥自由企业参与市场竞争的作用是一致的。前者提供健全和稳定的货币，后者提供有效配置资源和增进经济效率的手段，它们互为条件，互相促进。当然，哈耶克也意识到货币的去国家化在现实经济中不会很快实现。但是，他相信随着自由市场制度的逐渐发展，自由货币制度一定会在未来实现。尽管货币的去国有化设想的实践性不强，但哈耶克的思想为政府的货币政策提供了新的参考，为货币发行相对独立于政治化而走向市场化提供了新思路。

现代奥地利学派可以说是将自由主义原则贯彻得最为彻底的一支现代西方经济学学派。如前文所述，它们认为个人的自由高于一切，私有制是最好的制度，个人的经济自由是政治自由的基础，对自发的个人行动干预得越少越好。现代奥地利学派自哈耶克、米塞斯时代就开始与社会主义思想进行论战，它们不相信社会主义制度会有好的经济效率。因此，对于现代奥地利学派的政策主张我们应在这一前提下解读。

思考题

1. 简述现代奥地利学派关于“作为人类行为学的经济学”这一方法论。
2. 复述现代奥地利学派“以资本为基础的宏观经济模型”的主要内容。
3. 简述现代奥地利学派的经济周期理论。
4. 简述哈耶克关于永久消除经济周期设想的逻辑思路。

第 8 章

新制度经济学

新制度经济学（New Institutional Economics）是20世纪60年代出现于美国的一支经济自由主义学派。它的奠基者科斯指出，经济学作为一门经验科学，不仅其研究对象必须是现实世界的真实经济问题，而且展开学说体系的理论前提和假设条件也必须是真实的。按照这一思路，新制度经济学修正了新古典经济学关于人具有完全理性、完全信息的假定，提出了人的有限理性和机会主义倾向这两个假定。新制度经济学的重要突破在于对交易成本概念的阐释和运用上，而一旦引入交易成本，微观经济学的体系将发生重大变化。立足于交易成本，新制度经济学对社会经济组织及制度进行了深入剖析，形成了一系列独到的见解，如交易成本理论、产权理论、制度变迁理论等。新制度经济学沿用的是新古典经济学的逻辑和方法，从而推动了它的进一步发展。从这个意义上，威廉姆森将其称之为“新的”制度经济学，目的就是将它与凡勃伦制度经济学传统区分开来。①20世纪90年代初以来，这一学派的代表人物科斯（1991）、诺斯（1993）、威廉姆森（2009）相继荣膺诺贝尔经济学奖，使新制度经济学变得日益时髦起来。

8.1 新制度经济学概览

所谓新制度经济学，按照科斯的解释，就是用主流经济学的方法来研究制度的经济学。新制度经济学在主流经济学的框架内，增加了一个新的成本分类（交易成本），为研究社会经济问题提供了一个崭新的视角，并从经济学的研究对象、逻辑思路和基本经济范畴等方面推动了新古典经济学的发展，拓展了它的应用领域，增强了其对现实问题的解释力。新制度经济学也逐渐受到主流经济学的关注和重视，其影响力日益增强。

---

① 在西方经济学中，有一支属于激进主义经济学范式的学派——新制度经济学（Neo-Institutional Economics），它继承了凡勃伦制度经济学重视制度的传统，研究制度对社会生活的决定作用及制度进化过程，但其激进主义倾向注定它被视为异端（第9章新制度主义）。由于New与Neo在汉语中无法直接区分，一种观点是按照学术含义，把新制度经济学（New Institutional Economics）译为新古典制度经济学。

8.1.1 形成与发展

在西方经济思想发展的历程中，分析制度因素、强调制度的重要性并不始于新制度经济学。古典经济学和凡勃伦制度经济学都对制度与社会经济发展进行了研究。到了新古典经济学，经济学成为人与物之间的技术问题，在制度既定的前提下（资本主义制度是最理想的模式），研究稀缺资源的配置问题。影响经济行为的制度因素被高度简化了。例如，市场制度被刻画为一种供求曲线，企业制度被写成一种生产函数，而分配制度被描述为生产要素的边际生产力。由此，制度因素对人们经济活动的作用和影响未能得到应有体现。新制度经济学的创新在于借助新古典经济学的方法和理论来分析制度的起源、演化和作用，分析制度对经济绩效的影响，强调制度的重要性，摒弃了制度外生的新古典假设。

新制度经济学的形成是一个渐进过程。1937 年 11 月，科斯在英国《经济学》杂志上发表《企业的性质》一文，用交易费用的概念说明了企业存在的原因和企业规模的界限问题，为新制度经济学的形成奠定了基础。半个多世纪后，按照科斯自己的总结，“这篇文章的最重要的东西，是将交易费用明确地引入经济分析中。”[①]20 世纪 50 年代末 60 年代初，他运用交易费用概念对外部性问题进行研究，强调了产权界定和产权安排的重要性。他在《联邦通讯委员会》（1959）一文中指出，只要产权不明确，外部性侵害就不可避免；只有在明确界定产权的基础上，利用市场机制，才能有效地消除外部性。这篇文章遭到芝加哥大学的经济学家们（如斯蒂格勒、弗里德曼等）的批评。作为回应，科斯发表《社会成本问题》（1960）一文，将交易费用与交易背后的产权问题联系起来，探讨了交易费用及产权对经济运行的影响，通过运用交易费用概念将产权制度问题纳入经济分析中。他指出，产权的清楚界定是市场交易的基本前提，如果交易费用为零，新古典经济学所描绘的市场机制是充分有效的，法律状况不会影响最终的结果（产值最大化），外部性问题也可以得到有效解决。

《企业的性质》和《社会成本问题》提出并讨论了交易费用、企业规模的界限、产权界定、外部性的解决思路以及它们对资源配置效率的影响，可谓新制度经济学的奠基之作。由于科斯为正统微观经济学增添了新的研究内容和范畴，所以有人把科斯理论称作新微观经济学，这意味着经济学上的革命。尔后，其他新制度经济学家深入地研究了交易费用、产权、契约、管理成本、代理问题、国家和制度变迁等问题，例如，威廉姆森和诺斯的论著、张五常的《佃农理论》（1969）、阿尔钦与德姆塞茨的《生产、信息成本和经济组织》（1972）、奥利弗·哈特的《企业、合约与财务结构》（1995）等。1997 年，国际新制度经济学学会成立，使新制度经济学阵营进一步发展壮大。随着新

---

① 1991 年 12 月 9 日，科斯在接受诺贝尔经济学奖时发表《生产的制度结构》的演说。

制度经济学家三次获得诺贝尔经济学奖，这一学派的影响力不断增大。斯蒂格利茨认为，21 世纪将是这一学派繁荣发展的时代，他们将对越来越多的引导经济事务的具体制度安排提出真知灼见，并为调整这些安排以增强经济效率提供理论基础。

8.1.2　代表人物

新制度经济学的主要代表人物有科斯、诺斯、阿曼・阿尔钦（Armen A. Alchian，1914—2013）、哈罗德・德姆塞茨（Harold Demsetz，1930—）、威廉姆森、理查德・波斯纳（Richard A. Posner，1939—）、约拉姆・巴泽尔（Yoram Barzel，1935—）、张五常（1931—）等人。1991 年，科斯因“发现并澄清了交易成本和财产权对经济制度结构和经济运行的意义”荣膺诺贝尔经济学奖。1993 年，诺斯因“建立了包括产权理论、国家理论和意识形态理论在内的制度变迁理论”获诺贝尔经济学奖。2009 年，威廉姆森因“在经济治理方面的分析、特别是对公司边界问题的分析”获此殊荣。2016 年哈特凭借“在契约理论方面的贡献”成为第四位获诺贝尔经济学奖的新制度经济学家。

罗纳德・科斯（Ronald Coase，1910—2013）出生于英国的威尔斯登。1929—1931 年就读于伦敦政治经济学院，1931 年获伦敦政治经济学院卡塞尔爵士游学奖学金赴美学习，研究美国工业的组织结构。1932 年获伦敦政治经济学院商学学士学位。他曾先后在邓迪经济与商业学院（1932—1934）、利物浦大学（1934—1935）、伦敦政治经济学院（1935—1951）任教。1948 年，在洛克菲勒基金会资助下，赴美 9 个月研究广播业，1950 年出版《英国广播业：垄断的研究》。1951 年获伦敦大学理学博士学位，同年移居美国，先后担任纽约州立大学布法罗分校经济学教授（1951—1958）、斯坦福大学行为科学高级研究中心研究员（1958—1959）、弗吉尼亚大学经济学教授（1959—1964）和芝加哥大学经济学教授（1964—1981），1982 年退休后任芝加哥大学荣誉退休教授以及法律与经济学高级研究。1979 年被授予“美国经济学会杰出会员”称号，1980 年获迈阿密大学法律和经济学中心奖，1988 年获芝加哥大学巴斯廷奖，1991 年获诺贝尔经济学奖。1982 年，芝加哥大学法学院设立了“科斯奖”，用于奖励卓越的法学和经济学研究成果。科斯的主要论著有：《企业的性质》（1937）、《边际成本争论》（1946）、《英国广播业：垄断的研究》（1950）、《联邦通讯委员会》（1959）、《社会成本问题》（1960）、《经济学中的灯塔》（1974）、《马歇尔方法论》（1975）、《企业、市场与法律》(1988)、《论经济学和经济学家》（1994）、《生产的工业结构》（2011）和《变革中国》（2012）等。

罗纳德・科斯

奥利弗·威廉姆森

奥利弗·威廉姆森（Oliver Williamson，1932—）出生于美国威斯康星州的苏必利尔镇。他是“新制度经济学”的命名者，被誉为重新发现“科斯定理”的人。1958 年，到斯坦福大学学习工商管理。当他学了萨缪尔森的教材后，对经济理论产生浓厚兴趣，广泛地选修经济学专业课程。1960 年，获本校工商管理硕士学位。1963 年，获卡内基梅隆大学经济学哲学博士学位。尔后在加州大学伯克利分校、宾夕法尼亚大学从事工业组织教研工作。他曾担任反托拉斯部长的特别助理（1966—1967）、计量经济学学会会员（1977）、美国艺术与科学院院士（1983）、美国国家科学院院士（1994）和美国政治学与社会学学院院士（1997）等。1998 年起，在加州大学伯克利分校任“爱德华·凯泽”名誉企业管理学教授、经济学教授和法学教授。他于 2009 年获得诺贝尔经济学奖。主要论著有：《自由裁量行为的经济学》（1964）、《公司控制与企业行为》（1970）、《市场与等级制》（1975）、《资本主义经济制度》（1985）、《治理机制》（1996）、《作为治理结构的企业理论：从选择到合约》（2009）等。

道格拉斯·诺斯

道格拉斯·诺斯（Douglass North，1920—2015）出生于美国马萨诸萨州的坎布里奇市。1942 年获得加利福尼亚大学学士学位，1946 年开始在本校任教，1950 年任华盛顿大学教授，1952 年获加利福尼亚大学哲学博士学位。1961—1966 年任华盛顿大学经济研究所所长，1979 年任教莱斯大学，1981—1982 年任教剑桥大学。1982 年重新回到华盛顿大学。1993 年，获诺贝尔经济学奖。曾任《经济史杂志》副主编（1960—1966）、美国经济史学协会会长（1972）、国民经济研究局董事会董事（1966—1986）、东方经济协会会长（1972—1973）、巴黎高级研究实验学院历史研究中心研究员（1973）、西方经济协会会长（1975—1976）、斯坦福大学行为科学高级研究中心客座研究员（1987—1988）等职务。诺斯的主要著作有：《1790—1860 年的美国经济增长》(1961)、《美国过去的增长与福利：新经济史》（1966）、《1600—1850 年海洋运输生产率变化的原因》（1968）、《西方世界的兴起》（1973）、《经济史中的结构与变迁》（1981）、《制度、制度变迁与经济绩效》（1990）、《理解经济变迁过程》（2005）和《暴力与社会秩序》（合著，2009）等。

奥利弗·哈特

奥利弗·哈特（Oliver Hart，1948—）出生于英国伦敦的名门望族。曾祖是有名的银行家，获封斯韦斯林男爵，父亲是著名的结核病研究专家。1969 年，获剑桥大学国王学院数学学士学位。3 年后获英国华威大学经济学硕士学位。之后，仅用两年时间就取得了普林斯顿大学经济学博士学位（1974）。毕业后到英国埃塞克斯大学、伦敦政治经济学院任教。1984 年，任教于麻省理工学院，1993 年以来任教于哈佛大学（2000—2003 年任经济学系主任）。2016 年，他与芬兰经济学家本特·霍姆斯特罗姆（Bengt Holmström，1949—）同获诺贝尔经济学奖。他担任美国法律和经济学协会会长、美国经济学会副会长。哈特在《所有权的成本与收益：纵向一体化和横向一体化理论》（Grossman 和 Hart，1986）和《产权与企业的本质》（Hart 和 Moore，1990）两篇论文中，从不完全契约的角度构建了企业产权分析的新框架，建立了著名的 GHM 模型，并在随后的时间里不断完善和发展了不完全契约理论。他的《企业、合同与财务结构》（1995）是企业理论的经典教科书。

8.1.3　新制度经济学的独树一帜

新制度经济学之所以成为一支特色鲜明的经济学派，在于它重新提出并解释了制度因素，修正了经济人假说，首创交易成本的概念，这三项内容成为它展开研究的重要基础。

1. 制度的构成

对于制度的定义，诺斯有两段表述："制度是一个社会的游戏规则，更规范地说，它是为决定人们的相互关系而人为设定的一些制约"。[①]"制度是一系列被制定出来的规则、守法程序和行为的道德伦理规范，它旨在约束追求主体福利或效用最大化利益的个人行为。"[②]新制度经济学指出，制度是规范社会政治经济秩序、协调人们之间的相互社会关系以及约束我们在社会交往和交易活动中行为的一整套规则，特别是指一系列用以建立社会组织的生产、交换和分配之基础的一整套政治、社会和法的基本规则。制度包括三个方面。

（1）正式约束。它是指人们有意识创造的、以法律形式规范及约束人们行为的一系列规则，这些规则的排列顺序是：首先是宪法及法律，其次是明确的规则，最后是个别的契约，它们共同约束着人们的行为。

① [美]诺斯. 制度、制度变迁与经济绩效. 刘守英，译. 上海：上海三联书店，1994：3.

② [美]诺斯. 经济史中的结构与变迁. 陈郁，等译. 上海：上海三联书店，1994：225-226.

（2）非正式约束。它包括传统、习俗、风俗、戒律、道德伦理及意识形态等，是人们在长期的社会交往中无意识形成的，并作为文化传统的一部分，维持了人们之间的社会关系，保持了社会群体的完整性。即便在现代社会，我们仍无时无刻不受到非正式约束的影响。但是，非正式规则的含义往往是宽泛且含糊的，它一方面寄于人们的自愿遵守；另一方面对违反者的惩罚很容易因无章可循而矫枉过正。这就是现代社会需要建立正式约束的原因。当然，正式约束也只有在社会认可即与非正式约束相容的情况下才能发挥作用。可见，这两种约束是有机统一、相互依存和相互补充的。

（3）实施机制。除了以上两种约束，社会制度是否有效取决于这个国家制度的实施机制是否完整有效。在有国家以前，实施机制的主体是宗族家长和宗教组织，尔后，国家出现并成为实施主体。实施机制的基本原理是通过惩罚违规者，使他的违规成本大于违规收益。实施机制本身需要付出费用，这成为交易成本的一个主要部分。实施机制需要有权威的组织来落实，不过，很多制度往往是自我执行的，即使警察不在场，大多数驾车者也会遵守交通规则。

诺斯指出："制度提供了人类相互影响的框架，它们建立了构成一个社会，或更确切地说一种经济秩序的合作与竞争关系"[①]"制度在一个社会中的主要作用是通过建立一个人们相互作用的稳定的结构来减少不确定性。"[②]可以说，有效制度的建立和执行是社会经济系统正常运转的基础。制度影响着人们的经济行为，使外部性内在化，提供充足的激励，帮助人们形成自己与他人进行交易时的合理预期，有效地降低了交易成本，抑制了机会主义行为，促进社会合作。

2. 对"经济人"假说的修正

"经济人"是西方经济学提出的经典抽象假说，新古典经济学的理论体系正是建立在经济人行为的两个假定之上：自利假设和理性假设。前者是指经济人追求自身利益最大化，但他们按照市场规则互惠互利，因此，用来协调人们之间利益冲突的各种制度安排并不重要；后者是指经济行为人的完全理性，他们是全知全能的人，在信息对称的条件下选择最佳方案行事，制度也就不重要了。

新制度经济学指出，"经济人"假说是一种脱离实际的理论，以它为基础展开研究的新古典经济学必然会丧失对现实世界的充分解释力。经济学应当研究人在现实生活中的本来面目，即现实中的人性。正如科斯所说："当代制度经济学应该从人的实际出发来研究人。"为此，新制度经济学修正了经济人假说，提出了经济行为人的两个新假设。

（1）有限理性假设。1978 年诺贝尔经济学奖得主，赫伯特·西蒙（Herbert Simon，

① [美]诺斯. 经济史中的结构与变迁. 陈郁，等译. 上海：上海三联书店，1994：225.

② [美]诺斯. 制度、制度变迁与经济绩效. 刘守英，译. 上海：上海三联书店，1994：7.

1916—2001）提出了人的有限理性假定。现实中的人处于一个繁复多变的环境中，进行决策所需要的信息是一种稀缺性资源，而且人的理解能力和计算能力都是有限的。新制度经济学把有限理性假定引入对人的经济行为研究当中，所不同的是，西蒙在有限理性假定的基础上否定了新古典经济关于追求利益最大化假说，并提出人在有限理性的约束下仅仅追求行为结果的“次优”或“满意”；而新制度经济学则继续沿用了“最大化”假定。由于有限理性，人们对未来的不确定因素无法考虑完备，不可能在合约中对所有将来可能发生的事件给交易当事人带来的收益或风险进行精准规定。因此，需要设立各种制度安排来规范人的行为，建立良好的秩序。新制度经济学正是以有限理性为前提，分析制度的功能、构成及其运行。

（2）机会主义行为倾向假设。“机会主义”的概念由威廉姆森提出。他指出，在不具备完全理性和对称信息的情况下，人在追求自身利益时很可能采取欺骗、毁约等行为。虽然这不意味着每个人在所有时间或场合都以机会主义方式行事，但机会主义倾向是经常发生并诱导着人的行为。当然，机会主义行为倾向假定是以有限理性假定为前提。正因为机会主义行为倾向是人的基本人性之一，这就需要设定各种制度安排来抑制人的这种倾向。德国经济学家柯武刚和史漫飞就把制度定义为各种禁止不可预见行为和机会主义行为的规则。

威廉姆森把具有机会主义行为倾向和有限理性特征的经济行为人称为“契约人”以区别于主流经济学的“经济人”概念。通过修正，新制度经济学比新古典经济学采用了更逼近现实的行为假定，从而更好地解释和描述人的本性及经济行为，使自身成为一种对现实经济问题具有更强解释力的理论学说。

3. 交易成本

新制度经济学的重要创新在于提出交易成本的概念并将它运用于对社会经济的分析中，新制度经济学的理论体系构建也由此发端。所谓交易成本（transaction cost），泛指为了完成交易活动所必须支付的成本，它是关于人与人之间打交道的费用。一个人的世界中当然不存在交易成本。从狭义上讲，交易成本是指私人部门达成契约和确保其落实的费用，主要有：获取信息的成本、谈判协商的成本、进行相关决策与签订契约的成本，监督交易过程的成本，违约或索赔的成本等。威廉姆森进一步将交易成本区分为事前和事后两类：①事前成本，即交易前发生的成本，如搜寻信息、讨价还价和签约所付出的成本等；②事后成本，即在交易达成后保证合同履行的成本，包括监督、执行和确保契约中各种承诺得以兑现所付出的成本，以及对不合适的契约事后进行调整所支出的费用等。广义的交易成本还包括维持一定的经济、政治和社会秩序所需要的各类支出以及组织运营成本，除了那些与物质的生产及流通过程直接相关的成本外，社会经济的其他领域也存在交易成本，例如，经纪人、律师、金融机构、教育、警察、立法、司法、行政、国防等。广义的交易成本大得惊人，随着社会分工的深化和交易总量的增加，交易成本的国民经济占比在不断上升。[①]在新古典经济学体系中，只有生产成本，没有交易成本。然而，在现实中，交易成本不可能为零。相反，如果没有制度来减少交易中的不确定性和抑制人的机会主义行为，交易成本可以高到足以使交易无法进行。交易成本产生的原因在于人的有限理性、信息非对称性、未来的不确定性和人的机会主义行为倾向。制度安排可以改变交易成本的大小，从而决定了资源配置的效率。制度的起源在于交易成本的存在，而制度的作用在于降低交易成本。

8.2 交易成本经济学

交易成本经济学是新制度经济学理论体系的基石，它的最初思想发生于科斯的经典论文《企业的性质》(1937)，但直到科斯的《社会成本问题》(1960)发表后才引起重视。尔后，威廉姆森等人完善了这一学说。交易成本经济学致力于对企业和市场之间关系的研究，论证了市场和企业是两种不同的交易体制，市场中交易成本的存在是组织结构和组织行为产生及变化的决定因素，企业存在的原因在于为降低交易成本和提高资源配置效率，而交易成本与企业管理费用之间的边际比较决定了企业和市场的边界。

8.2.1 科斯的企业理论

新古典经济学将企业看作既定的生产函数，因此，它没有回答企业存在的原因，企业规模的变化，以及企业和市场之间的边界由什么所决定等问题。德姆塞茨就说："把真实世界的与经济理论的企业相混淆，是一个错误。新古典经济学的首要任务是理解价格机制如何与资源的利用相协调，而不是去理解真实企业的内部运作。"[②]1932年，还在读本科的科斯问道，如果市场是人们在生产活动中进行合作的最优形式，为什么要有企业？企业与市场的关系又是怎样的？主流经济学没有回答这些疑问。他决心自己动手丰衣足食，这使他发现了交易成本的概念并将其纳入经济学分析框架之中。

科斯指出，市场和企业是进行资源配置的两种完全不同但可以相互替代的交易制度。市场交易是由价格机制来协调的，而企业机制将许多属于市场的交易行为"内化"。在企业里，行政命令取代价格机制成为生产活动的协调机制，这样做的好处是可以节约市场运行中的交易成本。因此，企业产生和存在的原因是企业通过"内化"市场交

---

① 1988年，瓦利斯(Wallis)和诺斯《美国经济中交易行业的衡量：1870—1970》一文中指出，在美国经济中，交易成本占GNP的比重从1870年到1970年上升了1倍，即从占GNP的26.09%上升到54.71%。这还没有考虑政府增加到GNP中的价值是100%的交易成本。

② [法]埃里克·布鲁索，等. 契约经济学：理论和应用. 北京：中国人民大学出版社，2011：41.

易来节省交易成本。如果市场交易费用为零，雇主就可以随时到劳动市场进行“购买”，而不必长期雇用一个工人；但事实上，雇主每天到市场上“购买”劳动需要花费很高的成本，如时间、讨价还价，以及由于无法及时雇到合适人选而造成损失等。为把市场交易过程内在化到企业中，可以建立起长期稳定的雇佣关系来节省交易费用。企业的显著特征就是作为价格机制的替代物，企业可以说是以签订一个较长期的契约以替代若干个较短期的契约。因此，交易成本是企业产生、存在和替代市场机制的核心动力。

如果企业“内化”市场交易就可以不断节约交易成本，那么，企业规模将无限扩张，直至完全取代市场，使整个经济变为一个巨型企业。然而，在现实中这不会发生。因为企业组织和协调生产活动也会产生管理成本。当企业规模扩张时，此费用也会持续增加。当企业规模扩张达到某一边际点，在这一点上企业再多“内化”一项市场交易所引起的管理成本，等于其他企业组织这项交易的成本，也等于由市场组织这项交易的成本时，就实现了静态的均衡。此时，企业与市场之间的规模边界确定下来，全部交易在企业与市场之间以及各企业之间的分布处于成本最小的状态。

8.2.2 威廉姆森的交易成本理论

威廉姆森形象地将“交易费用”比喻为物理学中的摩擦力。他指出，交易是经济活动中人与人之间关系中最基本和一般的形式。他以交易为基本分析单位，对不同组织方式的交易费用进行具体分析，研究了企业和市场之间相互替代的制度问题，为交易成本经济学构建了系统的理论框架。

1. 交易成本发生和增加的原因

科斯没有具体涉及交易成本产生的原因，威廉姆森对此进行了重要补充。他指出，交易成本之所以发生，是由于人性因素（有限理性和机会主义行为倾向）与交易环境因素（资产专用性、未来的不确定性和交易的复杂性、交易的人数和交易的频率）的影响，这些因素间的相互作用决定了交易成本的大小。

（1）人性因素与资产专用性。资产专用性是指用于特定用途后被锁定的资产。对这种资产的投资一旦形成，便很难转移至其他用途，它的机会成本接近或等于零。专用性资产本身没有市场流通性，一旦契约终止，投资在它身上的成本难以回收或转换用途，即所谓沉落成本。因此，资产专用性越强，为预防机会主义行为需付出的交易成本越高，交易双方就越需要建立起一种长期稳定的契约关系。资产专用性可划分为五类：资产选址的专用性、人力资本专用性、资产本身的专用性、根据用户订单而形成的专用性和商誉专用性。

（2）人性因素与未来的不确定性。交易双方会尽可能把契约细节穷尽到极致，把一切预想可能发生的事情及双方在不同条件下的责任都逐一罗列。很显然，合同越复杂，交易成本就越高。然而，由于人的有限理性，任何契约不可能是完备的，难免给机会主义倾向留下可乘之机。因此，交易本身越复杂，交易谈判及其所达成的契约也更加繁复，交易费用就越高。此时，市场作为交易的载体效率低下，甚至无法使交易完成。

（3）人性因素与交易双方的人数和交易的频率。在充分竞争的市场条件下，买卖双方人数众多，交易的一方对另一方的依赖性很小，便会抑制机会主义行为倾向，因为这样做会失去信用并丧失商机。当市场上交易的人数很少时，一方对另一方的依赖将增大，受利益的唆使机会主义行为将增多。例如，当市场处于垄断状态下，依赖垄断的另一方要面临十分高昂的交易费用。交易的频率是指交易双方交易的次数。交易双方多次的、重复性的交易要比偶然的、非重复性的交易更有助于抑制机会主义行为，进而降低交易成本。

总之，威廉姆森提出，在交易成本为正时出现的市场失灵状况与正统微观经济学的市场失灵概念是两回事。后者的前提假设是交易成本为零，这意味着价格机制本身没有任何代价，市场失灵是因为垄断、公共产品和外部性使价格既不反映边际成本又不反映边际效用。政府会通过提供公共物品、采取规制垄断与解决外部性等微观政策来解决市场失灵。而在新制度经济学这里，需要继续探讨的是为降低交易成本而产生的企业组织问题。

2. 企业组织的有效性分析

科斯提出以企业代替市场来降低交易成本。在企业的管理费用小于市场上的交易成本时，该制度安排效果明显。然而，企业也是由人构成的，人性因素必然起作用，企业也需要花费信息处理、监督和执行成本等，它的管理费用其实是另一种形式的交易成本。那么，企业内部的交易成本一定会低于市场的交易成本么？科斯没有正面回答。威廉姆森指出，企业组织具有三个优势：激励、控制和“内在结构优势”，它们使企业组织内部的资源配置方式优于市场机制。

（1）激励。市场的价格机制具有很好的激励作用，但也容易受到机会主义行为倾向的破坏。在企业内部，成员间的关系、部门间的内部核算价格都是长期的，并受组织规范，这使机会主义的发挥空间变小。在市场中，人只是作为“经济人”行事，而在企业内部，人作为“组织中的人”进行选择。人的需要是多层次的，实现每一种需要都会成为其行动的激励。货币是市场激励的唯一手段，而在组织内部激励可以是多种形式的。交易越复杂，越有可能综合运用多种激励手段。

（2）控制。企业组织相对于市场而言，最具特色的优点是控制手段的多样化和灵活性。组织内部不仅拥有合法的控制权威用来降低获取组织成员信息的成本，它的奖罚手段也更为丰富。例如，可以采用雇佣或解聘、职位变化、报酬增减来进行内部控制。当发生冲突时，组织具有更高效的处理机制。因为控制权的权威可以按照既定规则和程序，采取行政命令、协调和调节等方式来解决内部的问题。而一旦市场上交易双方发生冲突，很可能陷入无休止的争论，或法庭相见，从而付出高昂的交易成本。

（3）内在结构优势。组织在运行过程中形成了内在结构，这有利于提高组织内信息传输的效率和降低信息成本。各部门传输信息的内容和途径都已专业化和简洁化。并且，人们之间由于不断磨合会发展出一种高效的沟通方式。在熟悉的环境中微小的变化就能够产生显著影响，而在不熟悉的关系中则需要付出很大的努力才会产生相同效果。熟悉的上下级之间只要稍抬手、眨眨眼等，就可以传递微妙且准确的信息。

3. 经济组织与技术结构的匹配

威廉姆森不仅用交易成本研究了市场及企业的资源配置效率，还用它建立了一个关于交易的技术结构与组织之间的最优匹配模型，来解释各种经济组织（市场、中间组织、企业和政府）的选择问题。所谓交易的技术结构，是由交易本身的技术特性引起并决定交易成本水平的因素构成。它主要包括：资产专用性和交易频率。按照专用性程度，威廉姆森将资产分为三类：通用性资产、专业性资产（或特质性资产）、处于中间的混合性资产。他又假定交换频率有两类：一类是交易发生次数很少的，另一类是经常重复发生的。资产专用性和交易频率的不同组合构成了具体的交易技术结构。不同的交易技术结构与不同组织形式的结合会产生不同的交易成本，从而带来资源配置效率的差异。那么，不同的交易技术结构如何与不同的经济组织相匹配来降低交易成本呢？

（1）对资产专用性很弱或交易频率低的交易，宜采取市场机制。市场适应利益最大化行为的动机要求，具有很强的激励功能。市场可以在交易者偏好和能力多样性以及理性有限的条件下，运用价格手段有效地配置资源。市场交易的弱点是广泛性和随机性，容易受到机会主义者行为的损害。但如果资产专用性很弱或交易频率低，中断旧交易并开始新交易的成本很低，因此，市场机制是最好的选择。

（2）对资产专用性较强或交易频率较低的交易，宜采取中间体组织[①]。比如已签订供货的长期合约，或当供方必须进行专用性资产投资时，供需交易双方就形成了相互的产权关系。因为资产专用性较高，市场机制由于机会主义行为而产生了更高的交易费用而不再适宜。交易频率还不是非常频繁，企业内的管理成本较高，同样不适宜。

（3）对资产专用性很强或频率很高的交易，宜采取组织内部交易。资产专业性企业间的合并或纵向一体化有重要影响。资产专业性越高，市场交易的潜在费用越大。

① 日本学者今井贤一提出“中间体组织”的概念，这是一种介于市场与组织之间的体制：其成员拥有独立的利益，并可以进入和退出；但成员之间的交易借助某种保障机制而具有一定长期性，由此，进入和退出是很困难的，从而形成了共同利益最大化的行为倾向，类似于企业内部组织之间的关系。一家大型企业与众多稳定的零配件承包小企业之间组成的企业集团，就是一种中间体组织。

当资产专业性到了一定高度时，市场交易的潜在费用就会阻挠企业继续依赖市场，企业便发生了纵向联合。当经常交易的投资类型具有高度特质性时，在经常性交易中，经常谈判将增加交易成本，为了规避频繁摩擦造成的损失以及实现长期稳定合作，双方走向纵向一体化，即用行政命令代替市场上的谈判来协调利益和解决冲突。这就是科斯认为的企业出现的原因。

（4）对具有高度专用性资产，但纳入企业体制后明显出现规模不经济的交易，宜采取政府组织。这类交易具有一方独占的特征，由一个卖者向众多买者提供产品，对每一个买者而言，此产品具有高度专用性，寻找替代交易伙伴难度极大。例如，城市供暖、公交服务以及矿山开采公司与其用户之间的交易等。如果采取市场机制，买者被卖者挟持而受到损害的概率较高。然而，对任何一个买者而言，把交易纳入企业内部是规模不经济的。在这种情况下，这类卖方企业应当由政府直接经营或进行管控。政府为公众利益出计，同买者议定价格合理、保障供应的合约。在实现规模经济的同时，使买者免受机会主义行为的侵害。

8.2.3 基于管理成本的企业理论

1972 年，阿尔钦和德姆塞茨在《美国经济评论》发表《生产、信息成本和组织》，进一步明确和深化了科斯的管理成本概念，开创了对企业组织内部活动的研究。他们指出，企业并不拥有自己的全部投入，它也没有比市场更优越的强制性指令。企业内部的合约与普通的市场合约并无不同，劳资双方不会被一种必须履行合约的义务所束缚。因此，雇主与雇员之间的长期合约并非企业组织的实质，企业的基本特征是团队生产及有一种资源投入者作为中心签约者处于一种集权的位置。

团队生产的特征为：①使用几种类型资源，团队生产所使用的全部资源并不为一人所有；②其产品并非每一类参与合作的资源的分产出之和；③进行合作的团队成员的边际产品无法直接地或分别地被分辨出来。以上特征使任何经济组织都要面临两个重大问题：①对投入的生产率和报酬的测量；②对团队成员的监督。由于团队生产的行为无法分解，团队成员因此很可能偷懒。当然，一旦偷懒行为被发现，他将被开除。然而，这种发现是需要成本的，包括侦察、检测、监督、衡量和计量的成本。如果检测出偷懒行为无法实现零成本，则团队成员就会发生偷懒倾向。偷懒行为的一部分后果将由其他团队成员承担，这就使偷懒者的实际成本要少于这一团队的真实总成本，偷懒又使团队的总产出下降。在激烈的市场竞争中，团队的竞争力必然下降，企业最终会解散。

通常，减少偷懒行为的方法之一是设立专职监督者，但随之而来的问题是谁来监督监督者呢？阿尔钦和德姆塞茨的方法是生产团队同意监督者获得规定数量之上的任何剩余产品，由此，监督者因为有额外的刺激会认真履行职责，包括：观察要素的投入、衡量产出绩效、分配报酬，并发出做什么和如何做的任务或指令。为了让团队成员遵守纪律，拥有剩余索取权的人有权修改或调整个体成员的契约条款与激励内容。因此，追求生产效率提升的团队成员不仅赋予监督者剩余索取权，并且授予他改变本团队的个体成员资格和行为的权力。管理或检查是一种计量团队产出中的个体边际生产力的最好方法，而监督的专门化加上对享有剩余索取权的激励，可以减少偷懒行为。由此，管理者、监督者及剩余索取权享有者的身份重叠。在科斯的企业理论基础之上，阿尔钦和德姆塞茨深入分析了以团队生产为特征的企业产生的原因。当个体成员的绩效无法明确地被测量出来时，享有剩余索取权的监督者因为拥有中心签约权和专业化的检测能力，可以降低偷懒行为，进而降低管理成本，此项管理费用包括团队生产的测量费用。假如团体生产的产出大于各投入资源分产出之和加上组织约束个体成员的成本（即市场交易成本加上监督成本，后者是企业内部的交易成本），团队生产就运转起来。

阿尔钦和德姆塞茨的研究对所有权和控制权合一的所谓古典企业具有解释力，但不能用于分析现实中更为常见的股份制企业。古典企业的剩余索取权的拥有者同时也是监督者，这里的代理成本很小，甚至可以忽略。因此，阿尔钦和德姆塞茨只强调企业的监督成本而没有关注代理成本。但是，在股份制企业中所有权与控制权相分离，企业所有者和企业监督者之间便产生了一种新型关系—委托—代理关系，和一种新的监督成本—代理成本。后来，威廉·梅克林（William Meckling，1921—1998）、米歇尔·詹森（Michael C. Jensen，1939—）、阿门·阿尔钦（Armen Alchian，1914—2013）和尤金·法玛（Eugene Fama，1939—）等人，从代理理论和代理成本的视角探讨了企业的发生及其边界问题。古典企业当然可以扩大规模，不过，其自身劣势是监督人的监督范围狭窄。当企业规模扩张后，必然导致监督成本的上升及监督人数量增加，谁来监督监督者的问题就变得越发紧迫。唯有解决了代理成本问题，企业才能继续发展。企业欲扩大规模，必须进行融资，从而企业拥有剩余索取权的人数将会增加。由此，企业所有者不得不放弃部分所有权，这样又会引来代理成本，而且他们的所有权部分越小，所引发的代理成本就越大。股份制企业的股东和管理者之间存在显著的代理关系，股份制企业中涉及所有权与控制权相分离的争端与代理问题紧密关联。代理成本包括：①委托人的监督活动支出，②代理人支出的签订契约活动的费用，③剩余损失。剩余损失是指代理人的决策与追求委托人最大化的决策之间会出现一定偏差，由此，委托人会遭受与福利减少相等的货币损失，这也是代理关系的一种成本。企业存在和边界扩大的原因是，拥有企业剩余索取权的人在聘请代理人以后，其收入减去代理成本得到的净收益大于企业处于古典模式下的剩余。可以说，代理成本也是一种企业的监督成本，但它比阿尔钦和德姆塞茨所指的更大。唯有解释了怎样降低代理成本，方可说明企业的存在价值。西方社会发明了很多减小代理成本的方法，例如，从外部约束经理偷懒的资本市场和经理人市场，从企业内部防止经理偷懒的各种激励及奖惩等。这推动了现代资本主义大企业的不断发展。

8.2.4 哈特的不完全契约理论

“契约”一词在新制度学派中的重要性不亚于“交易成本”，特别是在其企业理论中。现代契约理论源起于科斯开创的事业，发展为完全契约理论和不完全契约理论。新制度经济学将契约概念泛化，用来描述现实生活中的各种关系。新制度学派的契约概念不仅包括法律意义上的契约，还包括各种隐性契约，如国家与公民的关系、企业和企业的关系、市场交易等都被看作是契约关系。

由于人的有限理性、机会主义行为倾向、信息的非对称性和未来的不确定性等原因，契约关系就不可避免地存在委托代理问题，主要表现为事前的逆向选择和事后的道德风险问题。契约理论的核心正是契约参与人如何通过契约解决代理问题。完全契约理论和不完全契约理论的主要差别在于前提假设不同。完全契约理论假设，尽管存在信息不对称等因素，但当事人双方可以认识到所有的或然情况，从而设计出一个包含所有这些状况和行动决策的合同来解决代理问题，这种假设暗含了委托人拥有选择代理人和设计合同的权力。在此情况下，控制权和权威等变量失去了土壤，因为完全契约理论无法解释组织的形成和产权的配置问题，而它们正是分析组织和产权的关键因素。

新制度经济学家用交易成本来解释企业存在的原因，但对交易成本的来源缺乏系统阐释。哈特认为，交易成本源于契约的不完全性，在给定当事人风险偏好中性和当事人可以进行事后谈判的假定后，契约的不完全性表现为三个层次：①在一个复杂而不可预测的世界中，人们几乎不可能对未来可能发生的所有情况或事件做出预测；②即使人们能够对未来做出提前预测，缔约各方也很难将这些情况或事件写进契约中，因为很难找到一种令缔约各方都满意的共同语言去描述；③即使缔约各方可以将对未来情况或事件的预测写进契约中，当出现契约纠纷时，诸如法院之类的外部权威机构也很难对缔约各方约定的条款加以证实。

为了解决契约的不完全性所带来的问题，哈特引入了“剩余控制权”概念。这是一种很大的权力，针对契约中没有明确的事项，拥有剩余控制权的一方拥有裁决权。剩余控制权如此重要，以至于其归属会对契约参与各方的积极性产生重要影响。在哈特这里，剩余控制权等同于所有权，突破了以往新制度学派将公司权力分为所有权和剩余索取权的传统，“资产所有权与剩余控制权相伴相生，所有者有权以任何方式使用资产，而不必与以前的合同、习惯或任何法律保持一致”。因此，通过所有权或产权来实现剩余控制权的分配后，拥有资产所有权的一方，天然地拥有剩余控制权，这符合法律规则，谁的投资重要，谁的权利就应该在契约未明确规定的情况发生时被优先尊重，这样可以实现契约关系中的激励相容，从而解决代理问题，实现契约总体利益最大化。

哈特进一步将产权理论的思路引入到公司金融问题上。他指出，在解决公司委托代理问题时，债券融资比股票融资有效，因为有固定期限和收益的债券可以给经理人施加一种硬约束。并且抵押贷款是一种可以有效保障债权人行使权利的融资机制，一旦发生不测事件，债权人总是可以通过出售抵押品来保证自己的利益。在破产接管时期，当存在多个股东和债权人时，每个人在企业面临破产时都希望维护其利益，可能会导致企业的破产价值被低估或浪费。此时可以进行“债转股”，一旦企业业绩下降，股票价值下跌，外部股东可以通过低价买入更多股票而成为新股东，他们可以解雇原管理团队，或者直接让企业破产重组。

哈特的不完全契约理论从契约的不完全性方面来研究企业问题，其最大贡献在于揭示了交易成本的来源以及提出了剩余控制权的归属原则。这一理论被广泛应用于各经济学分支，成为诸如政治经济学、组织经济学、法经济学、国际贸易、公司金融的重要分析工具。

8.3　产权经济学

新制度经济学的产权理论起源于科斯在论文《社会成本问题》（1960）中提出的关于产权与外部性之间关系的论述，所谓“科斯定理”，正是从产权安排角度对资源配置的效率进行制度分析。后人沿着科斯的思路继续前进，形成了产权经济学。作为新制度经济学的核心构成，它研究了在资源稀缺世界中，如何通过界定、变更及确定产权结构来协调人们之间的利害冲突，以实现降低交易成本、提升经济效率和实现资源配最优置的目标。

8.3.1　产权的界定

提到财产权利或产权（property rights），我们首先想到的是法学意义上的定义。它是指以所有权为核心对财产所拥有的占有、使用、收益和处分的权利。那么，什么是经济学意义上的产权？新制度经济学家从各自的侧重给出解释。德姆塞茨说：“产权是界定人们如何受益及如何受损，因而谁必须向谁提供补偿以使他修正人们所采取的行动。”在一个人的世界中，产权不起作用。“产权是一种社会工具，其重要性就在于事实上它们能帮助一个形成他与其他人进行交易时的合理预期。这些预期通过社会的法律、习俗和道德表达。”[①]阿尔钦认为，“产权是一个社会所强制实施的选择一种经

① [美]德姆塞茨. 关于产权的理论//财产权利与制度变迁：产权学派与新制度学派译文集. 上海：上海三联书店，1994：97.

济品的使用的权利”[①]，或者说是人们使用资源时所必须遵守的一整套规则。菲吕博腾和佩杰威齐提出：“产权不是指人与物之间的关系。而是指由于物的存在及关于它们的使用所引起的人们之间相互认可的行为关系。产权安排确定了每个人相应于物时的行为规范，每个人都必须遵守他与其他人之间的相互关系，或承担不遵守这种关系的成本……它是一系列用来确定每个人相对于稀缺资源使用时的地位的经济和社会关系。”[②]在《新帕尔格雷夫经济学大辞典》的具体词条中，“产权是一种通过社会强制而实现的对某种经济物品的多种用途进行选择的权利”[③]。

从以上定义中，我们可以得出一些共识性的观点：产权是人们对物的使用所引起的相互关系，是一种人与人之间的关系，而不是人对物的关系；某一物品所附着的权利数量及其强度被看作该物品经济价值大小的决定性因素；产权是使用财产或资源的一种权利，或由对财产或资源进行占有、使用、处置和收益分配等各种权利组成的一组“权利束”，它或者是由法律认可的和由社会强制推行的，也可能来自约定俗成。可见，经济学意义上的产权不仅包括法学上的“物权”概念，还包括由使用财产的这些权利所引发的外部性问题（对他人利益的影响）。为了解决使用财产权利而引起的外部纠纷，要对所有权施加一定限制。例如，即使你拥有汽车的所有权，也不能超速或逆向行驶。当然，从法学意义上讲就是要遵守法律法规。德姆赛茨用“所有权残缺”的概念来表示其他权力对所有权的限制，它是指对那些用来确定“完整的”所有制的权利束当中一些私有权的删除。

8.3.2 产权制度与资源配置效率

产权的制度安排会产生排他性、可让渡性和收益性。排他性是指谁拥有使用资源的权利，以及是否可以将其他人排斥在使用这种权利之外。从排他性的角度讲，产权可分为三类：①私有产权，即将资源的使用、转让和收益权界定给特指的人；②公有产权，即任何人都具有使用这一资源并获得收益的同等权利；③介于两者之间的集体产权，即集体内所有成员都有同样的使用权利，但集体外没有。产权的可让渡性以产权的可分解性与排他性为前提。使用财产的权利可以分解为使用权、收益权和转让权等。使用生产性资产一般会在成本之上产生一种余额，这就是租金。产权的转让实质上就是其收益权的让渡。产权的可让渡性提高了稀缺资源的配置效率，但它必须以产权的排他性为前提。如果不能排除其他人使用同样资源并从中获得收益的权利，或排

① [美]阿尔钦. 产权：一个经典注释//财产权利与制度变迁：产权学派与新制度学派译文集. 上海：上海三联书店，1994：166.

② [美]菲吕博腾，佩杰威齐. 产权与经济理论：近期文献的一个综述//财产权利与制度变迁：产权学派与新制度学派译文集. 上海：上海三联书店，1994：204.

③ [英]约翰•伊特韦尔，等. 新帕尔格雷夫经济学大辞典：第3卷. 翻译组，译. 北京：经济科学出版社，1992：1101.

除的成本大于从中得到的收益，产权的可让渡性便是空谈。如诺斯所说，“产权本质上是一种排他性权利”[①]。排他性、可让渡性和收益性这三种权利构成了产权制度安排的核心，也是决定资源配置效率的关键。

在一个资源充裕或者鲁宾逊的世界里，产权均不起作用。但是，人类社会尚未摆脱稀缺性的束缚，如果不对人们取得资源的竞争行为进行某种强制性规定，即设定某种产权安排，人们之间的冲突将会加剧，以产权界定为前提的交易活动也无从谈起。而建立产权制度，可以规范人们获取资源的权利范围及方式。在一个有效的产权安排前提下，交易人获得应有权益并支付相应成本。因此，“产权的一个主要功能是引导人们实现将外部性较大地内在化的激励”[②]，这自然会影响到资源的配置效率。

产权经济学的基本逻辑是，在交易费用为正的前提下，研究产权安排或产权制度对资源配置效率的影响。按照科斯所说，“我的梦想就是建立一种能使我们对生产的制度结构的决定性因素进行分析的理论”。[③]学术界将这一观点称之为“科斯定理”[④]：若交易成本为零，不管财产权利初始安排如何，自由竞争市场将使资源配置达到帕累托最优。换言之，如果市场交易成本为零，则产权是不重要的。该结论与新古典经济学的完全竞争市场最优理论相一致。但是，在现实世界中交易成本是以正数真实存在的，科斯的目的就是要把这一事实作为展开经济学研究的前提。在这种情况下，合法权利或产权制度的初始界定以及经济组织形式的选择将会对资源配置效率产生重大影响。更具体讲，在交易成本为正的前提下，会发生如下两种事件：①资源配置的帕累托最优是不可能实现的，交易成本是决定资源配置效率的一个重要变量；②产权安排不仅影响产权转让和重组的市场交易，还将直接影响资源配置效率。

8.3.3　产权制度与经济增长

诺斯在研究经济增长问题时，把产权的制度安排看作是经济增长的决定性因素，这颠覆了传统学说。他在《制度变化与经济增长》（1971）一文中说：“我深信，在过去的 25 年里，经济学家们解释经济增长的努力是误入歧途。答案并不在于他们的资本形成的模型或各种现成的其他‘战略性’变量的狭窄的经济范围中；答案取决于基本制度环境的特征以及这些基本规则实行的程度。”[⑤]的确，传统学说把研究经济增长的重点置于各种生产要素的变化上，诸如投资、储蓄、规模经济、技术创新和人力资本等，

---

① [美]诺斯. 经济史中的结构与变迁. 陈郁，等译. 上海：上海三联书店，1994 年：26.

② [美]德姆塞茨. 关于产权的理论//财产权利与制度变迁：产权学派与新制度学派译文集. 上海：上海三联书店，1994：98.

③ [美]科斯. 企业、市场与法律. 盛洪，陈郁，译. 上海：上海三联书店，1990：233.

④ 科斯本人并未对有关思想进行过专门的概括和进一步解释，因此，人们对“科斯定理”形成了很多表述和解释。

⑤ [美]诺斯. 制度变迁和经济增长//现代制度经济学. 编译组，译. 北京：北京大学出版社，2003：293.

经济增长被视为产业革命的结果。而诺斯指出，这些都不是经济增长的原因，而是增长本身，产业革命并非现代经济增长的原因，而是其结果。诺斯说道，“有效率的经济组织是经济增长的关键；一个有效率的经济组织在西欧的发展正是西方兴起的原因所在。有效率的组织需要在制度上作出安排和确立所有权以便造成一种刺激，将个人的经济努力变成私人收益率接近社会收益率的活动。”①这说明，形成有效率的产权制度是有效率的经济组织出现的前提，有效率的经济组织通过组织创新和技术创新实现规模经济，提高稀缺资源的配置效率和减少生产活动的弊端及风险，这不仅使从事生产活动的个人收益率与社会收益率相接近，也推动两者不断提高，带来普遍的经济增长。

当然，产权制度的建立及运转都需要支付费用，产权的界定、产权制度的运行、对违规行为的处罚以及为产权制度提供的其他服务（如统一计量标准，提供交易媒介和公共物品等）均有成本。在这里，如果这些成本即交易成本大得难以承受，有效率的产权制度便无法建立。因此，有效率的产权制度是指它既可以提高资源配置的效率，又降低交易成本。有效率的产权制度能够保护人们的劳动果实，激励他们从事创新活动。创新活动可以产生两点优势：①它通过提高生产率使个人获得收益；②生产率的提高意味着更大的社会产出。前者相当于创新的私人收益率，它等于从事经济活动的个人或组织付出努力及扣除成本之后的所得；后者相当于创新的社会收益率，它等于私人收益率加上这项活动使社会其他每一个人的净收益。显然，唯有私人收益率接近或等于社会收益率时，才会发生经济增长；而只有出现了有效率的产权制度和有效率的经济组织时，这两种收益率才会趋于相等。这意味着，通过创新活动，人们既可以获取私利，也会使社会净收益增加。产权的制度安排明确了我们在使用资源时可能获得的利益和必须承担的成本，设定了相应的行为规范。当社会建立起一套明晰的、排他性的及可让渡的产权制度，并对它提供有效保护时，人们将会积极地进行一系列创新活动。有效率的产权制度带来经济增长，而无效率的产权制度会引发经济衰退。后者的基本特征是：①它不能为从事生产及创新活动的个体提供有效激励；②它的维护成本高不可攀，这意味着巨大的交易成本。

8.4 制度变迁理论

诺斯不仅说明了产权制度对经济增长的决定作用，他还进一步研究了人类历史上的制度变迁问题。诺斯主要以产权理论、国家理论构建了制度变迁理论的基础，分析了欧洲和美国经济史的结构和变迁，说明了引发经济增长所必须的有效率的产权制度和经济组织是如何产生的，为什么一些国家兴起而另一些国家衰败，以及制度变迁的

① [美]诺斯，托马斯. 西方世界的兴起：新经济史. 厉以平，蔡磊，译. 北京：华夏出版社，1989：1.

整体过程，从而建立了新制度经济学的新经济史学。[①]

8.4.1　国家理论

诺斯在应用产权理论研究经济增长问题时，假设国家是“中立”。但无论在历史还是在现实中，国家都不是中立的，为了分析制度的产生、演进和消亡，就必须对国家进行符合实际的研究，因此，诺斯建立了一个新古典国家理论。诺斯指出，国家是界定和实施产权的主体，最终决定了产权制度和产权结构的安排。国家的基本功能是提供法律和秩序，并保护产权以换取税收。国家最终要对造成经济增长、停滞和衰退的产权制度负责。

国家理论首先要说明国家的性质，对此，诺斯综合了思想史上的两种国家理论。[②]他指出，国家带有剥削和契约两重性，它的两个目标是既要使统治者的租金最大化，又要降低交易成本以使全社会总产出最大化（以增加国家税收）。这两个目的之间存在长久冲突，前者会产生一种无效率的产权安排，后者则需要一个有效率的产权形式，这会引发经济动荡乃至国家兴衰。他用国家的“暴力潜能”分配论来说明国家的作用。若暴力潜能在公民之间进行平等分配，便产生契约性国家；如果分配是不平等的，便产生了掠夺性或剥削性国家。那么，决定暴力潜能分配的因素是什么？对此，诺斯借用新古典经济学的思路进行解释。国家并不是大公无私地为人民服务的组织，它与普通的经济组织没有本质区别，其目的是追求自身效用最大化（租金最大化）。同追求利润最大化的企业一样，国家的行为是使收入和成本之间的差额最大化；特别是国家和市场上的完全垄断者一样，要尽可能利用垄断势力提高价格和压低成本。而国家能否实施有效率的产权制度取决于它所面对的竞争约束和成本约束，如同追求私利的个人和组织，是否会为社会利益和公共福利作出贡献，取决于其所处的市场结构和成本结构。国家的收入主要来源于税收。为此，国家要界定形成产权结构的竞争与合作的基本规则，并以一组服务（诺斯称之为保护和公正）与“选民”进行交换。交换过程遵循博弈的基本规则。人们选择国家的原因在于，国家所提供的服务是规模经济，由国家这一专门从事产权保护的组织提供服务的成本，要大大低于无组织的个体行为，即

① 新经济史学（New Economic History）于 20 世纪 60 年代兴起于美国，倡导经济理论对经济史的指导作用，以实现经济理论和经济史的统一。传统经济史论著主要是作者依据个人偏好叙述经济史，而新经济史学认为，经济史研究不仅要史料规整，更重要的是能解释史实，说明其中彼此的关系。新经济史学主要有两大分支：以福格尔为代表的计量经济史学和以诺斯为代表的制度变迁理论。前者将经济学理论和计量、统计的方法应用于经济史研究，即用定量分析研究经济史；后者将新制度经济学的基本理论和方法应用于经济史研究，更加全面地解释制度的演进。本节只简述其制度变迁理论的基本内容。

② 马克思主义国家理论认为，国家是统治阶级掠夺、剥削被统治阶级的工具和总代理。启蒙学者所提出的社会契约论认为，国家是统治者和公民自愿缔结契约的结果，它为公民的财产、人身和生命安全和解决人们之间的利益冲突提供保护和公正，并以提供这些服务换取收入。

国家的出现极大地降低了交易成本，使社会剩余增加。

专制君主把国家当作其私有财产，君主（统治者）与臣民争夺由交易成本降低而产生的剩余。为了使租金最大化，他面临的问题和经济人很类似：在获取最大收入的同时使支付的成本最小化。君主的手段有很多，包括：增加原有捐税或建立新税种，对内强制借款甚至直接出售头衔、特权等，对外发动战争。同时，他必须考虑各种方式的政治成本（选民或代理人的暴动、革命和外逃）和经济成本（征税的花费）。这些成本就如同企业内部的管理成本，与君主为维持产权制度所必需支付交易成本（军队、警察、法院等）一同构成了国家的总成本。总收入与总成本之间的比较决定了统治者对某种生产要素、以什么方式征税，如同企业所有者根据市场需求曲线和成本曲线决定生产什么、生产多少和如何生产。

作为完全垄断者，君主在与臣民竞争社会剩余的过程中处于有利位置。但他依然面临着竞争约束，如同市场上的完全垄断者面临着市场需求曲线的制约和潜在的竞争对手一样。潜在竞争对手主要有：其代理人和后继者、与之竞争的国家，而选民的态度和行为构成了对统治者行为的预算线。君主与潜在对手的竞争主要表现为以下几种情况。①君主需要代理人为之服务，因而制定了一套规则使代理人与自己的利益保持一致。然而，代理人的效用函数与君主是有差异的，由于信息不对称和存在代理成本，代理人在一定程度上并不完全受制于统治者。代理人的存在不仅增加了国家的运行成本，还分散了君主权力，降低了其垄断租金。特别是由于效用函数不同，委托人和代理人可能为争取垄断租金进行斗争，甚至出现代理人与选民发生共谋以分享某些垄断租金。②君主必须面对其他国家的竞争，对手可以通过联姻与继承、贸易与往来、阴谋与暗杀、恐吓与战争等方式改变产权安排乃至改旗易帜。③君主无法永生，新的君主可能会进行改革，推行新政策。④尽管专制国家的臣民几乎没有政治权利，但也不会在暴政面前束手就擒。他们会逃亡至其他国家（最初的逃税方式），或支持暴政的竞争对手，或揭竿而起。通过精英集团的领导，分散的臣民可以克服“搭便车”行为，进行大规模的有组织活动。由君主的代理人或政治对手发动政变或战争也会改变产权结构。臣民是分层的，他们之间的经济利益存在差异。层次较高的人会组成强势利益集团，君主通常避免与之发生冲突，同意一个有利于这些集团的产权制度安排而无视它对社会经济效率的影响。至于哪些人构成强势利益集团，要取决于由人口与稀缺资源之间的紧张程度而引起的相对价格变动，以及相应的主要经济活动方式和经济组织形式。它可以是土地所有者、劳动者或工商资产阶级。诺斯说：“哪里不存在势均力敌的替代者，哪里现存的统治者就好似一个暴君、一个独裁者或一个专制君主。替代者越是势均力敌，统治者所拥有的自由度就越低。选民所保留的收入增长的份额也越大。”[①]倘若国家任性地追求租金最大化而漠视民众降低交易成本的诉求，将导致严重

① [美]诺斯. 经济史中的结构与变迁. 陈郁，等译. 上海：上海三联书店，1994：27.

的矛盾冲突和社会动荡，使政权倾覆。反之，如果国家提供的产权保护和公正降低了交易成本，民众进行创新的所得（私人收益率）大于所付（税率），他们会努力维护现政权（通过纳税），有效率的经济组织就会出现。

综上所述，总收入与总成本之间的比较，君主面临的竞争约束，以及差异化的地理环境（面积、人口密度、交通线）和不同的经济结构（贸易发展状况、农业生产状况、城市水平及工商业阶层状况）等，这些因素决定了君主所实行的产权制度安排，而很少考虑它是否利于经济增长。一种经济上低效率的产权制度安排在政治上可能是合理的，而有效率的产权制度的出现只是一次偶然事件。

8.4.2 制度变迁的动因、方式及过程

通过产权理论和国家理论，诺斯为研究制度变迁问题进行了充分的准备。他指出，研究制度变迁是理解人类历史演进的关键。诺斯对美国和欧洲制度变迁的历史进行了广泛的实证研究，分析了制度、制度变迁与经济增长的关系，国家及意识形态对制度和制度变迁的影响。从而形成了有关制度变迁的动因、方式和过程的系统解释。

1. 制度变迁的动因

诺斯指出，制度变迁是“制度创立、变更及随着时间变化而被打破的方式”。[①]制度提供了人们相互影响的框架，建立了形成一种经济秩序的合作与竞争关系。人们对制度有需求，是因为它具有一定的经济价值或可以给制度的消费者提供某些服务，如降低不确定性、减少交易费用和外部性内在化等。制度变迁就是一种新的、效益更高的制度对另一种旧的、效益低的制度的替代过程。可见，人们对制度变迁的需求就是对效益更高的新制度的需求。换言之，制度变迁的需求来自于现有制度下无法获得的收益，即“外部利润”。它出自以下四方面。①降低交易费用。因信息成本存在，市场是不完全的，需要能降低交易费用的新制度。②规模经济。为实现生产的规模经济，更大和更复杂的企业组织形式被创造出来，创新者从规模经济中获取更多利润。③降低风险。高利润伴随着高风险，因而需要新制度来降低风险。④外部性的内在化需要。外部成本的存在影响了资源的有效配置，这就引起了制度的再组织，从而使外部性内在化，带来社会总收益的增加。影响制度变迁需求的外生性因素主要有：生产要素和产品相对价格的变动、技术进步和市场规模的变化等。生产要素和产品相对价格的变动会改变人们之间的激励结构，促使他们签订新契约。新的更有效的技术使潜在收益现身，技术进步能降低某些制度安排的操作成本。在过去 200 年中，技术进步使产出在一定程度发生规模报酬递增，建立更复杂的组织形式是有利可图的。市场规模的扩大引起更高的专业化与劳动分工，交易费用增加，为了降低交易费用，新的制度安排

① [美]诺斯. 经济史中的结构与变迁. 陈郁，等译. 上海：上海三联书店，1994：225.

会出现。

制度变迁也需要供给方面的作用。制度变迁供给是指，一种新制度的供给主体设计和推动制度变迁的活动。供给主体既可以是政府，也可以是企业或其他组织，甚至个人。政府主导的制度变迁具有强制性特征，个人推动的制度变迁具有诱致性特点。无论是哪一种制度变迁，只有在供给主体的收益超过成本的条件下，才能实际发生。在制度市场上，当制度的边际收益等于边际成本时，制度的供求实现均衡。此时，制度的供给者和需求者都在现行制度下实现收益最大化，他们便安于现状。影响制度变迁供给的主要因素有：宪法秩序及行为规范准则、制度设计的成本和实施新安排的预期成本、社会科学知识的进步以及上层决策者的净利益等。

当由于各种因素变动所产生的潜在利润大于制度创新过程中发生的成本时，或者说在制度创新的预期收益大于预期成本的情况下，制度创新活动出现。正如诺斯所说："如果预期的净收益超过预期的成本，一项制度安排就会被创新。只有当这一条件得到满足时，我们才渴望发现在一个社会内改变现有制度和产权结构的企图。"[①]一旦制度创新得以实现，增加的收益在社会成员之间合理地分配，又将形成新的制度均衡。按照诺斯的定义，制度均衡是指这样一种状态："在给定条件下，现存的制度安排的任何改变都不能给任何个人或团体带来额外的收入。如果①安排的调整已经获得了各种资源所产生的所有潜在收入的全部增量；或②这样的潜在利润存在，但是改变现存安排的成本超过了这些潜在利润；或③如不对制度环境做某些改变，就没有可能实现收入的重新分配，那么，这一状态就存在。"[②]与之相对的是制度非均衡，它是指社会主体对现存制度发生不满、谋求改变而又没有全面行动的状态。无论是影响制度变迁的需求因素还是供给因素发生变化，都会引发制度非均衡。制度非均衡的两种基本情况是制度供给不足与制度供给过剩，都说明了潜在利润的存在。前者通过制度创新来解决，后者通过取缔一些制度来消灭。在制度的形成及发展过程中，制度非均衡是一种常态，因为影响制度变迁需求与供给的因素总是处于不断变化之中。

2. 制度变迁的方式

制度变迁的方式主要有两种：诱致性制度变迁和强制性制度变迁。诱致性制度变迁是指"现行制度安排的变更或替代，或者是新制度安排的创造，它由个人或一群（个）人，在响应获利机会时自发倡导、组织和实行"。[③]诱致性制度变迁的发生需要某些来自制度非均衡带来的获利机会诱导。诱致性制度变迁具有渐进性特征，因为人具有有限的理性，掌握所有必要的制度变迁知识并同时设计出最佳的制度安排，已超出了人们的认知水平。建立一个新的制度安排需要时间和各种努力。由于个体的经验及作用

① [美]诺斯. 经济史中的结构与变迁. 陈郁，等译. 上海：上海三联书店，1994：274.

② [美]诺斯. 经济史中的结构与变迁. 陈郁，等译. 上海：上海三联书店，1994：297.

③ [美]诺斯. 经济史中的结构与变迁. 陈郁，等译. 上海：上海三联书店，1994：278.

不同，他们对制度非均衡的原因和程度的感知存在差异，要使新的制度安排获得认可并运转起来，个体需要经过协商并取得一致。在诱致性制度变迁过程中，个体谈判所产生的成本是一个重要的制约因素，费用过高会使诱致性制度变迁中途夭折。

"如果诱致性创新是新制度安排的唯一来源的话，那么一个社会中制度安排的供给将少于社会最优"。[①]因此，需要国家的强制性制度变迁来弥补制度供给不足。强制性制度变迁的主体是国家，它通过指令和法律来启动和实施。国家在供给制度时也遵循经济原则，只有当统治者的预期收益高于他强制推行制度变迁的预期成本，强制性制度变迁才会发生。以国家为主体的强制性制度变迁的有效性还要受到一些因素的制约，例如，统治者的偏好和有限理性、意识形态刚性、官僚政治、集团利益阻挠和社会科学知识的局限性等。正因为如此，国家很可能会维持某种无效率的制度非均衡，制度供给不足的状况就无法消除。强制性制度变迁与诱致性制度变迁存在一些共同点，例如，两者均是对制度非均衡的反应，都遵循成本—收益比较的基本原则。

3. 制度变迁的过程

从发现潜在利润到实现制度变迁需要一个过程，可以划分为五个步骤：第一步，形成"初级行动团体"。初级行动团体是一个决策单位，它可能是个人也可能是由个人组成的团体。正是初级行动团体发现了获得潜在利润的可能，团队成员中至少有一个人是熊彼特所说的企业家。初级行动团体启动了制度创新的进程。如纽约的制造商于1811 年非正式地联合成院外集团以通过一般的合并法，就是一个成功的初级行动团体的经典案例。第二步，初级行动团体提出具体的制度变迁方案。一般而言，制度变迁方案有若干个。新的方案可能来自其他经济系统在相似活动方面的制度安排，可能来自社会科学研究已经取得的新发明，还可能来自局部实践和探索所获取的新经验。第三步，初级行动团体根据利润最大化原则，对可供选择的几种制度变迁方案进行比较，选取一种方案并付诸实施。如果可供选择的制度变迁方案个数较多，就需要花费较长时间选取一个报酬最高的方案。第四步，形成"次级行动团体"。次级行动团体是一个用于帮助初级行动团体实施制度变迁而形成的决策单位。戴维斯和诺斯举例说，假如《纽约合并法》已经由公司委员会办公室确立，由它来承担法人许可证的接收、复审及批准任务，委员及其助手就构成了一个次级行动团体。第五步，初级行动团体和次级行动团体共同努力，实现制度变迁。一旦取得了利润，系统就复归均衡状态，此时，不存在改变制度安排的任何压力。除非一些外在事件又产生了新的潜在利润，制度均衡状态才会被打破。

在制度变迁过程中，意识形态起着重要作用。诺斯把意识形态视为一种用于克服"搭便车"的社会工具，作为一种非正式制度安排，意识形态可以节约制度运行的成

---

① [美]诺斯. 经济史中的结构与变迁. 陈郁，等译. 上海：上海三联书店，1994：394.

本。要注重意识形态的三个方面：①意识形态是个人与所处环境达成的一种节约费用的工具，它以“世界观”的形式出现从而简化决策过程；②个人的意识形态不可避免地与他所持的道德、伦理评价等交织在一起，这意味着要在相互竞争甚至对立的意识形态中进行选择；③对制度公正与否的评价是意识形态的重要内容。一种制度是否可以诞生、诞生之后能否在低成本状态下运行，与人们对这一种制度的合理性、公正性的理解及认同高度相关。诺斯指出：“社会强有力的道德和伦理法则是使经济体制可行的社会稳定的要素。更一般地说，如果没有一种明确的意识形态或知识社会学理论，那么，我们在说明无论是资源的现代配置还是历史变迁的能力上就存在着无数的困境。”[①]成功的意识形态必须克服“搭便车”问题，其基本目的在于促进一些群体不再按照成本与收益的简单的、享乐主义的和个人的计算来行事。

诺斯的研究强调了制度对经济绩效的重要性，有效的制度是经济增长之保障，制度变迁会朝有效率的方向演进。但是，经济社会中大量无效率制度以及大量低效率国家普遍存在这一事实不能被忽视。因此，诺斯对制度和信仰系统的路径依赖特征进行思考，指出旧的制度和信仰系统在纷繁复杂的社会经济新问题面前很可能无能为力。为更好地研究信仰变迁问题，诺斯引入了认知科学。他在《理解经济变化的过程》（2005）提出要进入人的头脑和心灵去理解其内心世界，强调人们高度可塑的目的性之时空差异及其在影响制度变迁的重要性。在永恒不确定情况下，个体对于应然和实然的信念对决策至关重要，并在宗教文化传统与正规制度之间发挥纽带作用。他在《暴力与社会秩序》（2009，合著）对制度与个人化思维（特别是政治强人）的互动进行研究，力图构建一个全面解释社会政治经济活动的理论体系。这些工作预示了新制度经济学在某种程度上向古典主义复归和可能更关注经济演化问题的倾向。

新制度经济学秉承新古典经济学原则所提出的系列观点，尤其是制度变迁理论与经济史实并不相符。从英、美、德等大国崛起的历史经验看，均走出一条“保护本国市场并打开别国市场”的非对称全球化道路。例如，作为经济自由主义旗帜的美国，在 19 世纪末成为世界头号工业强国之前，对外国直接投资采取排斥乃至憎恨态度，而且外国投资绝大部分被限定于购买债券。自建国起到第一次世界大战前，美国工业品的进口关税一直维持于 40%～50%这样人类历史罕见的高关税水平。又如，日本对外资采取了严格的限制措施，1971—1990 年，日本的外国直接投资占总固定资本形成的比例仅为 0.1%，而发达国家的平均值为 3.5%（1981—1995）。再看韩国，这一数值在 1971—1995 年为不到 1%，而发展中国家在 1981—1995 年的平均值为 4.3%。北欧富豪芬兰一直严格限制外资进入，直到 1993 年打算加入欧盟时才实行所谓的自由化政策。而推行新自由主义经济政策，推行自由贸易和试图依靠外国直接投资实现经济发

① [美]诺斯. 经济史中的结构与变迁. 陈郁，等译. 上海：上海三联书店，1994：51.

展的国家（如拉美国家、东南亚国家），均陷入了“依附型经济”的悲惨命运。比如曾被誉为“拉美粮仓”的阿根廷，在金融领域对外资自由化后，发生了严重的经济衰退和社会动荡。[①]

思考题

1. 新制度经济学是如何对“经济人”假说进行修正的？
2. 什么是交易成本？分析交易成本概念对新制度经济学理论体系构建的作用。
3. 简述新制度经济学的产权概念，以及产权制度与经济增长的关系。
4. 简要说明“科斯定理”。
5. 制度变迁的动因是什么？

① 张嘉昕. 对国家经济发展战略大转型的超前思考. 学术评论，2020（6）：10-15.

第 9 章

新制度主义经济学

新制度主义经济学（Neo-institutionalism Economics）或新制度经济学（Neo-institutional Economics）是 20 世纪 60 年代中后期在美国形成和发展起来的，它是延续了凡勃伦、康芒斯制度经济学传统的西方主流经济学的反对派。它坚持技术—制度二分法；关注经济现象的过程特征；提出经济学研究必须进行价值判断，判断的标准在于社会价值；把经济学的任务确定为研究制度调整以改善经济功能为目标的、实用主义的、进化的和政策的科学。在此基础上，新制度主义提出了制度调整理论、社会价值原则、“二元体系”理论、“循环积累因果”理论等重要学说。当前，新制度主义经济学已经成为一支运用独立研究方法，并提出了比较成熟的理论体系的经济学派。他们笔耕不辍、著书立说，组建了自己的学会还出版学术期刊，定期召开会议及颁发学会奖项。但是，他们作为西方主流经济学眼中的异端分子而遭受冷眼，又由于国内学术界对以科斯为代表的新制度经济学（New-institutional Economics）[①]更加关注，使新制度主义经济学受到冷落甚至被一定程度的误读。因此，本书单设一章对它进行简要介绍。

9.1　新制度主义经济学概览

新制度主义经济学的发展要溯源于凡勃伦—艾尔斯传统，它的主要策源地是美国。虽然在凯恩斯革命后，制度经济学在美国经济学界很快失去了主流地位，但这一传统并未消亡，经过一批制度主义经济学家始终不渝的坚持和努力，这个传统薪火相传，在逆境中顽强地维护和发展着自己的理论内核。至 20 世纪 70 年代，新制度主义者开始在学术界发声，他们在方法论上完善了“凡勃伦二分法”，并以此为基础形成了制度调整理论、社会价值原则、权力/势力理论等一系列丰富的理论学说，使新制度主义经

① Neo-institutional 和 New institutional 都直译为“新制度”，从字面上难以区分二者的差异。以科斯为代表的新制度经济学的制度分析仍然是新古典框架内采取个体主义的方法以追求均衡为目标，因此，也有人将新古典经济学被称作“新古典制度经济学”。为表达明确，本章统一使用新制度主义经济学（Neo-institutionalism）的称谓。

济学成为了独立的学术团体而游刃于当代西方经济学流派之林。

9.1.1　新制度主义经济学前史

新制度主义经济学是美国制度经济学的直接后继者，它在成为独立经济学派之前已进行了半个多世纪的学术积淀。托尔斯坦·凡勃伦（Thorstein Veblen，1857—1929）、约翰·康芒斯（John Commons，1862—1944）是制度经济学理论的主要奠基者。制度经济学在两次世界大战之间，成为美国经济学界一支活跃的学术力量，甚至一度占据主导位置并形成了三大理论中心。①哥伦比亚大学是该学派的大本营，威斯利·密契尔（Wesley Clair Mitchell，1874—1948）、瑞克斯福德·图格维尔（Rexford Tugwell，1891—1979）等人在此执教，并培养了许多年轻学者。②康芒斯所在的威斯康星大学在制度经济学享负盛名，包括埃德温·维特（Edwin E.Witte，1887—1960）、哈若德·格罗夫斯（Harold Groves）在内的著名学者汇集于此。③阿默斯特学院—布鲁金斯研究生院，沃顿·汉弥尔顿（Walton Hamilton，1881—1958）、克莱伦斯·艾尔斯（Clarence Ayres，1881—1972）等人从始而终。在 20 世纪早期的一段时间内，制度经济学一度形成了主导美国经济学理论研究之势，并对政府的政策制定产生了很大影响，在经济思想史上被称为制度主义运动（Institutionalist Movement）。

然而，当 20 世纪 30 年代资本主义世界陷入“大萧条”及发生“凯恩斯革命”之后，凯恩斯经济学很快成为西方主流经济学，制度经济学的发展则急转直下、几近消亡。不利的现实处境是制度经济学沉沦的重要因素，但也必须承认它尚未对凡勃伦传统进行全面充实，使自身的发展缺乏理论深度。在 20 世纪 40—60 年代的这段艰难时期，依然有一部分学者致力于推动制度经济学的发展，如艾尔斯为凡勃伦传统确定了哲学基础，强调技术是社会进步的根本动力，明确了工具价值是制度主义根本的判断标准。因此，艾尔斯被认为是制度经济学与新制度主义经济学之间承上启下的“人梯”，学术界提出了制度经济学的“凡勃伦—艾尔斯传统”（Veblen-Ayres Tradition）。阿兰·德格鲁奇（Allan G.Gruchy）将制度经济学的分析方法总结为“过程范式”，被日后的新制度主义者所接受。阿道夫·贝利(Adolf Berle，1895—1971)和加德纳·米恩斯(Gardiner Means，1896—1988)的“两权分离”学说（1933）[①]、詹姆斯·白恩汉(James Burnham，

① 两人在《现代公司与私有财产》（1933）一书，对全美最大的 200 家非银行业股份公司所有权与控制权的分离情况进行统计，研究这些公司权力结构的变化，得出结论：现代大公司的股东权弱化，公司的管理权已从私人资产所有者（股东）转移到经理手里。因此，现代资本主义社会形成了两个“对立的集团”——所有权和管理权，经理管理权不断膨胀，侵犯到所有者利益。对此，他们提出改革方案：大公司的管理应发展成一种纯粹中性的技术治理，平衡各社会集团的不同要求，并按照公共政策，而不是根据私人私欲，赋予每一个集团以一部分收入。

1905—1987)[①]的“经理革命”理论（1941）产生了重要影响。此外，缪尔达尔将凡勃伦的进化方法概括为积累因果（cumulative causation），在学界享有盛誉。经过艰辛努力，制度经济学薪火相传，在积累与沉淀中蓄势待发。

9.1.2 新制度主义经济学的确立

或许是20世纪60年代的激进主义运动带来的新风气，又由于一批制度主义者的持之以恒，1965年，制度经济学的同仁们汇聚一堂组建了自己的精神家园——进化经济学学会（Association for Evolutionary Economics），两年后创办《经济问题杂志》期刊，又设立了学会奖项凡勃伦—康芒斯奖（Veblen-Commons Award）用以表彰本领域的杰出学者。当组织形式快速完善及理论准备趋于成熟之时，新制度主义经济学在20世纪60年代末成为一支新的独立学派。1968年，路易斯·容克在《美国经济学和社会学杂志》发表《新制度主义的理论基础》一文，首次正式提出新制度主义（Neo-institutionalism）的概念。他在注释中指出，这一新词来自于图尔1953年的博士毕业论文《自主的经济：政治经济学的规范理论》(1979)。1981年，图尔出任《经济问题杂志》主编，此后10年间，他大力提倡对新制度主义经济学的基础理论和研究方法进行深挖，编辑出版了多部新制度主义经典文献，并特别注意吸引年轻学者加入杂志撰稿和编辑工作。《经济问题杂志》的名声不断响亮，新制度主义经济学的影响力日益提升。此外，图尔还协助成立了欧洲制度主义者的组织——欧洲进化政治经济学学会（European Association for Evolutionary Political Economy, EAFEPE），建立了欧美制度主义者之间的联系。20世纪90年代中期以来，在梅修(Anne Mayhew)、奥哈拉(Philip A. O’Hara）等人的努力下，开始尝试新制度主义经济学说的模型化，并对诸如管制、发展、环境等现实社会经济问题撰写系列文章。同时，新制度主义经济学也不断吸纳其他哲学社会科学的新思想，丰富自身。这使新制度主义思想更易传播，也有利于其自身的理论发展。

9.1.3 分支：激进制度主义

20世纪60年代，发达资本主义国家发生了一系列反对资产阶级意识形态及西方

① 白恩汉著作《经理革命：世界上正在发生什么》(1941）首次提出“经理革命”的概念。它是指一种由于权利转移而发生的社会变革，社会的统治阶级由过去的资本家变成了现代的企业管理者即“经理阶级”。白恩汉指出，“两权分离”学说只注重法律学意义，而忽视了社会学意义。从法律学角度讲，管理权和所有权是可以分开的；但从社会学角度讲，二者是不可分割的。“经理阶级”实际上既是管理者，又是实际所有者，成为统治阶级。白恩汉把罗斯福“新政”看作一次自上而下的使美国向“经理社会”过渡的运动。尽管取得很大成绩，但经理演变成新的特权阶层，等级压迫现象依然严重。他建议美国要注意苏联和纳粹德国在“经理革命”中的教训,使国家可以在一种比较民主的方式中完成向“经理社会”的转变，避免官僚化统治。

社会现状的群众运动，在这一背景下，新制度主义经济学内部出现了一支更具激进色彩的团体——“激进制度主义”（Radical Institutionalism）。20 世纪 80 年代中后期，激进制度主义开始有组织地在学界发声，威廉·杜格（William Dugger）是它的主要代表人物和普及者。激进制度主义是“以改变经济体系，使之转向更民主、有更多人参与的社会结构为目的，致力于准确地描述经济体系的运行的学说”[①]；它的“研究视角是权力对现代经济作用……现代经济是公司经济，其变迁的推动力来自于公司权力中的精英与推进民主的平等主义者之间的冲突”。[②]激进制度主义的反叛精神使它与马克思主义产生某种联系，例如，杜格和霍华德·谢尔曼编写了《回到进化——马克思主义和制度主义关于社会变迁的对话》（2001）[③]。不过，杜格强调的，激进制度主义根源于凡勃伦，而不是马克思和恩格斯，它是在 20 世纪 60 年代中期美国社会出现的各种激进主义思潮及社会运动的大环境下成长和发展起来的。

激进制度主义学者主要包括：杜格、道格拉斯·多德（Douglas Dowd，1919—2017）、代尼尔·富斯菲尔德（Daniel Fusfeld）、詹姆斯·斯坦菲尔德（James Stanfeild）、威廉·沃勒（William Waller）、瑞克·蒂尔曼（Rick Tilman）、弗洛德·麦克法兰（Floyd McFarland）等，他们中有不少人也是“激进政治经济学联盟”（Union for Radical Political Economy）的活跃分子，这是西方左翼经济学家的重要组织。激进制度主义的代表作包括：《激进制度主义：当代的声音》（1989）[④]，杜格的《公司霸权》（1989）、《地下经济学：十年来制度主义的不同意见》（1992、文集），斯坦菲尔的《经济思想与社会变迁》（1979）、多德的《资本主义及其历史：一种批判的视角》（2000）、《不平等与全球经济危机》（2009）；论文包括：威廉·沃勒（William Waller）的《激进制度主义：激进传统的方法表述》（1988）、蒂尔曼等人的《对制度经济学工具价值概念的说明》（1992）、杜格的《激进制度主义：从技术到民主的工具主义》（1996）等。21 世纪以来，激进制度主义的理论影响开始减弱。

9.1.4 代表人物

新制度主义经济学的主要代表有：福斯特、图尔、布什、加尔布雷思、纲缪尔达尔，以及罗伯特·海尔布伦纳（Robert Heilbroner，1919—2005）、肯奈斯·鲍尔丁（Kenneth Boulding，1910—1993）等人。前三位坚持和发展了凡勃伦—艾尔斯传统的研究方法，他们将纯粹经济理论的研究作为终生事业，使新制度主义经济学具有了独立的理论基础。

---

① Waller, William. Methodological Aspects of Radical Institutionalism, *Radical Institutionalism: Contemporary Voices*. Edited by W. M. Dugger. New York: Greenwood Press, 1989,p39.

② Dugger, William. A Research Agenda for Institutional Economics, *Journal of Economic*, Issues 22, 4 (Dec.), p 984.

③ Dugger William M. & Howard J. *Sherman, Reclaiming Evolution: Dialogue Between Marxism and Institutionalism on Social Change*, London and New York: Routledge, 2001.

④ 激进制度主义者提交给激进政治经济学联盟年会（1987）的论文集，是激进制度主义的标志性成果，由杜格主编。

法格·福斯特（John Fagg Foster，1907—1985）是普及和发展凡勃伦—艾尔斯传统的开拓者和新制度主义经济学宗师。他生于美国德克萨斯州的兰岭，1931 年起在德克萨斯州立大学跟艾尔斯学习，其间曾因为批评美国众议院的反对左翼运动特别委员会而受到迫害，自愿参军，1946 年取得博士学位，翌年，到丹佛大学任教，至 1977 年退休。福斯特秉承经济学中的“口述传统”，著作不多，但培养了图尔和布什这样的优秀新制度主义者，1981 年获凡勃伦—康芒斯奖。

法格·福斯特

马克·图尔（Marc R.Tool，1921—2018）生于美国内布拉斯加州的默多克，在“二战”中入伍，1948—1951 年，在丹佛大学学习，是福斯特的助教，1955—1991 年在萨克拉门托州立学院（Sacramento State College）任教。代表作是其博士论文《自主的经济：政治经济学的规范理论》（1953），经过对 1700 多页手稿的大量删节，于 1979 年出版。此外，他还发表了大量学术论文，出版《社会价值理论文集：新制度主义的贡献》（1986）、《定价、评价和体系：新制度经济学文集》（1995）两部论文集和专著《价值理论与经济进步：法格·福斯特的制度经济学》（2000）。图尔还是“制度思想学会”的首任主席，进化经济学学会董事会成员和《经济问题杂志》主编（1980—1990），组织了两次将杂志论文以文集出版。他还致力于新制度主义经济学在欧洲的传播，于 1989 年参与了“欧洲进化政治经济学学会”的创立工作，5 年后，被该学会授予终身会员。1988 年，获凡勃伦—康芒斯奖。

马克·图尔

保罗·戴尔·布什（Paul Dale Bush，1933—）生于美国密苏里州的圣·路易斯。1947 年，入丹佛大学，后跟随福斯特学习，1964 年以博士论文《劳动经济学中的边际主义和制度主义》毕业。1961—1996 年在加州大学弗雷斯诺（Fresno）分校任教。他担任过《经济问题杂志》编委（1982—1985）。1982 年，出任制度思想学会的主席。1981—1986 年担任学会刊物《制度思想评论》主编。1990 年当选为进化经济学学会的主席。2009 年，获凡勃伦—康芒斯奖。该奖项对其理论贡献的评价是，图尔指出了“进步的”与“退步的”制度

保罗·戴尔·布什

变迁的差别和制度变迁的两阶段论，提出“仪式锁闭”和“仪式支配指数”两个概念，将凡勃伦—艾尔斯—福斯特阐述为一个公理化传统。

约翰·肯尼斯·加尔布雷思

约翰·肯尼斯·加尔布雷思（John Kenneth Galbraith，1908—2006），出生于加拿大大略省伦敦城的小镇。1934 年从加利福尼亚大学博士毕业，在哈佛大学（1934—1939）和普林斯顿大学（1939—1940）讲授经济学。1937 年，加入美国国籍。1941—1943 年，任美国价格管理局的副局长，负责战时价格控制工作。1949 年，重返哈佛。1961—1963 年，任肯尼迪政府的总统经济顾问和美国驻印度大使。尔后，再次回到哈佛任教至 1975 年退休。1967—1969 年，担任美国民主行动协会主席。加尔布雷思并没有完全延续凡勃伦—艾尔斯传统，但汲取了其知识营养，是一位影响力广泛的制度主义者。他著作等身，经济学领域的代表作有：《美国的资本主义：抗衡力量概念》（1952）、《大崩溃》（1955）、《丰裕社会》（1958）、《自由之时》（1960）、《新工业国》（1967）、《经济学和公共目标》（1973）、《不确定的年代》（1977 年）、《我们时代的生活》（1981）和《权力的剖析》（1983）等。

纲纳·缪尔达尔

纲纳·缪尔达尔（Karl Gunnar Myrdal，1898—1987）生于瑞典南部的古斯塔夫，1927 年获经济学博士学位，开始在斯德哥尔摩大学执教。1974 年，他与哈耶克一起荣获诺贝尔经济学奖，这为制度主义赢得了很大声誉。[①] 缪尔达尔既是瑞典学派的主要代表，也是新制度主义经济学不可或缺的学者。他将凡勃伦的进化方法概括为“积累因果”，在制度经济学领域的代表作有：《美国的困境：黑人问题与现代民主》（1944）、《经济理论和不发达地区》（1957）、《富裕国家和贫困国家》（1957）、《超越福利国家》（1960）、《亚洲的戏剧：南亚国家贫困问题研究》（1968）、《世界贫困的挑战：世界反贫困大纲》（1972）、《反潮流：经济学批判论文集》（1973）和《反潮流：经济学批评文集》（1972）等。

9.1.5 研究方法

新制度主义经济学的研究方法独具特色，总体上讲，它坚持凡勃伦研究经济学的维度，即制度观和演变观。

① 他的妻子阿尔娃·缪尔达尔是 1982 年诺贝尔和平奖获得者。

（1）制度观。经济制度是一个社会的生产方式和生活方式整体特征的决定性因素，因此，经济学的主要研究对象就是经济制度的产生、发展及作用。经济制度是由人类本能和外界客观因素互相制约所形成的和广泛存在的习惯。制度是最重要的，因为它决定了人们之间最基本的社会关系，并支配着人们的行动、思想、习惯乃至经济行为的最终结果。

（2）演变观。制度处于不断演变的历史进程之中，因此，人类社会不是静止的，而是处于不断发展及变化之中；如同生物界的各种进化一样，这一过程是逐渐的、演进的和不确定的。所以说，经济学是一门进化论的科学。在具体的研究方法上，新制度主义另辟蹊径，提出了社会经济研究的二分法，和经济学研究必须坚持价值判断标准，从而确立了自己的独立学派身份。

1. 凡勃伦—艾尔斯传统的二分法

凡勃伦认为，现代资本主义社会包括两个组成部分：金钱部门和工业部门。前者代表既得利益集团的利益，后者代表人民大众的利益；前者来自于过去的习惯，是保守和阻碍的象征；后者放眼未来，属于进步势力。整个社会因此可以划分为两大体系：金钱部门及其维护者构成的制度体系，和工业部门及其维护者构成的技术体系。社会就是在这两大体系长期持续的冲突中不断进化发展的，这便是凡勃伦的技术—制度（工具）—仪式的二分法。

艾尔斯指出，现代资本主义的经济系统由两类行为构成：仪式特征的行为和技术特征的行为。它们是社会经济的本质特征，处于对抗和冲突之中，二者的相互关系以及各自所反映的经济行为便是进行经济分析的核心。仪式行为又具有两个特征。①“虚假的”特征，即由等级和身份来决定能力。②遗传的特征，所有仪式模式都是从过去继承下来的。技术行为体现出两个特征：①“真实的”特征，所有的技术都是进步的；②技能与工具间存在着一致的和不变的联系。认为技术在经济生活中发挥决定性作用的思维方式被艾尔斯称之为“工具主义”。

在把这种方法应用于对现实资本主义研究时，美国社会经济是“价格经济”与“工业经济”的混合。①价格经济关心货币、销售、契约等金融事务，最终在于“货币权力”。它是一种以仪式行为为基础的制度混合体，其行为准则是保护那些由习俗和道德观念所维系的权威和特权。这种制度混合体是一种以财产、身份和阶级差异为基础的权力体系。②工业经济关心产品和服务的生产中所运用的科学知识、工具和技艺。它是以“工具行为”为基础的技术的经济，这是一个生产体系而不是权力体系，使技术成为美国社会经济体系中惟一真实的创造性力量。工业经济中的技术行为是不断发展的，价格经济中的仪式行为则是保守势力的代言人。然而，在现实经济生活中，技术经济往往受到价格经济的支配。要改变这一不合理局面，就必须构建一种将技术而不是价格作为经济体系核心的新思维。

艾尔斯将技术与制度割裂开来，将技术视为自发进步的、作为社会经济发展的核心力量，人的因素没有受到足够的重视。他的贡献在于，使制度经济学具备了独立的哲学基础，即实用主义哲学。他将“凡勃伦二分法”作为分析社会经济现实的基本方法，拓展了凡勃伦传统的理论内涵，为新制度主义经济学打造了“凡勃伦—艾尔斯传统”的方法论基础。

2. 新制度主义经济学的二分法

新制度主义经济学修正了艾尔斯的缺憾，进一步完善了二分法的理论体系。这项工作由福斯特和布什分别展开。

（1）福斯特的二分法。福斯特指出，经济学的任务就是研究实际收入的生产过程，而实际收入的生产是通过制度来组织的。具体的考察被分为两个范畴：①职能范畴，包含经济职能及其辅助职能，前者创造实际收入，后者为前者的具体生产方式；②结构范畴，即制度。很明显，职能的实现需要有效的制度组织作为保障。职能范畴在人类社会活动中无所不在，它具有持续性和发展性的特征，保证了人类生命与经验的延续传承；结构范畴则来自过去的习惯，具有非连续性和多变性的特征，未必一定有助于人类生命与经验的持久性发展。

福斯特把制度看作经济过程中的结构范畴，将技术视为功能范畴，由此避免了艾尔斯关于技术与制度割裂对立的观点，体现了过程范式的基本精神，福斯特的二分法被新制度主义经济学家所广泛采纳。

（2）布什的二分法。布什指出，制度是行为模式的社会规定，人类行为模式具有相应的价值标准，行为之前的相互关系随着价值体系的变化而发生改变。价值体系中包括工具价值与仪式价值。①仪式价值为相互关联的行为提供歧视性差别的判断标准，表现出对传统的依赖和维护，努力使传统的思想和行为模式正当化。人们在仪式价值体系中发生相互关系时的行为模式被称作“仪式正当的行为模式”，其判断标准被称作“仪式适当”。②工具价值是解决问题的过程中工具和具体技能运用情况的判断标准，与科学研究、技术改良发生关联，工具价值的合理性要通过具体解决问题时的运用来实现。人在工具价值体系中发生相互关系时的行为模式被称作“工具正当的行为模式”，它的判断标准被称作“工具效率”。

行为模式与价值结构之间存在着一致关系和支配关系：①一致关系是仪式（工具）价值结构中的行为模式都表现为仪式（工具）的正当行为模式；②支配关系意味着行为模式与价值结构不一致，表现为工具价值结构中工具正当行为模式支配仪式正当行为模式，或仪式价值结构中仪式正当行为模式支配了工具正当行为模式。布什重点关注后一种情况，称其为“仪式支配”，并提出了“仪式支配指数”（index of ceremonial dominance）作为衡量尺度。这一指数反映了制度对技术革新的许可程度，指数越大，社会中技术革新的可能性就越小；反之则相反。

3. 坚持价值判断的标准

新制度主义经济学指出，经济学研究要重视分析和判断与人们经济活动利弊得失有关的价值标准。例如，鲍尔丁在《经济政策原理》(1958)中指出，一个产生着与自身的制度不相适应的理念和价值体系的社会自然无法持久。忽视对价值准则的研究，经济学便不会成为有益于社会发展的科学。这代表了新制度主义经济学的基本态度，按照福斯特等人的观点，如果经济学缺乏价值判断的伦理标准，就不能对现实资本主义社会的实际功效展开研究。加尔布雷思与缪尔达尔均十分强调价值判断的重要性。加尔布雷思指出，经济不仅仅是"实证的"，而且应当是"规范的"，而规范分析是离不开价值判断的；缪尔达尔则批评传统经济学忽视价值判断。

9.2 制度调整、社会价值与激进制度主义

福斯特、图尔与布什遵循凡勃伦—艾尔斯传统，提出了制度调整理论与社会价值原则。这是新制度主义经济学的理论核心，为后来者研究社会经济问题和挑战主流学说提供了基础，也是新制度主义保持活力的重要动力。此外，这一学派内部的激进制度主义以凡勃伦为理论源泉，结合各种激进主义思潮，对现代资本主义社会提出了尖锐的批评，形成了有关公司霸权问题，市场、国家及不平等问题的研究，为新制度主义经济学的发展开辟了新领域。

9.2.1 制度调整理论

新制度主义经济学认为，社会要实现发展和进步就必须进行制度调整，按照凡勃伦关于制度调整的基本思路，他们提出了新制度主义的制度调整理论。

1. 福斯特的制度调整理论

福斯特认为，社会的发展依赖于实际收入的不断增长，这需要由具体制度来组织实施，制度同时执行着工具职能和仪式职能。当工具职能的履行被仪式职能所支配时，就产生了各种各样的社会经济问题，要解决这些问题，就必须进行制度调整，工具效率(instrumental efficiency)是制度调整的标准。因此，制度调整成为福斯特进行理论建构的出发点。

制度调整将影响到社会经济的稳定，为了使制度调整达到最佳效果，福斯特给出了三项原则或三个基本限定条件。①"技术决定原则"，即必须运用可靠知识进行制度调整。工具效率的高低由可靠知识的运用程度决定，如果可靠知识的运用程度不够，则产生的工具效率就不足以实现制度调整。②"最小扰乱原则"，任何激烈的制度调整都有可能引发社会动荡，这就要求制度调整要尽可能地减少对社会的扰乱程度，并且

将对原有制度执行的工具职能的扰乱程度降到最低。这说明，要采取渐进式的制度调整方案。③“认同的相互依存原则”，即人们的理解和接受能力与制度调整的相互作用。制度是由社会习惯组成的，制度调整需要人们在传统的习惯与改革后的习惯之间进行选择。因此，人们必须要认识到自己在调整后的制度中与其他人是相互依存发展的，这样才能通过自下而上的方式，使社会大众自发民主地参与到制度调整之中。从而改变原有的行为规定模式，完成制度调整。福斯特的制度调整理论为新制度主义经济学的制度调整确立了基本原则。

2. 图尔的制度调整理论

在福斯特论述的基础上，图尔进一步深化了对制度调整的研究。他在制度的定义中强调了制度的最大特征是具有强制性。制度是人们在社会结构的创建过程中主观决定的，它由人们的习惯组成，但并不由习惯所决定。人类社会之所以要引入制度，重要原因是要对人们产生实际收入的活动进行有效组织，在这一过程中制度执行了工具职能。然而，制度又是由习惯所组成的，它执行规定人的权利和等级、维护现状等职能，即歧视职能。[①]如果歧视职能的执行程度过大，而工具职能的执行程度过小，就会导致各种社会经济问题。这主要反映在生产力、政治参与、种族和性别、环境等四方面。为了有效地解决这些问题，就必须进行制度调整，即增加工具效果的程度和数量并减少歧视效果的程度和数量。

图尔支持福斯特的制度调整三项原则。不过，按照工具主义的逻辑思路，图尔的制度调整理论没有探讨什么是理想的制度，在他看来，这恰恰是新制度主义经济学与其他的经济学理论之间的差异所在。由于人的行为具有自主性，每个人的自主行为构成了自主的经济，它不受单一或既定的制度目标限制。那么，制度调整的方向就取决于能否实现社会价值，这是图尔的重要观点即社会价值原则，将在以下部分介绍。

3. 布什的制度调整理论

布什把制度调整划分成两个阶段：第一个阶段称为“仪式锁闭”（ceremonial encapsulation），第二个阶段称为“进步的”制度变迁（progressive institutional change）。

（1）“仪式锁闭”，指只有在保持现有仪式支配指数水平的情况下，现存制度中的既得利益者才会允许使用新知识，凭借工具正当行为模式推动制度调整的实施。在仪式锁闭的情况下，共同体所追求的是可以维护现有的价值结构的制度。与仪式锁闭原则相适应，布什又进一步区分了在仪式支配指数不变情况下，知识储备与仪式支配之间可能发生的三种形式。①后向形式，是严格的仪式锁闭。在这种情况下，科学和技术进步往往没有被预测到，共同体被动地应对并努力使它对现存价值体系的影响最小化，过去遗传下来的仪式惯例显得特别重要。②前向形式，在这种情况下，现存价值

① 当图尔使用“歧视的”一词时，他与凡勃伦和艾尔斯使用的“仪式的”一词的含义相同。

体系中的既得利益者中的精英会主动地选择技术变革，但变革的前提是符合现存的价值体系。③“李森科”（Lysenko）形式，与前两种克服锁闭和实现制度调整相比，这种形式意味着仪式模式已经完全替代了工具模式，只会产生退步的制度变迁。如纳粹德国的种族理论和里根政府所实施的供给经济学的税收政策。①

（2）“进步的”制度变迁。在第一阶段的前两种形式下，即使发生“锁闭”情况，知识储备依旧会机械增加，并不断结合到现存的制度结构中，它们所带来的工具效率标准也会逐渐地被共同体所理解和接受。在共同体对可靠知识的意义的认识和理解上升到一定水平时，就会发生“进步的”制度变迁。进步的制度变迁与可靠知识的增长是一个相互反馈关系：一方面，社会的仪式支配指数降低，技术革新更容易被消化和扩散；另一方面，这一过程又加速了可靠知识的持续增长。由此，可靠知识的增长既是进步的制度变迁的原因，也是它的结果。工具主义的积累因果观念再度得到体现。布什认为，进步的制度变迁不仅受仪式约束（仪式锁闭），还受到非仪式的约束，这正是福斯特的制度调整三原则的精神。布什不仅对此进行了细化，也对福斯特、图尔和他本人提出的制度调整理论进行了一个公理化阐述。②

9.2.2 社会价值原则

制度调整需要一个价值判断作为衡量标准，新制度主义经济学采用的是社会价值而不是个体价值来判断制度调整的有效性及可行性。图尔在此方面做出了重要贡献，使新制度主义经济学具备了完整的价值判断标准。

1. 社会价值原则的基本观点

社会价值原则是指，通过知识的工具性职能来实现人类生命的连续性和共同体的非歧视性重构。它具备以下特征：不从属于任何意识形态，不服务于任何特定的阶级或利益集团，也就是不限于特定的已有制度模式；欲望、品位和偏好是由社会决定的，人们要做的是对这些因素进行判断。社会价值原则包括四个核心要素。①“共同体重构”。人是社会的产物，其生命与不同的共同体（或体制）发生联系，孤立的个体生命没有价值，这说明了文化传统的重要性。然而，制度调整又带来共同体的重新组织，这意味着现存社会秩序或结构存在问题。②“连续性”。只有当作为整体的人类生命具有连续性时，人类的文化、经验和社会过程才能实现进步和发展。③“非歧视性”。在共同体重构的过程中必须排除歧视性标准，因为任何歧视性标准的运用都会损害工具效率。④“知识的工具性运用”，即制度调整依赖于可靠知识，而可靠知识要用于工具

---

① 苏联农业生物学家李森科认为，通过改变生物有机体的环境可改变遗传。这一反科学的命题被斯大林所称赞，支配了苏联生物学研究 30 年。

② 张林. 新制度主义. 北京：经济日报出版社，2006.

的目的，而非歧视的目的。

社会价值原则对应于政治、经济、歧视和环保四个具体领域，并有相应的判断标准，这些标准被图尔称为社会价值的推论：①政治领域的判断标准是“民主”，它不是现有的多党制、三权分立，而是人民对政治事务连续性、普遍性和非歧视性的参与；②经济领域的判断标准是“工具效率”，西方主流经济学用“金钱”的标准（市场竞争）来评价社会经济的发展水平，而新制度主义经济学则关注于知识、技术的运用是否有利于社会共同体的可持续性发展与变革；③种族和性别领域的判断标准是“非歧视性”，即平等地对待全体社会成员；④环境领域的标准是“环境兼容”，即社会共同体和生物共同体相兼容，环境保护与经济效益不是替代关系，而是相互兼容。人类社会的发展不是要征服自然，而是要保护生态环境，这是社会共同体赖以生存的前提。

2. 社会价值原则对制度调整的评估

图尔运用社会价值原则批评了西方主流经济学的价值中立和实证的分析方法，这具体表现在对市场竞争的研究当中。在图尔看来，西方主流经济学所赞美的自由竞争市场机制本身就是一个规范性的标准，自由市场化程度越高就被认为是越好。这一将自由竞争市场作为经济政策衡量标准的方法是荒谬的，原因在于：①历史上没有哪个国家实行了真正纯粹的完全自由竞争市场机制；②关于自由市场的信条仍保留着 18、19 世纪自然法理论的陈旧观念；③完全自由市场标准很可能带来狂热、固执和潜在危险的盲目民族优越感；④在纯粹自由市场竞争被看作唯一政策目标的情况下，个人不仅无法实现自由选择，反而会受到诸多歧视性的限制。图尔指出，现代资本主义社会的本质并非自由竞争市场经济，而是由各种势力集团支配的权力体系。在这一体系当中，价格、成本、管制等问题都是由制度性的权力体系进行操控，所谓自由市场竞争理论并没有发挥过多大功效。

西方主流经济学将自由资本主义看作天然给定的理想社会制度模式，它以自由竞争市场为目标，将利润和效用最大化作为人们行动的唯一目标，漠视人的自主性，否认制度变迁过程中人的创造性决策行为。这成为主流经济学提出社会经济制度调整方案的基本准则。最典型的例子是由杰弗里·萨克斯（Jeffrey Sachs，1954—）为苏东前社会主义国家设计的经济转轨方案。萨克斯为俄罗斯、东欧设计了以稳定化、私有化和自由化为核心的激进式休克疗法，目的在于使中央计划经济模式向自由竞争市场经济体制迅速转变。对此，图尔指出，在主流经济学心中，其实只有一种制度变迁，那就是走向资本主义制度。但实际上，在俄罗斯和东欧的制度调整中，社会公众真正关心的是如何在动荡时期维持自己的收入水平。休克疗法忽略了广大人民的疾苦，而只是“叹息这些人缺乏远见”，漠视改革对象的历史文化传统，这违背了福斯特的制度调整三原则。因此，就必然导致俄罗斯和东欧地区的社会经济发生严重倒退。图尔指出，主流经济学缺乏社会价值原则，并且忽视个体的自主选择因素，因而无法引导有效的制度调整。图尔从社会价值原则出发，提出了新制度主义的制度调整方案——尊重俄罗斯、东欧的传统，维护长期以来形成的政府管理职能。当局应主要在以下方面发挥作用：①扩大民主管理范围，并加强对私人部门的决策进行监督；②承担起投资和促进经济增长的角色；③在制度调整时提供全方位非歧视性的参与机会，巩固和壮大社会共同体；④把基础设施建设作为重要任务；⑤对教育领域投入资源，保证教育事业的发展；⑥积极引进技术和提升自主创新能力；⑦重视医疗体制建设，保证最低收入群体的实际水平；⑧加强生态环境的保护与修复。

9.2.3 激进制度主义

激进制度主义反对西方主流经济学关于现代资本主义社会制度优越性的论断，他们遵循凡勃伦—艾尔斯传统提出的一系列独立的理论观点。

1. 公司霸权

杜格所提出的公司霸权理论是激进制度主义的重要理论成果。杜格认为，制度结构是权力的源泉，等级制度或阶级社会必然会产生权力。制度既是组织化的行为模式，也是模式化的思想习惯。当时，美国社会由六种制度构成：①经济制度，②教育制度，③军事制度，④血缘关系制度，⑤政治制度，⑥宗教制度。其中，经济制度起支配作用，它的具体化身是公司，其他制度与之发生联系或为公司服务。在当时的美国，公司支配社会的现象十分普遍，杜格将其称之为“公司霸权”。公司权力的极度膨胀成为现代发达资本主义经济的典型特征。当所有权和控制权发生分离以后，公司规模不断扩展、组织结构越发复杂，社会精英阶层极力加强他们对公司的控制能力。公司霸权通过歪曲、玷污、仿效和神秘化四种方式来影响和改变民众的价值观，巩固其对社会的统治地位。

在多元社会中，不同制度的功能是相对独立自治的，但是，存在以下四种共同方式。①在一元社会当中，所有的非支配制度的功能被扭曲成为了支配性制度进行服务的手段。②一个制度本应发挥的作用被其他制度的作用所取代，实质上就是价值观被玷污。③非支配制度对支配制度的权威性、价值观、思维方式和行为进行模仿，这是公司霸权的重要表现。正如凡勃伦在《有闲阶级论》中的论述，普通大众努力模仿“有闲”阶级的生活方式，以证明自己的“有闲”特征，这就是仿效的思想渊源。仿效使统治阶级、公司霸权通过这种非强制性的方式潜移默化地影响和控制社会大众，进而巩固和维护自己的支配性地位。④神秘化指的是处于支配地位的社会象征被赋予了神圣的神秘色彩，比如企业家精神、私有产权这类的象征性符号。

总之，以上四种方式都在为公司霸权服务，非公司制度成为公司的手段，非公司的角色动机成为公司的角色动机，非公司的领导角色接受了公司的领导角色，并且，公司用神秘化手段掩盖了公司霸权的实际存在。这四种方式严重地违背了工具价值原则，实际上已经把美国从自诩的多元社会扭曲为一元化的公司霸权体系，并具备了一个普遍性的仪式价值标准。杜格遵循凡勃伦—艾尔斯传统所提的公司霸权理论，对社会现实进行剖析，增强了新制度主义经济学对现代资本主义社会的解释能力。

2. 市场、国家及不平等

激进制度主义对西方主流经济学有关市场和国家的解释进行了严厉批判。激进制度主义指出，市场并非主流学者所论述的，是最有利于自由选择和提高效率的价格机制。事实上，市场是一种人为设计的制度。市场是在社会进化过程中所形成的具体制度安排，不同时期、不同参与者和不同的权力配置会产生相应的市场模式。激进制度主义指出，市场既是权力的产物也是权力的竞技场，权力的作用能够渗透至市场的任何部分，权力受到社会冲突、技术、意识形态、文化和激励等方面的影响，并且通过立法和管制来调控市场供求关系和影响物价水平。市场的外部性就是一方向另一方强加压力所产生的。权力的配置情况也决定了收入分配体系。可见，主流经济学的自由市场竞争理论是充满欺骗性的谬论。在主流学说中，政府充当市场“守夜人”的角色；而激进制度主义则认为，国家与市场是权力的不同表现形式，国家干预市场和控制企业，企业也利用政府来实现自身利益，双方相互影响。通常情况下，国家的权力要大于单个企业的权力。激进制度主义支持通过政府干预来实现社会公共利益，消除资本主义自由竞争市场中所存在的歧视和压迫，促进工具性知识的生产和运用（如对公共教育、基础科技研究、先进技术应用等），而不是主流经济学所提出的让自由竞争市场自发行事，按照效率、收益—成本标准对经济系统运行进行评价。

在激进制度主义者看来，平等是工具价值的重要内容，但是，美国 20 世纪 60 年代以来发生的一系列社会经济问题及其所导致的大规模左翼大众运动恰恰是权力引发不平等的直接后果。不平等是一个社会过程，它是权力集团通过压迫社会大众而获取利益的过程。当代的美国社会主要有四种类型的不平等：性别、阶级、种族和国家。激进制度主义指出，要揭露主流学说为不平等辩护的虚伪神话，改变社会大众已经受到操控的思想模式，进而推动社会结构发生深刻变革。当然，权力和不平等是动态演化的，问题的最终解决也是一个根据具体的时代背景和社会状况所发生的循序渐进过程。激进制度主义认为，最有效的解决方案是经济运行的民主化，使广大劳动者可以参与到生产决策当中。为此，杜格提出了具体的解决方案。

9.3　二元体系理论和循环积累因果理论

加尔布雷思和缪尔达尔并不严格属于凡勃伦—艾尔斯传统的传承者，也没有对新制度主义经济学的基本理论进行深挖。但他们都在一定程度上运用了凡勃伦的过程范式、加尔布雷思的二元体系理论和缪尔达尔的积累因果理论对现代美国资本主义社会进行研究，揭示了很多被主流学说所忽视或回避的社会经济现实问题，赢得了极高的社会声誉，产生了广泛的影响。

9.3.1 加尔布雷思的二元体系理论

通过对现代资本主义社会制度结构的分析，加尔布雷思提出了二元体系理论及相应的社会改革方案，为新制度主义经济学的发展做出了重要贡献。现代资本主义经济是一种二元结构模式——由计划体系和市场体系所组成的二元体系，两者既有联系又有区别。计划体系是有组织的经济，由一些大公司所构成。由于大企业投资巨大、技术复杂、投产周期长，为了规避风险，必须有计划地组织进行生产与销售活动，并控制商品价格，实行一种计划经济体系。市场体系则由大量的小企业和个体经营者组成，由于市场行为主体的投资较少、技术相对简单且投产周期较短，市场机制继续发挥作用，这是一种分散的自由市场经济。基于以上思想，加尔布雷思对现代资本主义制度进行了如下分析。

（1）现代资本主义社会发生了本质的变化。科学技术的发展日新月异，科学技术的作用不断提升，实际上已经取代资本成为大企业生产经营活动的决定要素。资产阶级成为“正在消失的形象”，丧失了作为掌权阶级的地位，权力转移到拥有专业知识的“技术结构阶层”手中（例如，经理、科学家、经济学家、工程师、会计师和律师等）。这种所有权和管理权的分离导致了资本主义大公司的经理在经济地位和法律地位上，成为独立的和拥有实权的阶层，而原先控制企业的资本家丧失了领导权，日益演变为单纯的股息领取者。

（2）伴随权力的转移，大型资本主义企业已经不再把最大限度地获取利润作为目标。这是因为，技术结构阶层的收入主要来自工资而非股息，如果大企业以最大利润为目标，则技术结构阶层必然要为此承担一定风险，而资本所有者享受更大的利益。因此，这一阶层只需要保持适度的利润使企业实现稳定发展。这就是加尔布雷思所讲的企业新目标。

（3）资本主义社会权力的转移和企业新目标使企业和工人之间不再表现为资本家和工人的关系，而是表现为技术结构阶层和工人的关系。传统的由资本家控制的企业以实现利润最大化为目标，导致资本家和雇佣工人之间的劳资冲突日益激烈和无法调和。现在，由技术结构阶层掌权的企业把稳定发展作为目标，权力阶层对工人的态度与过去相比发生重大变化，工人有可能从权力阶层那里获得以往只能依靠工会才能争取来的利益。在这种情况下，现代资本主义社会的主要矛盾已不再是资本家与工人之间的矛盾，而是有知识者与无知识者之间的对立；已不再是货币造成差别，而是教育造成差别。

（4）技术结构阶层为实现大企业的稳定发展和避免工人罢工，一般会同意工会有关提高工资的要求。但随后，企业将通过提高售价的方式将增加的成本转嫁给消费者，这引发物价上涨，使劳动者的生活成本提高，从而造成新一轮的工资——物价螺旋式上升。而小企业的工资受到工会公平原则的影响也会不断上升。面对这种成本推动型的通货膨胀，政府实施抑制需求和压缩产量的干预政策，造成失业率随之升高，从而使社会经济陷入失业与通货膨胀并存的"滞胀"危局。

（5）计划体系与市场体系之间进行着不平等交换，计划体系能够压低价格向市场体系购买产品，尔后又抬高价格向市场体系出售产品。并且，资产阶级政府旨在维护大企业的利益，会采取一系列有利于计划体系的政策，纵容或默许大企业将成本或损失转嫁给众多小企业，导致现代资本主义社会发生严重的收入分配不公现象。计划体系的产品被政府纳入优先发展战略，计划体系的生产很可能会造成环境污染、生态失衡等严重问题。与此同时，公共民用事业被忽视，无法得到充分投入。

9.3.2　缪尔达尔的循环积累因果理论

缪尔达尔借鉴了凡勃伦的进化方法或过程范式，在对经济、社会和制度现象进行综合分析与批判西方主流经济学的均衡论与和谐论的研究过程中，提出了著名的循环积累因果理论。他运用这一理论对美国的种族主义和亚洲发展问题做出解释，为新制度主义经济学赢得了很高声誉，格鲁奇将其有关论述概括为"整体经济学"。

缪尔达尔指出，主流经济学一般奉行静态均衡分析，强调价值中立原则，从而割裂了生产与分配领域的联系，忽视社会平等问题，更不关心不发达国家的普遍贫困问题。缪尔达尔认为，价值判断是经济学研究中不可或缺的内容，其标准就是社会的平等和经济的进步。在一个动态的社会演进过程中，社会经济的各因素之间存在因果关系，某一社会经济因素发生变化，会引起另一社会经济因素的变化，这反过来又加强了前一个因素的变化，促使社会经济过程沿着最初那个因素变化的方向演进，从而形成了累积性的循环发展趋势。缪尔达尔将其概括为循环积累因果，并指出这是一条具有普遍意义的原则。

缪尔达尔在著作《美国的困境：黑人问题与现代民主》最早提出和具体阐释了循环积累因果理论。他指出，与白人相比，黑人的物质文化水平低下，这是两个互为因果的因素。白人的偏见与歧视，导致黑人的物质文化水平低下；而黑人的这种情况反过来又会继续增加白人对他们的歧视。而后，他按这一思路进行深入分析，完善了关于社会经济现象的解释。社会经济发展过程是一个动态的各种因素（包括产出与收入、生产与生活水平、制度与政策这六大因素）相互作用、互为因果、循环积累的非均衡发展过程。任何一个因素"起始的变化"都将引起其他因素发生相应变化，循环往复地进行积累，既存在上升的循环积累运动，也存在下降的循环积累运动。上升的循环积累运动是指“扩展效果”，即某一地区开设了若干工业之后，逐步发展为一个经济中心，资金和劳动力开始向周边进行扩散，中心地区带动了周边地区的发展。下降的循环积累运动是指“回荡效果”，即某一地区迅猛发展，将周边地区的资金、劳动力吸引过来，这进一步导致了周边地区的贫困落后。正是基于这两种效果，国际贸易会导致发达国家与不发达国家发展的不平衡日益深化，使双方的差距不断拉大。发达国家采用新技术，生产成本和产品价格都比不发达国家要低得多。在世界自由贸易体系中，发达国家向不发达国家输出大量产品，导致后者的生产部门停滞不前乃至发生经济衰退。可见，自由的国际贸易并不总是对贸易国双方都有利。缪尔达尔指出，只有在贸易国双方的工业化水平相近时，自由贸易才会对双方都有益。

9.4 社会改良方案

在 20 世纪早期的美国制度主义运动时期，制度经济学家曾为美国政府的经济政策提出了许多建议，极具影响。例如，康芒斯所起草的几项劳动法案曾作为当时美国劳动立法的样本，特格韦尔（Rexford Tugwell，1891—1979）在罗斯福政府的智囊团中发挥了重要作用。艾尔斯最早提出了最低收入保障计划和负所得税计划。第二次世界大战后，制度主义者伯恩斯（Arthur Burns，1904—1987）还担任过美国经济顾问委员会主席，1979 年出任美联储主席。20 世纪 70 年代起，新制度主义经济学强调经济计划和社会计划的重要性，提出了一系列的社会改良方案。

9.4.1 加尔布雷思的“新社会主义”

加尔布雷思提出，为了消除现代资本主义社会的诸多弊病，就必须对二元体系进行彻底改革。按照他的说法，“只有在（与由计划系统掌权下的政府对立的）由公众掌权的政府下，上述改革，以及其他改革，才能贯彻执行。”[①]社会改革的总体思路是调整二元体系中计划体系与市场体系之间的关系，实现权力均等化，推动两个体系的贸易条件走向平衡，是两者在出售和购买产品时对价格有着同等的控制权。这就是加尔布雷思的 “新社会主义”，具体改革措施包括以下几条。

（1）通过各种立法及经济措施来限制计划体系的权力。例如，政府应限制大公司的过度膨胀，推动它们在资源和技术的使用上服从于提升社会公共福利的目标；加强对计划体系的价格管制强度，并运用财政金融手段限制大企业侵犯小公司和消费者利益的行为。

（2）通过各种立法和经济措施来加强市场体系的权力，提高小企业的组织化程度，

① 加尔布雷思. 经济学和公共目标. 蔡受百，译. 北京：商务印书馆，1980：217.

增强它们的自我保护能力。例如，政府应允许小企业不受反托拉斯法的限制而联合起来，以提高它们同计划体系的议价能力；政府运用财政金融手段帮助小企业来稳定价格，并在科学技术投入等方面支持市场体系发展生产。

（3）通过各种立法和经济措施促使大公司和小公司中的工人收入趋向均等化。例如，政府提高最低工资率，并使市场体系获得与计划体系同样的最低工资水平，在就业方面消除性别歧视等。

通过一系列的结构改革措施，将实现如下效果：大公司与小企业、小生产者之间制定价格的权力均等化，社会人均收入均等化；经济政策目标更加关注社会公共福利的提升。最终，人类进入到一个全新世界——“新社会主义”。加尔布雷思认为，社会改良计划的重任落在科学教育界身上。因为当下可以与计划体系的技术结构阶层相抗衡的唯有科学教育界。企业因需要获取专门知识和技术而有求于科学教育界，科学教育界可以通过人才的培养为社会改良提供保障,并在政策和立法方面都发挥重要作用。从加尔布雷思的社会改良计划中可以看出，他所追求的目标是实现二元结构的平衡，而不是作为社会经济发展过程的进化或进步。在二元结构实现平衡的过程中，政府是起到决定性作用的推动者和执行者。

9.4.2　缪尔达尔关于不发达国家的改革计划

缪尔达尔运用循环积累因果理论对不发达国家的社会经济发展进行研究，提出了这类国家的社会改革计划。他指出，不发达国家的工业扩张行为和形成一个向上累积运动的努力，被非理性的态度和传统僵化的社会结构所压制和削弱。对于这类国家，应采取激进的改革措施来消除社会经济发展中的阻碍。改革与发展相互促进，二者将成为互为因果循环的累积过程。对于不发达国家而言，不平等与所有社会经济关系发生联系，已成为专门政策领域的一个主要部分；不平等的加剧是阻碍社会经济发展的重要因素。因此，平等问题对于不发达国家来说显得异常关键，要通过平等化来促进社会经济的发展。缪尔达尔的社会改革方案主要包括以下几点。

（1）权力关系的改革。不发达国家一般会以行政的随意性来直接或间接地指挥私营企业，很容易滋生腐败。必须要改变这种局面，减少政府随意干预微观经济主体的现象。同时，要精简政府行政机构，提高在职人员待遇。腐败的公务员必须得到惩治，并且，西方跨国公司应遵循商业原则，避免在不发达国家的大肆行贿行为，这将是它们对不发达国家社会经济稳定和健康发展的最大支持。缪尔达尔还指出，必须改变由地主、实业家、银行家和政府高层所组成的特权阶层来掌控绝大部分权利的局面，要将权利由特权集团转移至社会公众手中。

（2）教育改革。不发达国家的人民普遍缺乏专业技能和有利于发展的理性态度。教育制度和土地制度是造成不发达国家社会与经济严重不平等的两大制度根源。在教育改革方面，关键是要使受教育的权利不再被上层阶级垄断，因此，必须进行彻底的改革。政府的具体措施包括：①重视成人教育，这不仅是彻底扫除文盲的必要措施，也是使儿童教育更为有效的保证；②提高教育的质量，而不是盲目地扩大教育规模；③保持教育的三个阶段的平衡，即重点发展初等教育，减缓中等和高等教育的发展速度，以避免办学质量下降；④加强教师培训工作，提高教师的社会经济地位，以充实教育人才；⑤大力发展职业教育和技术教育，培养出符合社会迫切需要的医生、护士、技师、农艺师等专业工作者。此外，缪尔达尔还指出，尽管教育改革对社会发展的促进作用需要较长的时期进行反馈，但是，可以用简单计算投资收益率的方法来衡量教育与其他物质投资的优先发展程度。

（3）农业领域的改革。缪尔达尔认为，不发达国家的农业领域往往是具有很高的人/土地比的粗放式生产经营模式，其“农业生产实践不是劳动密集型的，而是劳动粗放式的”，[①]农业的生产水平低下。要扭转这种局面，就必须释放广大劳动者的工作机会与热情，推行一场调整劳动者和土地关系的土地改革运动。土地改革运动的具体方式要根据不同地区的特点因地制宜地确定：①采用平均主义的方法把土地分配给全体耕种者，包括雇农和其他各类无地农民；②兴办农业合作社，推动劳动者合作事业的发展；③土地归地方或国家所有。总之，“任何类型的土地改革都应达到一个要求，就是它应当在人和土地之间创造一种关系，这种关系不会阻碍他工作和投资——如果没有别的可以投资，就投资自己劳动——的积极性”。[②]

此外，必须大力推进与土地改革相配套的其他措施进行补充。在技术改革方面，不发达国家应积极开发和引进劳动密集型的农业新技术，克服劳动力利用不足的缺陷。同时，努力推进教育工作来促进和推广这些技术被耕种者广泛使用。包括农业推广，以优惠条件提供贷款和供应肥料、种子和农具，改进农业产品的市场销售渠道等。不发达国家的工业发展要与农业发展进行有机结合，实现相互促进。工业生产要为农业发展服务，提供农业所需的肥料、农药以及各种农具。

（4）制订国民经济发展计划。不发达国家的市场机制还很不完善，很多阻碍经济发展的因素不能通过市场机制进行调整和消除。因此，政府要制订和实施国民计划来协调各种多样的社会经济活动，促进积累的上升运动。但是，不能按照主流学说所提倡的将发达国家模式直接进行移植的方法行事，不发达国家应根据自身的实际情况制订相应的经济计划。并且，不能在当前不平等的条件下，在国际经济中断然实施自由贸易。不发达国家需要在政府有计划的管制下，推行贸易保护政策。

（5）控制人口。由于科技水平的巨大提高，不发达国家的死亡率大大降低，人口总量不断增加，这对社会经济发展产生了很大负面影响。在缪尔达尔看来，控制人口

① 缪尔达尔. 世界贫困的挑战. 顾朝阳，译. 北京：北京经济学院出版社，1989：76.

② 缪尔达尔. 世界贫困的挑战. 顾朝阳，译. 北京：北京经济学院出版社，1989：101.

属于道德问题，具体工作应当从节育出发，需要政府采取强力措施。节育政策很可能遭到诸如宗教、观念、侥幸心理等各种阻力。与发达国家相比，不发达国家推行节育政策具有两个优势：①不发达国家可以在一开始时就把推广节育作为一项优先公共政策来实施；②不发达国家可以直接引进先进节育技术。节育政策的落实需要广泛的公共政策，以及高效的专业机构，并培养充足的专门人才。

9.4.3　杜格的“民主的经济计划”

当西方世界陷入“滞胀”困境的情况下，里根政府推行了新自由主义的改革政策。对此，杜格批评这一改革，认为它缺乏整体协调并且各自为政，即没有国民经济计划思想作为指导。他提出需要建立一个全国性的“联邦性公司章程体系”来加强政府对公司的监控，政府部门可以对公司收集信息，从而对国民经济计划进行有效反馈。后来，在激进制度主义学说的基础上，杜格又提出了更为具体的社会改革方案，即“民主的经济计划”（democratic economic planning）模式。在他看来，经济计划包括以下三种方式：资本主义企业的内部公司计划、苏联模式的中央计划经济和民主的经济计划。民主的经济计划很好地体现了新制度主义经济学所谓工具主义的民主。计划是一个过程，而不是目标。计划是开放性的，这意味劳动者广泛、平等和自由地参与，计划也是可以反复修正的。计划工作主要由三方面构成：计划体（负责提出计划目标的集团或组织）、计划文件（计划过程的规范表达）和计划工具（计划实施的激励工具，如奖金、补贴等；对违反计划的行为的制裁，如附加税、许可证等）。

杜格指出，工人参与是制度经济学传统的重要内涵，凡勃伦所说的“工程师苏维埃”就是这一精神的体现。他又指出，任何受到决策影响的人都应当在决策过程中享有平等的发言权，并可以评价决策的后果。因此，计划必须是由工人普遍参与的。为此，杜格提出了工人所有权（worker ownership）方案，即工人参与公司管理和决策，从而不断弱化乃至最终根除公司霸权。杜格对已有的工人参与模式进行了评价：由企业所有者推行的员工持股计划（ESOPs）并没有赋予工人投票权和管理权，因而不是真正的工人参与；劳动者合作社虽然体现了工人的主人翁精神，但它在融资手段和技术水平方面存在严重缺陷。由此，杜格提出了工人参与的最佳选择——产权分散，即把公司产权分割给在这里劳动的工人，由他们来决定公司财产的使用。杜格指出，财产不是自然权利，而是由集体行动创造并维护的一种权利，为了实现经济民主化，应该将它分割给工人。

民主的经济计划旨在通过建立一个全新的社会体系，来解决现代资本主义的社会经济问题。贫困是对人类生命连续性的最大威胁，因此，消除贫困就成为政府政策的首要任务。主流经济学把贫困归为资源稀缺性的结论是站不住脚的。当前的技术水平、工具与技能储备已经完全可以满足人类生产和发展的正常所需。正是资本主义制度对它们的不公平分配才导致普遍的稀缺，造成广大劳动者身限于贫困。民主的经济计划实现了工人的普遍参与，技术和知识储备被公平公正地进行分配，这满足了工具价值原则的要求，从而消除了稀缺性和贫困。不过，杜格并未就如何走向新社会做出具体论述。

思考题

1. 简述新制度主义经济学的二分法。
2. 简述社会价值原则对制度调整的评判。
3. 简述加尔布雷思二元体系理论。
4. 概括“民主的经济计划”模式的主要内容。

第10章

激进政治经济学

激进政治经济学（Radical Political Economics），又称新左派政治经济学（New Left Political Economics）或异见经济学（Economics of Dissent）。它形成于20世纪60年代后期的主要发达资本主义国家及拉丁美洲国家，代表着尖锐地抨击现代资本主义制度及其主流经济学的有生力量。激进政治经济学主要从马克思和老左派那里汲取营养，注意运用马克思经济学的立场、观点和方法对现代资本主义制度及其主流经济学进行批判性分析。他们将注意力集中于对现代资本主义社会的经济发展矛盾、民众陷于贫困、种族与性别歧视、生态环境严重恶化、工人阶级发生异化以及世界资本主义体系下的帝国主义、发达与不发达等问题的研究。激进政治经济学指出，这一系列严重的社会经济问题不仅仅是资本主义制度下所呈现出的种种弊病，究其本质是资本主义正常运转所产生的必然结果。因此，必须对现代资本主义制度和当前资本主义世界体系进行彻底改造。当前，激进政治经济学代表了一个反对现代资本主义的强大阵容，已形成反对西方主流经济学的中坚力量。

10.1 激进政治经济学概览

西方主流经济学代表着资产阶级的意识形态和价值观，旨在维护资产阶级的切身利益，因而受到统治阶级的青睐与支持，在西方学术界占据统治地位。但是，在当前的学术界，还存在着另一种与主流学说直接对立的经济学派——激进政治经济学。它是在20世纪60年代西方社会激进的时代背景下产生和发展起来的，不仅在发达国家而且在广大发展中国家都产生了很大影响，已成燎原之势，形成了颇具规模的反资本主义的经济学派。

10.1.1 前世今生

激进政治经济学的诞生与特定的时代背景和历史条件密不可分。20世纪30年代起，西方世界出现了一批受马克思主义熏陶的激进主义学者，他们对正统资产阶级经济学进行批判并提出了相应的理论学说，这批知识分子中的代表人物包括：保罗·巴兰（Paul Barran，1910—1964）、保罗·斯威齐（Paul Sweezy，1910—2004）、哈里·马格多夫（Harry Magdoff，1913—2006）和赫伯特·马尔库塞（Herbert Marcuse，1898—1979）等人，被学术界称为“老左派”[①]。在20世纪60年代，美国各地掀起了群众性的反“越战”运动，又受到法国“五月风暴”的影响，以高校青年学生和青年知识分子为中坚力量，一场要求社会进步与社会改革的激进学生运动在美国和西欧迅速开展，其势日强，史称“新左派运动”。1962年，“促进民主社会学生会”发表《休伦港宣言》（The Port Huron Statement）标志着这场新左派运动的正式出现。民权运动、女权运动、绿色革命运动、反越战运动、反对大学当局的校园革命以及美国式的文化革命——摇滚乐、嬉皮士等，都是这场轰轰烈烈的人民大众运动的主要组成部分。与“老左派”相比，新左派的激进主义倾向更加明显，它不仅猛烈批判现代资本主义制度，也明确反对当时的苏联中央计划经济模式，力图寻求一种民主的、非异化的和分散化的社会主义经济体制模式。此外，新左派的理论更为庞杂，马克思主义、无政府主义、工团主义、托洛斯基主义等都成为新左派运动的思想来源。

激进政治经济学就是在这样一个激进的时代背景下产生的，一大批青年学者对新古典经济学产生质疑，他们对黑板上那个关于和谐与均衡的经济学世界越发失望和不满。他们认为，主流经济学忽视或无法解释现实问题，因而必须重新思考研究资本主义的理论和方法，马克思经济学和其他非正统经济学成为构建新理论的武器。激进政治经济学重点运用马克思主义经济学分析和批判现代资本主义制度，逐步形成了较为系统的理论学说。1968年，激进政治经济学联盟（Union for Radical Political Economics）在美国宣告成立，定期举办学术会议和发行学术期刊《激进政治经济学评论》，这标志着激进政治经济学在形式上开始向有组织化和规范化的学术团体演进。随后，不仅在欧美和日本，广大第三世界国家也出现了激进政治经济学的学术团体和学术期刊。其中，在发达国家出版的学术期刊包括：美国的《每月评论》《反思马克思主义》《激进哲学评论》《科学与社会》和《共产主义与后共产主义研究》，英国的《新左派评论》《历史唯物主义》《激进哲学》和《世界政治经济学评论》，德国的《马克思主义创新杂志》《马克思主义杂志》和《社会主义》，法国的《今日马克思》，意大利的《今日马克思主义》以及澳大利亚的《论纲十一》等。与此同时，激进政治经济著作频频问世，并且出版了许多教科书，如布鲁斯·麦克法莱恩（Bruce McFarlane）的《激进经济学》（1982）、谢尔曼的《激进政治经济学基础》（1987）、夫瑞德·莫瑟雷(Fred Moseley)主编的《非正统经济学》（1995）、维克特·李皮特（Victor Lippit）主编的《激进政治经济学：替代性经济分析的探索》（1996）、罗宾·哈内的（Robin Hahnel）《政治经济学ABC：现代观点》（2002）、查理斯·巴若内（Charles A. Barone）的《激进政治经

① 老左派的经济学家也是激进政治经济学派的中坚力量。

济学入门》（2004）和大卫·莱伯曼（David laibman）的《超越经济学的政治经济学》（2014）等。2018 年，激进政治经济学联盟在美国费城召开学会成立 50 周年纪念大会，对激进政治经济学的发展历程、现实基础和远景目标进行了总结与展望，为自身的进一步发展奠定了良好基础。

10.1.2 基本内涵

一般而言，激进政治经济学是一种在对现代资本主义体制及其主流经济学理论进行批判的基础上，构建自己独特的研究方法、理论体系并提出激进主义社会改良方案的经济学说。20 世纪 80 年代末至 90 年代中期，西方学术界流行这样一种观点，即把激进政治经济学划分为广义和狭义两种。

广义的激进政治经济学泛指一种与西方主流经济学相对立或以左的姿态出现，揭露现代资本主义制度弊端的较为系统的经济理论主张。按照谢尔曼的论述，它来自四方面的传统：①古典经济学的传统，特别重视李嘉图和新李嘉图的经济学说，尤其是斯拉法的著作；②马克思主义的传统，将其作为一种不断发展的学说，而非教条；③由左派凯恩斯主义传统所形成的后凯恩斯主义经济学；④从凡勃伦那吸取营养的新制度主义经济学。[1] 此外，近年来无政府主义传统也对激进政治经济学产生了一定影响。所有这些学术思想产生了相应的理论成果，其程度和倾向性也有所差异。这一方面说明激进政治经济学的发展呈现出百家争鸣、百花齐放的局面，另一方面也说明激进政治经济学阵营内部在方法论和具体理论观点等方面尚未实现统一。

狭义的激进政治经济学专指在 20 世纪 60 年代美国左翼青年学生运动背景下产生的激进主义经济学说，它对现代资本主义尤其是当时美国的社会经济诸多弊病深恶痛绝，又被称为新左派政治经济学或激进政治经济学。新左派政治经济学家主要从马克思和老左派那里获得启示，注意运用马克思经济学的立场、观点和方法批判现代资本主义制度及其主流经济学说。按照《新帕尔格雷夫经济学辞典》中“激进政治经济学”词条的说法，激进主义经济学家从两方面对现代资本主义展开批判性分析：一方面，对体制内部而言，是发达资本主义社会的经济危机、社会贫困、种族与性别歧视、生态灾难、工人阶级异化等一系列矛盾冲突；另一方面，从全球视角而言，是发达资本主义国家对广大发展中国家进行压迫和盘剥，推行帝国主义霸权，造成发展中国家的普遍贫困。激进政治经济学的理论构建正是围绕这两大方面的矛盾展开。总体讲，激进政治经济学认为，以上两方面所体现出的问题实质上是现代资本主义制度自身缺陷的必然表现，因此，必须对现行社会进行根本改造并使之向社会主义过渡，才能从根本上解决这些社会经济问题。激进政治经济学力图寻求一种民主的、非异化的和分散化的社会主义经济体制模式，提出了不少具体的理想社会模式，但一般缺乏行之有效的过渡理论。

在21世纪初的十几年间，广义的激进政治经济学取得了很大成绩，其影响力不断扩大。包括本教材设立专章介绍的延续左派凯恩斯主义的“后凯恩斯主义经济学”和遵循凡勃伦制度经济学传统的“新制度主义经济学”；同时，研究马克思价值理论的激进主义经济学家继续发展了斯拉法、新李嘉图主义传统，以“转形”问题为主轴，形成了专业化很强的国外马克思主义价值理论。我们将狭义的激进政治经济学作为本章的特定范畴，主要研究出现在美国和拉美国家的激进政治经济学说。

10.1.3 代表人物

由于学术体系比较庞杂，所研究的具体问题众多，学者又广泛地分散于全世界等原因，激进政治经济学的代表人物并不容易选出。除本章将在介绍具体理论所提到的人物外，我们选取几位在理论研究、教学传播和社会活动方面都十分积极的具有重要影响力的激进经济学家。

保罗·斯威齐

保罗·斯威齐（Paul Marlor Sweezy，1910—2004）是20世纪著名的马克思主义经济学家。他出生于纽约，父亲是纽约国民银行副总裁，并给他留下了一大笔遗产。1937年获哈佛大学博士学位，青年时提出要建立“严肃的和真正的北美牌马克思主义”的设想，《资本主义发展论：马克思主义政治经济学原理》（1942）便是这一想法的重要实践，但这使他失去了在哈佛大学的正式教席。1949年，他创办著名左翼杂志《每月评论》，任主编至辞世。主要著作包括：《作为历史的现在》（1953）、《垄断资本：论美国的经济和社会秩序》（与保罗·巴兰合著，1966）、《繁荣的终结》（与哈里·麦格道夫合著，1981）、《革命后社会》（1982）、《马克思主义四讲》（1982），晚年发表《再谈（或少谈）全球化》（1993）、《〈共产党宣言〉在当代》（1998）等论文。斯威齐具有广泛的影响力，1999年获凡勃伦—康芒斯奖，日本现代经济研究会将其列为自弗朗斯瓦·魁奈（François Quesnay，1694—1774）以来30位伟大的经济学家之一。此外，他在论文《寡头垄断条件下的需求》（1939）所提出的用以说明寡头垄断市场价格刚性现象的寡头垄断模型（弯折的需求曲线模型），是微观经济学教材的基础内容。

霍华德·谢尔曼

霍华德·谢尔曼（Howard Sherman，1931—），是激进政治经济学的重要普及者，凡勃伦—康芒斯奖得主（2004）。他出生于美国芝加哥市，1960年获加州大学伯克利分校经济学博士，先后在韦恩州立大学（1961—1962）、加州理工学院（1962—1964）任教，1964 年起开始在加州大学河滨分校任教、1998 年任荣誉退休教授。谢尔曼著作等身，其《激进政治学基础》（1987）、《经济学：传统与激进的观点》（1986）和《“滞胀”：激进及传统的宏观经济学导论》（1983）对激进政治经济学进行了比较系统的梳理和概括，是激进政治经济学的重要入门教材；《经济周期——资本主义条件下的增长和危机》（1991）一书提出对现代资本主义经济周期的激进政治经济学解释；他与威廉·杜格（William Dugger）合作的《回到进化——马克思主义和制度主义关于社会变迁的对话》（2000）一书是国外马克思主义者与新制度主义者围绕社会进化问题展开讨论的重要著作；他组织编写的《经济学教科书》（2008，第 8 版）是激进主义经济学家所编写的现代经济理论基础教材，不仅对微观经济学、宏观经济学进行批判性分析和重新表述，还专篇介绍古典经济学和激进政治经济学。2001 年，激进经济学者罗伯特·保利（Robert Pollin）编辑出版《资本主义、社会主义与激进政治经济学：谢尔曼纪念文集》。

弗雷德里克·李

弗雷德里克·李（Frederic S. Lee，1949—2014）出生于美国纽约州，美国密苏里大学堪萨斯分校教授，是激进经济学理论的重要整合者。1977 年，李结识其博士论文指导教师、后凯恩斯主义者阿尔弗雷德·艾克纳（Alfred Eichner），于第二年到当时的后凯恩斯主义“重镇”罗格斯大学读博，1983 年毕业后一直从教。李对激进经济学[①]的整合以后凯恩斯主义为基础。他从社会剩余的生产和分配为出发点，引入马克思主义的阶级理论、制度主义的社会构造理论、社会经济学和女性主义经济学的行动人的观念，为整体经济建立了一个描述性的模型。其《非正统经济学史：挑战 20 世纪的主流》（2009）对 20 世纪 70 年代以来英美的后凯恩斯主义和马克思主义——激进经济学进行细致梳理，在激进经济学说史方面具有开创性影响。此外，他还有《异端经济学及其批判》（2012）等大量论著。1999 年，李发起成立了非正统经济学会，并在英国召开了首届大会，学会组建了“研究生方法论研究工坊”来培养青年一代。2004 年，他建立了一个网络平台——“非正统经济学通讯”，截至 2017 年 1 月 2 日，订户 5977 人，共发送通讯 207 期；还发布《非正统经济学专题目录》，包括激进经济学的理论、人物、教职、研究生项目、期刊、图书等信息。2016 年 3 月，更新至第六版。他还主编了一套“非正统经济学前沿”丛书，并为激进经济学的期刊和院系设计了一套排名方法，与主流经济学分庭抗礼。[②]

---

① 李称之为“非正统经济学”，Heterodox Economics。

② 张林. 弗雷德里克·李对非正统经济学的贡献. 当代经济学研究，2017，3：42-50.

10.1.4 研究方法

整体观是激进政治经济学者看待世界的维度。他们认为，只有把社会经济生活当作一个整体进行分析时，才可以更清楚地理解它。概括讲，整体论有如下几个特点：①它是一种质的分析，而不是单纯量的分析；②它试图建立的模型是结构性的，而不是某些经济变量之间的一种假说；③它认为决定经济结果的关键是形成相互冲突关系人群或阶级所产生的集体力量，而不是个人主义的最优化行为；④它更加注重的是社会—政治—文化对人们经济行为的影响，而不是个人选择以及人们的心理及预期对经济行为的影响。

因此，激进政治经济学的研究视野与西方主流经济学相比更为开阔，它突破了单纯的技术分析限制，尤其是反对主流经济学所推崇的边际分析方法，把对人们的经济关系和经济行为的研究置于广阔的社会背景下进行，"探索人们的经济活动和产生这些活动的社会环境之间的关系，结合考察从社会生产关系到被种族、性别、阶级划分所分裂的民族国家（和世界）中经济正义的含义等一系列事物。"[①]当前，激进政治经济学主要采取跨学科、历史—变革和制度的研究方法。它的学术论文常见于西方非经济学的或综合性哲学社会科学的学术期刊，这一方面是由于主流经济学掌握了绝大部分经济学期刊的稿件评审权，另一方面也说明了激进政治经济学研究方法的跨学科性特征。

激进政治经济学的研究思路集中于矛盾而不是调和，集中于权利而不是平等的假设，集中于阶级而不是个人行为，集中于辩证而不是绝对化，集中于动态学而不是边际上的变动。在激进政治经济学家眼中，社会是一个变革中的统一体，各种社会经济问题或矛盾冲突都具有一定相关性，不能割裂开或孤立地进行研究。他们批评主流经济学的技术分析对解析现实社会经济问题的无效性。既然制度处于不断演变之中，就没有什么东西是永恒不变的。为了实现更符合人性的社会秩序，必须对现代资本主义社会制度进行根本性改造。激进政治经济学又指出，只有当人们理解了使之成为现状的历史变革，否则，就无法看透一个给定的社会。因此，历史是激进政治经济学的一项重要内容。激进主义经济学家提倡按照特定的历史条件和线索展开对社会经济问题的研究，在现实的基础上构建理论框架；他们反对任何纯粹理论化、技术化的经济学研究方法。

10.2 对资本主义社会经济矛盾的分析

现代资本主义的经济危机与社会发展停滞一直是激进政治经济学所关心的焦点问

① Victor Lippit (eds)，*Radical Political Economy: Explorations in Alternative Economic Analysis*，New York:M. E. Sharpe，1996，p.1.

题。发达资本主义国家曾历过 20 世纪 30 年代的“大萧条”和 70 年代的“滞胀”局面，2008 年资本主义又陷入了一场严重金融危机中，世界经济形势异常严峻。对此，激进政治经济学提出了不少有益的见解，本节将它们分为两部分介绍：垄断资本学派的资本主义长期停滞理论和其他资本主义经济危机理论。我们首先分析这一领域的理论成果，尔后，转向激进政治经济学关于现代资本主义劳动力市场的研究。

10.2.1　垄断资本学派

保罗·巴兰和保罗·斯威齐共同提出了分析资本主义长期运动趋势的理论，这一理论被称为垄断资本学派，至今仍有发展。1942 年，斯威齐在著作《资本主义发展论》中提出了关于现代资本主义社会消费不足的观点。他指出，由于资本家在利润与日俱增的情况下未能进行足够的消费来维持储蓄率不变，而工人的收入不断减少，致使资本主义社会中消费在总产出中的比例呈下降趋势。适当的资本量与消费水平联系紧密，假如积累有超过消费支出的危险，那么，投资将被削减，利润增长的时代就走到了尽头。斯威齐推断，在一些相互抵消因素的作用下，长期萧条本来就是资本主义发展的正常趋势。

1957 年，巴兰在著作《增长的政治经济学》详尽考察了经济剩余的三种形式，并以此为基础对垄断资本主义进行了尖锐批判。①计划的剩余，是指受自然和技术水平限定，在有计划地对全部可用生产资源的最佳配置使用条件下，所获得的最适度产出与最适度消费之间的差额。这一概念与资本主义经济无关，与传统的马克思剩余价值理论也没有直接关系。②实际的剩余，即社会现行的实际产品与实际消费之间的差额，“具体体现在该时期社会财富所增加的各种资产：生产性工具设备、库存、对外结余和黄金存量”[①]，但不包括资产阶级的消费、行政及国防支出等社会的公共积累部分。③潜在的剩余，在一定技术水平和自然环境下，借助于生产性资源所能够生产出来的产品，与被认为是必须的消费之间的差额。它的价值的实现需要对社会产品的生产与消费进行改组，这意味着社会结构的变革。潜在的剩余对于巴兰的理论非常重要，它是评判计划的剩余与实际的剩余的参照系，也是说明垄断资本主义的不合理性和社会主义合理性的标准。

按照巴兰的分析，在垄断资本主义时期，资本主义的实际剩余与潜在剩余之间存在着巨大鸿沟，其原因有四点：①社会的过度消费，特别是高收入阶层的纸醉金迷；②社会中非生产性工人的存在而损失的产品；③现存生产组织的不合理与浪费而损失的产品；④资本主义生产的无政府状态和有效需求不足而导致失业所损失的产品。它们都应当包含在潜在的剩余之中，但是垄断资本却将它们当作正常的花销被浪费掉了，

① 巴兰. 增长的政治经济学. 蔡中兴，等译，北京：商务印书馆，2000：108.

这就导致了实际的剩余严重低于潜在的剩余。潜在剩余的概念对于巴兰的理论具有两点重要意义：首先，对于现存的非社会主义经济制度，无论是落后的还是发达的经济，如果当前的剩余得以实现，并被引导到社会生产活动中，则经济增长率将会提高，失业率减少，生活水平和生活质量会得到极大的改善。其次，潜在剩余概念支持了消费不足理论。这一理论的批评者反对储蓄率和利润份额长期来看是相对稳定的观点。巴兰指出，这种观点混淆了现实性与可能性。就收入而言，现实的利润和实际的储蓄不会增长，但它们的潜在能力确实增长了很多。通过过剩的生产能力和非生产性消费，现实与潜在能力之间的差额已经被消除，即利润已经被全部吸收。因此，如果没有浪费的大幅度增长，资本主义将不可避免地发生经济衰退和经济危机。

1966 年，巴兰和斯威齐出版著作《垄断资本》，此书“环绕着一个中心论题来组织并获得本质上的统一的：在垄断资本主义条件下剩余的产生和吸收”[①]，即要探索“剩余增长规律”。所谓经济剩余，“最简短的定义，就是一个社会所产生的产品与生产它的成本之间的差额”[②]，它不仅包括全部的财产收入（利润、利息、地租），还包括交易过程中的浪费、某些广告费用、金融与法律部门的报酬和由政府所吸收的剩余等。二人指出，在垄断资本主义社会中，大企业成为经济活动的主体，它们相互勾结和结成同盟，将价格和产量通过协议达成一致，形成“共同利润最大化”。当然，激烈的竞争依然存在，只是所使用的并非价格武器，而是采取诸如产品差别、产品创新和降低销售成本等方式。垄断资本阻碍了价格下降，既然生产成本持续下降同时价格又比较固定，利润便大幅增加了。这反映了相对剩余和绝对剩余的增长趋势。那么，垄断资本主义不断产生的剩余是否能够被及时、充分地消化掉呢？

巴兰和斯威齐认为，资本家的消费和投资都无法解决剩余增长的问题。因为公司用于支付红利部分的比例下降，股票持有者的消费能力明显下降，所以剩余中寻求投资的那部分增加了。消费不足论认为，即使在垄断条件下对投资的刺激比竞争资本主义条件下更猛烈，但投资与产量的比例也无法持续增长。就销售费用而言，大公司通过广告来宣扬时尚、标新立异、社会地位等反对节约，督促大众消费，吸收了一定的增长剩余。至于政府的民用支出，由于它严格地受到垄断资本主义社会性质的限制，这就决定了随着时间的推移，这种投入将会变得越来越不合理和具有破坏性。对于政府的军事支出，似乎能够通过无限制地扩大军事预算的方式来吸收增长的剩余，但这显然不是一个稳定的和长期的途径。总之，垄断资本主义社会是天生不良的制度。它生产了更多的剩余，却无法将其吸收，这一自相矛盾的结果使它无法逃脱经济增长停滞的危机命运。

按照巴兰和斯威齐的研究，垄断资本大约可以追溯至 1870 年，它在美国经济中大

---

① 巴兰，斯威齐. 垄断资本. 南开大学政治经济学系，译，北京：商务印书馆，1977：13.

② 巴兰，斯威齐. 垄断资本. 南开大学政治经济学系，译，北京：商务印书馆，1977：9-10.

企业成为具有决定性作用的形势下产生并发展起来，剩余增长规律从那时起开始起作用。停滞实际上是垄断资本主义正常运行的必然结果，只有当世界大战爆发或人类科技革命发生重大进步时，停滞才会被暂时抵消。例如，1870—1900 年的铁路建设高潮或 20 世纪 20 年代内燃机的大发展。二人认为，1907—1915 年的资本主义世界经济危机是停滞的第一次显著表现，其后的 20 世纪 30 年代资本主义"大萧条"是垄断资本主义正常运转的极其严重后果，它被第二次世界大战所打断甚至说是挽救。当世界大战结束之后，广告营销以及军事采购的持续发展暂时抵消了垄断资本主义走向停滞的趋势，但 1963 年这一趋势开始再次若隐若现。待《垄断资本》出版后的 10 年间，20 世纪 70 年代的资本主义"滞胀"局面有力地证明了斯威齐和巴兰理论的逻辑思路。

巴兰和斯威齐还批判了垄断资本主义条件下，人类生活质量的下降。他们联系马尔库塞、加尔布雷思的分析，指出在垄断资本主义社会制度下，人类日益迷失了自己的发展方向。人们被"周到细致"的劳动分工设计成非人的动作程序，不仅在消费方面丧失了人性，休闲也变成是一种折磨。人们变得冷漠、绝望，很多人挣扎于贫困之中，居住环境持续恶化，传统价值信念动摇。两人预言，垄断资本主义社会最终将被第三世界的革命浪潮所推翻。

20 世纪 80 年代，资本主义形态发生了新的变化，主要表现在信息产业的发展和经济金融化。斯威齐指出，信息产业并没能有效带动产业资本的大规模发展，因而没有扭转资本主义走向停滞的趋势。对于资本主义的经济金融化问题，斯威齐在论文《25 年之后的垄断资本》（1991）中承认《垄断资本》一书没有预见到金融部门的极度膨胀使剩余资本找到了最后发财致富的场所。80 年代之后，如果没有金融部门的膨胀，资源也不会被实物生产吸收，而只会增加资源闲置和失业。因此，在资本主义生产进入停滞状态后，金融资本实质上对资本积累有积极作用：①金融部门的膨胀，带动了办公建筑、通信设备等相关行业投资的增长；②金融资本的扩张促使利息收入增加，刺激了服务行业和奢侈品的消费。可见，不论从投资方面还是从消费方面，金融部门的膨胀都起到了抵消垄断资本主义生产停滞趋势的作用。20 世纪 80 年代开始的金融膨胀持续发展并经过 90 年代的爆炸性增长并通过全球化向世界其他区域扩张，"资本主义经济金融化"成为当代资本主义的核心特征。

约翰·福斯特（John B.Foster，1953— ）①在《垄断资本的新发展：垄断金融资本》（2006）、《垄断金融资本的时代》（2010）等论著中提出"垄断金融资本"一词，来描述当前资本主义的生产资本积累停滞趋势和金融资本扩张趋势的双重特征。他从生产和

① 当前，福斯特是垄断资本学派的领军人物。1989 年，他加入《每月评论》编委会，并一直是中坚力量，斯威齐去世后他接手该杂志组织工作。在此方面著作还有：《垄断资本主义理论：马克思政治经济学详解》（1986、2014）、《金融大危机的前因后果》（2009）和《21 世纪资本主义的垄断和竞争》（2011）等。他也是著名生态马克思主义理论家（见第 10.3 节）。

金融之间的关系入手来分析资本主义生产的固有特征，提出了资本主义双重积累体制说。资本主义的生产和金融之间始终存在矛盾，资本主义的积累不仅是生产资本的积累，也是货币资本的积累，二者包含于资本积累的同一过程。在进入垄断资本主义阶段以后，成熟的金融市场产生，金融资本脱离了生产资本积累周期而发展为独立的积累过程。金融资本已不再仅仅作为产业资本积累周期的镜像（伴随产业资本的扩张而扩张），相反，当产业资本积累进入萧条时，金融市场成了金融资本继续扩张的场所。但是，金融资本的最终利润来源于产业资本积累过程中的剩余价值。金融资本的收益终究是对剩余价值的再分配，使社会财富向金融垄断寡头集聚。没有产业资本积累过程支持的金融资本积累，必然发生金融危机。因此，资本主义生产长期停滞状态下的金融扩张是资本主义总崩溃前的狂欢。至于末日审判何时到来，还无法进行精确预测。这就是福斯特所说的资本主义双重积累体制矛盾：金融资本积累脱离于产业资本积累，但又必须最终依赖于实物生产的矛盾。福斯特指出，金融资本的膨胀给世界经济带来了灾难性的后果。金融寡头富可敌国，并向外榨取发展中国家的剩余，这一世界经济体系终将坍塌。

10.2.2 资本主义经济危机

除垄断资本学派之外，激进政治经济学的阵营中还提出了很多解释资本主义经济危机的理论学说，具有代表性的观点包括以下。

1. 消费不足论和工资推动论

前者由哈里·马格多夫（Harry Magdof，1913—2006）、斯威齐等人提出。他们认为，在资本主义经济周期的扩张阶段，资本的利率上升，而工资在国民收入中的份额却下降，从而导致全国平均消费倾向下降，由此，生产能力会超过受资本主义生产关系限制的消费需求的增长。又由于投资是提高消费需求的函数，当消费需求增速放慢或下降时，投资也必然下降，生产和就业的滑坡导致资本主义经济危机的爆发。另一种观点是工资推动论或工资成本上升论。这一理论指出，在资本主义经济扩张的后半阶段，就业比较充分，工人的工资份额在国民收入中趋于增长，利润下降或剥削率下降使投资减少，这引发了经济衰退。托马斯·韦斯科普夫（Thomas Weisskopf，1940—）指出，消费不足论的利润率反映在实际产出与潜在产出的比例中；而工资成本上升论的利润率则反映在利润与产出的比例中。因此，这两种理论都可以证明资本主义经济危机周期中的利润下降趋势。

2. 资本主义生产的根源

对于那种资本主义经济危机的原因解释为"大众消费不足"的观点，莫里斯·多布（Maurice Herbert Dobb，1900—1976）给予了坚决反对。他认为，离开资本主义的生产过程仅强调消费因素的重要性，这种研究方法存在根本性偏差。多布指出，资本主义在生产和交换领域体现出的无计划特征，表明任何使经济不稳定的因素都根植于“资本主义生产的深处”。资本主义生产的目的是追求利润最大化，而非提升社会利益。资本偏爱回报率高的行业，因此，在生产资料私有制条件下的资本积累过程，必然出现生产的无政府状态，后果是整个社会的产业结构不成比例。关于利润率下降问题，多布用马克思关于“抵消因素”的论证进行分析，包括资本要素的跌价、从殖民地和半殖民地进口廉价的原材料等，用来解释当代资本主义世界没有发生经济危机反而保持“长期繁荣”（1945—1971）的情况。多布还指出，在资本主义的生产过程中，基于资本品部类的资本品更换周期和自主的技术进步，也会对消费品部类产品的需求滞后产生强大的“抵消效应”。

3. 长期波动论

欧内斯特·曼德尔（Ernest Mandel，1923—1995）在著作《晚期资本主义》（1972）中指出，现代资本主义除了短的经济周期之外，实际上已处于持续几十年的“长波”之中。资本主义在经历了第二次世界大战以来的繁荣长波之后，正在不可避免地步入一个衰退长波阶段，这体现为 20 世纪 70 年代的发达资本主义国家陷入“滞胀”困境。20 世纪 80—90 年代，发达资本主义国家的经济增长速度明显变慢。那么，这次长波衰退是否会转为长波繁荣呢？曼德尔指出，陷入衰退长波是资本主义的自身宿命，根据已有的统计数据，资本主义市场经济无法使社会经济走出萧条。如果要扭转当前的衰退趋势，主要依赖于政治运动、军事征服和科技革命等因素。曼德尔在著作《资本主义发展的长波》（1980）对这方面进行了详尽论述。曼德尔的理论产生了很大影响，伦敦新左派书店于 1999 年再版《晚期资本主义》时指出，曼德尔是将马克思关于资本主义生产方式的一般运动规律与 20 世纪资本主义具体历史相结合进行系统研究的独一无二之人。

4. 垄断组织根源论

20 世纪 70 年代末，一些激进主义经济学家将经济危机的根源归结为垄断组织的倒行逆施。这派观点认为，在经济繁荣时期，垄断组织控制产品的价格，最大限度地获取超额利润；而当它们发现经济出现衰退市场需求不足时，就会通过压缩产量并同时保持高价格的方法来避免自己受到损失，广大中小企业就只能被动地承受经济萧条的损失。这就造成了资本主义社会高失业与高通胀并发的“滞胀”局面。此外，垄断组织还从事多种经营活动，即便其主导产业面临收缩，依然可以涉足其他行业的投资。当垄断组织跨越国界时，就会带来世界范围内的普遍萧条。除了垄断组织，资产阶级政府如美国当局的巨额军费支出和庞大财政赤字也加剧了发达资本主义国家的“滞胀”危局。

10.2.3 劳动过程理论

马克思在《资本论》（第 1 卷）的“资本主义的劳动过程”中指出，资本家通过强制手段控制工人的劳动过程，使劳动力最大限度地转化为劳动来榨取剩余价值。这一学说产生后并未引起足够的重视，直到 20 世纪 60—70 年代，一批国外马克思主义经济学家重启这一主题，形成了劳动过程理论。

1. 劳动过程理论之复兴：劳动与垄断资本

哈里·布雷弗曼（Harry Braverman，1920—1976）在《劳动与垄断资本》（1974）对现代垄断资本主义的劳动过程进行分析。有着 14 年工人经历的布雷弗曼对马克思关于劳动过程问题的论述十分推崇，认为这对现代垄断资本主义仍然适用。他将工人阶级定义为“不占有劳动手段或对劳动手段没有所有权、而必须把他的劳动力出卖给占有劳动手段的人的那个阶级”①。因而，工人被迫服从于掌握生产资源的资本家，双方存在着根本不平等。为最大限度地榨取剩余价值，资本家强制控制劳动过程以确保劳动力充分转化为劳动。布雷弗曼通过实际调研分析了这一过程。以汽车行业为例，工人进行重复性的装配线工作，强烈的不满情绪使怠工、罢工经常发生。为控制劳动过程，资本家将工作进一步分解，流水线操作保证了重复性工作的效率，而劳动过程呈碎片化。劳动过程的每个步骤都丧失了专业技能而退化为简单劳动，单个劳动者的时间几乎分文不值，简言之，工人的能力和需要被舍弃掉。

为实现对劳动过程控制的长治久安，资本家运用了科学管理原理。它的首要原则是管理者将工人的所有传统知识进行收集，尔后进行分类、列表使其变为规则和公式。这样就使劳动过程与工人技能分割开，工人只需要按规则制度劳作。第二原则是将一切脑力活动从车间转移到设计部门，概念与执行相分离打碎了劳动过程的统一，即脑力劳动和体力劳动被分割开。工人不仅没有对生产工具的支配权，还失去了对自身劳动方式的支配权。第三原则是任务设定，管理者提前制定好工作计划，它不仅包括对工作任务的说明，还包括完成方式与具体期限。这实质上是利用知识垄断来操控劳动过程的每一个步骤。总之，通过科学管理，资本家对劳动过程实现了强制控制，劳动者彻底丧失了专业技能和对工作的掌控。布雷弗曼的论述将劳动过程理论再次走向前台，不仅在理论界，在广大劳动者当中也产生了广泛关注，从而推动了劳动过程理论的复兴。

2. 劳动过程理论的新视角：工人主体性

随后国外马克思主义经济学家对工人的主体性展开研究，推动了劳动过程理论的进一步发展，其中以迈克·布洛维（Michael Burawoy）的研究最具代表性。按照马克

① 哈里·布雷弗曼. 劳动与垄断资本：二十一世纪中劳动的退化. 方生，等译，北京：商务印书馆，1978：27.

思和布雷弗曼的论述，资本家控制劳动过程导致劳动的碎片化和去技术化，劳动发生异化。工人由于不堪忍受这种剥削和压迫，将推翻资本主义制度。然而，苏东剧变后前社会主义国家走向了资本主义。布洛维从劳动关系领域思考发生这一局面的原因，他提出，前人研究只重视客观生产过程，应当将“工人主体性”纳入进来从而完善劳动过程理论。

布洛维对苏东剧变后的匈牙利工厂进行实地研究后发现，工人努力工作甚至对工作产生了很强的认同感。在劳动过程中，劳资关系不再是完全对立，而是转型为工人“同意”被控制和剥削。这一转型源于以下三种机制：赶工游戏、内部劳动市场和内部国家。首先，赶工游戏是以计件工资薪酬为基础的一种机制，工人为提高收入会积极工作并认同这一机制。其次，内部劳动市场是指资本家为使工人安心在此工作，所设置的一系列激励机制与制度安排。企业为工人提供培训和规范化考核使工人能够发生岗位流动，通过工作资历与报酬挂钩的方式和推行各种福利保障，降低了劳资对立的程度。最后，内部国家是指在企业内部建立集体谈判和内部申诉的机制来解决劳资矛盾，它具有相对独立性，在很大程度上不受法律的约束。通过以上三种机制，工人努力工作和“同意”被管制和剥削。此外，布洛维还将政治和意识形态因素引入研究，两者会制约工人行为，而工人斗争也会反过来影响它们。

布洛维提出了理想的社会主义企业治理模式，即实行雇员所有制。它是指当资本主义企业发生变革时，由全体工人购买企业所有权，建立工人委员会进行生产与经营管理。这是一种让工人自己拥有生产资料，从而不受资本家控制和剥削的社会主义生产模式。布洛维开辟了一个全新视角，使越来越多的国外马克思主义经济学家将工人主体性问题引入对劳动过程理论的分析中。

3. 劳动过程理论的多元化发展

20 世纪 90 年代以来，国外马克思主义劳动过程理论的发展趋向于多元化。很多学者从资本主义制度变革与社会经济发展的研究视角展开对劳动过程问题的研究。威廉·拉佐尼克（William Lazonick）对英国、美国和日本车间工厂的劳动过程进行比较研究，提出了改良资本主义劳动关系以促进社会经济增长的具体建议。大卫·哈维（David Harvey）从历史的角度出发，研究资本主义制度的变迁对劳动关系治理的各种影响，并从劳动过程的角度分析福特制大规模生产的弊端。艾什·阿明（Ashe Amin）等人对福特主义和后福特主义时代劳动过程的特征加以概括，尤其对后福特主义劳动关系的危机与转型进行剖析。此外，企业如何实现组织民主化也成为劳动过程理论的一个研究重点。

10.2.4 劳动市场分割与就业歧视

发达资本主义社会总是表现为异常矛盾的两极：一极是物质财富的增长与积累，

另一极是社会不公正的日益加剧。这引发了一系列的社会经济问题、阶级矛盾，那么，不平等的根源是什么？用什么办法可以彻底肃清顽疾？这是激进政治经济学对西方主流经济学的重点批评内容。主流学说将社会不公正的原因归结为技术指标，并以劳动力的边际生产率理论为基础，提出了人力资本理论。这一理论从所谓“平等的”工资决定机制出发，强调收入差异和贫困是合理的，它基于每个不同劳动技能之上，与先天的禀赋和后天不充分的教育及培训有关，与资本主义制度本身无关。这除了为当代资本主义制度辩护外，还包含着强烈的种族歧视和性别歧视色彩。这种用技术分析掩盖资本主义社会各种矛盾的行径，引起激进主义经济学家的强烈不满，他们指出了当代资本主义社会存在的收入分配不公、种族和性别歧视、社会阶级分层和工人阶级异化等领域实际矛盾，并在对此分析的过程中形成了激进劳动市场分割与歧视理论。

1. 双元劳动市场论

迈克尔·皮奥里(Michael Piroe)、约翰·邓洛普(John Dunlop)、克拉克·科尔(Clark Kerr)和瑞特·巴基(Wright Bage)等人指出，“人力资本理论”是基于新古典主义经济学中自由竞争市场及边际生产力分配论这两个前提假说，并采用均衡分析的方法，从而作出了“单一工作市场”（single work market），劳动力自由流动、劳动力过剩，以及短缺的自我补偿、自我均衡机制的假设。但实际上，由于信息不完全、资源缺乏流动性、垄断企业的实际存在、工会和企业协会掌握权威、资产阶级政府的经济政策和法律干预、多元的被分割的劳动力市场和国际贸易壁等原因，资本主义社会现实劳动力市场的特征体现为：有限的流动性，同等人力资本的不等报酬，持续的各种形式的劳动力剩余与短缺等。因此，资本主义的劳动力市场是不完全竞争的。

据此，激进政治经济学提出了双元劳动市场论（Dual Labor Market Theory），用一级和二级两大市场、三种类型的劳动力市场模型来描述当代资本主义经济中被分割的劳动力市场。一级市场的工作相对稳定，工作技能受到认可，工资相对较高并有晋升机会。它的内部又分割为从属型和独立型两个层次或工作形式。从属型初级工作是指在详尽的工作规则和行政程序下从事的常规性工作，它鼓励员工的相互依存关系，保持良好的纪律性，对权力和条例的服从及追求公司共同目标。与之相对，独立型初级工作需要并鼓励创造性、解决问题的能力、首创能力并有其职业化标准，一般由高科技的、职业性的、经理性工作所组成。在它的内部，资源、人员流动率较高，革新成果的回报较高。二级市场则既不需要也不鼓励稳定的工作习惯，这里劳动者的工资较低、晋升机会很少且工作受到严格监管，因而在本质上是非常规性的。这三种类型的市场分割，每一市场层次都具有稳定性、常规性和排他性，面对被割裂的劳动力市场，劳动者根本就无法自由流动。

激进主义经济学家还指出，资本主义社会的教育模式为分割劳动力市场服务，它促进和巩固了劳动者的分化，持这一观点的代表人物包括：萨缪尔·鲍尔斯（Samuel

Bowles）、赫必特·金蒂斯（Herbert Gintis）和瑞查德·鲁滨逊（Richard Rubinson）等人。他们通过历史分析指出，在某一阶级背景的学生的受教育程度和他们最终被雇佣的劳动力市场部门之间具有"一致的原则"。来自低收入家庭的年轻人更多地被纳入注重二级劳动力市场工作所需的观念和行为的技能学校中（以及学校内部的相应轨道），这与那些高收入家庭学生就读院校所注重的行为和观念差别巨大。教育中的"前市场分割"限定了学生毕业后的工作选择，而劳动力市场业已存在的经济等级又使之合理化。并且，学校影响受教育者的工作态度，并作为一种分流输送机制向分割的劳动力市场提供新劳动力。各类学校都力图培养学生遵守纪律、服从领导的品质。学校教育和劳动力市场反映出经济和社会各阶层之间的相互关系，并成为衡量工人阶层力量的一个指标，双方发生共谋，维护着资产阶级的利益。

此外，大卫·哥顿（David Gordon）、约翰·瑞克（John Reich）等人把分割归结为一个广义的历史和政治框架，在这一框架内劳动力队伍内部的分割促进了资本家对劳动过程的永久控制。19 世纪，许多熟练手工艺的消亡和工厂生产的扩大使劳动力队伍趋向均匀一致。为了对付由此产生的无产阶级意识形态和反抗精神，资产阶级有意识地划分劳动力市场，这是分割围剿、各个击破战略的重要措施。20 世纪 50 年代，工作等级的推广全面盛行，其原因虽然有公司专业培训重要性的提高，但更主要的是为了人为地划分劳动者以防止高层和低层劳动者进行联合，以便"分化和征服"劳动者力量。①

2. 产业分割论

巴瑞·布卢斯通（Barry Bluoston）在《有工作的穷人》《美国的非工业化》《超越与崩溃：非工业化》，霍瓦德·瓦赫特尔（Howard Waheter）与兰德·霍德森（Lander Heder-sen）在《激进派视野中的贫困问题》《美国资本主义和贫困：反论抑或矛盾？》等论著中，提出"产业分割论"（The Theory of Industrial Cut Apart），从而进一步系统化为双元劳动市场论。

通过对人力资本模型和双元劳动市场模型的比较研究，这一批学者概括出资本主义人力资本模型的四个特征：①工人们可以从一个工作转换到另一个工作，以实现收入最大化；②可观察到的收入水平差异只存在于人力资本不同的情况；③具有相同人力资本的工人赚取同等工资；④一个工人的人力资本越高，其收入也就越高。显然，单一的劳动市场是根本不存在的。他们所构建的双元劳动市场模型同样有四个特征：①工人无法从一个工作（市场）换到另一个工作（市场）来实现收入最大化；②由于存在劳动力市场分割，即使人力资本相同也可能存在明显的收入水平差距；③不论在

① 以上观点主要体现在：皮奥里的《内部劳动力市场及人力政策》、哥顿的《劳资对立与生产力减弱》、鲍尔斯的《美国资本主义的教育》和瑞克的《二重劳动力市场：劳动力市场分割理论》等论著中。

市场内或在两类市场之间，具有相同人力资本的工人可能收入不同；④较多的人力资本不一定带来收入的增加，因为缺乏流动性的个人难以找到最充分实现其人力资本价值的工作。这个模型说明，多元劳动力市场分割阻碍劳动力的自由流动，阻力主要是流动性的个体障碍和产业障碍。

在此基础上，瓦赫特尔进一步指出，必须从社会制度，而不是从劳动者的个体特性中探寻造成资本主义社会不平等和贫困的根源。他运用马克思经济学总结了现代资本主义社会的三个制度性因素：社会阶级结构、劳动市场和政府。①社会阶级结构意味着占有生产资料的资本家靠股票和债券获利，生病和年老并不对资产阶级的生计构成直接威胁。与此相反的是，挣工资的劳动者阶层则主要依赖他们持续的健康和技能来生活。②劳动市场结构表现为层次化特点。社会由六类贫困人群（老年人、病残患者、失业者、城市工作穷人、农村工作穷人、以妇女为主的单亲家庭）构成，以低工资和可能失业为特征，是第二市场的总和。他们不可能向高工资、高效率的第一市场进行转移。劳动力市场层次难以跨越，从而进一步加剧了这一层次人们的贫困。③资产阶级政府对社会贫困的形成和加剧负有不可推卸的责任。政府资助有钱的企业家，在资产阶级和工人阶级之间制定差别微小的税收制度。资产阶级从政府那里获取大量优惠，而贫困者得到的政府帮助却十分有限。[①]

由此可见，社会阶级结构、劳动市场结构和政府这三大社会制度性因素的联合加深了社会贫困和不平等，而当代资本主义经济制度、政府政策和收入财产所有权体系不断地产生和复制着资本主义罪恶的根源。激进政治经济学对美国政府的反贫困政策，如福利立法、人力训练计划等措施进行分析和批判，指出尽管这些措施对救济贫穷者起一定作用，但无法从根本上解决问题，甚至在若干方面反倒有利于资产阶级强化其特权。激进主义经济学家强调要解决社会不公正问题，就必须改变现有社会制度、调整阶级关系及工人阶层内部的“等级分化”情况。

此外，针对主流学派关于市场竞争可以带来劳动力自由流动，进而消除不平等和贫困的观点，激进主义经济学家批驳道，增加劳动力流动性的努力本身并不能导致社会贫困的消失。自由流动也许可以减弱由种族和性别歧视构成的就业障碍，并且使拥有较多知识、较高技能的劳动者可能得到好的工作。但是，大量的低工资人群并不会持续减少，社会不平等和贫困无法被根除，资本主义社会的运行机制不会受到实质打击。

3. 就业歧视理论

主流经济学按照“人力资本理论”的逻辑思路，把社会成员划分为：黑人和白人、男人和妇女这几类不同人群，对他们之间的收入差异进行技术分析，为资本主义社会的歧视现象辩护。激进主义经济学家则指出，由于在维持雇佣关系方面，劳资双方有

① 何玉长，等. 批判与超越：西方激进经济学述评. 北京：当代中国出版社，2002：36-37.

着根本的利益冲突，故资产阶级在劳动力市场积极推行种族与性别歧视。著名经济学家马克·布劳格（Mark Blaug，1927—2011）指出，激进政治经济学关于种族与性别歧视是资本主义的内在特征并且与劳动力市场分割紧密相连的观点，是它对经济学所做的最大贡献。[①]“人力资本理论”对此视而不见，例如，加里·贝克尔（Gary Becker，1930—2014）在《歧视的经济学》（1957）中提出的歧视模型提出了白人工人和资本家对歧视的“偏好”，而此种偏好使黑人工资低于白人工资。瑞克通过大量数据检验驳斥了贝克尔关于白人工人在存在歧视时受益的观点，他指出，美国白人收入最低的地区恰恰是那些种族歧视最严重的州。雇佣过程中对黑人的歧视只有资本家获益，大部分白人工人则蒙受损失。这一现象反映了资本家通过种族分离削弱劳动力队伍的力量，使工人的工资限定在低水平上。

另一批激进主义经济学家进一步论证了现代美国资本主义社会中种族歧视和性别歧视在劳动力市场是真实存在的。马丁·瓦特（Martin Watts）对激进学派常用的“差别指数”（*index of dissimilarity*）法进行总结，运用和发展了“sibber 指数”中分布的“同时分析”（simultaneous analysis）对 1983—1992 年间美国社会的歧视状况进行了比较全面的研究。[②]在美国劳动市场，那些具有相同能力、接受教育培训和经历的劳动者（这里指黑人和妇女），由于一些非经济的个人特征（如种族、民族传统、性别、宗教或偏好等），在就业、职业选择、在职培训和教育、工资水平等方面都会受到不公平待遇。具体讲，在就业歧视上，其他条件相同的情况下，妇女和黑人劳动者承受不适当的失业比重；在职业歧视上，黑人和妇女被武断地限制或禁止进入某些职业，即使他们完全有能力胜任这些职业。事实上，这批人被排挤到那些档次较低的职业；在人力资本投资歧视上，黑人和妇女劳动者与白人或男性相比所获得能够提高生产率的优质教育和在职培训的机会较少；在工资歧视上，从事相同工作，由于性别或种族原因，一部分工人（黑人和妇女）获得比男性或白人工人少得多的工资。马丁·斯罗布（Martin Srober）通过数据测算证明职业隔离中性别隔离指数比种族隔离指数高约 30%。2003 年，阿德瑞·莫罗（Andrea Moro）通过数理统计证明，美国社会黑人与白人工资具有实质差异。[③]在上文提到有关劳动力市场分割的研究中，也有关于种族差别和性别差别引起分割的论述。激进学派提出，公司人事部门通过考察学历、职业经历、职业测试、试用期表现等方面可以获取大量信息，只要不存在偏见，本可以利用这些信息资源来纠正任何因种族和性别引起的对求职者的成见。

---

① 布劳格. 工资合同和教育//Carnoy. 教育经济学国际百科全书：第二版. 闵维方，等译，北京：高等教育出版社，2000：57.

② Martin Watts，“Trends in Occupational Segregation by Race and Gender in the U.S.A 1983-92: A Multidimensional Approach”，*Review of Radical Political Economics*，Vol.27，1995，pp.1-36.

③ Andrea Moro，“The effect of statistical discrimination on black-white wage inequality: Estimating a model with multiple equilibria”，*International Economic Review*，Vol. 44，No3，August 2003，pp.467-500.

他们还分析了导致歧视的多种因素：一方面，社会的反复灌输，包括教育、大众传播媒介和政治领导人的灌输；另一方面，由于歧视在支持维持现状方面起重要作用，资产阶级直接地和间接地受益。因此，歧视是为赚取额外利润提供另一种辩护的依据，而这种额外利润是从牺牲美国工人中收入最低的那部分人的利益为代价的。歧视的另一个政治作用是挤压工人来巩固权贵集团的统治。举例讲，种族主义是帝国主义特别有效的工具。例如，英国长期以来就对广大民众采取分而制之的策略。资本家又是如何从性别歧视中得到好处呢？很明显，他们利用它作为向妇女支付低工资的借口，更重要的是，性别歧视的偏见在男女工人之间造成分裂，使原本组织力强大的工会变得困难。

此外，激进政治经济学剖析了资本主义社会异化的三种表现：工人为其产品所支配；工人与他们的生产活动分开；人与人之间的异化。它把异化的根源归咎于资本主义制度，并强调垄断资本主义使异化问题极大地恶化，显然，一个异化的社会不会是一个稳定的社会。这说明，激进政治经济学力图用异化理论来诠释当代无产阶级受剥削地位的加深，以及无产阶级和资产阶级矛盾加剧的根源，把批评的矛头指向资本主义制度本身。①

10.3 对资本主义世界体系的批判

激进政治经济学不仅对现代资本主义制度内部的各种社会经济矛盾进行批判性分析，也十分关注发达资本主义国家对广大发展中国家进行压迫、控制和盘剥，使这些国家日益陷入贫困的现实问题。这一批激进主义经济学家论述了现代资本主义世界体系的自身规律、运行机理及其所产生的各种弊病。他们运用制度内部考察与全球性视角相结合的方法展开研究，提出了一系列有针对性的理论学说。这使激进政治经济学所研究的课题更加全面，有利于其作为独立学派的进一步发展。我们把激进政治经济学家在此领域的学说分为两部分：来自发达国家学者的帝国主义理论，和来自发展中国家学者对发达与不发达问题的研究成果。

10.3.1 帝国主义理论

1. 现代帝国主义的基本特征及发展趋势

激进政治经济学指出，它要在列宁所界定的帝国主义基本特征的基础之上，结合

① 以上观点主要体现在：瑞克的《种族不平等，经济理论和阶级冲突》、谢尔曼的《激进经济学基础》（第五章）、瓦特的《美国种族和性别在职业隔离的趋势，1983—1992：多维视角方法》、莫罗的《有关黑人和白人工资不平等的统计学歧视的影响》、米切尔·赖克的《种族不平等，经济理论和阶级冲突》和伯特尔·奥尔曼的《异化》等论著中。

现代资本主义的客观实际，进行补充和扩展。皮埃·雅莱（Pierre Jalee）是这一领域的代表人物，他在著作《被掠夺的第三世界》（1968）和《帝国主义》（1972）中提出，对垄断资本主义阶段的研究，要重视国家和技术对集中化的影响作用。在生产集中化过程中，资产阶级政府一贯袒护垄断组织的活动，抑制国内市场的自由竞争，并提高垄断组织在国际上的竞争力，这导致国际垄断资本竞争空前激烈。关于金融资本，雅莱提出工业资本和银行资本的融合是一个最新动向：①大型垄断企业向控股公司和多样化经营的混合公司发展，银行的作用趋于下降；②控股公司、跨行业合并的兴起，工业资本和银行之间的关系更加复杂化，金融寡头被“金融—工业寡头”所代替。关于资本输出，发达资本主义国家向全世界输出资本（而不仅仅是“二战”前的本国传统势力范围），表现为扩散化和国际化的特点。

在列强分割世界的问题上，以迈克尔·汉德森（Michael Handson）为代表的一派观点指出，帝国主义已不再具有领土扩张的野心，传统殖民地主义已经消失了。对此，雅莱指出，帝国主义对第三世界国家的各种“援助”实际上是在继续推行帝国主义的剥削与控制，帝国主义对第三世界的原材料依赖性也在进一步加深。针对现代帝国主义的发展趋势，雅莱将其总结为帝国主义之间呈“对抗与一体化的矛盾”。政治经济一体化是帝国主义走向的必然趋势，从经济上讲，是由于生产和贸易的国际化趋势日益加强；从政治上讲，是由于广泛发展中国家纷纷实现政治独立和发展民族经济，使帝国主义的现实疆域收缩，它从进攻性战略转为防御性布局。帝国主义之间必然存在对抗，但由于美国单级势力非常强大，且美国的盟友西欧国家也在积极进行合作，都推动了帝国主义之间的一体化趋势。因此，一体化和对抗性是现代帝国主义的一对矛盾，但前者更为突出，全球性帝国主义战争的可能性不大。

著名激进经济学家马格多夫在《帝国主义时代：美国对外政策的经济学》一书（1969）指出，对美国非金融公司而言，从海外投资中所获得的收入占纳税后公司利润的比例，从 1950 年的 10%上升至 1964 年的 30%。这说明，直接投资已经成为美国经济的一个重要特征。他认为，帝国主义就是以全球面目出现的资本主义，它与追逐利润一样，是现代资本主义的重要特征和本质。第二次世界大战后建立的关贸总协定（现在是世界贸易组织）、国际货币基金组织等组织推动了美国作为世界霸主地位的国际新秩序的形成。马格多夫还分析了基于美元霸权地位的美国资本国际扩张以及同时第三世界陷入国家债务危机的趋势。当全球化问题在 20 世纪 90 年代进一步发展时，他分析了帝国主义与经济全球化的关系，主要体现在《全球化走向何方》（1992）和《无殖民地的帝国主义》（2003）两部论著中。马格多夫从有关全球化的长历史视角考虑问题，虽然经济全球化包括强化国际体系的努力，但实际上，帝国主义列强的核心国家之间产生了新的冲突和争夺，垄断资本主义的全球化战略使“中心与边缘国家之间的总差距”日益扩大。马格多夫强调，美国的直接国外投资已经从制造业向金融业迅速转变，而边缘国家在 20 世纪 80 年代后期进入经济持续恶化局面，这些国家的长期债务迅速增长，在国际贸易的出口份额逐渐下降。

2. 跨国公司

跨国公司是当今帝国主义海外扩张的基本载体，激进政治经济学对它进行了广泛而深入地研究。雷蒙德·富兰克林（Raymond Franklin）提出，美国是当今帝国主义霸权的核心，美国大型资本主义企业的海外投资规模日益庞大，试图将整个世界变为一个在其掌控下的市场。美国和西欧的跨国公司与不发达国家和地区在原材料需求方面虽然数量上有一定下降，但依赖性更强。以富兰克林为代表的一派激进主义经济学家提出，现代帝国主义已进入了第三阶段，即跨国公司阶段。

斯蒂芬·海默（Stephen Hymer，1934—1974）在《跨国公司：斯蒂芬·海默的激进方法论文集》（1979）中提出跨国公司垄断优势理论。他指出，跨国公司不仅仅是某个资本主义企业持续增长或市场经济不断扩大的结果，而是资本主义生产关系迈向全球化的重要表现。跨国公司是现代资本主义的一种组织形式，它对世界各国的政治、经济、社会和文化都产生影响。帝国主义通过跨国公司对海外进行大量的输出资本，这种跨国的资本积累势必造成帝国主义与欠发达国家人民大众的冲突。因此，必须重视这种世界范围内资本与劳动之间的矛盾。海默认为，跨国资本市场的不断发展，不仅为资本国际化提供了舞台，也推动了国际劳动市场的形成及随之而来的国际工人运动。2002 年，皮特里斯（Christos Pitelis）发表长篇论文《海默关于跨国公司资本的政治经济学》对海默的观点进行了总结。与海默类似的观点来自迈克尔·乔苏道夫斯基（Michel Chossudovsky）的“世界资本积累论”，他在国际视角下考察了资本积累与无产阶级贫困化之间的关系。受“中心—外围论”（见第 10.3.2 小节）的启发，乔苏道夫斯基认为，“中心资本主义”与“外围资本主义”的结合就是资本“跨国化”过程。资本的结构、平均利润率等概念都发生了改变，资本跨国化必定会造成新的政治和经济失衡问题。

3. 生态帝国主义

《每月评论》主编、美国俄勒冈州立大学约翰·贝拉米·福斯特（John Bellamy Foster，1953—）教授在《帝国主义和“帝国”》（2001）、《重新发现帝国主义》（2002）、《帝国主义的新时代》（2003）、《赤裸裸的帝国主义》（2006）和《划时代的大危机》（2013）等论著中提出“生态帝国主义”学说，对以美国为首的当代帝国主义行径进行分析与批判。

福斯特指出，那种通过阻止某些资本的流动,以利于另外一些资本的生存与发展的传统的帝国主义模式已经发生变化。在发达国家主导的全球一体化进程中，形成了一个以资本自由流动为标志的全球市场，不仅资本可以自由流动,劳动力的跨国流动也越发频繁。在这种情况下，出现了“生态帝国主义”这一新形态。福斯特借用“生物文化圈”“新陈代谢裂缝”“生态债务”等概念来说明生态掠夺和剥削是生态帝国主义模式的基本性质。资本主义从产生之初便具有生态帝国主义的特征，在历史上造成了世界范围内国家社会经济发展的新陈代谢断裂。生态帝国主义的主要特征可以概括成：掠夺其他一些国家的资源，并改变各国所依赖的整个生态系统；与攫取和转移资源相联系的大规模人口和劳动力流动；以利用制造和欠发达社会的生态脆性来强化帝国主义控制；向外围国家倾倒生态垃圾等，发生体现资本主义与环境关系的新陈代谢断裂，等等。

由高度垄断的资本主义发展出的帝国主义，是人类历史上最腐朽、残暴的社会制度，美国的帝国主义政策是一股罪恶的势力。福斯特反对全球一体化，认为这是新自由主义的重构。新自由主义由于资本的扩张以及新自由主义措施造成了贫富悬殊加剧以及全球富国和穷国的对立冲突。美国公司和美国政府的全球扩展对世界大多数人而言都危害巨大，美帝国主义控制下的世界秩序必然是荒谬的、非理性的秩序。福斯特重视在美国和世界各地日益高涨的自下而上的反抗运动。他高度赞扬自 1999 年 11 月西雅图风暴以来占据世界舞台中心位置的反全球化运动，作为人类历史上声势最为浩大的全球反抗浪潮，是摧毁以美国为首的帝国主义霸权的希望所在。按照福斯特判断，在生态帝国主义模式下，不发达国家作为一个整体，是没有任何实现步入发达国家行列的可能，世界的边缘地区也不可能出现持续的经济和社会发展。这与下文以来自第三世界国家为主的激进学者关于发达与不发达问题研究的结论不谋而合。

10.3.2　发达与不发达

在发达与不发达的问题上，西方主流经济学家把资本主义作为永恒的理想制度，认为当今落后国家遇到的社会经济问题在发达资本主义国家早期历史中也都存在，只要它们坚持移植发达资本主义国家的基本模式，就一定会实现经济发展和步入高收入水平经济体行列。激进政治经济学对这种忽视第三世界国家政治体制、经济结构、社会文化和历史传统的资本主义普世价值论进行了激烈批判。激进主义经济学家反对主流经济学把不发达国家看作发达资本主义过去的翻版。他们指出，不发达国家的历史与现状都与发达资本主义存在巨大差异，不发达国家今日的问题既不是原始的，也不是传统的。尽管发达资本主义国家曾有经济起飞阶段，但并没有经历过不发达国家今日所处的局面。激进政治经济学指出，主流经济学或正统发展经济学只是在重申殖民主义霸权，将不发达解释为自然现象或本身的“贫困恶性循环”，即不发达国家的落后状况，完全是自身状况和传统的产物，与发达国家无关。当今几乎所有不发达国家在历史上都曾作为帝国主义的殖民地或附属国，它们的社会经济落后状况实际上是不发达的卫星国与发达的宗主国之间经济、政治和军事等关系的历史产物，而这些关系也正是帝国主义世界秩序的重要内容。正如安德烈·弗兰克（Andre Frank，1929—2005）

所说，“与国际上发达和不发达之间的关系相类似的是，不发达国家中所谓的国内落后或封建地区的当代不发达体制，同所谓的更加进步地区的资本主义体制一样，都是资本主义发展同一历史过程的产物”[①]。激进政治经济学借鉴马克思主义理论，从帝国主义在世界范围内积累资本和榨取经济剩余这一视角出发，对造成不发达国家贫困的根源、不发达国家如何发展民族经济等重大问题，提出了反对西方中心主义和世界帝国主义，实现广大发展中国家民族自强的理论学说。主要包括：中心—外围论、依附性理论、不平等交换和国际剥削理论和世界体系论。

1. 中心—外围论

劳尔·普雷维什

劳尔·普雷维什（Raul Prebisch，1901—1986）[②]在著作《外围资本主义》（1978）最早提出将世界划分为“中心—外围”结构的观点。帝国主义在海外扩张的历史进程中，发达资本主义通过殖民统治和利用各种在政治、经济、科技和军事等方面的优势地位向不发达国家强行灌输一种受其操控的资本主义经济秩序，逐步形成了一个中心—外围结构的世界体系。在这一体系中，发达资本主义居于中心位置，它们高度工业化，全面自主的增长，进口原材料和初级产品，出口工业制成品和高附加值产品，既是技术创新的源头，也几乎垄断了技术进步所带来的几乎全部利益。发达资本主义在政治上推行帝国主义霸权，实施包括军事手段在内的多种方法打击任何不听话的落后国家。不发达国家处于体系的外围，它们的工业化尚未完成，工业体系不健全，一般出口原材料和初级产品以换取工业制成品和技术，自身发展受制于发达资本主义的政治和经济周期。由于外围国家对中心国家在政治、经济和技术等方面具有很强的依附性，造成发达与不发达的两极分化，外围国家愈发成为处于中心位置的发达资本主义社会经济发展的一种必要依附和补充。

普雷维什批评主流国际贸易理论的比较成本学说，认为它忽视了外围国家贸易条件和利益的客观事实。集中生产制成品的中心国的贸易利益比只生产初级产品的外围国的贸易利益要大，在中心和外围的贸易中，初级产品价格低、收入弹性小，制成品价格高，并且中心国通过技术进步来降低成本，导致外围国的贸易条件呈结构性恶化趋势。这种观点后来被称为“普雷维什—辛格假说”。普雷维什指出，外围国家只有主

① [美]冈纳·弗兰克. 不发达的发展//发达与不发达问题的政治经济学. 北京：中国社会科学出版社，1984：147.

② 阿根廷人，经济学博士，到阿根廷统计局工作（1925 年），担任过阿根廷财政部副部长（1930—1932 年）和中央银行行长（1935—1943 年），拉美经委会执行秘书（1949—1963 年），联合国贸易和发展会议第一任秘书长(1964—1969 年)，联合国特别顾问及经济和社会事务副秘书长（1973—1976 年），《拉美经委会评论》杂志主编(1976—1986 年)。1981 年，获第三世界经济和社会研究基金会颁发的“第三世界基金奖”。

萨米尔·阿明

动调整生产结构和实施自主工业化战略才能实现社会经济的发展。

萨米尔·阿明（Samir Amin，1931—2018）[①]对普雷维什的理论进行了补充和发展。在他看来，在中心—外围结构中，造成外围资本主义不发达的机制是不等价交换和由此引起的价值转移。中心和外围部分具有不同的经济结构，中心国家主要以发达的工业制造品生产和出口为主，而外围国家主要以初级产品的生产和出口为主；并且由于两者的劳动生产率和工资水平存在很大差异，因而在国际商品价格形成过程中，外围国家出于一种不平等的交换地位，向中心国家发生持续的价值转移。不发达国家这种连续不断的剩余外流，一方面使他们自身的资本积累受到限制，经济难以发展；另一方面却加速了发达国家的资本积累，最终的结果是发达与不发达的两极分化。阿明指出，外围国家不可能走向一种成熟和自主的资本主义，它必须坚持走社会主义道路，实施自主战略，并且团结起来建立国际政治经济新秩序。

特奥托尼奥·多斯桑托斯

中心—外围理论提出了与主流经济学对不发达国家现象完全不同的解释，揭示了不发达的根源，为激进政治经济学开展对世界经济发展格局深入研究奠定了良好基础。

2. 依附性理论

特奥托尼奥·多斯桑托斯（Theotonio Dos Santos，1936—）[②]在借鉴中心—外围论的基础上，提出“依附性理论”。他指出，“中心—外围”结构对应于帝国主义操控世界的“统治—依附”结构。帝国主义理论只解释了在帝国主义扩张过程中作为世界中心的行为，没有深入研究不

① 埃及人，巴黎大学博士（1957 年），担任过埃及经济发展组织高级经济顾问（1957—1960 年）、马里政府经济顾问（1960—1963 年），尔后在法国普瓦蒂埃大学、巴黎大学和塞内加尔达喀尔大学任教，又担任联合国非洲经济开发与计划研究所所长和联合国未来非洲战略局负责人。其著作等身：《世界规模的积累》（1970）、《不平等的发展》（1973）、《帝国主义的危机》（1975）、《帝国主义和不平等的发展》（1976）、《价值规律和历史唯物主义》（1977）、《历史上的阶级与国家，当代危机》（1979）、《世界体系的反思》（1988）、《混沌帝国》（1991）、《全球化的挑战》（1996）、《资本主义幽灵》（1999）、《自由化病毒》（2004）、《为多极世界进言》（2005）。

② 巴西人，现任巴西里约热内卢联邦大学教授、联合国“全球经济与可持续发展”课题组协调人。曾担任著名的巴黎高等社会科学研究院研究负责人。有大量著作，代表作有：《帝国主义与依附》(1978)、《依附资本主义中的民主与社会主义》（1991）、《科学技术革命，新的国际劳动分工与世界体系》（1994）、《依附性理论：回顾与展望》（2000）和《新自由主义的兴衰》（2004）等著作。

发达国家在此过程中的反应及结果，而依附性理论正是要弥补这一不足。

依附性状态最早出现于西欧国家的海外扩张时期，初始形态是殖民地—商业出口依附。欧洲的商业和金融资本通过贸易垄断控制殖民地，并掠夺其土地、矿产和劳动力（农奴和奴隶）。进入垄断资本主义时期，依附形态转为殖民地被纳入到垄断资本主义的世界分工体系当中，成为原材料或初级产品的供应地。随着广大第三世界国家实现政治独立，中心资本主义转而采用技术工业优势继续实施控制，这被称作技术—工业依附阶段。在这一阶段，中心资本主义掠夺外围国家财富的手段主要有：①不平等交换，中心资本主义的垄断集团控制着原材料和初级产品的购买以及制成品的出售；②侵占服务费用，中心资本主义获取运输、保险、技术服务和专利等费用；③资本输出，是对外围劳动力的直接剥削，更是迫使这些国家放弃进口替代战略的手段；④国际“援助”，外围国的财政收支陷入困境，只得向中心国家借贷资本，从而受制于人。在具体实施环节，中心国家政府在政治、军事等方面支持自己的跨国公司大展宏图，附属国的利益集团则卖国求荣、积极配合。以上是依附性理论的基本内容，20 世纪 90 年代至今，多斯桑托斯始终致力于进一步深化研究。他提出并分析了由科技革命所加速推动的世界经济全球一体化进程，批评了新自由主义所推行的经济政策对拉美国家的伤害。依附性理论发挥了中心—外围理论的基本思想，揭示了中心国家如何使第三世界国家成为其附庸，不断榨取其经济剩余和主导世界经济的事实。

3. 不平等交换和国际剥削理论

阿吉里·伊曼纽尔（Arghiri Emmanuel，1911—2001）在《不平等交换：贸易帝国主义》（1972）一书中通过研究国际价格制度，揭露了不发达国家和发达资本主义国家之间的不平等交换现象，提出“不平等交换和国际剥削理论”。伊曼纽尔展开研究的假设前提为：①各国间的劳动不流动，资本流动；②资本的流动性引起各国间的利润率平均化；③由于各国间的劳动不流动，工资是一个独立变量，使不同国家的工资水平不同；④进入国际交换的某些商品对某些国家是不同的；⑤中心和外围的工资差别大于其生产力差别。在此基础上，伊曼纽尔把马克思关于价值转化为生产价格的分析引入国际交换领域，提出国际交换的价值转化为国际生产价格模型，证明了在国际交换中存在从低工资国家向高工资国家的价值转移。

伊曼纽尔指出，在国际交换中存在两种不平等：①由于各国资本有机构成不同而引起的不平等；②由于各国的工资率不同而引起的不平等。前者的不平等并不只存在于外贸领域，还广泛地存在于一国内部不同地区、不同部门之间，并且，资本有机构成的差别是资本主义结构的必然结果，一国不能因其资本有机构成低于别国就抱怨自己在国际交换中失去剩余价值。然而，各国之间工资水平的差别却不是资本主义结构的必然性。伊曼纽尔提出了一个资本有机构成与工资率相联系的重要观点。工资率作为独立变量，决定资本有机构成和国际分工。因此，因工资率不平等而引起的价值转移是首要的。对于不发达国家，低工资造成其低资本有机构成，使它们在国际分工中处于不利位置。因此，工资率的不平等是国际不平等交换的根源。中心国家较高的工资率与外围国家较低的工资率，造成了不发达国家较高的剥削率。伊曼纽尔根据马克思的价值转化为生产价格、剩余价值转化为平均利润的转化理论，研究了世界范围内的转化和国际生产价格形成问题，在不发达国家的剥削率大大高于发达资本主义的剥削率的情况下，世界范围内的通过交换的利润平均化过程，必然使大量的剩余价值从不发达国家流入发达资本主义。这造就了富国与穷国之间的不平等交换的基础。

那么，如何扭转这种不合理局面呢？伊曼纽尔提出了两点措施。①征收出口税。不发达国家政府通过征收出口税把在不平等交换中转向国外的剩余价值转回到国内，但这很可能会引发国际贸易争端并且治标不治本。②不发达国家将生产要素从出口工业转移至可以替代进口的工业，实现生产多样化。这可以改变当前国际分工格局和自己在国际贸易中的不利地位，振兴民族经济。伊曼纽尔论证了发达资本主义国家通过不平等交换对不发达国家的国际剥削，为国外马克思主义经济学的发展作出了重要贡献。

伊曼努尔・沃勒斯坦

4. 世界体系论

伊曼努尔・沃勒斯坦（Immanuel Wallerstein，1930—2019）[①]在多卷本著作《现代世界体系》(已出四卷，1974、1980、1989、2011）中，综合伊曼纽尔的学说与依附性理论，提出了“世界体系论”。沃勒斯坦指出，始于 16 世纪的西欧对外扩张宣告了那些被纳入世界资本主义市场地区的前资本主义生产方式的终结。因此，学术研究要将一国发展阶段纳入资本主义世界体系中进行展开。资本主义世界体系中存在着不同的层次，即中心、半边缘、边缘，所起作用也不相同。中心是指发达资本主义国家，边缘是指以原料生产为主、资产阶级不够强大和具有单一文化社会结构的农业国家，中心与边缘构成了世界体系中的两极。中心资本主义通过不平等交换，来掠夺和榨取边缘不发达国家的经济剩余，双方产生了尖锐的矛盾冲突。半边缘是介于两级之间的国家，如东亚、拉美以及欧洲的边缘地区，它是中心和边缘之间的一个缓冲，如果没有半边缘，世界体系就会彻底两极化。在世界体系内，全部要素或事件都是在总的体系内发生，行动者并不是直接为具体的利益行动，而是由世界体系所指挥的一种条件反射。一国内部的阶级斗争、政治运动等都是为它在世界体系内争夺经济剩余的份额服务。

① 美国人，曾执教于美国哥伦比亚大学，长期任美国纽约州立大学宾汉姆顿分校社会学系教授，并任以法国著名历史学家费尔南德·布罗代尔命名的经济、历史体系和文明研究中心主任，耶鲁大学资深研究员，早年从事非洲问题研究，后专门研究世界经济体系问题。1994—1998 年担任国际社会学联合会主席。

沙米尔·阿明借鉴了“世界体系论”。他指出，在资本主义世界体系中，一些国家的发展必然要以牺牲另一些国家的利益为代价。在这一体系内，资本原始积累机制在全球范围内连绵不断，不发达现象只是原始积累继续存在和中心获得好处的后果。他概括了资本主义世界体系的运行机制：①国际贸易和不平等交换，跨国公司把经济剩余转移到中心或宗主国，并且进行技术垄断，在国内掌握技术优势，在国际上严格控制发达资本主义国家的科学技术不被落后国家获取；②不发达并非简单的不发展，而是一个由于欠发达国家一体化为世界资本主义体系而产生的不平等的类型；③卫星国缺乏自主发展的持续性能力，很难摆脱中心的控制。阿明指出，不发展的特点说明，边缘地区的经济增长或不发展的发展必然造成对增长的限制。无论边缘地区达到什么样的人均收入水平，它都不会实现持久的和真正意义上的发展。多斯桑托斯也在 20 世纪 90 年代末提出，依附性理论应向世界体系的方向发展和完善。他认为，依附性理论是一种从全球视角研究问题的理论，可以与世界体系理论相结合，从而更好地剖析当前世界的政治经济格局。

从理论上讲，世界体系说关注作为总体世界体系内的多样性，而不是依附论所强调的宗主国与卫星国的单一关系，研究方法更加全面。就客观实际而言，在经济全球化日趋明显的大潮下，从世界整体范围内进行研究更贴近于现实，解释力也更强。

10.4 劳动者自我管理的理论与实践

本节介绍激进经济学有关理想社会模式设计中极具影响力的方案，即以劳动者管理型企业为基础的新社会形态。当前，占据主流地位并起支配性作用的企业模式是资本主义性质的企业，它通行的原则是资本雇佣劳动，资本所有权是企业剩余价值占有权和企业控制权的主要基础，并且直接（在所有者和经营者直接合一的古典式企业）或间接（在二者分离的所谓股份制企业）地成为同生产和分配有关的决策权的主要基础。从这一意义上讲，这种企业模式又被称为“资本雇佣劳动型企业”或“资本管理型企业”（capital-managed firm, KMF）；资本的权力如此重要，以致由此产生了“资本主义制度”这一术语。其实，在现实世界中还存在着一种与资本主义性质的企业完全不同或者说是直接对立的企业制度，即“劳动者管理型企业”（labor-managed firm, LMF）；它的控制权、经济剩余索取权和生产、分配决策权的真正基础是劳动，而不是资本。也就是说，它通行的原则是劳动雇佣资本。劳动不再是商品，而是有意义的活动，劳动者成为企业的主人。正因为如此，劳动者管理型企业具有很大的吸引力，尤其是 20 世纪 70—80 年代，主要发达资本主义国家陷入“滞胀”困境，苏联模式也开始暴露出很大弊病，劳动者管理型企业作为“第三条道路”的一种可能性选择，受到学界广泛的关注，相关著作上千篇（部），至 90 年代中叶已经形成了一门新的经济理论分支——劳动者自我管理经济学（Economics of Labors Self-management）。[①]

西方激进主义思潮中有很多支持劳动者自我管理的著名学者，他们以劳动者管理型企业为基础[②]，描绘了各自的理想社会图景。这些具体模式的名称不同，但所具有的共同特征是：工人拥有企业的控制权和收入权这两种权利，企业的决策建立在民主的一人一票制的基础上，企业由对工人负责的经理（直接地或通过工人委员会）管理，面向市场经营；企业的净收入属于企业的全体劳动者，并在投资、工资和集体需要之间分配；企业之间的关系是市场竞争的关系，国家除了执行必要的宏微观政策以外，还积极地执行投资计划。代表性的理论模式包括：前南斯拉夫经济学家霍尔瓦特（Branko Horvat，1928—2003）的自治社会主义（Self-government Socialism）、美国加州大学滨河分校研究员大卫·艾勒曼（David P. Ellerman，1943—）的民主公司制、美国康奈尔大学经济学教授雅罗斯拉夫·瓦内克（Jaroslav Vanek，1930—2017）的劳动者参与制经济或劳动者管理制市场经济（Labor Participatory Economy or Labor-Managed Market Economy）、耶鲁大学荣誉退休教授罗伯特·达尔(Robert A. Dahl，1915—2014)的自我治理型企业（Self-government Firm）和施韦卡特的经济民主社会主义（Economic Democracy Socialism），等等。[③]

大卫·施韦卡特

大卫·施韦卡特（David Schweickart，1942—）是著名国外马克思主义理论家，他拥有数学（弗吉尼亚大学，1969）和哲学（俄亥俄州立大学，1977）两个博士学位，现任美国芝加哥洛约拉大学教授。他提出了以劳动者管理型企业为基础的经济民主社会主义模式，其主要著作有：《资本主义还是工人管理：一种伦理学和经济学的评判》（1980）、《反对资本主义》（1993）、《市场社会主义：社会主义者中的论争》（1998，合著）和《超越资本主义》（2002、2011）等。

10.4.1 劳动者自我管理的经济学说

1. 劳动者管理型企业的治理结构与管理方式

在一个稀缺性经济生活中，人们的绝大部分活动是与生产性劳动联系在一起的，因此，生产者平等成为理想社会的首要目标。生产者的平等意味着工人的自我管理以

① 也有称为，劳动者管理型企业经济学（Labor-managed Firm Economics）、工人自我管理经济学（Worker Self-management Economics）或工人自我管理的政治经济学（Political Economics of Worker Self-management）。

② 主要的称为有，工人自我管理型企业、纯租赁型企业、民主公司、自我治理企业及经济民主企业，或直接称作劳动者合作社。总体而言，劳动者管理型企业是最为流行且内涵最广泛的称谓。

③ 限于篇幅，详见张嘉昕. 工人自我管理：一部颠覆资本雇佣劳动的经济思想史. 北京：社会科学文献出版社，2013.

及平等地使用社会的生产性资本，后者要求生产资料的社会所有制和投资的社会化控制，它们共同构建了劳动者管理型企业模式的基础。首先介绍工人自我管理的基本特征与运行原则。

劳动者管理型企业颠覆了资本主义企业的权力结构，它的一个最基本的原则是：将企业的最高控制权和权威给予那些在这个劳动组织中工作的人，这就是经济民主。经济民主在企业层面的主要标志是工人自我管理，"每一个生产企业都是由工作在那里的人们控制的"[①]。这与传统的等级制截然相反，对企业的控制和管理来自于具有平等权利和同等重要性的全体劳动者，控制和管理将在一人一票制的基础上进行从而将决策权力民主化，劳动者不再是仅仅生产投入的要素。这产生了全新治理结构和管理方式——工人自我管理。霍尔瓦特和大施韦卡特都把它作为社会主义社会的基本特征。他们认为，一个劳动者管理型企业既是一种经济组织，同时也是一种政治组织。组织的目标是，在履行效率的同时，实现决策上的民主最大化。民主最大化可以被定义为，在一个劳动共同体工作的每一个成员的意见，仅仅根据其对进行的决策的客观重要性加以权衡。因此，形成的决策将独立于任何一个特殊成员的主观动机和利益。同时，它也将是最有效率的。民主最大化意味着效率最大化。传统的组织理论认为，这种双重的目标是内在矛盾的；而社会主义的组织理论可以证明二者是相辅相成的。这就需要解决两个根本性问题：谁来评判一项建议的客观重要性？评判客观重要性的价值标准是什么？"答案是：民主必须被定义为决策的方式，而不是决策的质量。"[②]这体现为以下几个原则。

①劳动单位是企业最基本的决策单位和经济单位，其特点有：参与决策是直接的；决策的过程与结果是透明的；由于工作具有同质性，非公正性和永久性的多数人的强制是不可能的；操纵意见的可能性受到限制。②当一个劳动单位的决策实质上影响到了其他劳动单位的利益时，就要把决策权授予下一级决策机构——工人委员会。③决策主体需承担责任。④决策的执行，是专业能力的事情，与民主无关。⑤由于政策决策和技术执行不能完全分离，有必要在企业中设立专门机构来防止决策主体以权谋私。按照这种设计，原则①、②保证了民主，原则③、④保证了效率，原则⑤使二者兼容。

按照霍尔瓦特的比较，如图 10-1 所示，资本主义企业模式由双重的金字塔构成，劳动是商品，工会为这种商品的价格与雇主讨价还价，工人们则被压在塔的底部，整个系统被封闭起来。沙漏模型代表劳动管理型企业模式，是对原则④的具体解释，它意味着两个不同的活动领域——利益领域和专业领域相分离。前者包括政策决策，后者包括专业工作和行政管理；前者代表价值判断，后者代表技术执行。在利益领域，

① [美] 施韦卡特. 超越资本主义. 北京：社会科学文献出版社，2006：69.

② [克] 霍尔瓦特. 社会主义政治经济学：一种马克思主义的社会理论. 长春：吉林人民出版社，2001：306.

实行一人一票制；在专业领域，投票按照能力加以权衡。按此模型，技术专家和企业经理在全体劳动者的授权和监督之下行事，民主自治与专家治理并行不悖。这样，企业涉及的只是协调的等级制，而权力的等级制已经被消灭掉。

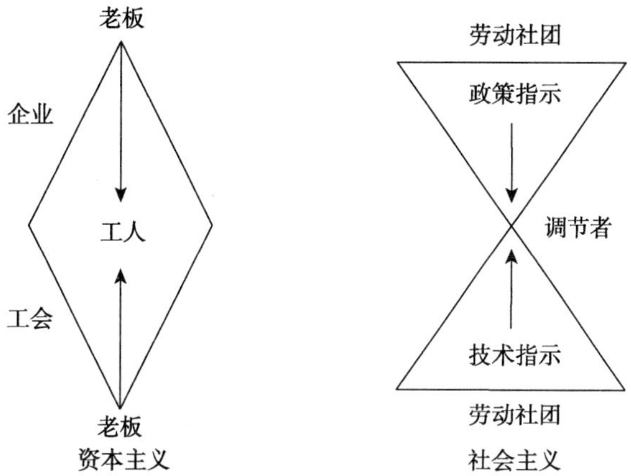

图 10-1　资本主义和社会主义的组织模型[①]

大多数影响工人日常活动的决策在劳动单位这一层次上做出，如工作条件、岗位调整、剩余的分配、冲突的解决等。当各劳动单位的决策发生影响时，按原则②由工人委员会进行决策。它的成员由各个劳动单位的代表所组成，其理事会主席则由全体劳动者选举产生。然而，一些重大问题必须由全体劳动者（大会）投票来决定，这类问题包括：合并、改组、重大投资和修订企业章程等。执行委员会的总经理由工人委员会任命或罢免，并在其监督下工作。按照原则⑤，设立监事会，其中，申述委员会负责集体侵害个人的案例，工作责任委员会负责个人侵害集体的案例。当冲突双方在现有规章的理解上各执一词时，由仲裁委员会根据实际情况进行决策。

2. 劳动者管理型企业的所有制结构与融资体系

以工人自我管理为基础的劳动者管理企业在所有制结构上采取生产资料的社会所有制和投资的社会化控制这两个方案，使企业生产活动得以顺利开展。

（1）社会财产。劳动的成果即产品总是要由某些人占有，因此，生产关系和财产关系是一致的。法律在调节财产关系的过程中产生了财产权。私有财产产生资本主义，国有财产产生苏联模式，两者都是阶级社会。劳动者管理的社会主义是一个无阶级社会，这里不存在一个作为生产资料所有者的特殊阶级。每个人都是平等的所有者，平等地拥有社会所拥有的生产资料。因此，财产并不授予任何特权，这就是“社会财产”。

① [克] 霍尔瓦特. 社会主义政治经济学：一种马克思主义的社会理论. 长春：吉林人民出版社，2001：221.

社会财产的制度化体现为社会所有制，它意味着参与决策的权力来自就业而不是来自拥有财产。这将产生以下结果：在任何一个以生活收入为目的而组织起来的劳动社团中，全体生产者都有同等重要的参与决策的权利。

霍尔瓦特从考察社会财产的法律、社会和经济方面的内容给出了具体定义。①从法律角度看，社会财产的权利是：使用、改变或出售商品，包括生产资料；从生产性财产的使用中获得利益（收益权）。社会财产的责任是使生产性财产保值。②从社会关系角度看，社会财产消灭了剥削性[①]，社会上的每名成员都具有三项不可或缺的基本权利：从事劳动的权利，凭借个人能力竞争任何一种工作的权利，在平等的条件下参与管理的权力。③从经济上讲，社会财产否定了以资本占有收入的方式，社会上的每名成员都通过自己的劳动获得收入，这是按劳分配原则应用的基础，它产生了消费者的平等。

施韦卡特进一步分析了社会财产作为生产资料在企业层面的运用问题。工人参与管理，决定企业的资本资产使用，分配生产的全部纯利润，但并不“拥有”生产资料。企业的社会所有制表现在两个方面：①工人们从社会租用资本资产，即所有企业必须缴纳资本资产税，这个税收转化为社会的投资基金；②企业负责资本的保值。

当企业经营不善时，工人们可以进行改革或选择离开，但不能卖掉自己的资本股份来获取个人收入。企业可以出售股份来购买其他的资本品；或企业决定缩小资本规模以减轻税赋和履行保值责任，它可以出售部门资产，但所得必须要回到国家投资基金，而不能分配给工人，因为这些是属于全社会的。但企业无力维系时，将宣布破产，以动产支付债务，工人另寻生路。企业作为一个共同体，工人加入其中，便获得成员权利；工人退出，在本企业的权利就消失掉。与权利相伴的责任是负责资产保值和支付资本资产税。

（2）投资的社会化控制。企业缴纳的资本资产税（capital assets tax）相当于企业工人使用属于全社会所有的社会财产而支付的租金，它构成了国家投资基金，全部被用于新的投资，并且也是所有新的投资的来源。[②]因此，自治社会主义的经济发展不依靠私人储蓄和资本市场。投资基金由社会按照公平和效率兼顾原则进行配置，既不采取中央计划也不采取完全市场竞争，而是运用混合方法。基本思路是分为两个步骤，在首次分配时根据公正的原则将全国基金划拨，之后按市场竞争方式推进分配效率。

首先，公正的原则是指国家向每一个地区和地区的每一个社区分配国家投资基金的“公平的份额”，它体现为人均占有份额：若地区 A 有国家人口的 X%，它可用于新的投资为 X%。这一原则的核心含义在于：每一个地区和每一个社区都有其份额，每

① 剥削被定义为：非劳动收入的占有，以及支配他人的劳动。

② 新的投资是全部直接投资，不包括企业直接从自身的折旧基金的投资。

人每年都有一种实际权利；地区和社区不采取资本主义式的竞争来获得投资基金，这保障了地区和社区的稳定并维护了个人的自由。这种分配方式有如下说明。①按照马克思的理论，价值的源泉是劳动而非资本，则构成投资基金的是剩余价值。因此，以人均为基础（按劳动力规模）的投资基金分配方式具有合理性。②按照布鲁诺·乔萨布（Bruno Jossa）关于人均分配公共福利的观点，可以把投资基金的人均分配看作为地区提供公共福利，如教育、医疗、公共设施等。③施韦卡特认为，资本资产税是一种生产成本，它被打入到产品的市场价格中。可见，一个既定产业的企业的税收负担是相同的，企业能够确定含税的产品价格。因此，付税的是消费者，而不是企业或它所在的地区。这说明即便是资本密集地区按人均配置投资资本亦是公正的。此外，按人均分配基金并非绝对，也要考虑其他因素，如重大优先项目、落后地区的发展问题等。这需要国家或地区的立法机构综合考虑。

其次，当投资基金按公正的原则到达社区层面时，会被分配到这个社区的公共银行。这些投资银行将其投向地方企业用于扩大生产、新项目上马、技术升级等任何超出企业已积累的折旧基金之外的资本投入要求。施韦卡特强调，在自治社会主义中，银行给企业提供是资金（grants），而不是贷款（loans）。当然，这些资金不是无偿使用的，由于投资基金增加了企业的资产，所以企业必须支付相应的资本资产税。这种税的功能如同一种利率，银行获得利息但不在下一期收回本金。银行从社区那里获得的投资基金的金额是根据它所服务的企业数量和规模，和它以往所创造的经济效益和新就业机会的成果来确定。作为公共机构，银行向企业提供资金的标准也是根据它所创造的利润和工作岗位，银行自身的收入由资本资产税和工作业绩加以确定。同等条件下，优先考虑那些能够增加就业量的项目。假如一个社区符合基金分配的投资机会不足，未用完的基金将返回给本地区，由地区向其他有需求的社区配置。这就充分地调动了社区及银行的投资积极性，设立相应机构与企业合作寻找产生利润和就业岗位的新项目。大部分投资银行同企业家机构相联系，推进企业发展和创建新的企业。

在自治社会主义，属于市场竞争的商品和服务以及属于社会福利的公共投资（学校、医院、公路、基础的科学研究，等等）都来自资本资产税。在每一级，国家的、地区的和社区的，都由立法机构民主地决策对投资资金在这两方面的具体数额配置。还会举行类似于现行预算听证会功能的投资听证会，专家和民众都参与其中。尔后，立法机构确定与本级相适应的公共物品投资的性质和数量，提取基金后将剩余数额无附带条件地交由下一级机构继续决策。

施韦卡特将自治社会主义社会中“投资的社会控制”的决策过程概括为如下。[①]

---

① [美] 施韦卡特. 超越资本主义. 北京：社会科学文献出版社，2006：84.

国家立法机构 → 测定资本资产税。

→ 决定投资基金中有多少应用于国家范围内的公共事业的资本投入。（其余的部分配置给地区。）

地区立法机构 → 决定投资基金的多大份额应用于地区范围内的公共事业的资本投入。（其余的部分配置给这一地区的社区。）

地方立法机构 → 决定投资基金的多大份额应用于社区内的公共事业的资本投入。（其余的部分配置给社区的银行。）

银行 → 决定批准地方企业提出的哪些资金要求。

→ 建立企业家机构去鼓励新企业的建立。

→ 决定用基金扶持什么样的新企业。

对于施韦卡特的社会投资设计，鲁诺·乔萨提出了一些不同看法。他认为，这种模式的基本思想是可行的，但在具体设计中，他反对投资基金按地区的人口数量进行分配。在乔萨看来，国家投资基金在投向公共福利时，应该遵循对全体国民平等的原则，即全体国民无论个人收入水平以及所在地区的人口密度、经济发展水平等差异，都应该享有相同质量的公共福利。因此，投资基金的投放应明确市场经营和公共福利两大领域。乔萨的观点也可以体现为接下来所说的按需分配原则。乔萨还强调，公共银行本质上也是市场经济中的经济组织，而不是施韦卡特所说的公共机构，因此，公共银行也必须按照劳动者管理型企业的治理原则运行，追逐盈利并将收益平均分配给成员。这样，它才有足够的动力完成模型中的任务。同时，乔萨还担心那些急需资金的企业会在私下对银行提供好处以获得资金，他建议投资银行仍然应该执行贷款利率制度，来防止资金的非法流动，但他并未对此给出详细说明。①

3. 劳动者管理型企业的分配原则

劳动者管理型企业在治理结构和所有制结构上的变化，必然导致企业分配制度上的变革。全体劳动者共同分享企业剩余，这意味着一种平等的或公正的收入分配，体现了按劳分配原则。它是生产者平等的必然结果，这就构成了一个前后一致的理论。

对于劳动者管理型企业，社会是所有者，全体劳动者都是社会的代表，同时也是“集体的企业家”。这种企业家才能需要在集体的协作下发挥效力，它由人际关系、劳动组织和劳动集体的创造力所决定。因此，每位劳动者的个人收入包括两部分：个人

① Bruno Jossa. *Schweickart and Economic Democracy*. Radical political economics review, 2004, Vol 36: 546-561.

贡献（工资）和所在企业的集体努力的结果（分享利润）；未分配的利润由企业保留，根据民主决策用于投资、储备和公共福利等。

劳动者管理型企业收入分配源泉来自劳动收入，决定劳动收入的实际程序是，确定总收入并扣除其中的非劳动收入部分，这恰好等于企业的总收益减去总成本，公式为：总收益 - 总成本 = 净收益 = 总收入 - 非劳动收入 = 劳动收入，并且，工资 + 分配的利润 = 个人收入，个人收入 + 未分配的利润 = 劳动收入。其中，非劳动收入由各种租金组成，除资本的租金（资本资产税）外，还可能会存在如地租，矿山租、技术租、垄断租等多种租金。在资本主义企业，受雇劳动者的工资是一种租金收入，它被看作是工人出租劳动力这种特殊商品的使用权由资本家支配而得到的租金价格。在这里，工资属于成本，其大小由劳资集体谈判决定。在劳动者管理型企业中，资本属于全社会，企业向社会租用资本并支付资本资产税，资本的收入属于企业的成本范畴，与企业的纯收入无关。

按劳分配的最佳实现需要两个条件：①生产的效率；②公平的分配。在自治社会主义社会，具有同等权利的工人是为他们自己而不是为老板而工作，他们亲身参与工资率的决定过程，因此，这里有足够的生产激励。并且，工人对劳动的亲身体验，有利于帮助他们形成对各种不同性质的劳动估算的正确尺度。霍尔瓦特描述了公平分配的民主决策：这是商议、谈判和互相说服的结果，要经历一个反复和集中的过程。不能以个人的意见（如他认为自己的劳动更有价值）作为分配的标准，而是要形成一个得到本组织内大多数人赞同的集体标准。

具体讲，收入的数额与差异是通过一个涉及个人之间直接进行福利比较的程序所决定。在集体的标准下，如果某些工人依旧认为其劳动的价值被低估，他们可以选择离职（或消极工作）。如果这种选择确实代表了这类劳动被低估，则其供给的减少会影响到企业的产能。这促使劳动集体校正评估，从而提高此类劳动的收入，企业内的劳动者的分配更加公正。根据民主决策而形成的按劳分配的价值尺度，既是公平的，又是有效率的。说它是公平的，是因为它反映了大多数人的意见；说它是有效率的，是因为当大多数人的劳动价值获得组织的认可之后，他们便会全心全意地工作，从而保证企业的生产效率。

10.4.2 西班牙蒙特拉贡联合公司

劳动者自我管理经济学在实践领域也取得了很大成绩，形成了许多劳动者管理型企业。例如，西班牙蒙特拉贡联合公司（Mondragon Cooperative Corporation，MCC）、以色列基布兹合作社（Kibbutz）、美国西北太平洋胶合板合作社集团（Plywood Cooptives）、意大利拉里戈全国工人合作社（La Lega）等都取得了显著的社会经济效益，对资本主义社会制度形成了一定的冲击。其中，蒙特拉贡联合公司①作为一家大型国际化企业集团发展至今已有 60 余年，是劳动者自我管理的成功典范。

蒙特拉贡的发展历程可划分为三个阶段。第一阶段（1956—1979 年），是它的创建崛起时期。尤其是 1961—1970 年，其合作社的数量和规模均发展迅速，20 世纪 70 年代，蒙特拉贡进军海外市场，其合作制企业的数量、营业收入和就业人数均大有提高。第二阶段（1980—1990 年），根据宏观经济形势的变化，它进行了战略改革与结构调整。1980—1985 年西班牙爆发经济危机，通过制度创新，它实施了以保障就业为目标的政策措施，并进行结构调整，成立了全体成员代表大会。第三阶段（1991 年至今），在西班牙加入欧盟（1986）后，为应对经济全球化它按照产品生产的相似性作为结构重组的划分标准，于 1991 年建立蒙特拉贡联合公司。尔后，成立了包括蒙特拉贡大学在内的培训教育中心和科技研究中心。2007 年，联合公司调整为工业、金融、零售、科研四大部门，并开启了国际化战略。至 2014 年年底，它在全球共设立 263 家子公司。②下面，我们将对蒙特拉贡在体系构建与社会经济效率两方面进行分析和评估。

1. 蒙特拉贡合作制经济的体系构建

资本主义企业实行资本雇佣劳动的原则，把资本置于至高点，资本所有权成为企业控制决策权和分享企业剩余价值的基础。在参与管理和控制决策上，实行一股一票；在分享企业剩余即分红上，按照持股比例的多少进行企业净利润的分配。与之对立，合作制企业实行劳动雇佣资本的原则，把对企业财产的所有权赋予在此工作的全体劳动者身上，即劳动者占有生产资料。在对企业的决策控制权上，实行一人一票；在分享企业剩余上，实行成员账户模式，由于成员之间的收入差距较小，全体成员享有基本同等的各种社会福利。蒙特拉贡联合公司是合作制经济的成功代表，它既符合合作制经济的基本要件，又根据客观实际有所创新，形成了独具特色的蒙特拉贡合作制经济模式。

（1）所有制结构：颠覆传统。在蒙特拉贡，生产资料归在企业中的全体劳动者所有，全体成员进行生产劳动和民主参与管理，相当于在为自己工作，从根本上颠覆了资本主义企业模式。作为所有制在法律上的具体形式，所有权具有两个核心功能——对企业的控制权和企业剩余的分享权。就蒙特拉贡而言，在对企业的控制和决策上，实行“一人一票”的决策原则，即每个在企业工作的人都具有同等的重要性和平等的发言权。企业全体劳动者是决策的主体，他们通过全体成员大会进行集体决策。这种权利结构安排，使蒙特拉贡的就业水平接近充分就业，实现了凯恩斯效率。所有权第二方面的功能体现在分享企业剩余上，蒙特拉贡的剩余利润属于企业的全体成员，每个入社的成员都要设置一个成员资金账户，用来结算企业分配给员工的资本分红，启

① 除特殊说明外，下文均简称蒙特拉贡。

② 数据来源：http://www.mondragon-corporation.com/,annual-report-2014，以下文中数据和图表数据均来自蒙特拉贡的相关年报整理，不再单独标明。

动内部成员资金账户模式是蒙特拉贡在实现成员分享剩余上的一种创举。

（2）分配制度：按劳分配。蒙特拉贡每位成员的收入由两部分组成：工资收入和分红即分享企业剩余。工资收入实行按劳分配，即以劳动收入为基础进行分配，劳动收入等于企业总收入扣除非劳动收入，把劳动收入在投资、储备基金、个人收入等项目上进行民主分配。按月发放的工资收入包括固定和浮动两部分。固定部分通过蒙特拉贡的八级工资表制定，根据工作岗位、技术水平、贡献来确定具体等级。浮动部分与企业成员的业绩表现相联系，一般以绩效奖金的形式发放。除了工资收入，蒙特拉贡的成员还有一部分收入来自资金账户分红，即分享企业剩余，通过设置成员资金账户的形式发放。成员资金账户将蒙特拉贡的成员的劳动者和所有者身份合二为一，即实现了民主参与管理，也成为按劳分配的基础。按照规定，新成员需缴纳一笔固定的入社启动资金，大概等于一名普通成员一年的工资。从某种意义上讲，股票确认了股份制企业股东的所有者身份，成员资金账户则确认了合作制企业全体劳动者的所有者身份。合作社成员个人资金账户中的资本金数额会根据企业净利润分配的存入而不断增加（若企业发生亏损就从个人资金账户中扣划）。企业剩余即净利润的分配方式是：净利润的 10%分给教育发展基金，45%分给公共储备基金，45%分给企业成员。其中，分配给企业成员的这部分，按照企业成员的实际工作时间和工资系数，按比例存入到成员资金账户中，于每个会计年度结束后发放。成员资金账户中的本金归每位成员个人所有，但平时不能提取，直到退休或离开时才能分期取走。可见，成员资金账户中的启动资金和个人分红共同构成了蒙特拉贡合作制企业的内部融资基础，实现了劳动者自我管理。

（3）内部治理：纵向管理与横向监督。在遵循“一人一票”决策原则的基础上，蒙特拉贡构建了独具特色的内部治理结构——交叉管理机制，即纵向管理与横向监督相结合的治理模式（如图 10-2 所示）。在纵向控制上，全体成员大会是企业的最高决策机构，以一人一票的方式选举出管理委员会，管理委员会再聘任总经理，由总经理及其下属各部门负责人组成执行委员会，具体负责企业的经营管理事务，执行委员会之下便是对企业拥有控制权的全体劳动者。这样，一个垂直控制管理系统就被建立起来。在横向监督上，设置了一个独特的机构即社会委员会，社会委员会与管理委员会和执行委员会之间是相互制约、相互沟通的。管理委员会和执行委员会提出的决议只有经社会委员会认可，才能提交到全体成员大会进行讨论，社会委员会有权驳回管理委员会提出的决议。同时，还设置了审计委员会、合作制银行这两个机构，审计委员会与管理委员会之间是监督审核的关系，管理委员会提交的财务报告只有经审计委员会审核通过后，才能提交给全体成员大会进行讨论。合作制银行负责对全体成员大会、管理委员会、执行委员会提出建议，以保证一些重大事项的决议在操作上具有可行性。由社会委员会、审计委员会、合作制银行组成的横向监督制约系统就这样被组建起来。

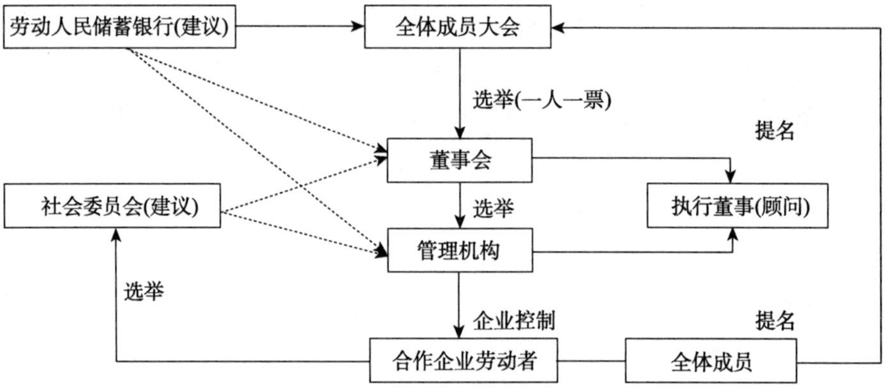

图 10-2　蒙特拉贡的典型管理模式

（4）金融系统：合作制银行。合作制企业把资本置于从属地位，使用资本支付给资本所有者利息，而不赋予资本所有者对企业的控制权，这带来蒙特拉贡独特的融资模式。使用资本市场的直接融资，往往会破坏合作制企业的基本原则。间接融资避开了资本市场，转向利用信用市场，通过银行在居民和企业之间搭建融资桥梁，既不破坏工人自我管理又能有效筹集资金。因此，很多合作制企业采取这一模式，蒙特拉贡便是通过设立劳动人民储蓄银行来完成企业融资的。对于蒙特拉贡联合公司内部，劳动人民储蓄银行扮演政策性银行的角色，其首要职能是为企业经营筹集资金，资金来源渠道有三个：①成员资金账户中的启动资金和资本分红；②各出资合作社缴纳的储蓄金、权利基金等；③外部客户（包括企业法人和个人）存入的款项。这三个资金渠道构成了蒙特拉贡的融资基础。此外，合作制银行还具有内部治理上的职能，设立企业部，负责对本集团内其他合作社提供咨询、救助、指导、监督等服务。对企业外部客户，劳动人民储蓄银行则主要发挥其商业银行的功能，主要开展对公业务和对私业务，还有一些表外业务等。通过劳动人民储蓄银行，为蒙特拉贡的各合作制企业在工业、分销、科研、教育等领域的发展提供了充裕的资金。

2. 蒙特拉贡合作制经济的社会经济效率

目前，蒙特拉贡已发展为西班牙的十大企业之一，它在扩大就业、绩效增长和促进社会公平等方面成绩显著。2014 年，蒙特拉贡的总收入为 118.75 亿欧元，总销售额（工业和零售）为 109.85 亿欧元，净投资为 3.45 亿欧元，息税折旧摊销前利润为 11.68 亿欧元，总就业人数为 74117 人，社会公益投入 1470 万欧元。其工业领域的合作社员工持股比为 83%，管理机构中工人的数量为 810 人，所辖各教育机构的学生总数 11439 人，获 ISO 14000 环境管理系列标准认证书 69 份，生态设计证书数量 4 份，分配给工业园区增加值的研发基金百分比为 8.9%，技术中心和研发单位的数量 15 个，研究人员总数为 1676 人。这充分体现了蒙特拉贡的“合作、参与、社会责任、创新”核心价值观。

（1）促进就业水平高。合作制企业（或劳动者管理型企业）的目标是全体成员人均收入最大化，而不是资本主义企业的利润最大化（总收益减去总成本的差额最大）。当市场发生萧条时，合作制企业会采取降低工资的方式共渡难关，而资本主义企业选择解雇工人。因此，合作制企业十分重视扩大就业。蒙特拉贡将扩大就业量作为公司的重要政策目标，其就业政策分为三部分：①促进合作就业，②提高就业质量，③提高个人就业能力。这充分体现了其十大基本原则中的“劳动者主权”“合作社之间的合作”原则。①

蒙特拉贡十分重视提升就业质量。全体成员都对企业的成功负有责任，因此，提高工作质量是联合公司就业工作的重点内容。蒙特拉贡的职工满意度较高，2003—2009年的数值依次为 3.04、2.93、3.07、3.09、3.08、2.84 和 2.97。2002 年，联合公司的成立预防服务组织，专注于设计职业健康与安全保障的工具，例如专门的管理模型 ERAIKIZ。此后，生产事故中的意外事故比例不断降低，从 2005 年的 58.3%，下降到 2014 年的 29.3%。

正因为联合公司实施了“促进合作就业、提高就业质量、提高个人就业能力”的就业政策，加入蒙特拉贡的劳动者不断增加。表 10-1 可见，1996—2005 年蒙特拉贡的就业人数总体上处于稳定增长的趋势。即便是当欧盟遭遇严重的金融危机时，2010 年，西班牙的失业率已达 20%，而蒙特拉贡的就业人数下降幅度很小仅为 1.42%。2011—2014 年，尽管蒙特拉贡的就业人数有所下降，但与失业人数不断上升的西班牙经济形势相比，足可以体现出蒙特拉贡在稳定就业方面的强大能力。

表 10-1　蒙特拉贡 1996—2014 年的就业量

年　份	就业人数	年　份	就业人数
1996	31963	2005	78455
1997	34397	2006	83601
1998	42129	2007	93841
1999	46861	2008	92773
2000	53377	2009	85066
2001	60200	2010	83859
2002	66558	2011	83596
2003	68260	2012	73985
2004	70884	2013	74060
2005	78455	2014	74117

① 1987 年，蒙特拉贡企业集团召开第一次全体成员大会，并通过了基于合作社经验的十大基本原则，即入社自由、管理民主、劳动者主权、资本处于从属地位、社员参与管理、收入团结、合作社之间的合作、社会变革、普遍合作和教育。

（2）收入差距与X效率的平衡。蒙特拉贡十分重视社会公平，把企业内部成员的收入差距控制在一定范围内，以防止收入差距过于悬殊导致员工工作效率降低。根据劳动者主权原则和报酬团结原则，从1956年成立到1986年的30年间，蒙特拉贡的最低工资和最高工资比例始终维持在1∶3。1986年，为引进高端技术人才把该比例调整为1∶4.5。1991年，为在全球范围内建立生产子公司的需要，蒙特拉贡将工资差异比例调整为1∶6，到2016年也没超出1∶8的范围。与资本主义企业相比，在蒙特拉贡全体成员的工资差别不大。即便在工资收入上，蒙特拉贡的高端技术人员比西班牙国内具有同等技术水平的工程师少了接近1/3，但工作效率却没有降低。可见，“合作、参与、社会责任、创新”的价值观得到了全体成员的认同。

著名美国人类社会学家卡斯弥鄂在巴斯克进行了一年半的实地调研证明，蒙特拉贡的管理人员、高级工程师对劳动组织的认同感很强，各岗位的排斥性只有18%，而在西欧的资本主义企业，高水平劳动者的排斥性一般超过60%。卡斯弥尔还通过数据对蒙特拉贡的X效率进行分析，发现缺勤率很低，相当于西班牙国内企业平均水平的1/5。这源于全体成员对本企业拥有一种归属感，通过民主管理和收入团结而获得的收益在很大程度上弥补了货币收入的减少，从而降低了监督成本，使内部成员消极怠工的程度大为减轻，提高了X效率。还有一个重要原因，那就是成员个人资本账户中每年的分红也构成了个人收入的一部分，虽然这笔分红平时不能提现，但是在成员离开或退休时却可以分期提现，实现了老有所依，让合作社成员无后顾之忧。可见，蒙特拉贡实现了工资间差异与X效率的均衡，颠覆了主流经济学所谓劳动收入与生产效率唯一相关的论断。①

（3）盈利能力稳中有升。对于蒙特拉贡的盈利能力，我们从其不同行业的利润增长幅度、销售利润率和销售收入进行分析。②在蒙特拉贡的金融部门，劳动人民储蓄银行举足轻重。它为联合公司的各合作制企业提供资金支持与咨询服务（发挥政策性银行的功能），也对外部客户提供广泛的金融服务（发挥商业银行的功能）。我们主要从商业银行的角度分析其盈利能力。需要注意的是，劳动人民储蓄银行在实现利润增长的同时，也保持了商业银行“三性目标”③之间的协调统一。安全性是商业银行经营管理的第一原则，体现其应对不确定性因素的能力，流动性指商业银行对于客户提现需

---

① 不少西方学者通过研究证明，即便在资本主义企业制度中，民主决策、联合决定、共同治理这类在将工人引入管理过程的改革，也会在很大程度上减少监督成本，降低消极怠工的程度，激发工人们的劳动热情，从而提高企业生产效率。

② 西班牙和中国的会计准则不同，合作制企业和股份制企业会计记账方法、具体科目设置也不同。我们所使用的数据直接来自蒙特拉贡联合公司的年度财务报告，这样就无须考虑会计政策差异和两种企业制度差异所导致的会计记账、科目设置的区别。

③ 即商业银行经营管理的安全性、流动性、盈利性。

求和贷款需求的支付能力，这二者之间呈正相关。自有资金越充足，应对风险的能力就越强。《巴塞尔协议》对资本充足率的最低要求是 8%，劳动人民储蓄银行的资本充足率始终高于 8%。如图 10-3 所示，劳动人民储蓄银行具有良好的安全性和流动性。效率比率是评估银行的盈利能力和潜在利润增长能力的重要指标。一般认为，大银行的效率比率应控制在 55%以下，即每赚取 1 元钱的经营净收益中要有 0.55 元用来支付非利息费用。当其他因素不变时，效率比率越小，银行获得的利润率就越高，银行的盈利能力就越强。如图 10-4 所示，劳动人民储蓄银行效率比率长期控制在 45%之下，这说明其卓越的盈利能力。

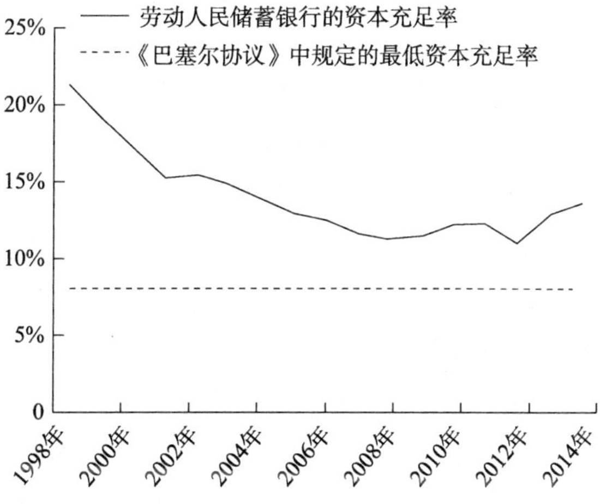

图 10-3　劳动人民储蓄银行的资本充足率情况

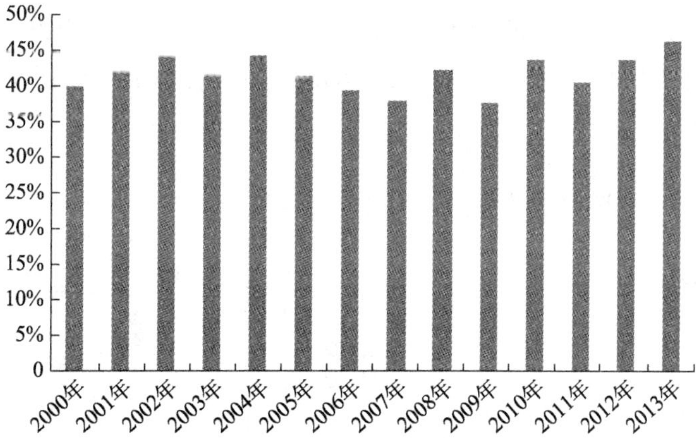

图 10-4　劳动人民储蓄银行的效率比率情况

1998—2014 年，劳动人民储蓄银行的利润快速增长。2003 年，尽管国内银行业利息下跌挤压了净利息收入，但劳动人民储蓄银行通过改善财务运营及控制管理成本，使税前利润增加 8.7%。2004—2007 年，劳动人民储蓄银行的税前利润逐年增长 12.97%、

31.5%、17.1%、18.7%。即便是在2008年国际金融危机的不利条件下，面对一般违约增加和股票市场下跌这两大冲击。劳动人民储蓄银行的净利润仍然达到10050万欧元。2009—2011年，劳动人民储蓄银行的净利润依次为5650万欧元、5140万欧元和1940万欧元。2012年，蒙特拉贡的银行部门进行了资产重组以适应困难的市场环境。2012年11月，劳动人民储蓄银行（Caja Laboral）合并了另一家合作社Ipar Kutxa形成了一个新的信用合作社Laboral Kutxa，合并后形成的合作制银行Laboral Kutxa仅2个月就实现了2200万欧元的净利润，足以用来支付一整年的资本利息。2013年，Laboral Kutxa实现合并净利润10430百万欧元。2014年，Laboral Kutxa实现合并净利润10920万欧元。

蒙特拉贡工业部门的总销售收入长期保持在快速增长，于2007年达到74.39亿欧元的最大值。2008年，受全球金融危机影响，这一数字下降至65.11亿欧元，2009年下降到53.41亿欧元。面对不利的宏观经济环境，蒙特拉贡于2010年大胆创新，注重研发投入和推进产品升级。2012年，蒙特拉贡工业部门的总销售收入为58.1亿欧元（见图10-5）。再从利润增长幅度、销售利润率和利润总额三个指标对蒙特拉贡工业部门的盈利能力进行分析。首先，是销售利润率，蒙特拉贡工业部门的销售利润率总体上呈上升趋势。2001年为4%，2006年为4.4%，2012年为7.8%，2013年达到10.8%。这说明其工业部门的盈利能力在增强。其次，看利润增长情况，1998年蒙特拉贡工业部门的息前利润提高25%，这一指标在1999年为提高17%，2000年提高2%，2001年降低15%，2002年提高23%，2003年提高1%，2004年提高37%，2005年提高2.4%，2006年提高18.5%，2007年提高32.4%，2008年则下降72%。2008年，蒙特拉贡工业部门的息前利润总额为8700万欧元，2009年为7100万欧元。2010年，局面开始好转，这一年的息前利润为17000万欧元，2011年的数据为15200万欧元。2012年，蒙特拉贡工业部门的息税折旧摊销前利润为46900万欧元，2013年的息税折旧摊销前利润是51700万欧元。

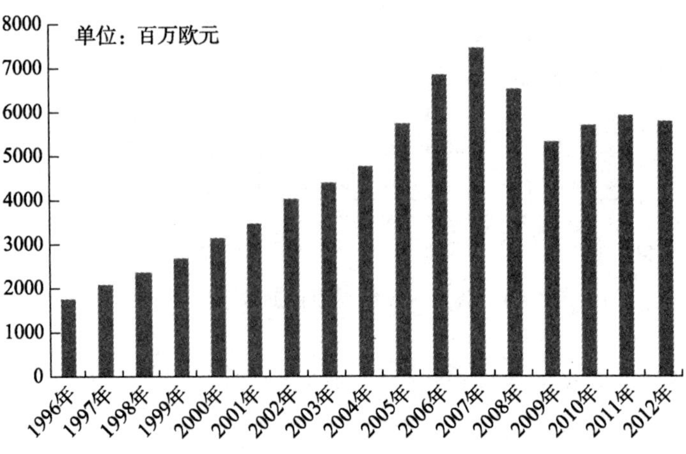

图10-5　蒙特拉贡工业部门的总销售收入情况

根据根蒙特拉贡工业部门的财务报表分析，1999 年工业部门的生产能力得到充分利用,以及较低的利息率和内部成本控制等因素,使利润增长幅度较大。2000 年和 2001 年由于原材料的价格上涨和市场需求萎缩，使息前利润增长缓慢。此后，由于宏观经济局势较好，息前利润不断增长，这一势头在 2008 年和 2009 年遭遇金融危机的冲击。2010 年，蒙特拉贡开启了后危机时代的经营战略调整，息前利润恢复当年恢复增长状态，销售利润率在 2013 年也达到史上最高。

蒙特拉贡零售部门的年度利润总额的增长幅度可以充分说明其盈利能力较强（如图 106-所示）。1998—2007 年，蒙特拉贡零售部门的年度利润总额一直在增长。1998 年的年度利润总额增长 42%，这一指标在 1999 年增长 30%，2000 年增长 17%，2001 年增长 12.6%，2002 年增长 11%，2003 年增长 12%，2004 年增长 20%。2006 年的年度利润总额为 19000 万欧元，增长 33%；2007 年的年度利润总额是 22400 万欧元，增长 14%。2008 年的利润总额是 20800 万欧元，出现下降。

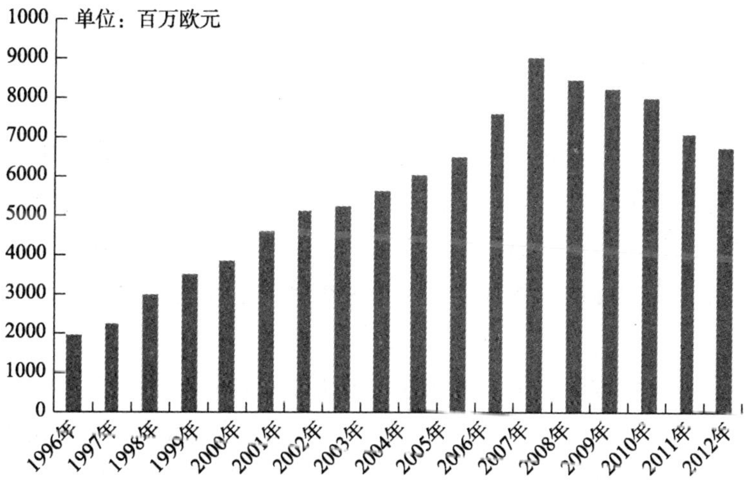

图 10-6 蒙特拉贡零售部门的总销售收入情况

（4）国际化战略成效显著。近年来，蒙特拉贡的国际化战略不断提速，海外市场迅速拓展。不仅在欧洲，它在中国、印度、美国、墨西哥、巴西、哥伦比亚都建立了生产子公司，至 2014 年年底，在全球共建立了 125 家生产子公司（如图 10-7 所示）。2014 年，蒙特拉贡在全球共设立 263 个分支机构，其中合作社 103 个，产品子公司 125 个，基金会 8 个，互助组织 1 个，新闻组织 13 个，国际部门 13 个。截至 2020 年，蒙特拉贡已成为在华投资的最大西班牙企业。2019 年，蒙特拉贡的 Fagor Ederlan 和 Infun Group 在中国昆山建立了新的现代化工厂，当地政府授予蒙特拉贡“昆山荣誉公民”奖，全球亚洲交通公司则授予达诺瓦特“2014 年度中国最优秀的西班牙企业”奖励。

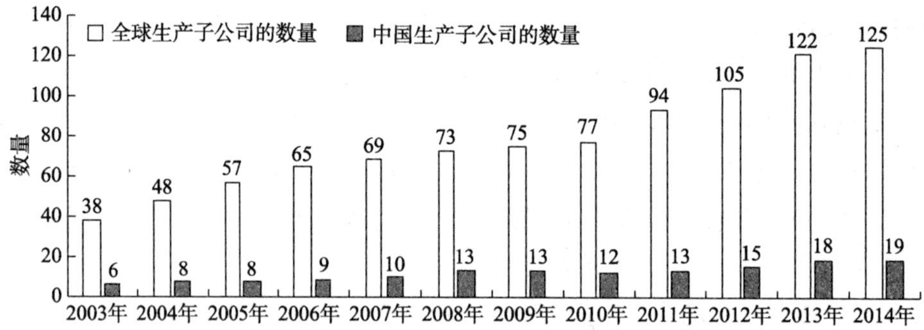

图 10-7　蒙特拉贡在全球设立生产子公司的数量

（5）不断推进生态环境保护工作。蒙特拉贡十分重视生态环境保护工作，努力降低对社会经济的负面外部影响。1997 年，蒙特拉贡的全体成员大会提出将环境管理作为企业战略之一。其环境政策基于以下原则：预防在先，源头上消除危害，即便无法完全消除，也要使危害保持在可以接受的水平；无条件服从环境立法的承诺；在联合公司内部每一个合作社的每一次活动、每一个产品、每一次服务上，都要促进环境保护的持续改善。在此原则下，充分考虑各合作制企业的压力程度、风险以及具体行动范围，每一个合作社都必须选择自己所能达到的发展水平。蒙特拉贡强调维持自我强化的下限，这项承诺既包括对政府法规的服从和对自身环境管理体系的贯彻执行。一旦这些自我强化的下限已经达到，就会让每一个公司去决定其能够达到最佳水平的速度和方式，这一最佳水平可以通过第三方认证，也可以遵循生态管理和审计计划。这保证了各合作社去自觉维护自然环境，尽量减少经济活动对自然环境的不利影响，降低负外部性影响。

2002 年，蒙特拉贡取得了 ISO 14000 环境认证的证书 28 份，把 EFQM 管理模型[①]作为衡量质量水平的基准。2003 年，有 5 家合作社被授予 ISO 14000 认证奖励，Eroski 成为第一个获得 SA 8000 社会责任认证证书的蒙特拉贡合作社企业，在生态管理和审计计划（EMAS）注册的企业共有 4 家，分别是 Danobat、Fagor Ederian、Fagor Electrodomesticos 和 Maier。2004 年，Fagor Cooking Appliances 获得 EFQM 入围奖和拉丁美洲质量管理奖，欧洲环境奖由 Orkli 获得，SA 8000 社会责任认证证书由 Eroski 获得。2005、2006 年，Fagor Coccion 入围欧洲质量管理基金会奖，Orkli 获得了欧洲环境奖，MCC 共获得 OHSAS 预防工业危害系统认证的证书 8 份。2007 年，共获得 ISO 14001 环境认证证书 51 份，共获得 OHSAS 预防工业危害系统认证的证书 13 份，SA 8000 社会责任认证证书由 Eroski 获得。2008 年，Orkli 获得了欧洲环境奖，ISO 14001 环境认证证书的数量是 53 份，OHSAS 预防工业危害系统认证的证书 15 份，SA 8000

① EFQM 模型是欧洲品质管理基金会（European Foundation for Quality Management）建立的 EFQM 业务卓越模型，是企业或组织进行自我评价和改进的工具。

社会责任认证 1 份。2009 年，ISO 14001 环境认证证书的数量是 54 份，OHSAS 预防工业危害系统认证的证书 16 份，SA 8000 社会责任认证 1 份。2010 年，ISO 14001 环境认证证书的数量是 54 份,OHSAS 18000 职业健康和安全系统认证证书数量是 24 份，生态设计认证 6 份。2011 年，ISO 14001 环境认证证书的数量是 59 份，OHSAS 18000 劳动者风险预防系统认证 29 份，SA 8000 社会责任认证 1 份。2012 年，ISO 14000 环境认证证书的数量是 60 份，有 6 家企业获得了生态认证证书，OHSAS 18000 劳动者风险预防系统认证 33 份。2013 年，56 家企业获得了 ISO 14001 认证，4 家企业获得 ISO 14006（生态设计）认证，27 家企业获得 OHSAS 18000 劳动者风险预防系统认证。2014 年，ISO 14001 认证 69 份，ISO 14006（生态设计）认证 4 份，ISO 50001（能源管理）认证 2 份。由此可见，蒙特拉贡实现了创造社会经济效益与保护环境的有机统一，通过切实可行的环境政策有效地降低了对外部自然环境的不利影响，这也是其社会责任价值观的具体体现（如图 10-8 所示）。

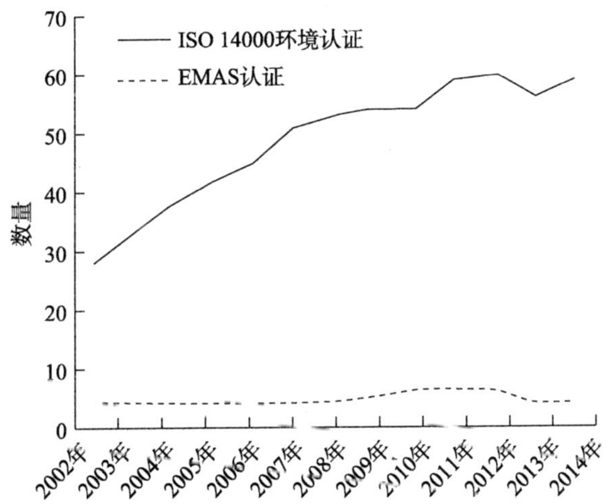

图 10-8　蒙特拉贡在环境方面认证证书数量

思考题

1. 比较广义激进政治经济学与狭义政治经济学的基本概念。
2. 简述“潜在的剩余”概念，以及垄断资本主义产生剩余是否可以被吸收?
3. 概括产业分割论的主要内容。
4. 简述中心—外围论和世界体系论的基本内容，并对两者进行简单比较。
5. 概括经济民主的基本含义。

参 考 文 献

[1] 方福前. 当代西方经济学主要流派. 3 版. 北京：中国人民大学出版社，2019.

[2] Mair D, Miller A. et al. *A Modern Guide to Economic Thought: An Introduction to Comparative Schools of Thought in Economics*, Edward Elgar Publishing, 1991.

[3] Edmund S. Phelps. *Seven Schools of Macroeconomic Thought*, Oxford University Press, 1990.

[4] [英]布莱登·斯诺登，霍华德·文，彼得·温纳齐克. 现代宏观经济学指南——各思想流派比较研究引论. 苏剑，等译，北京：商务印书馆，1998.

[5] [英]布莱登·斯诺登，霍华德·文. 现代宏观经济学：起源、发展和现状. 佘江涛，等译，南京：江苏人民出版社，2009.

[6] [美]萨缪尔森. 经济学：上册. 第 10 版，高鸿业，译，北京：商务印书馆，1981.

[7] [美]萨缪尔森. 经济学：第 19 版. 萧琛，译，北京：商务印书馆，2012.

[8] Paul A. Samuelson, Robert M. Solow. PROBLEM OF ACHIEVING AND MAINTAINING A STABLE PRICE LEVEL：Association Analytical Aspects of Anti-Inflation Policy. *American Economic Review*, 1960, Vol. 50, No. 2.

[9] Mankiw N G. The Macroeconomist as Scientist and Engineer. *Journal of Economic Perspectives*. 2006, 20(4): 29-46.

[10] [英]琼·罗宾逊，约翰·伊特韦尔. 现代经济学导论. 陈彪如，译，北京：商务印书馆，1982.

[11] [美]斯蒂芬·罗西斯. 后凯恩斯主义货币经济学. 余永定，等译，北京：中国社会科学出版社，1991.

[12] [美]海曼·明斯基. 稳定不稳定的经济——一种金融不稳定视角. 石宝峰，等译，北京：清华大学出版社，2015.

[13] [美]弗里德曼. 论通货膨胀. 杨培新，译，北京：中国社会科学出版社，1982.

[14] [美]弗里德曼. 资本主义与自由. 张瑞玉，译，北京：商务印书馆，1986.

[15] [美]弗里德曼. 货币稳定方案. 宋宁，高光，译，上海：上海人民出版社，1991.

[16] 弗里德曼文萃. 高榕，译，北京：北京经济学院出版社，1991.

[17] [美]拉弗，摩尔，塔诺斯. 繁荣的终结. 王志毅，译，北京：凤凰出版社，2012.

[18] [美]拉弗，摩尔. 重返繁荣：美国如何收复经济霸权. 马林梅，译，北京：东方出版社，2014.

[19] [美]乔治·吉尔德. 财富与贫困. 储玉坤，译，上海：上海译文出版社，1985.

[20] [美]保罗·罗伯茨. 供应学派革命：华盛顿决策内幕. 杨鲁军，等译，上海：上海译文出版社，1987.

[21] [美]赫伯特·斯坦. 美国总统经济史：从罗斯福到克林顿. 金清，等译，长春：吉林人民出版社，1997.

[22] [美]托马斯·萨金特. 宏观经济理论. 王小明，等译，北京：中国经济出版社，1998.

[23] [美]卡伦·沃恩. 奥地利学派经济学在美国：一个传统的迁入. 朱全红，等译，杭州：浙江大

学出版社，2008.

[24] [美]埃德温·多兰. 现代奥地利学派经济学的基础. 王文玉，译，杭州：浙江大学出版社，2008.

[25] 刘志铭、郭惠武. 新奥地利学派对宏观经济理论的重构. 经济思想史评论。2010，2：236—254.

[26] [美]道格拉斯·诺斯，罗伯特·托马斯. 西方世界的兴起：新经济史. 厉以平，等译，北京：华夏出版社，1989.

[27] [美]科斯. 企业、市场与法律. 盛洪，等译，上海：上海三联书店，1990.

[28] [美]道格拉斯·诺斯. 经济史中的结构与变迁. 陈郁，等译，上海：上海三联书店、上海人民出版社，1994.

[29] [美]科斯，阿尔钦，诺斯，等. 财产权利与制度变迁：产权学派与新制度学派译文集. 上海：上海三联书店、上海人民出版社，1994.

[30] [美]道格拉斯·诺斯. 制度、制度变迁与经济绩效. 刘守英，译，上海：上海三联书店，1994.

[31] [美]奥利弗·威廉姆森. 资本主义经济制度：论企业签约与市场签约. 段毅才，等译，北京：商务印书馆，2002.

[32] 张林. 新制度主义. 北京：经济日报出版社，2006.

[33] [美]加尔布雷思. 经济学和公共目标. 蔡受百，译，北京：商务印书馆，1980.

[34] [瑞典]缪尔达尔. 世界贫困的挑战. 顾朝阳，译，北京：北京经济学院出版社，1989.

[35] Tool, Marc R. (ed.) *An Institutionalist Guide to Economics and Public Policy*. New York: *M. E. Sharpe*, 1984.

[36] William Dugger(ed.), *Introduction of Radical Institutionalism: Contemporary Voices*. New York: Greenwood Press, 1989.

[37] [美]巴兰，斯威齐. 垄断资本：论美国的经济和社会秩序. 南开大学政治经济学系译，北京：商务印书馆，1977.

[38] [英]霍华德等. 马克思主义经济学史 1929—1990. 顾海良，等译，北京：中央编译出版社，2003.

[39] [美]施韦卡特. 超越资本主义：第 2 版. 黄瑾，译，北京：社会科学文献出版社，2015.

[40] 张嘉昕. 工人自我管理：一部颠覆资本雇佣劳动的经济思想史. 北京：社会科学文献出版社，2013.

[41] 吴宇晖，张嘉昕. 外国经济思想史. 2 版. 北京：高等教育出版社，2014.

教师服务

感谢您选用清华大学出版社的教材！为了更好地服务教学，我们为授课教师提供本书的教学辅助资源，以及本学科重点教材信息。请您扫码获取。

教辅获取

本书教辅资源，授课教师扫码获取

样书赠送

经济学类重点教材，教师扫码获取样书

清华大学出版社

E-mail: tupfuwu@163.com
电话：010-83470332 / 83470142
地址：北京市海淀区双清路学研大厦 B 座 509

网址：http://www.tup.com.cn/
传真：8610-83470107
邮编：100084